北大版·普通高等教育“十二五”规划教材

21 世纪职业教育教材·旅游系列

现代餐饮管理（第二版）

戴桂宝　编著

内容简介

本书分四个部分，共计12章。基础概述篇，讲述餐饮的发展、餐饮的分类、餐饮组织机构以及餐饮部的重要性。产销规范篇，从原料的采购至加工烹饪，再到餐饮服务的产销流程作了规范的标准化的陈述。设计策划篇，针对厨房和餐厅的设计布局、餐厅的文化设计、菜单和台型设计、美食活动的策划作了一系列的说明。最后的监控管理篇，讲述了餐饮部在运作过程中的安全卫生、服务质量等方面的控制。

本书内容紧贴实际，不仅是高校旅游专业、酒店管理专业的学生首选教材，也是社会酒店管理职业经理人、餐饮管理人员的必备书籍。

图书在版编目（CIP）数据

现代餐饮管理/戴桂宝编著．—2版．—北京：北京大学出版社，2012.10
（全国高职高专规划教材·旅游系列）
ISBN 978-7-301-21274-5

Ⅰ．①现… Ⅱ．①戴… Ⅲ．①饮食业—经济管理—高等职业教育—教材
Ⅳ．①F719.3

中国版本图书馆CIP数据核字（2012）第225500号

书　　名：现代餐饮管理（第二版）
著作责任者：戴桂宝　编著
策 划 编 辑：李　玥
责 任 编 辑：李　玥
标 准 书 号：ISBN 978-7-301-21274-5/G·3504
出 版 发 行：北京大学出版社
地　　址：北京市海淀区成府路205号　100871
电　　话：邮购部62752015　发行部62750672　编辑部62765126　出版部62754962
网　　址：http：//www.pup.cn
电 子 信 箱：zyjy@pup.cn
印　刷　者：北京虎彩文化传播有限公司
经　销　者：新华书店
787毫米×1092毫米　16开本　16.5印张　399千字
2006年3月第1版
2012年10月第2版　2023年1月第6次印刷　总第9次印刷
定　　价：34.00元

第二版前言

《现代餐饮管理》自2006年出版以来，得到了广大师生和餐饮管理者的厚爱，使本书得以多次重印，期间也得到广大阅读者的来函来电致贺，并得到了许多宝贵的意见，在此表示感谢。

六年来，全国餐饮市场发生了很大的变化，餐饮管理水平得以普遍提升。去年北京大学出版社多次约我修定再版，因我个人原因没能如期完成。今年连续考察长江三角洲及全国一些饭店餐饮和餐饮企业，得到了许多企业朋友的支持和帮助，对本书修定作出了建设性的意见，提供不少新的管理信息。特别是得到了杭州西湖国宾馆、杭州雷迪森大酒店、杭州黄龙饭店、浙江外婆家餐饮有限公司等餐饮专家的帮助，在此表示衷心地感谢。同时，在第一版的撰写和第二版的修定过程中，都得到了我妻子的无私帮助和照顾，借此机会一并感谢。

本次再版修定幅度较大，除文字、语句修改外，还弱化了吸烟室等不合时宜的内容，增加了餐厅等候区，电子点菜系统新的管理内容。但仍然保持本书原有的内容紧贴实际，步骤明了清晰，阐述完整规范的特点。

今天《现代餐饮管理》以第二版的形式又和大家见面了，特别希望企业朋友和专业教师一如既往地给我支持和鼓励，并多赐宝贵建议。

编　者

2012年7月

第一版前言

现代旅游事业蓬勃发展，全国各地旅游管理人员明显紧俏，特别是餐饮管理人员的奇缺，已成为餐饮界亟待解决的问题。餐饮行业需要大批年轻的、有文化的管理人员，为此要加快餐饮管理人才的培养，加快餐饮管理教材的更新，紧跟餐饮发展的时代步伐。

《现代餐饮管理》就是围绕着餐饮运行中的采购、生产、销售和安全而展开的各项事务管理而讲述的。本书分为基础概述、产销规范、策划、监控管理四个部分。第一部分讲述餐饮的发展、餐饮的分类、餐饮组织机构以及餐饮部的重要性；第二部分，按产销流程的先后次序，比较全面、完整地阐述了食品原料的采购、烹饪加工和餐饮服务的规范化、标准化内容；第三部分，针对厨房和餐厅的设计布局、餐厅的文化设计、菜单和台型设计、美食活动的策划作了一系列的说明；第四部分，讲述了餐饮部在运作过程中的安全卫生、服务质量等方面的控制。在编排上根据高校学生的特点，充分吸取了其他教材之所长，具有较强的科学性和系统性。具体体现在以下几个方面。

1. 适用性强。本教材定位于高校学生，在编写中多为管理知识点，但根据入学的学生基础不同，也编写了操作技能知识，适合各层次的应用型人才的培养模式。

2. 内容规范。本教材所涉及的餐饮管理内容规范、定义准确、操作明细，且与行业标准相符合。设计新颖合理，且符合分块教育。

3. 图文并茂。本教材内容紧贴实际，多用图片和表格说明，并附有明晰的操作流程图，使读者对知识内容有个直观的、清晰的了解。

4. 知识平衡。原先众多餐饮教材都把餐饮前台的运作作为教材的重点，本教材打破框框，把餐饮部所属部门如餐厅、厨房管理知识的篇幅作了相对的平衡。并在会议接待、结账与成本控制等方面增加了新的篇幅。

综上所述，本教材是一本规范实用、新颖直观的餐饮管理教材，既可作为高校教材，又可作为社会职业经理人、餐饮管理员自学的必备读物。

在编写过程中，为了使本教材有较全面、完整的体系，本人独自承担了编写任务，并得到了许多同人的帮助，同时也参阅和引用了中外学者、专家的著作和成果，在此一并表示感谢。由于时间仓促与本人水平有限，本书内容如有缺点错误，敬请专家及广大读者予以指正赐教。

编　者

2005 年 12 月

目　录

第一部分　基础概述篇

第二部分　产销规范篇

第三部分 设计策划篇

第四部分　监控管理篇

第一部分

基础概述篇

第1章 餐饮发展概述

俗话说："民以食为天。"饮食是人类赖以生存的最重要的物质条件之一。人类饮食的发展同人类本身的发展一样历史悠久，经历了漫长的从简单到复杂、从蒙昧到文明的过程。伴随着这个过程，饮食中的礼仪、礼节、观念和习俗也同时应运而生，饮食也从人类的自然行为逐渐衍变成为了一种经济业态——餐饮业。而今天的饭店餐饮部和餐饮企业已能全面反映现代饮食状况，我们能从中窥视中国饮食中的美味、美器、礼仪、礼节、观念和习俗。

1.1 餐饮概述

1.1.1 餐饮业的基本定义

餐饮，词面上有两个含义，《辞海》解释：餐为"饮食"，饮为"喝"、"饮料"。中国古代指餐饮为"饮食"，是最恰当不过了。因为食指"吃"，也指"食物"，饮指"喝"，又指"饮料"，故"饮食"也就是"喝酒（古时除水以外，酒是主要饮料）、吃食物"。

在改革开放之前，中国的酒楼称饮食店，餐饮业称饮食业。随着饭店的增多，新词汇的丰富，诞生了餐饮一词。又据说餐饮来源于餐馆（Restaurant）一词，按照法国百科大辞典的解释，是使人恢复精神与气力的意思。顾名思义，可以帮人恢复精神与疲劳的方法，不外乎进食和休息。于是人们开始以Restaurant为名称，在特定场所提供餐食、点心、饮料，使客人在此场所中得到充分休息，而且能够恢复精神，从中获利，这就是西方餐饮的雏形。

由此可见，餐饮业是一个历史悠久的行业，是指利用餐饮设备、场所和餐饮原材料，从事饮食烹饪加工，为社会服务的生产经营性服务行业。古今中外，餐饮业一直具有为客人提供饱食就餐服务的社会职能。随着人类社会生产力的迅速发展，人民生活水平的不断提高，在各个领域的交流日益频繁，家务劳动社会化程度日益提高，旅游和休闲的日程增加，现代餐饮业也发生了极大的变化，正朝着设备先进、环境优美、产品特色突出、服务质量优良的方向发展。同时餐饮的发展也反映着一个地区或国家在开发和利用自然资源方面的能力，而且也标志着一个国家和民族的物质文明和精神文明程度。

如今餐饮业主要包括以下几个类型。

（1）饭店所属的餐饮部。

① 饭店、度假村中的餐饮部。

② 会议中心、培训中心的餐饮部。

③ 便捷旅社和汽车旅馆的餐饮部。

（2）各类独立经营的餐饮服务机构。

① 社会餐馆、酒楼、餐饮店。

② 快餐店、小吃店。

③ 茶馆、茶餐厅。
④ 酒吧、咖啡屋、冷饮吧。
(3) 企事业单位的食堂以及一些社会保障与服务部门的餐饮服务机构。
① 企事业单位食堂、餐厅。
② 学校、幼儿园的食堂、餐厅。
③ 医院的食堂、餐厅。
④ 监狱的食堂、餐厅。
⑤ 军营的餐饮服务机构。
(4) 公司会所、私人会所中的餐厅。
(5) 休闲场所中的餐饮。
① 高尔夫球场中的餐厅。
② 浴场中的餐厅。
③ 歌厅中的餐厅。
④ 游乐场、赌场中的餐厅。

1.1.2 餐饮业的基本特征

现代餐饮业具有以下几个特征。

(1) 客源市场的广泛性。第一，餐饮业的客源十分广泛，国内外各种类型的旅游者，相关团体、企事业单位、政府机构及当地居民等各行各业的人们都可以成为餐饮企业的接待对象。第二，餐饮业的经营范围也十分广泛，其经营规模、经营结构、经营方式、产品风味和花色品种各不相同。第三，各种类型的餐饮业之间可以互相替代的产品十分丰富，餐饮产品又缺乏专利性，因此餐饮业市场产品流通广泛，竞争十分激烈。第四，餐饮行业入行门槛较低，各种形式的餐饮企业相继出现，更加扩大了市场范围。所以餐饮经营者必须充分了解它的广泛性，时刻摸准市场的脉搏，跟上社会潮流，推出深受消费者喜爱的产品，来获取利润。

(2) 对国民经济发展的依赖性。餐饮业是旅游业中食、住、行、游、购、娱6大要素的重要组成部分，其发展规模和速度在一定程度上是建立在旅游发展基础上的。一个国家、一个地区、一个城市的旅游业越发达，各种类型的客源就越多，对餐饮产品的需求量就越大。同时，国民收入水平越高，人们的社会交往活动就越频繁，当地居民和社会各界人士对餐饮产品的需求量也就越大。因此，餐饮业的兴衰与旅游业的发展速度、国民收入水平成正比，它对国民经济的发展存在着依赖性。

(3) 产品风味的民族地方性。餐饮业是在长期的历史发展过程中，随着人类对饮食的不断追求而逐步发展的。不同国家、不同地区、不同民族的地理、气候和生活环境、生活习惯不同，各地物产不同，食品原材料的种类也不同，就是同一民族的不同地区，上述各方面的区别也往往很大，从而使餐饮产品形成各种不同风味，具有鲜明的民族性和地方性。比如，西餐有法式、俄式、英式、美式之分；中餐有川菜、鲁菜、粤菜、淮扬菜、浙菜等不同风味。所以餐饮经营管理的关键是既要突出菜肴的风味特点，又要博采众长，坚持以产品质量和服务质量取胜。

(4) 餐饮服务的不可储存性。餐饮服务不能预先储存以备后用。虽然仓库可以储存数月内所需的食品原材料，但厨房却不能预先生产一周营业所需的菜肴。同样，人力资源也不能储存，餐厅服务员由于平时空闲无事而浪费时光，不可能把人力储存到周末。由于企业的接待能力在一定时期内是固定不变的，而客人的需求量每天却在变化，因而造成了厨房、餐厅的工作量有所波动。特别是当就餐宾客突然大量增加时，会不可避免地给厨房、餐厅带来紧迫感。根据餐饮服务的不可储存性特点，企业必须要想方设法采取措施，尽量使餐厅的接待能力接近顾客的需求量，降低因接待能力不足或宾客量的不足所造成的影响。

（5）餐饮服务的差异性。由于餐饮业的餐饮服务包含着大量的手工劳动，又由于从业人员的工作态度、身体状况、技能技巧各有好坏和高低，因此，餐饮服务便不可避免地产生质量和水平上的差异。服务的差异性并非指一家酒店和另一家酒店的服务之间存在着差异，而是指同一家酒店所提供的服务存在着差异。有时同一职工在不同的时间、不同的场合对于不同的对象所提供的同一餐饮产品往往水平不一，质量不同。厨师和服务员在制作和服务的过程中，由于受体力、情绪变化的影响，难以自始至终提供同一质量的服务。所以企业必须制定严格的质量标准，加强员工的培训教育，提高操作技能，减少餐饮服务的差异性。

1.2 中外餐饮发展历史

饮食业经历了由单一到多元的逐步发展进步的过程，逐步形成了今天的餐饮业。从当代餐饮的火热场面，它又向人类社会展示了未来餐饮业更为广阔的发展趋势。

1.2.1 中国餐饮业发展概况

1. 火的使用

考古工作者经过考古发掘，揭示了在史前时代，中国古人类过着茹毛饮血的生食生活，经过漫长的岁月，原始人渐渐发现被火烧熟的肉类和坚果焦香扑鼻，而且容易咀嚼，这就成为人类结束生食时代的信号，用火烹饪成为人类区别于其他动物的重要标志之一。距今40万年前的北京人开始懂得使用火，有了最初的烹饪活动。公元前6000年至公元前2000年左右的新石器时代，出现了陶器，使人们有了炊具、餐具和盛器。大约在六七千年之前，生活在今日浙江省余姚市河姆渡地区的先人，已经大面积地种植水稻并饲养牲畜。同时，人工酿酒开始出现，使得人们能以酒助兴，以肴佐酒。火的使用及原始种植业和畜牧业的发展改善了人们的物质生活，并为餐饮业的形成奠定了物质基础。

2. 筵席的出现

唐朝以前的古人席地而坐，“筵”和“席”都是铺在地上的坐具。《周礼·春官·司几筵》的注疏说：“铺陈曰筵，藉之曰席。”这两句话的意思是说：铺在地上的叫做“筵”，铺在“筵”上供人坐的叫做“席”。所以“筵席”两字是坐具的总称，酒席菜肴置于筵席之上。《礼记》有这样的记载：“铺筵席，陈尊俎，列笾豆。”其中的“尊”、“俎”、“笾”、“豆”都是古代用于祭祀和宴会的礼器，分别用来盛放酒、牛羊或果脯、腌菜、酱菜。这样，筵席又含有进行隆重、正规的宴饮的意思。“筵席”这个名词正是在这个意义上沿用下来的，后来演变为“宴席”，专指酒席。

3. 饮食业的出现

商、周以及春秋战国时期，随着青铜器的出现，又进一步促进了烹饪技术的发展和提高。由于生产力的提高，食物进一步丰富，在王室及诸侯国，筵席发展到国家政事各方面，且对宴会的仪式和内容都有详细的规定，这从就餐垫座的筵席数量和动用的鼎数多少就能反映出来：就垫座的筵席而言，规定天子之席五重，诸侯之席三重，大夫之席二重；就盛装菜肴的鼎而言，天子九鼎，诸侯七鼎，大夫五鼎，士三鼎。后来，鼎不仅是盛装食物的用具，也成了王权的象征。

该时期，宫廷菜肴的丰盛与精致程度足以使现代人叹服。从周代起，中国出现了烹调食谱，《周礼·天官》中记录了我国最早的名菜——八珍。从《楚辞》中，我们可以看到所举的酒类和食品已相当丰富，如《招魂》篇中所列的一份菜单记有：红烧甲鱼、挂炉羊羔、炸烹天鹅、红焖野鸭、铁扒肥雁、卤汁油鸡、清炖大鱼等。

商、周时期，音乐助餐已经出现。《周礼·天官》云："以乐侑食，膳夫受祭，品尝食，王乃食，卒食，以乐彻于造。"可见，餐后将剩余的食品撤入厨房这一过程，也是在音乐伴奏下完成的。应该说饮食业人员最早是出现在宫廷中，宫廷宴会由尚食、尚酒等内侍人员担任服务，为防止下毒，他们先尝食而后献食。据专家统计，周朝王室管理饮食的机构就有22个，管理人员有2 332人。

4. 餐饮业的发展

汉代餐饮业有了很大的发展。一方面，汉朝与西域的通商贸易使原产西域的各种原材料传入中原，各种新原材料的开发和引进丰富了食物的品种，促进了中原与西域饮食文化的交流。另一方面，铁器大量出现并用于烹饪之中；同时，瓷器的产生也被广泛用于餐饮活动中，使餐饮业在炊、餐具方面也大为讲究。

唐宋时期餐饮业已具相当规模。唐朝以后的餐饮宴席，已从席地而坐发展成为坐椅就餐。北宋名画家张择端的《清明上河图》以不朽的画卷向后人展示了当时汴梁人的市井生活，酒楼、茶馆成为画面的重要组成部分。当时的酒店可将三五百人的酒席立即办妥，可见规模之大、分工之细、组织之健全。南宋时期，杭州的各类餐饮店从服务内容分为：直卖店（只卖酒）、分茶酒店、包子酒店，散酒店（普通酒）、巷酒店（有娼妓服务的酒店）、面食店、荤素从食店、茶坊、北食店、南食店、川饭店、罗酒店（山东、河南风味）等；从等级上讲有高级酒店、花园酒店、普通酒店、低档酒店和走街串巷的饮食挑子。当时在西湖上已出现了提供餐食的游船，其中最大的游船可同时提供百十人的宴会。

元代、清代的民族大融合更加丰富了餐饮业的发展。元、明、清时期，国内民族大融合，中国宴席已经成熟，并走向鼎盛。清代，形成了"满汉全席"，标志着近代中国餐饮的最高水平。此外，民族的大交融使饮食市场形成了基本能满足各地区、各民族、各种消费水平及习惯的多层次、多方位、较完善的市场格局。在具有各地特色的饮食风格基础上，清代形成了较稳定的地方风味流派，成为各大菜系发展形成的基础。

晚清时期在通商口岸及沿海城市出现了西菜馆。西方列强用坚船利炮打开了中国的国门之后，西方的经济、文化、生活习惯如潮而来，西菜在中国的沿海城市，如广州、福州、厦门、宁波、上海以及大都市北京、天津等地纷纷登场。

1.2.2 外国餐饮业发展概况

1. 中世纪前

公元前2500年，尼罗河流域土地肥沃，盛产粮食，高度文明的社会创造了灿烂的艺术和文化，其中也包括西餐的出现。据记载古埃及法老们的餐厅如同宫殿一般，用的食物要经过精心制作。菜单上已经出现了烤羊肉、烤牛肉和水果等菜肴。

公元后，希腊受埃及文化的影响成为欧洲文化的中心。经济的发展带来了丰富的农产品、纺织品、陶器、酒和油。当时希腊的贵族很讲究饮食，日常食物已经有羊肉、牛肉、鱼类、奶酪、面包和经过填食后足够肥硕的鹅肉等；餐厅服务用具也制作得更加精细，还出现了冷盘手推车，这些都对今天的餐饮业产生了巨大的影响。

大约在公元200年，古罗马的文化和社会高度发达，烹调方式汲取了希腊烹调的精华。古罗马人尤其擅长制作面食，至今意大利的比萨饼和面条仍享誉世界，就餐时人们使用餐巾也是古罗马人引入餐馆的。除此之外，在餐馆的餐桌上放置玫瑰花，重大宴会时叫报每道菜菜名的做法等，也是古罗马人最早在餐厅运用。

2. 中世纪

中世纪法国的诺曼底人侵占了大英帝国，使当时说英语的人们在生活习惯、语言和烹调方法等各方面都受到法国人的影响。1183年，伦敦出现了第一家出售以鱼类、牛肉、鹿肉、家禽为原材料制作菜肴的小餐馆。

至公元16世纪末为止，意大利几乎已具备了现在意大利菜肴所使用的原材料，其中包括引自世界各国与新大陆的材料，其烹饪技术以及饮食习惯也已基本定型。

公元16—17世纪，意大利的烹调方法传到法国后，由于历史上路易王朝中好几位国王对西餐烹饪、服务的重视和讲究，使得法式餐具有宫廷华贵、高雅的气度与风格。

3. 中世纪后

1650年英国牛津出现第一家咖啡厅，此后咖啡厅雨后春笋般地接连出现，到1700年仅伦敦就有200余家。

1765年法国巴黎出现了第一家法式餐厅，当时这家餐厅都已具备了当代西餐厅的很多条件。18世纪以来，法国涌现了许多著名的西餐烹饪大师，这些大师们设计并制作了许多著名的菜肴，至今都在扒房菜单上受到顾客的青睐。由于法国有好的材料、好的厨师、好的烹饪环境和好的美味欣赏者，使得西餐的发展达到了极高程度。当今法式西餐的选料、烹饪，甚至法式西餐的服务在全世界都无人可及。

1920年，美国开始了汽车窗口饮食服务。1950年以后，西式快餐首先在美国发展起来，而后遍及世界。直到当今的西餐更讲究营养、卫生与实用性。

1.3 未来餐饮发展趋势

伴随着新科学时代的到来，餐饮业也出现了许多崭新的发展态势，主要有四个方面。一是产品、经营创新化，二是服务两极化，三是企业连锁化，四是设备自动化。有理性和有远见的餐饮经营者应敏锐地把握这些新动向，在提高餐饮管理水平的前提下，一方面可以提高餐饮竞争力，另一方面可以赢得经营主动权，为企业创造更多的社会效益与经济效益。

1.3.1 产品、经营创新化

创新是时代的主流，餐饮业也不例外，为了盈利，经营者只有不断地创新。有些是因时代的更新，客户的需求而创新，有些是在产品的原材料上、制作方法上创新，有些是在营养保健上、在原材料搭配上创新，有些是在经营开发思路上创新。创新的目的在于适应发展的潮流，争取更大的客源市场。创新的需求主要存在以下几个方面。

(1) 国际市场开放，导致各国的外国人来华经商，而他们的膳食，需要适应他们的口味，这就势必在目前西欧餐、日本菜、韩国菜的基础上引进泰国菜、越南菜、俄罗斯菜等。加上原材料的不断地开发，使得菜肴新品种不断出现。

(2) 高层次人群的产生，必然会产生家庭宴请。因家庭宴请是至亲宴请，酒店与它是无法比拟的，但这些家庭不可能家家配备厨师，这就需要酒店提供厨师携带配好菜肴为他们服务。现在已经出现了餐饮加工生产基地，只备厨师、不设堂口，为企业的庆贺及家庭聚会提供服务。

(3) 健康是人们的首选，所以营养保健食品也是人们一直所向往的。经营绿色食品、无污染食品、低卡高纤食品的餐饮，将受到人们的特别青睐。加上新一代厨师的合理配伍，餐饮企业以健康为口号的宣传，必将更受人们的欢迎。

1.3.2 服务两极化

当物价指数不断上涨，餐厅的经营成本也相对增高，加之劳动力成本的提高，餐饮的费用更要大幅提高。但为了适应社会的需求，餐饮的经营势必会走向两极化的发展，这种两极化的餐饮趋势是以服务方式的简繁性来区分。

一种是注重气氛与突出服务规格的高档次餐厅。在必须保留传统精华的基础上，引进先进的设备，在软硬件的配套和管理上下真功夫，营造高雅文化气氛，自然展现整体和谐的饮食文化品位，进而在当地形成精品口碑，引导高档消费，迎合社会中的一批高层次人群。预计未来高档餐饮发展的趋势会有如下优势。

(1) 形成极具影响的极品餐饮，往往在当地能接待最高档次的消费群体，吸引商务客人。

(2) 在高档化餐厅消费或享受其他服务会增添消费者的自豪感，成为他们应酬、聚餐的不二选择。

(3) 高档餐饮易为当地政府官方认可，被选中作为接待嘉宾、展现本地经济实力的窗口，从而带来丰厚回报。

另一种是强调制作迅速、服务自助的餐厅，它包括大众餐厅、快餐厅。在传统餐厅的基础上，优化设备、提高效率、增加自助项目、减少人力资源，以此来降低运行成本和菜肴价格以适应工薪阶层和大众消费。迎合大众消费的微利经营市场有以下几个优势。

(1) 从市场细分的角度讲，真正有实力的高档消费和高规格接待活动毕竟不多，而一般性的中低档交往应酬和填饱肚子仍是社会的主流。

(2) 快节奏的工作方式、生活方式，导致一大批白领、蓝领选择快餐。

(3) 人民生活水平的提高，节奏的加快，一般家庭都会选择在餐厅用餐，把耗在做家务的时间剩下来，用于旅游、娱乐和学习，开始启动真正的家庭消费，使大众消费越来越受人青睐。

1.3.3 企业连锁化

美国快餐店麦当劳、肯德基依靠国际连锁的威力，横扫中国餐饮市场，对业内人士造成极大的震撼。在我国很多企业也开起了连锁店，走的是一条品牌经营的路子。连锁经营更能建立自己的管理系统、自己的品牌目标，随着知名度的普及、各地资源的充分交流以及管理经验的相互传承，可使餐饮企业能轻易地扩散各地，得到发展。饭店餐饮也可引进连锁品牌，或打出自己的品牌连锁经营。资金不足的小餐厅则可考虑加入连锁集团成为加盟店。连锁经营有如下几个优势。

（1）餐饮业的连锁经营，可以实行集中采购、集中开发，充分利用集团优势，降低采购费用，同时也可节省推广及研发等大笔开销，使各分店不会因策略的推行而捉襟见肘。

（2）连锁经营能单独设立加工场集中配送，向分店供应统一标准、统一口味的半成品。既可以扩大店面房的利用率，降低房租费用，又可以节省成本，保证特色配方不外泄。

（3）社会口碑好、知名度高的名牌餐饮，一旦连锁经营，很快就会在更大的范围建立影响，得到社会认可，从而缩短回收成本周期。

1.3.4 设备自动化

随着当今科技的迅猛发展，未来餐饮业中电脑的广泛应用也将成为必然。在目前电脑设备和自动化设备的运用基础上，涵盖订货、库存管理、销售分析、客户分析、营业数据、财务结算及员工考核等多个方面的功能。设备自动化大大降低人工费用，提高产品的标准化程度，杜绝假冒伪劣产品进入餐饮业。

（1）各餐饮业可建立客户资料库，有利于了解客户的口味、习惯和爱好，在编排菜单时，电脑会自动列出上次用过的菜肴以及食用的频率等相关信息，更有利于人性化管理。

（2）在所进食品原材料上，都贴上一张跟踪卡，通过电脑即可知道原产地和经销商，杜绝假货的进入，也可了解保质期和物品的流向，便于管理。

（3）为了减少污染、改善工作环境、提高标准化生产力、降低劳动力费用的支出，电磁灶、多功能蒸烤箱、保温箱等自动化设备和环保设备会更加普及，一系列的现代化科技为厨师带来福音。

（4）电子点菜系统会普及运用。电子屏菜谱、平板电脑菜谱，会替代传统的食物陈列和纸质菜谱，电子菜谱的普及会使点菜更为快捷，人力投入会相对减少，杜绝某些漏洞的出现，是追求环保效率，时尚的趋势。

思考与练习

1. 了解餐饮业的类型和基本特征。
2. 了解市场、写出目前市场受消费者欢迎的餐饮类型。
3. 发挥自己的想象，展望未来餐饮经营和服务的形式。

第2章　餐饮种类与经营管理

餐饮有饭店餐饮和社会餐饮之分，饭店餐饮是依附在饭店框架结构之中，虽然要全天候营业，但在安保宣传等环节，省去了不少工作，而社会餐饮独立经营，虽然在经营上自主权大于饭店餐饮，但其他附属工作增多了。虽然同属“餐饮”，二者经营管理上有所不同，但它们的服务管理还是基本相同的。

2.1　餐饮部与其经营环节

饭店的基本功能是为消费者提供住宿和餐饮服务，而随着饭店业的发展，饭店的餐饮功能又得到了强化。第1章提及的餐饮业类型中，第一类就是饭店（Hotel）所属的餐饮部，它既能满足入住客人饮食的需要，也是构成饭店主要经济来源的营业部门之一。同时，餐饮服务是面对面的服务，在很大程度上反映了饭店的总体服务水平和特色，可以说餐饮部是饭店声誉的一个窗口，随着现代人们消费观念的转变和消费结构的更新换代，餐饮将是决定饭店竞争力的关键要素。

2.1.1　餐饮服务的意义和作用

餐饮部是现代饭店中的一个重要部门，它不仅要满足客人对饮食和良好服务的需求，还可以为饭店创造较好的经济效益。随着世界经济的迅速增长、人们生活水平的提高、国内外游客的增多、社会生活节奏的加快等都促进了旅游业的迅速发展，使得餐饮部在饭店中的地位和作用日益增强。

1. 餐饮服务是一种旅游资源

餐饮产品是由有形的食物和无形的劳务服务组成，是二者有机结合的整体，餐饮产品则最典型地体现了饭店产品的这一特性。餐饮产品是餐饮实物、烹饪技术和服务技巧完美结合的饭店产品，它能满足宾客的生理性直接需求以及许多心理、感情方面的间接需求。不仅如此，饭店餐饮产品集中体现了一个地区的饮食文化，使宾客在品尝美食的同时，可以从中了解到该地区的民风民俗、传统文化、历史沿革乃至宗教习俗。因此可以认为，餐饮不仅是饭店产品，而且是旅游产品的重要组成部分。换而言之，餐饮不单是旅游得以进行的手段，而且可以是旅游的目的之一，具有既属于旅游设施类又属于旅游资源类的双重性质。美食旅游、减肥旅游、食疗旅游在各地逐渐成为一种时尚，这一事实已足可证明其性质。饭店如能不失时机地恢复、开发名菜名点和设计特种餐饮，必然可以丰富餐饮服务内容，吸引更多的宾客。

2. 餐饮服务是饭店服务的必要组成部分

住、食、行是人们外出旅行或旅游的必备条件，而住和食尤其重要。饭店、餐馆是随着旅游的产生而产生，随着旅游的发展而发展，这不论是中国或是世界其他地方都是如此。英国早期就规定，旅馆必须承担为住店旅客提供住宿、餐饮和安全的义务。在古代中国，几千年前就有了被称为“驿站”、“逆旅”等各种馆舍，为往来旅人提供住宿和饮食服务。可见，餐饮服务是饭店服务的必要组成部分，餐饮部是饭店必不可少的业务部门。

3. 餐饮服务水平是饭店服务水平的客观标志

美国饭店业的先驱斯塔特勒（Statler）先生曾说过："饭店从根本上说，只销售一样东西，那就是服务"。餐饮服务的水平客观地反映了饭店的服务水平，餐饮服务质量直接影响饭店的声誉和竞争力。餐饮服务水平由多种因素决定，涉及餐饮服务的各个业务环节，而从宾客消费的角度分析，主要由厨房烹调和餐厅服务两大因素决定的。厨房烹调技术影响餐饮产品实物部分的水平，餐厅服务水平则影响着宾客购买、接受餐饮产品时的精神和心理状态。餐厅服务水平除了指服务员的态度和技术，还包括餐厅的环境氛围、风格情调、餐饮器皿等的质量水平，而这一切都决定于饭店的管理水平。世界各地因餐饮服务出色而声誉鹊起并经久不衰的饭店为数甚众，如美国纽约的华尔道夫饭店屋顶星光餐厅、世纪广场饭店的餐厅、芝加哥的大使旅馆舞鞋餐厅，都以精美的餐饮和独特的服务风格，使这些饭店闻名于世。法国的利兹饭店公司、美国的马里奥特饭店公司也素以注重餐饮服务著称，在饭店业界久享盛誉。

4. 餐饮收入是饭店收入的主要来源之一

饭店餐饮部是饭店重要营利部门之一，尽管由于所处地区、档次规模、经营重点不同，各地各类饭店餐饮部的收入会有所不同，但它仍是饭店营业收入的支柱。如欧洲的饭店餐饮营业收入往往高达饭店营业总收入的40%～45%，北美的饭店可占30%～35%；在中国，低星级饭店餐饮收入占饭店营业总收入比例高于高星级饭店，这是由高星级饭店客房销售收入比例较高所致，据2004年《中国饭店业务统计》，全国三星级饭店餐饮营业收入占饭店营业总收入44.3%，而四、五星级饭店分别为37.5%和36.6%，但餐饮部门利润率情况却刚好相反，三星级饭店为18.9%，四、五星级饭店分别为25.4%、33.4%。

5. 餐饮的市场营销带动着饭店人气

优良的服务技巧、制作精良的美味佳肴是吸引宾客的主要因素。甜美的微笑、热情周到的服务、唇齿留香的美食能在客人心理上产生美好的回味。因此，与饭店的其他营业部门相比，餐饮部在竞争中更具有灵活性、多变性和可塑性。餐饮部可以根据自身的优势和环境的状况，举办各种美食节、餐饮推广活动、义卖活动，同时也可以与饭店的客房、商品或娱乐服务捆绑式配套促销，不仅可以强化饭店的市场形象，还可以大大提升饭店的综合营业收入。

2.1.2 餐饮部经营环节

饭店餐饮部所管辖的范围非常广泛，一般来讲包括各类餐厅、酒吧等传统的餐饮设施，有些饭店的餐饮部还承担着各种会议任务，甚至还管理着歌舞厅、音乐茶座等娱乐设施。餐饮部肩负着从市场调研、菜单筹划、原材料采购，到厨房的初步加工、切配、烹调，再到餐厅的各项服务工作，业务环节众多而复杂，而作为一名管理者对环节的了解和熟悉，是必备的课程，同时要对各个环节进行剖析。

（1）市场调研。市场调研是餐饮经营的基础，通过市场调查，可收集有关信息了解餐饮消费者的真正需求，从而设计生产符合消费者需求的产品。正确处理市场需求和供给的关系，针对市场需求进行餐饮营销，广泛组织客源，扩大产品销售，提高餐饮经营的社会效益和经济效益。因此，市场调研是餐饮经营管理的首要职能和基本任务，是餐饮经营环节的第一步骤。

(2) 菜单筹划。菜单是餐厅所经营产品的目录单，它包含产品的种类、名称、规格、价格等内容；也是餐饮经营活动的纲领，它对经营者及客人都有一定的约束。具体来说，餐厅必须保证提供菜单上所列出的产品，不能出现单上有名、厨房无菜的现象；消费者如果点了超越菜单内容的菜肴品种，饭店可根据实际情况而定，既可提供，也可谢绝提供。菜单筹划应在市场调研和确定自己的经营方针的基础上进行，应以市场为导向，满足消费者的需求。

(3) 设备规划。餐饮设备设施的规划，是指餐饮部各餐厅、厨房、公共区域、后勤保障等场所的布局装潢，以及设备设施的选购、安装等一系列的计划与实施工作。此项工作建立在菜单筹划、餐厅经营主题确定的基础上，设计布局应科学合理、符合生产流程，设施系统应完善安全，设备的选购与安装要考虑安全性和便利性，形成一个光源充沛、通风良好、低噪声的工作环境。

(4) 原材料采供。餐饮原材料是饭店餐饮经营中产品生产的物质基础。无论何种类型的餐厅、使用何种菜单、使用何种设备用具、聘用怎样高水平的厨师，如果没有符合质量标准的食品原材料，就不可能生产出高质量的餐饮产品。食品采供除了保证原材料质量以外，还应确保原材料的数量、规格及采购时间符合要求。同时，应控制好采购渠道、原材料验收、储存保管等环节，以便在确保质量、数量、规格的前提下降低成本费用，使预期毛利得到实现。

(5) 产品生产。餐饮产品生产具体指厨房菜肴点心和酒吧酒水饮料的生产。相对酒吧生产而言，厨房菜肴点心生产水平的高低和产品质量的好坏，对饭店的餐饮经营水平和市场形象的影响更大。餐饮生产管理是对菜肴点心在生产加工过程中的各种活动进行计划、指导、监督、指挥和控制，以保证餐饮产品的质量。

(6) 服务销售。餐饮服务销售是餐饮产品生产的延续，是实现餐饮经营目标的关键环节，它直接影响客人对产品的感受。在餐饮经营活动中，生产、服务和销售基本是同步进行的。做好餐饮销售服务工作，能够使客人的心理需求得到满足，实现从餐饮产品到商品的转变。在服务环节中，通过服务的手段来推销餐饮产品是餐饮营销中的重要方法，它能在满足客人生理和心理需求的同时创造企业的经济效益和社会效益。

(7) 成本核算。在餐饮经营过程中，要对餐饮经营成本与费用进行日常和分阶段的核算，并对实际毛利与预计毛利进行比较，准确地体现餐饮经营的经济效益和利润指标的完成状况，即从财务角度对餐饮经营进行监督和控制，以便及时发现问题，对餐饮经营进行必要的调整，达到提高效益的目的。

(8) 评估与反馈。市场需求在不断变化，餐饮经营管理者除了对自己的经营活动进行客观的评估以外，还要通过各种渠道不断了解市场对餐饮产品的评价，了解客人的愿望和建议，只有真正做到知己知彼，才能在日益激烈的餐饮竞争中掌握主动权。

(9) 调整计划。根据评估结果和市场调研获取的信息，以及饭店餐饮实际接待能力和客观条件，及时调整餐饮经营计划和方针，以便提供符合消费者需求的产品，更好地满足市场需求，长期占有目标市场和挖掘潜在市场。

2.2 饭店餐饮的分类

从以往单一地为住宿客人提供简单的饮食，到目前从各个角度为消费者提供美食享受的服务以来，饭店餐饮已变为多层次、多式样、多品种，既能享受美味、又能享受服务的多功能场所。与任何其他事物一样，我们也可以从不同的侧面，对餐饮这一研究对象进行多种分类。这些分类按服务方式、经营方式、供应品种、供餐时间及点菜方式划分。

2.2.1 以服务方式分类

在发达国家和地区，人工费用较高，故餐厅的分类法中，首要的就是以服务方式作为标准的分类法。

1. 餐桌式服务餐馆

全世界使用最多的服务方式，就是餐桌式服务。餐馆向消费者提供的所有服务，从接受点菜、上菜、分派菜等均围绕餐桌进行。现在所讲的餐饮服务，绝大多数都以餐桌式服务为研究对象。

2. 柜台式服务餐

许多日本餐馆采用此种服务形式。在一长条形的柜台两侧，分别是消费者和提供膳食及服务的厨师。消费者从点菜、等候，直到就餐，始终位于柜台的一侧，而厨师为消费者所需菜肴的烹饪加工过程就在消费者的注视之下完成。此类餐馆注重供餐的速度，且能让消费者亲眼目睹自己的菜肴被加工出来，对厨师也是一种激励和鞭策。

3. 自助服务式餐馆

此为快餐厅常见的服务方式。消费者从点菜、取菜直到用餐均由自己独立完成。在人力资源紧张的状态下，自助式正在各餐馆中得以应用。

4. 其他服务方式餐馆

机关、团体等企事业单位的食堂、餐厅采用自己独特的服务方式。

另外，发达国家还出现了用自动销售机销售餐饮品的形式，销售的餐食，冷热均有。

2.2.2 以经营方式分类

社会的发展与进步，使社会分工越来越细致和明晰。以各种方式经营的餐馆，也越来越多。

1. 独立经营的餐馆

相对于连锁或连号经营而言，该类餐馆独立经营，有自己一整套经营思路和管理方法。

2. 连锁经营的餐馆

这是近几十年来餐饮经营发展的趋势。全球著名的麦当劳、肯德基等均靠此种经营方式在世界范围内得以长足发展。目前，国内餐饮业的连锁经营方兴未艾，依靠统一的标识、装修风格、产品、服务及质量，获取一个又一个新高地。

2.2.3 以供应品种分类

目前，在国内市场，按照供应品种，可将餐馆分为中餐厅、西餐厅和其他餐厅。

1. 中餐厅

中餐厅供应中华民族喜食的中国餐，此类餐馆数量繁多，经营品种丰富，在国内随处可见。

2. 西餐厅

西餐是我国人民，以及其他部分东方国家和地区的人民对西方国家菜点的统称。西餐厅主要分布于大中城市和高星级饭店。

3. 其他餐厅

其他餐厅主要供应除中餐、西餐以外的世界其他国家、民族的餐食。

2.2.4　以供餐时间分类

现代生活节奏的加快，外出就餐的增多，使餐馆的专业分工愈加精细，从供餐时间上也能找到佐证。

(1) 早餐餐馆。

(2) 午餐餐馆。

(3) 晚餐餐馆。

(4) 宵夜餐馆。

(5) 早、午茶餐馆。

(6) 早、午餐餐馆。

早、午茶餐馆，流行于英国及英联邦地区。在早、午餐之间和午、晚餐之间向人们提供餐食服务，品种以点心、糕饼等为主，辅以茶水。

早、午餐餐馆是一种特殊的餐饮企业形式。这种餐饮企业在早餐与午餐之间的某一时刻，通常为上午 10：00 或 10：30 左右，向消费者提供餐饮服务。膳食的内容，既有早餐的品种，又有午餐的菜肴。在西方国家，人们习惯将其称为“早吃的午餐，晚吃的早餐”。这种餐饮服务形式在周末很受欢迎。

2.2.5　以点菜方式分类

人们生活水平的提高，生活方式的多样化，使餐馆在点菜形式上谋求各自的市场定位。

1. 套餐餐馆

套餐餐馆主要经营套餐、团队餐，接待对象为公务客人、旅游团队。餐食以组合的形式出现，数量以五个至十个菜点为常见。消费者付款时，以组合餐为计算单位。

2. 零点餐馆

零点餐馆使用最多，也是人们最熟悉的餐馆。消费者依据餐馆提供的菜单点菜，餐馆根据消费者的选择提供相应的烹饪及餐饮服务。

3. 自助餐餐馆

自助餐餐馆是较受消费者欢迎的一种餐馆。餐馆根据当时当地的市场状况，将几十种餐食品种（菜肴、汤、点心、水果、饮料等）按一定的规律和艺术性置于若干个大餐台上，消费者以人次作为消费单位支付一定金额后，便可自由自在地选取自己喜爱的食物。食物的品种、数量不限。

需要注意的是：自助餐的就餐及结算方式同自助服务式餐馆不一样，自助餐按消费者人数结账，自助服务式餐馆是根据消费者选取的食物品种、数量、金额来结账。

2.3　餐饮经营策略与管理理念

随着时代的变迁、经济的发展，餐饮业也随之得以发展和变化。餐饮经营者要在酒店林立、餐馆众多，竞争日益激烈的市场中，以占有一定份额来赢取利润。没有先进的理念和经营策略是不行的，作为餐饮管理经营者非常重视这一问题，积极采取相应对策，抓住机遇，赢得利润的最大化。本节介绍餐饮管理者应具备的现代化餐饮管理理念和策略。

2.3.1 餐饮经营策略

现代饭店餐饮部和独立经营的餐饮企业，它们经营的成败，很大程度上取决于餐饮管理者在具体经营中是否具有现代化的理念。

1. 确定长期经营战略目标

餐饮管理人员，要把注意力更多地集中在未来全局发展的重大决策上。必须立足当前，展望未来，具有远期战略思想，确定经营战略目标；在经营上要能适应市场竞争变化，掌握市场动向，要对客源、人力资源开发、价格策略的制定、餐饮计划的更新等远期目标和重大问题进行正确的决策。

2. 积极了解市场、开发市场

了解国内外市场的客源结构特点，了解餐饮管理、服务的最新理念和技术水平，了解竞争对手的情况，做到知己知彼；并且密切注意市场的变化，力求做到饭店产品和餐饮部的销售与客人需求相适应，从而取得较大的经济效益。开发市场即是要努力发掘新的市场需求层次和需求领域，引导消费，避免与较强的竞争对手直接竞争，使自己处于非常有利的竞争地位。

3. 正视竞争、敢于竞争

餐饮竞争实质上就是服务质量的竞争、技术水平的竞争、管理水平和人才的竞争。同行竞争导致市场占有率、餐厅上座率等各方面的差异，并因此而产生不同的经济效益。餐饮管理人员必须树立竞争观念，每时每刻都要意识到自己处于竞争环境中，正视竞争、敢于竞争、善于竞争，将竞争看做推动餐饮经营管理的动力，在竞争中求生存、求发展，促使餐饮经营走向成熟。

4. 注重经济效益和社会效益

餐饮部是赢利性部门，在其经营管理过程中，必须注重经济效益。但效益的含义绝非只是指经济效益，还要时刻想到社会效益。应把满足广大消费者日益增长的物质文化生活需要，建立社会主义物质文明和精神文明作为根本目标。

5. 加强对信息的利用

在当今的信息时代，餐饮管理人员也应具有信息意识，注重信息的作用，不断增强获取信息、处理信息和运用信息的能力。可靠而及时的信息可为餐饮部带来巨大商机。

6. 把握时机做出决策

“时间就是金钱”，时间是无形的财富。在制订计划时，不仅要注意到人力、物力、财力的消耗，同时也要注意时间的消耗，决策不仅要正确而且要及时，虽然匆忙的决策易引起失误，但拖延时间又会失去机会。

7. 加强市场调研与预测

餐饮管理者无论是在决策上还是在计划管理上都应面对未来，而未来则无法预知得非常详细，虽然可通过市场预测，运用决策理论和方法对未来进行估计，但仍然存在一定的风险。管理人员要先加强市场调查、市场预测，获取尽可能多的市场信息，并准备好多种方案和对策，从而应付未来的各种变化。对所冒风险如能做到胸有成竹，并估算出自身的承受能力，即使风险损失，也不至于给本企业带来灾难性的影响。

8. 善于创新产品与服务

餐饮产品尽管有较长的生命周期，但从竞争激烈的市场看，这个周期在不断地缩短，餐饮市场正在向多样化、高层次发展。餐饮管理者要善于开发各种资源，不断推出新产品，扩大经营范围，增加服务项目，增强企业的吸引力和竞争力，以满足各类客人的消费需要。

2.3.2　餐饮管理理念

1. 增加有形的包装

服务是无形的、触摸不到的，所以可以利用一些有形的包装来增加消费者的印象，影响消费者对服务品质的看法。例如，员工制服、菜单装帧、环境塑造、服务改善等。美国一家航空公司曾取消所有在一般飞机上会得到的服务项目（诸如寄行李、餐饮、看电影等），以配合降价的竞争策略。但在推出这个降价行动时，该公司事先在电视媒体上教育消费者："你是希望在飞机上吃一餐难吃的餐食，还是希望到纽约吃一顿牛排大餐。"显然，只有影响顾客对服务品质的既定期望，才能使公司的降价策略获得成功。上述情况只是一个例子，但证明了业者是可以引导消费的。

2. 塑造独特的风格

由于餐饮业是一种以顾客为导向的服务业，因此整个餐厅软硬件呈现的风格对消费者而言就相当重要。消费者往往因为欣赏某餐厅（酒吧）的氛围及温馨的服务而广为宣传推荐，为餐厅建立了良好的口碑。因此每一位餐饮业者应找出自己的定位及独特的地方，并以策略性的促销方法介绍给顾客，灵活运用淡旺季来吸引顾客，使顾客能深切认同该餐厅，从而紧紧抓住许多固定客源，在已有顾客的基础上吸引更多客源。但若只是抄袭同行的产品或经营方式，不仅无法取得顾客的认同，也会阻碍公司自身的发展。

3. 提供人性化服务

餐饮业讲求的是团队精神。由于工作时间较长、工作量大，造成员工离职率高，因此更需要通过内部良好的内部环境来建立餐饮服务的品质。管理者必须认清服务业最重要的资产是员工，尤其是每一位与消费者直接接触的员工，他们才是了解顾客、掌握客源的关键人物。那些间接与客户接触或完全不与顾客接触的员工也同样是服务人员，只不过他们服务的对象是自己的同事，他们是整个公司的支撑，他们主要的工作是支援现场及其他同事完成服务顾客的工作。因此公司必须以尊重人性、服务管理的理念来带领全体员工服务客人，这样员工才会对公司产生信心与凝聚力。试想，若是公司能创造一个全体员工皆有为别人服务的观念的和谐环境，当然就能自然地以亲切的服务态度来服务他们的顾客，也更能留住顾客的心。

4. 重视人才的培养

餐饮服务业在强烈的竞争下会有许多的压力，其中最严重的莫过于人员的流失问题。饭店管理者要有长远目标、有健全的人事晋升及进修制度才是餐饮业永续经营的基础，从高级主管到基层员工都应加以有计划和阶段性的培育，使所有员工能与饭店共同成长，体会到饭店培育之苦心，从而产生团队的共识。

2.4　餐饮管理体系

在搞好基本建设即将对外营业之前，一个餐饮企业一边要招聘员工，建立组织机构，配置设备，建全营运设施；另一边要建立一套完善的管理体系，它包括管理形式、沟通模式、管理制度等等。特别是餐饮部，具有岗位多、差异大、管理难的特点，更要有一套完整的体系，来确保餐饮部和谐运作、和谐管理、和谐发展。

2.4.1 餐饮部下属部门

在介绍管理体系之前，先了解一下餐饮部情况。餐饮部有四多：部门多、员工多、工种多和设备多。部门多指的是不仅有中餐厅，还有西餐厅，以及相对应的厨房等；员工多，是指所属员工占饭店员工的40%左右；工种多，是指有服务师、厨师、迎宾员、跑菜员等工种；设备多，是指有咖啡机、制冰机、冷柜机、压面机等设备。

1. 饭店餐饮部所属的餐厅

（1）咖啡厅。咖啡厅是饭店中营业时间最长的部门，高星级的饭店全天24小时营业，是以供应西餐西点为主，兼营小吃的餐厅。

（2）中餐厅。中餐厅主要经营中国地方风味，从餐厅供应的品种、餐厅的装潢到餐厅的服务等都具有中国特色。

（3）法式餐厅。也称“扒房”，以供应法式菜为主，属高档餐厅，多在高星级的饭店出现。此类餐厅提供法式服务，餐厅布置豪华、优雅，富有浪漫情调，设备、设施配置精良一流，有相当一部分菜肴需要堂口烹制。

（4）多功能厅。用于举行各种宴会、酒会、自助餐和其他各种会议等活动的场所，通常具有可分割成大小厅的功能。

（5）风味特色餐厅。为供应本地或本饭店特色菜肴的餐厅。如海鲜厅、民族厅、料理厅等。

（6）其他种类的餐厅。表现形式多样，如花园餐厅、池边酒吧、旋转餐厅、屋顶餐厅等。

2. 饭店餐饮部所属的厨房

（1）中式厨房。中式厨房与中餐厅配套，烹制有中国特色的各种菜肴及点心，其中还包括了烹制各大菜系的分厨房。

（2）西式厨房。西式厨房与西餐厅配套，包括扒房与西点房，烹制法式菜点，而扒房一般多为开放式，把烹制过程展示在宾客眼前。

（3）宴会厨房。宴会厨房承担大型的宴会、酒会及庆典活动的茶点。一般在大型饭店均设有宴会厨房，有些中小型饭店也设有宴会厨房，但平时不启用，遇到大型宴会时，才从其他厨房抽调人员进行烹制。

（4）咖啡厨房。咖啡厨房一般提供西式糕点。有时当咖啡厅担当西餐厅角色时，它也承担相应角色的任务。

（5）风味厨房。风味厨房一般烹制具有特别风味的食品，如烧烤、火锅等食品，所配备的厨师，根据供应品种的变换而变动。

3. 饭店餐饮部所属的其他部门

（1）销售（预定）部。餐饮销售是负责餐饮产品销售的业务部门，其主要任务是根据饭店总体营销策略，制订餐饮产品促销方案；建立销售网络，设立销售网点；稳定老客户，发展新客源；其重点在于酒会、宴会和团队预定，完成餐饮部的全年销售任务。

（2）宴会部。宴会部主要负责中西餐宴会、酒会、国际性会议、展示会以及节日宴会。独立负责促销、策划、接待、服务，并建立客户饮食档案，与客户保持良好的关系。有些饭店把宴会部与餐饮销售部合并在一起为宴会销售部。

(3) 采购供应部。采购供应部负责餐饮部生产原材料的采购与保管。负责采购的有库存备用原材料、活养的水产原材料、直接使用的蔬菜和禽肉原材料。

(4) 餐务部。餐务部也称管事部，是协助餐厅完成各项服务工作的后勤保障部门。担负着餐饮前后台运转提供物资用品、清洁厨房、清洁用具和餐具（玻璃器皿、金银铜器）等，确保前后台的工作和服务区的卫生处于最佳状态。

(5) 饮务部。饮务部专门负责酒和饮料的销售管理。餐厅的酒吧经营、饮料销售和推广，都属饮务部门。特别是举办各种形式和规模的宴会和酒会，对酒类要求高的服务均由饮务部承担。

餐饮部的员工、工种及设备在后面的章节中会详细介绍。

所以餐饮部在“四多”的情况下，加上营业时间跨度大，服务对象的不同，服务形式和内容上与其他部门都有较大的差异，管理方法也就有所不同，餐饮部如果没有一套完整的管理体系，管理者纵有三头六臂也无法应付。

2.4.2 餐饮部常见的管理形式

所谓管理形式，是指一个组织通过什么样的方式方法让所有员工接受指令、传递信息和进行沟通的运行机制。从广义上看，目前餐饮部的管理形式不外乎集中化管理和分散化管理两种。

1. 集中化管理

所谓集中化管理，就是指所有的同类工作由一个岗位集中负责，即一切决策权、分配权、人事权均集中在管理者手中，下级部门和个人必须服从并执行。对于餐饮部来说，集中化管理就是餐饮总监或餐饮部经理负责，主持一切经营方案，有调配一切人事权和薪酬分配权，制定一系列的管理制度。

实施集中化管理的优点是：政令统一，标准一致，力量集中，能统筹全局，做到令行禁止；在生产上则可有效地节约人力、物力等成本，能较好地发挥各专业人员的作用。集中化管理的缺点是缺少灵活性，不利于发挥下级的积极性和智慧，同时由于管理岗位承担的责任太大，个人负担过重，稍有不慎，就会造成决策疏忽和失误。

目前，我国大多数中小型餐饮采用集中化管理的形式。

2. 分散化管理

所谓分散化管理是指在明确了各下部门或个人职权和责任的情况下，把部分决策权下放到下级部门或个人，使职权相对分散，让大家共同承担责任的一种管理模式。这样一来，下级部门在自己管辖的范围内，有权自主决定问题，上级对此不加干涉。随着餐饮规模的扩大，由一个人来集中管理已不妥，于是这种分散化管理的方式被一些餐饮经营者所采用。

分散化管理的优点是能发挥下级部门的个性、特长与积极性，比较容易适应客观情况的变化，具有较大的灵活性，也使管理者解脱重负，有利于把精力放到宏观调控与卖场开发等工作中去。分散化管理的缺点是各个部门容易偏重局部利益，形成小团体主义和本位主义，政令不统一，不能统筹兼顾，遇到问题容易扯皮，有时会因为协调不灵造成工作上的漏洞。

分散化管理适用于规模较大、餐厅较多的餐饮部，是现代化饭店中管理体制的发展趋势。目前，在我国许多大型饭店的餐饮和所属的厨房中，分散化管理已被广泛运用，并取得较好的管理效果。分散化管理表现在具体的运作方式上主要有以下几种方式。

（1）行政总厨责任制。总厨负责制是一种较为简单的分散化管理形式，它的特点是餐饮部经理只抓指标的落实；整个厨房的所有事物都由行政总厨全面负责决策、安排，包括厨房员工的配置、厨房设备的布局、岗位的确定、工作任务的分配、管理制度的制定、经营菜品的设计、原材料的质量标准，以及厨房的成本控制、出品质量控制等。这种负责制相对来说与经济利益挂钩密切。整个厨房员工的工资与营业额、毛利挂钩，行政总厨的工资待遇是最高的，但厨房下属部门或个人出现工作失误时，除了责任者要承担责任外，行政总厨也要受到连带责任的处罚。

例如，没有完成当月菜品开发（或所开发的菜品点击率不够），厨房当月的毛利率达不到酒店规定的指标，厨房当月的退菜率超过了规定的指标，厨房卫生检查不合格，厨房在一个月中发生事故超过了规定的次数等均与收益挂钩。

（2）厨房承包制。厨房承包制，实际上就是由某个人把整个厨房以经济指标的形式与酒店签订劳动合同，负责厨房的全面组织与生产工作。大多数餐饮的厨房承包人就是厨师长，所有的员工配置都由承包人来负责组织，厨房每个员工的工资待遇也是由承包人确定，餐饮部经理只抓指标的落实。厨房承包责任制是中餐厨房生产管理体制改革的一种新形式，但由于这种管理形式尚不完善，在运行过程中也暴露出许多问题，如整体管理不能与饭店保持一致，有些用工制度不符合法规。因此，厨房承包责任制还有待于进一步完善和改革。

厨房承包制中承包人应承担如下的责任：每月开发菜品的数量要达到规定的指标（按点击率统计），完成当月预先规定的毛利率指标，发放厨师的工资，承担在发放中引起的纠纷，负责验明所聘用厨师的身份，负责所聘厨师的培训，贯彻饭店和餐饮部的规章制度，按规定实施采购、维修等工作。

（3）班组负责制。班组负责制是各部门在分工明确的前提下，将所分工的任务与职责由各部门承担。因为在一些大型饭店，餐饮部经理（或餐饮总监）要全面负责整个餐饮部的销售、经营和管理，不可能兼顾到各个小部门，所以只能采取层级管理的模式，由餐饮部统一下达任务和指标，各小部门员工向班组负责人负责，各班组负责人向餐饮部经理负责，在确保任务的完成下，各班组负责人在规定指标的范围内，对人员安排、费用开支、班次调整等方面有一定的决定权。这种形式充分调动和发挥各班组的工作积极性与创新能力，减轻了餐饮部经理的负担。

小型饭店有酒吧负责制、点心房负责制或分餐厅管理负责制较为多见。

班组负责人职责是：组织、指挥本部门的经营活动，负责本部门所生产、经营的产品质量，负责本部门原材料和工具的申购与保管，负责本部门的营业收入，严格执行毛利率指标，负责本部门员工的技术培训，对本部门工作、生产起组织、指挥、督导作用，负责考核本部门员工的工作业绩。

2.4.3 餐饮部的内外沟通

餐饮部是饭店的一线销售窗口，是树立饭店声誉的部门，在它的运转中，必须取得各方面的支持与配合，才能达到预期的目标，这就需要餐饮部人员主动热情处理好与各方面的关系，加强与各有关部门的联系，相互沟通信息，融洽双方感情，以求得双方相互支持与理解，其中也包括餐饮部内的各部门间的沟通。

1. 餐厅与厨房沟通

餐厅与厨房是一个不可分割的整体，它们是前台与后台的关系。缺少沟通或者双方配合欠佳，都会陷入僵局，造成不良后果。如消费者在餐厅用餐时发生菜肴口味偏咸、原材料新鲜度不佳、要求菜肴重新加热、有急事要求提前进餐等问题，餐厅人员都要及时与厨房进行沟通。而且厨房制作出来的菜点，也离不开餐厅的优质服务和介绍，所以餐厅与厨房必须相互依存、密切配合、协调默契，否则会影响服务质量和饭店声誉。因此，餐厅与厨房要经常进行交流，互通信息，融洽关系，以利于服务质量和菜肴品质不断提高。

(1) 了解当天需推销的菜肴，使服务员有重点地向宾客推介。

(2) 及时了解断档的原材料和紧缺原材料，使服务员避免向消费者推介该原材料制作的菜肴。

(3) 在高峰期间，尽量不推介一些加工复杂的花色菜肴与蒸煮时间较长的菜肴。

(4) 前后台商定正常出菜时间。如：冷菜在 2 分钟内到跑菜员手中，热菜在 10 分钟内到跑菜员手中。

(5) 如遇到汤水较多的锅仔、火锅等，厨房尽量把一部分的汤水分开盛装，以便跑菜方便。

(6) 遇到大型宴会，前后部门更要及时沟通，控制上菜速度。

(7) 菜肴有异味或欠火候，服务员要及时撤回，并与厨房说明情况，给予补救。

(8) 前台人员要主动询问客人对饭菜的评价，及时反馈给厨房，以便分析改进。

(9) 厨房与餐厅每星期应召一次座谈会，讨论问题、解决问题。

(10) 利用空闲时间举行一些活动、比赛，增进前、后台的感情。

2. 餐厅与餐饮部其他部门的沟通

餐厅在日常经营管理中不仅要与厨房沟通，而且还要与餐饮部的其他部门经常联系，交流信息，配合工作。

(1) 餐厅与餐务部的联系沟通。餐厅添置物品要提前通知餐务部进行采购，要及时反馈餐具、用具的洗涤状况给餐务部；餐务部要给餐厅提供每天使用的餐具、酒具等，准备充足的布草和各类用具可供餐厅调换。

(2) 餐厅与饮务部的联系沟通。餐厅如遇需特殊酒水需要，要提前通知饮务部。饮务部要保证餐厅使用的酒水饮料的品种齐全、货源充足，有些高星级饭店饮务部直接为客人提供服务。

(3) 餐厅与采供部的联系沟通。餐厅要添置物品要及时通知餐务部、饮务部进行采购，但有些饭店还是直接给采供部联系采购，经常的沟通有助于保证所采购物品的准确性、适用性。

(4) 餐厅与餐饮部办公室的联系。餐饮部办公室与餐厅是上下级关系。餐饮部经理制定的餐饮部整体营销计划通过办公室下达给餐厅经理，餐厅经理负责实施，在实施营销计划过程中，对客人提出有关问题和工作人员请示不能做决定时，要及时向餐饮部办公室请示报告，由餐饮部办公室研究解决。餐厅经理还可通过餐饮部办公室与其他有关部门进行协调，处理好餐饮工作中所遇到的一系列问题。

3. 厨房内部的沟通

厨房是一个专业岗位多、生产环节多的部门，如果一个环节出现问题，就会影响到整个厨房的运转。因此，厨房内部必须加强部门之间、个人之间的沟通，互通信息，密切合作，使整个厨房像一个融合的整体，为消费者提供质量上乘产品。

（1）各厨房之间的沟通。在大型的厨房中，为了使生产任务分工明确，不同的生产任务往往是由各个分厨房来承担的，如以烹制宴席菜点为主的宴会厨房、以接待散客为主的零点厨房、以接待旅游团队为主的团体餐厨房等等。虽然各个厨房负责一个专项菜品的生产任务，相对独立，但彼此之间又密不可分，如有大型宴会或重大任务时，各厨房就要调剂人员，调剂原材料，相互帮助。只有加强相互之间的沟通联络，才能保证整个餐饮部的日常工作顺利进行。

（2）各班组之间的沟通。即使在一个厨房中，还有从事不同工种的班组之分，每个班组所从事的工作不尽相同，如热菜组、冷菜间（组）、面点间（组）等。因此，厨房整体工作的好坏，就取决于班组之间的配合程度，班组之间必须随时保持生产过程中的联系，保证厨房生产的正常运行。例如，厨房中的初加工间，担负着许多班组的原材料初加工任务。为了确保不影响任何一个班组的生产进行，初加工间必须及时与各班组进行沟通，随时掌握对原材料的需求情况，并根据需求及时提供各种原材料。

（3）上下作业岗位的沟通。中餐厨房的生产是以流水的方式进行的，以热菜的烹饪为例，从原材料的初加工到菜肴的烹调出品，是由若干个岗位来完成的，任何一个作业岗位出现问题，都会影响到整个菜品生产进度和出品质量。因此，厨房上下作业岗位之间也必须进行沟通，以此互相了解情况，配合工作。尤其是在一些特别的情况下，上下作业岗位的沟通显得尤为重要，例如某客人向服务员提出催菜的要求，服务员首先把信息传递给划菜台，划菜员再把信息通知打荷台，打荷厨师再向炉灶厨师通报，菜肴出品后，还要按逆向传递到餐厅，在这个过程中，任何一个环节出现问题，信息传递不畅，都会使进度受阻，服务质量打折。

由此看来，厨房的生产过程，实际上是一个分厨房之间、班组之间、岗位之间信息沟通、密切合作、协调作业的过程。

4. 厨房与餐饮部其他部门的沟通

无论是在一个综合性的现代饭店中，还是在一个独立的餐饮企业中，中餐厨房只是其中的一个部门，离开了其他部门的存在，厨房也就失去了意义。因此，中餐厨房与其他部门的关系就显得非常重要，必须加强与其他各部门的沟通，才能很好地体现出厨房在酒店中的价值。例如在一个星级酒店，餐厅、管事部、客房部、采购部、前厅部、公关销售部、工程部、商场部、后勤部、娱乐部等部门，是一家星级饭店不可缺少的组成部分，也是一个不可分割的整体。在这个整体中，部门与部门之间，管理者与管理者之间都存在着各种各样的依存关系。虽然说某一个部门或某个人在具体的工作上是相对独立的，但是，他们都必须依存于饭店这个整体。如果没有饭店及其部门或个人的配合，任何部门或个人均不可能继续存在下去。

（1）厨房与订餐处的沟通。中餐厨房的生产任务都是来自于餐厅的销售与客人的预订，因此厨房必须加强与订餐处的双向沟通，密切关注由宴会预订处发出的各种信息，诸如宴会的时间、宴会的规格、宴会的标准、宴会的人数、宴会的主题、宴会的特殊需求等。同时，订餐处也应及时与厨房保持密切联系，随时了解厨房原材料的储备情况、菜品的变化等。当厨房接收到宴会通知单后，要立即做好各项准备工作。如果厨房因人员的技术力量不足、厨房设备发生故障一时又难以排除或采购不到宴会所需的原材料时，则厨房应及时将信息反馈到宴会预订处，以便向客人做好解释工作或调整菜单。

(2) 厨房与餐务部的沟通。餐饮的后勤一般由餐务部主要负责，如餐具、用具的清洁、保管等工作。厨房要确保生产的正常进行，就必须经常与餐务部取得联系和沟通，要求餐务部能及时提供足够数量的、洁净的厨房盛器、餐具及用具等物品。定期向餐务部报告厨房用品、餐具等破损情况和申请添置的要求。当厨房需要使用一些高档餐具时，也应尽早通知餐务部，以便提前做好餐具的清洁、消毒等准备工作。在现代饭店中，厨房的卫生工作是通过餐务部得以实现的，同时，厨房人员也应协助餐务部门做好物品的管理及环境卫生等工作。

5. 餐饮部与外部门的沟通

(1) 餐饮部与财务部的联系。财务部是管理餐厅营业收入的部门，它对餐厅的营业收入起监督作用。餐厅每天的营业收入与小票账册由餐厅账台每天向财务部交纳；财务部又负责监督仓库、采供的工作；企业的规定和政策也通过财务部及时向餐饮部传达。餐饮部与财务部的沟通有助于监督收银台、仓库、采供的工作；有助于应付款、应缴款的及时处理。

(2) 餐饮各部门与工程部的联系。餐厅、厨房的照明、供水、空调、冷冻等设备的维修保养都由工程部直接负责。餐饮部的正常运转离不开工程部的大力支持，设备的维护保养需要工程部给予指导和帮助，电力水暖设施的损坏需要工程部及时维修更换，保证生产正常运作，餐饮部如发现设备问题要及时报修、及时反映设备的运作情况，使设备得到及时修复，延长使用寿命。

(3) 餐饮部与饭店采购部的沟通。采供部负责餐饮部的原材料采购。特别是厨房的原材料要求高，需要品种多样、品质优良、合乎标准的原材料，才能使菜式及时更新，这就必须加强与采供部的沟通，通过密切配合，及时了解食品原材料市场的各种信息，才可以针对客人的需要及市场的变化制定菜单、变化菜式、研发新品种，并确保餐饮成本的有效控制。其次，采供部也要按时购回原材料，并做到保质保量。所以餐饮部与采购部要加强沟通和协商，共同制定原材料的质量、规格、价格、数量与采购计划等，以避免采购与厨房生产脱节或造成原材料库存积压的现象、影响餐饮成本。

(4) 餐厅与安全部的联系。餐厅营业中出现的治安问题，应及时向安全部或警卫室报告，取得支持，及时解决。餐饮部营业结束后，要依靠安全部保证食品仓库、煤气仓库的安全。有时设备与餐具托运到饭店后，因故没能及时进入厨房或餐厅，这也需要安全部的支持，给予照看。

(5) 餐厅与房务部的沟通。餐厅经常要根据消费者需要提供送房服务，送房后的餐具回收，直接关系到房务部。一般由两个部门协商，确定人员即时回收餐具，餐厅也根据客房特点，在菜式设计上减少油水和汤汁，以防在用餐时留下汤汁，弄脏地毯。

思考与练习

1. 餐饮的经营环节和策略有哪些？
2. 餐饮部常见的所属部门有哪些？
3. 谈谈餐饮部搞好其他部门，以及内部间关系的重要性。

第 3 章　餐饮部组织机构与职能

餐饮部的组织机构也是饭店组织机构中的重要组成部分，它既是餐饮运行的重要条件，又是餐饮管理的载体，其设置对餐饮经营管理有着极其重要的影响，对建立良好的服务与管理体系，达到餐饮经营目标，实现餐饮服务和管理的程序化、标准化和规范化等起着重要的作用。

3.1　餐饮组织机构

餐饮部经营点多，管辖范围广，分工细，人数多，员工文化程度和年龄层次差异大。要将这样一个复杂的部门管理好，必须建立合理有效的组织网络，并进行科学分工，明确职责，使各部门人员各司其职，以保证餐饮部的正常运转。

餐饮部的组织机构（如图 3-1 所示），是确定该部门各成员之间、所属部门之间相互关系的结构，其目的是增强实现本部门经营目标的能力，更好地组织和控制所属职工和群体的活动。

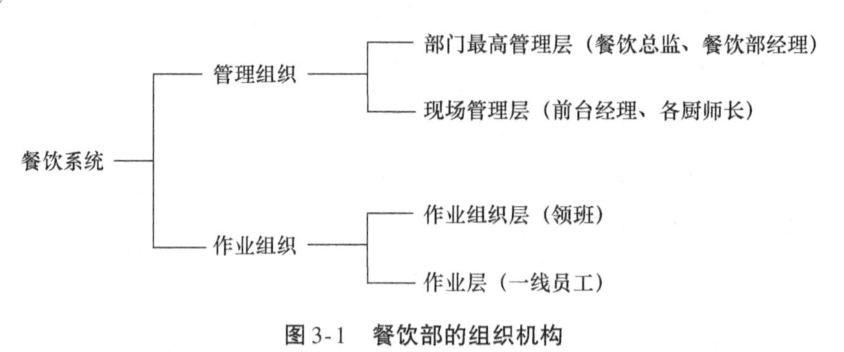

图 3-1　餐饮部的组织机构

管理组织机能——计划、促销、督导、协调、核算、控制。

作业组织机能——采购、验收、仓储、领发、生产、销售、服务等。

3.1.1　组织机构设置的原则

餐饮企业组织机构是针对企业餐饮经营管理目标，为筹划和组织餐饮产品的供、产、销活动而设立的专业性业务管理机构。组织机构是有效地开展餐饮业务经营活动的组织保证，在设置时应符合相应组织原则。

1. 精简与效率相统一的原则

组织机构的规模、形式和内部结构在确定时必须在符合业务需要的前提下，将人员减少到最低限度。精简的关键是精，能够用最少的人力去完成任务。精简的目的是为减少内耗，充分利用各级人员的才能，发挥员工的主观能动性，提高效率。因此，这一原则的主要标志是：配备的人员数量与所承担的任务相适应，机构内部分工粗细得当、职责明确、工作量合理、工作效率高。

2. 专业化和自动调节相结合的原则

餐饮企业管理是一项专业性很强的工作，必须保持其组织机构和工作内容的专业性和正规性。组织机构内部的专业分工要明确，职责范围要清楚。各级管理人员和职工要接受一定的专业训练，具有一定的专业水平和能力。组织机构要有相对独立性，各类管理人员在职责范围内能够独立开展工作，灵活处理与外界环境的关系，使其具有一定灵活性。这一原则的主要标志是：组织机构大小同企业等级规模相适应，内部专业分工程度同生产接待能力相协调，专业水平和业务能力同工作任务相适应，管理人员在不断变化的客观环境中主动处理问题，具有自动调节的能力。

3. 权力和责任相适应的原则

餐饮企业管理是运用不同职位的权力去完成管理任务。责任是权力的基础，权力是责任的保证。责任和权力不相适应，管理人员就无法正常地从事各项管理工作。餐饮组织机构坚持责任和权力相适应的标志是：组织机构的等级层次合理，各级管理人员的责任明确，权力大小能够保证所承担任务的顺利完成。责权分配不影响各级管理人员之间的协调与配合。

3.1.2　餐饮组织机构及职能

1. 餐饮企业的组织机构

餐饮企业的内部组织机构，因企业的规模、接待能力、餐厅类型及餐饮企业本身职能的不同而形式各异，但必须建立起合理有效的组织网络，科学分工。一般企业大多采取“直线-职能制”管理体制，内部关系采用垂直领导、横向协调的方法，使餐饮企业成为一个有机的整体。

（1）小型饭店餐饮部的组织机构。这种餐饮的餐厅数量少、类型单一，大多只经营中餐，其结构比较简单，分工也不细，如图 3-2 所示。

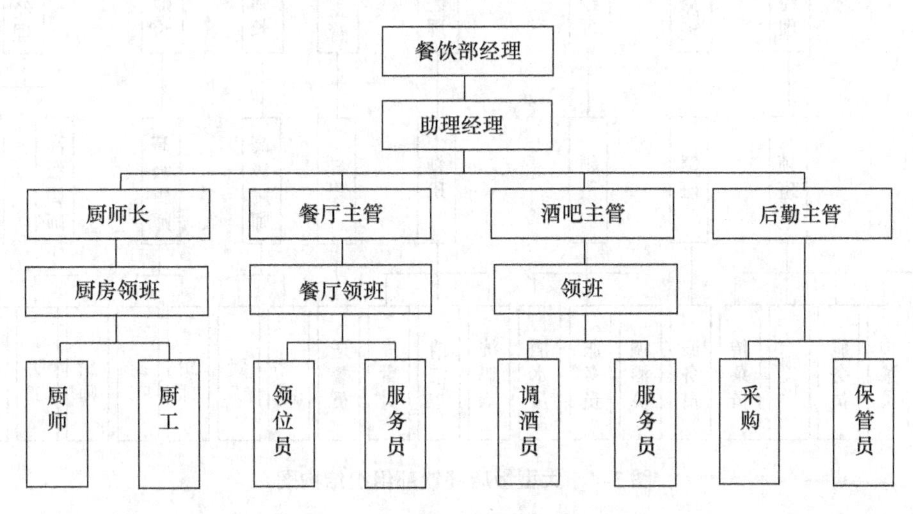

图 3-2　小型饭店餐饮部的组织机构

（2）中型饭店餐饮部的组织机构。这种餐饮的餐厅数量比小型饭店多、类型比较全，内部分工比较细，其结构相对复杂，如图 3-3 所示。

（3）大型饭店餐饮部的组织机构。大型饭店餐饮部一般有 5 个以上的餐厅，多的甚至十余个，各种餐厅都单独配备厨房，分工明确，组织机构专业化程度高，如图3-4所示。

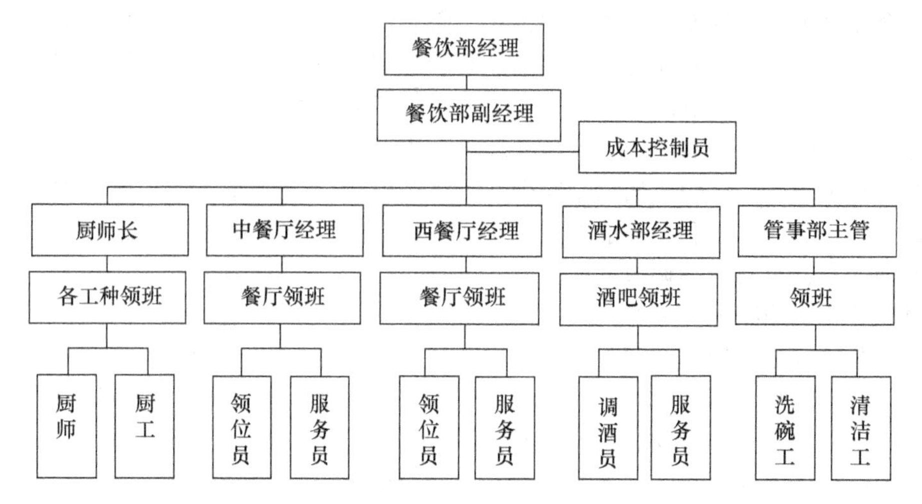

图3-3 中型饭店餐饮部的组织机构

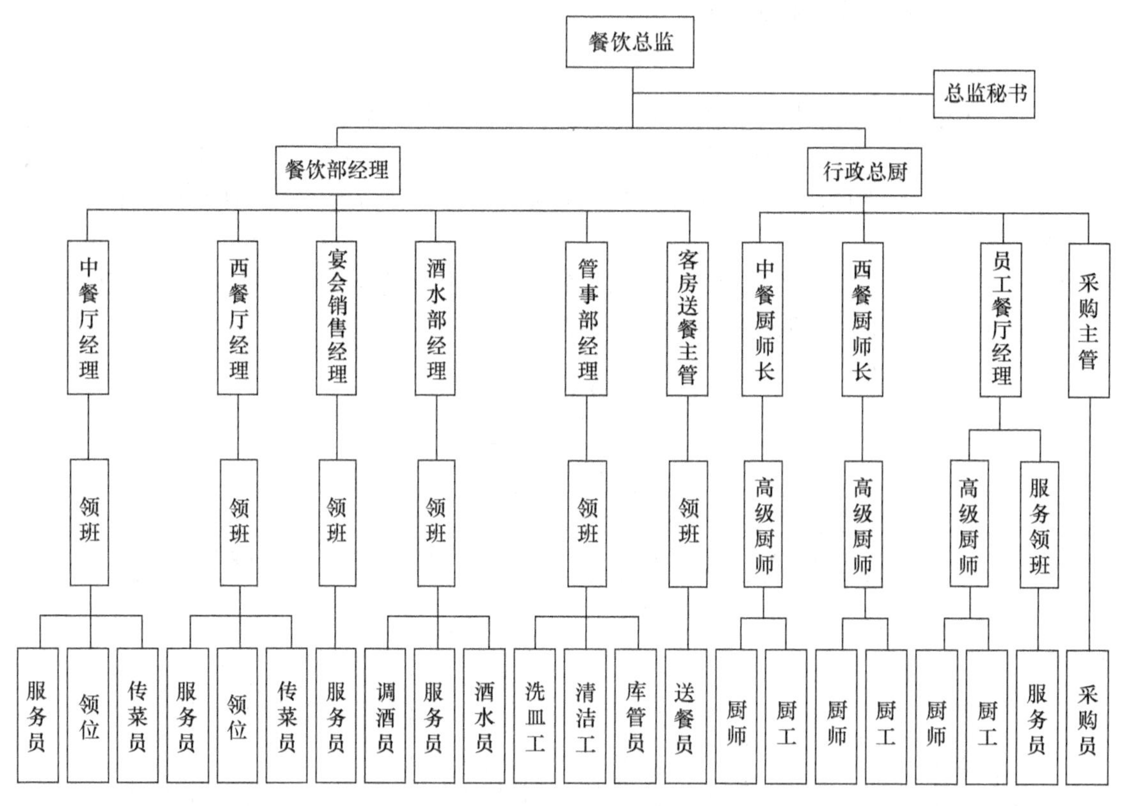

图3-4 大型饭店餐饮部组织结构图

（4）独立经营的餐厅组织机构。有些饭店的餐厅独立经营，类似社会餐饮企业，有的经营范围虽然只有饭店的某个餐厅，组织机构设置简单，但因它独立经营，故也设餐饮部经理，甚至设总经理，如图3-5所示。

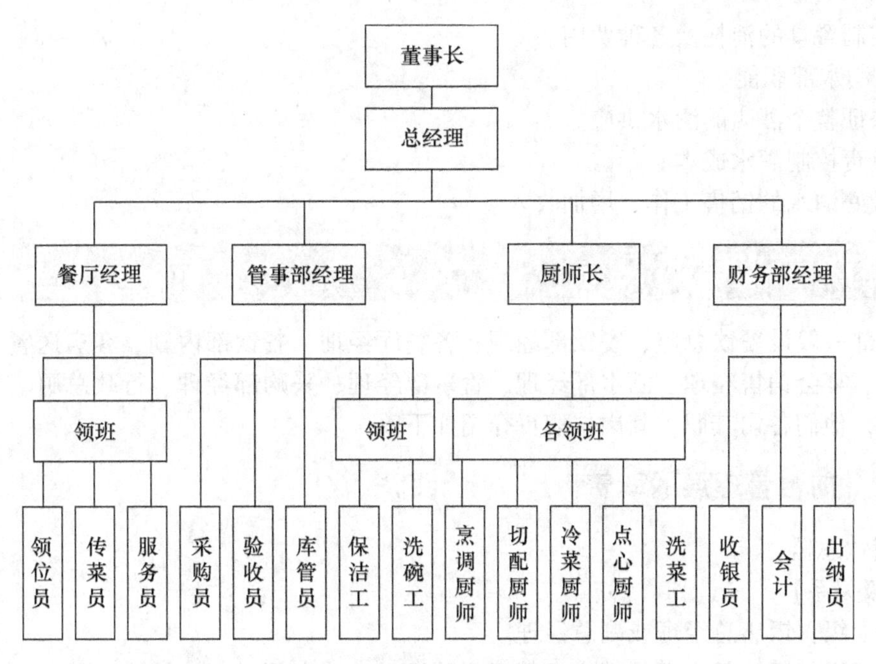

图 3-5　独立经营的餐厅组织机构

2. 各功能模块的职能

(1) 餐厅职能。

① 按照规定的标准和规格程序，用娴熟的服务技能、热情的态度，为宾客提供餐饮服务，同时根据客人的个性化需求提供针对性的服务。

② 扩大宣传推销，强化全员促销观念，提供建议性销售服务保证经济效益。

③ 加强对餐厅财产和物品的管理，控制费用开支，降低经营成本。

④ 及时检查餐厅设备的使用状况，做好维修保养工作，加强餐厅安全和防火工作力度。

(2) 厨房职能。

① 根据宾客需求，向其提供安全、卫生、精美可口的菜肴。

② 加强对生产流程的管理，控制原材料成本，减少费用开支。

③ 对菜肴不断开拓创新，提高菜肴质量，扩大销售。

(3) 宴会部职能。

① 宣传、销售各种类型的宴会产品，并接受宴会等活动的预订，提高宴会厅的利用率。

② 负责中西宴会、冷餐酒会、鸡尾酒会等各种活动的策划、组织、协调、实施等项工作，向客人提供尽善尽美的服务。

③ 从各环节着手控制成本与费用，增加效益。

(4) 管事部职能。

① 根据事先确定的库存量，负责为指定的餐厅、厨房，请领、供给、存储、收集、洗涤和补充各种餐具，如瓷器、玻璃器皿及服务物品等。

② 负责洗涤机器设备的正常使用与维护保养。

③ 负责收集和运送垃圾。

④ 负责餐饮部各种饮料空瓶的收集和处理。

⑤ 控制餐具的消耗及各种费用。

（5）酒水部职能。

① 保证整个酒店的酒水供应。

② 负责控制酒水成本。

③ 做好酒水的销售工作，增加收入。

3.2 行政管理层的职责

餐饮部一般设餐饮总监、餐饮部经理、各餐厅经理、餐饮部内勤、客房送餐经理、宴会部经理、宴会销售经理、酒水部经理、管事部经理、采购部经理、行政总厨、各点厨师长等岗位，他们各司其职。其岗位职责介绍如下。

3.2.1 前台管理层的职责

1. 餐饮总监

【层级关系】

直接上级：饭店总经理或副总经理。

直属下级：餐饮部经理及销售经理、餐厅经理、管事部经理、行政总厨。

联系：饭店内其他部门经理。

【岗位职责】

（1）负责整个餐饮部的正常运转，进行计划、组织、督导及控制等工作，通过最大限度地满足消费者需求，达到餐饮经营的社会效益和经济效益目标。

（2）编制餐饮部预算，控制成本和营业费用，达到预期指标，策划餐饮特别推广宣传活动，审阅营业报表，进行营业分析，决定经营决策。

（3）制定各类人员操作程序和服务规范，建立和健全考勤、奖惩和分配等制度，并监督实施。

（4）与行政总厨、营销（宴会）部一起研究制定长期和季节性菜单、酒单。制定餐饮产品售价，不断开发新产品。

（5）负责对大型团体就餐和重要宴会的巡视、督促，处理各种投诉及突发事件。

（6）审阅和批示有关报告和各项申请，检查各部门进货原材料的质量和物品耗用情况。

（7）协助人力资源部门搞好定岗、定编、定员工作，处理好聘用、奖励、处罚、调动等人事工作。

（8）全面督导组织餐饮部员工的业务知识和业务技术培训，不断提高员工的综合素质。

（9）主持召开餐饮经营会议，并参加饭店召开的例会及业务协调会，传达上级指示。

（10）做好餐饮部与其他部门之间的沟通、协调和配合。

（11）处理员工意见及纠纷，建立和谐的上下级和同事之间的关系。

2. 餐饮部经理

【层级关系】

直接上级：餐饮总监。

直属下级：餐厅经理。

联系：饭店内其他部门经理。

【岗位职责】

(1) 在餐饮总监的直接领导下，全面制订并组织实施餐厅部相应的工作计划和预算方案。

(2) 执行餐饮总监的工作指示，主持并督导餐厅部各下属部门的日常工作。

(3) 主持召开餐厅部工作例会及专题经营会议，完成上传下达工作。

(4) 负责监督各餐厅的服务卫生、设备设施维护等管理工作。

(5) 经常向行政总厨反馈客人消费意见，与行政总厨和谐共处，策划一切美食活动。

(6) 如饭店无餐饮总监岗位，则承担餐饮总监的职责。

3. 餐厅经理（中（西）餐厅经理）

【层级关系】

直接上级：餐饮部经理。

直属下级：指定管辖部门的主管、领班。

联系：厨师长、管事部，饭店内其他部门。

【岗位职责】

(1) 负责餐厅的日常运作，确保为消费者提供优质的服务。

(2) 检查餐厅内的清洁卫生、服务台卫生及员工个人卫生。

(3) 主动征询消费者的意见和要求，妥善处理消费者的投诉，与消费者建立良好关系。

(4) 督促餐厅人员及时与厨房沟通，了解当日供应品种、短缺品种以及推出的特选菜。

(5) 参加餐前会，传达上级指示，落实各项工作，同时检查员工的仪表仪容。

(6) 做好餐前检查，参与现场指挥，保证每个服务员按照饭店规定的服务程序、标准去操作，为宾客提供高标准的服务。

(7) 审理有关行政文件，签署领货单及申请计划，填写工作日记。

(8) 及时检查餐厅设备的状况，做好维护保养工作以及餐厅的安全和防火工作。

(9) 负责餐厅员工的培训、班次的调配、劳力的合理使用，并对管辖的员工进行考核。

(10) 协调餐厅与厨房的工作，协助厨师长改进菜单，及时反馈消费者的意见。

4. 餐厅主管

【层级关系】

直接上级：餐厅经理。

直属下级：指定管辖部门的领班。

联系：厨房各部门、管事部等。

【岗位职责】

(1) 做好餐厅经理的助手，对上级分配的任务要按质、按量、按时完成。

(2) 发挥模范作用，对自己严格要求，对下属进行严格督导和训练，认真执行各项规章制度和服务规范、操作规程。保质、保量地完成各项服务工作。

(3) 认真组织餐厅员工进行业务培训，提高服务技能和业务水平，熟悉菜牌、酒水牌，熟记每天供应品种，了解当日 VIP 客人的接待情况。

（4）抓好员工纪律、服务态度，了解员工思想情绪、操作技术和思想作风。

（5）召开班前班后会议，落实每天工作计划，保持好餐厅整洁。

（6）开餐前检查餐台摆设及台椅定位情况，收餐后检查柜内餐具准备情况。

（7）检查餐厅的电器设备及音响情况，做好安全和节电工作。

注意：一般饭店如果设餐厅经理，就不会设主管；但有些饭店在餐厅经理和领班中间又设主管，这时的主管相当于餐厅经理助理。

5. 总监秘书（或餐饮部内勤）

【层级关系】

直接上级：餐饮总监、餐饮部经理。

联系：餐饮部各点和饭店其他部门。

【岗位职责】

（1）负责部务会、部门例会、部门大会和各临时会议的会议记录，传达总监或餐饮部经理的指示，下达饭店、部务会的文件等。

（2）负责起草、整理、打印、存档、分发、呈送有关通知、启事、报告等。

（3）接听电话，接待来访，了解对方意图并转告经理。

（4）制定工作备忘录，提醒经理及时做出安排。

（5）收集和整理餐饮方面的信息资料，以便总监或餐饮部经理及时了解市场动态。

（6）负责部门工资、奖金、福利的发放。

（7）负责部门办公物资用品的领发、保管。

（8）负责部门管理人员的考勤工作。

（9）完成餐饮总监或餐饮部经理交办的其他各项任务。

6. 客房送餐经理（主管）

【层级关系】

直接上级：餐饮部经理。

直属下级：客房送餐组领班。

联系：客房送餐组领班、订餐员、送餐员。

【岗位职责】

（1）全面负责客房送餐部的运营，制定本部门有关服务程序、工作制度及安全卫生规范等，并组织实施。

（2）参加部门例会，主持班前会，传达饭店有关指令（如果设主管，则不执行）；负责部门内外协调沟通，保证各环节正常运作。

（3）检查各项任务的完成情况，尤其是 VIP 客人的服务情况，并及时反馈信息给上级。

（4）负责部门内各项业务培训，提高部门员工的业务水平和服务质量。

（5）督促下属及时回收餐具、清点餐具、控制各项成本。

（6）负责餐厅员工的培训、班次的调配、劳力的合理使用，并对管辖的员工进行考核。

（7）解决各方面的服务问题和客人投诉。

7. 宴会部经理（销售预订部经理）

【层级关系】

直接上级：餐饮部经理。

直属下级：宴会厅主管、销售预订主管。

联系：宴会厅厨房、管事部、酒吧。

【岗位职责】

（1）策划和制订宴会部的市场营销计划、美食活动计划，编写方案并做出预算。

（2）建立并完善宴会部的工作程序和标准，制定宴会部各项规章制度并组织实施。

（3）出席部务会和餐饮部例会，主持宴会部例会，完成上传下达的任务。

（4）控制宴会部的市场销售、服务质量、成本费用，建立并完善宴会部客户档案，保证宴会部各环节正常运转。

（5）与餐饮部经理和行政总厨沟通协调，共同议定宴会的菜单和价格，不断收集宾客信息，进行菜肴创新。

（6）与其他部门沟通、协调、密切配合，保证宴会部的工作质量和经济效益。

（7）计划、组织、督导和实施宴会部的培训工作，提高员工素质。定期对下属进行绩效评估，按奖惩制度实施奖惩。

（8）完成总监、餐饮部经理分派的其他工作。

8. 宴会销售主管（领班）

【层级关系】

直接上级：宴会部经理（销售预订部经理）。

直属下级：餐务委托（预订员）、销售员。

联系：宴会厨房、宴会厅、管事部、酒吧等。

【岗位职责】

（1）制订一周的销售出访计划并提交宴会部经理审批，填写卡片，做好销售报告，记录每次出访情况，与宴会部经理共同总结一周出访情况，并写出书面总结报告。

（2）与饭店销售部密切沟通，共同完成经销售部接洽的各种活动。

（3）热情接待来访客户并为其提供必要信息和建议，起草各项活动确认信，保存经客户签字的确认信的副本。

（4）检查活动准备情况，与宴会厅经理协调，确保接待服务各项工作的落实。如既定活动发生变动，要及时填发更改通知单。

（5）在活动前，恭候客人的到来。活动期间，与有关部门协调，解决消费者的特别需求。活动结束后，收集有关信息，以便及时处理或修正，并向客户寄发感谢信。

（6）处理宴会部经理指派的与宴会有关的特殊事务。

注意：宴会销售主管在结构图中是销售部的领班岗位，有时为了对外联系方便领班均称为主管。

9. 酒水部经理

【层级关系】

直接上级：餐饮部经理。

直属下级：各酒吧领班。

联系：各餐厅、宴会厅、管事部。

【岗位职责】

（1）制定酒水部的安全、卫生、酒水服务及成本控制等各项规章制度，并组织实施。

（2）参加餐饮部例会，了解饭店餐饮营业部门的运营状况，召开本部门例会，安排员工班次，布置任务，督导酒水部日常工作。

（3）随时掌握整个饭店的酒水库存情况，严格控制整个酒水部的成本。与采购部密切联系，及时为有特殊要求的消费者提供满意的服务。

（4）建议并组织与酒商搞酒水促销活动。设计佐餐酒酒单和饮料单，制定各种鸡尾酒的配方及调制方法。

（5）与餐厅经理密切配合，处理消费者对饮品的投诉，并主动了解消费者的意见和建议。

（6）督导实施培训，确保本部门员工的素质和工作态度达到岗位要求。进行绩效评估，按奖惩制度实施奖惩。

（7）负责本部门所用硬件设施及工具的维护和更新。

3.2.2 后台管理层的职责

1. 行政总厨

【层级关系】

直接上级：餐饮部经理。

直属下级：各点厨师长。

联系：各餐厅经理，宴会部经理、管事部经理。

【岗位职责】

（1）负责厨房正常运转工作，督促各厨房要保证餐厅的营业需求，并确保菜品的质量。

（2）组织各厨师长，厨房技术骨干研制菜点；建立标准菜谱，制定宴会菜单，适时推出时令菜、特选菜。

（3）督促厨房合理使用原材料，严格控制成本支出，使毛利率保持在合理水准，但必须确保菜肴的足量够分。

（4）了解相关法律，督查各厨房的消防工作、卫生工作及设备的安全使用和维护保养工作。

（5）根据库存状况提出食品原材料的采购计划；负责或督促检查食品原材料的验收，把好原材料质量关。

（6）出席部务会，协调厨房与餐厅的关系；并妥善处理消费者对菜点的投诉。

（7）并合理使用员工，并进行定时的技术培训，负责对各点厨师长的考核。

（8）参与餐饮部的美食活动的策划，并实施美食活动的展台制作，菜点制作等工作。

（9）了解各国饮食习惯和宗教信仰，并具有良好的营养卫生和美学知识。

2. 采购部经理

【层级关系】

直接上级：餐饮部经理或行政总厨。

直属下级：验收员、采购员、保管员。

联系：供应商、财务部、厨房、餐厅。

【岗位职责】

（1）制定本部门各级人员的岗位职责和购货验收标准、仓库管理程序及条例等。负责下属的业务培训工作，不断提高办事员的业务水平与能力。

（2）安排饮食原材料采购员的日常工作任务，督促和检查采购员完成任务的质量。

（3）掌握各种货源信息和价格行情，分析比较、确定最佳采购方案，努力降低采购费用和成本。根据市场供应和饭店的消耗情况，调整采购任务和交货期，经经理确认后实施。

（4）掌握次日就餐容情和宴会情况以及部门计划，根据计划组织货源。检查当日到货情况，确保正常供应。

（5）加强食品仓库管理，防止原材料变质、积压，严格控制资金的使用，掌握库存情况，坚持存货先出原则。同时，做到开源节流。

（6）协调与厨房、仓储、验收等各方面的关系。

（7）做好仓库防火、防盗、防鼠、防腐、防潮的工作，配合成本控制员，进行食品盘点。督促记账员和仓库保管员做好进货与记账统计工作及食品收发日报表和食品领用月报表工作。

3. 管事部经理（主管）

【层级关系】

直接上级：餐饮部经理。

直属下级：管事部领班。

联系：餐厅、厨房、仓库、采购。

【岗位职责】

（1）制订与实施工作计划，全权负责整个管事部的运转。

（2）确保管辖范围内的清洁卫生，餐具及服务用品卫生要达到国家卫生消毒标准，负责餐厅二级库的各种餐具物品的保管。

（3）负责每日、每月、每季或每年的盘点工作，统计和记录各餐厅及厨房的餐具使用情况，控制各点的留存量。

（4）督导属下每日按正确的工作程序完成本职工作，进行绩效评估并实施奖惩。

（5）维护保养有关设施设备，按规定处理垃圾。

（6）负责餐厅员工的培训、班次的调配、劳力的合理使用，并对管辖的员工进行考核。

（7）制定切实可行的措施，合理控制餐具、布草、清洗液损耗率，严格控制各项成本开支。

（8）制定餐具、用具的年度预算，上报餐厅部。

3.3 餐厅组织机构及岗位职责

3.3.1 餐厅组织机构

餐厅组织机构如图3-6所示。

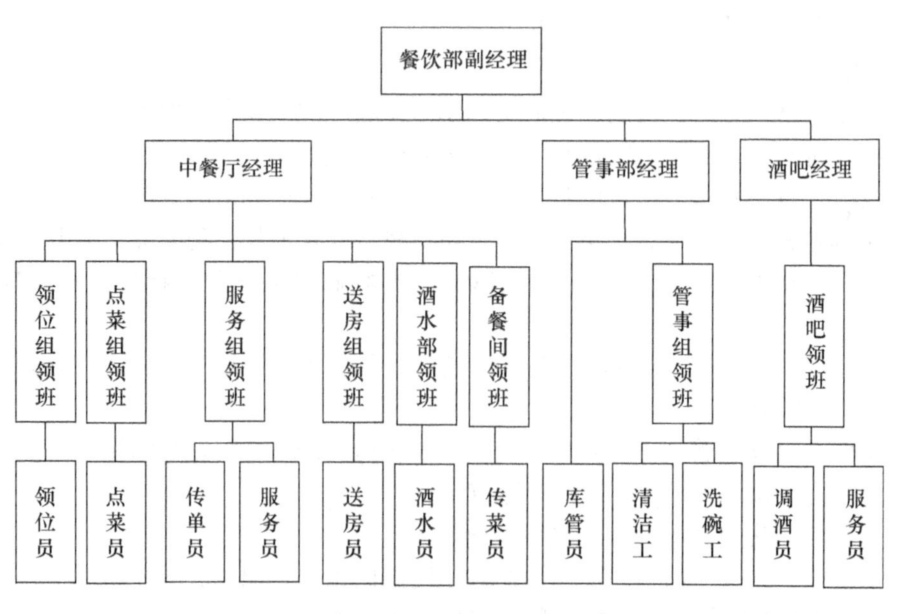

图 3-6　餐厅组织机构

3.3.2　餐厅岗位职责

1. 餐厅领班

【层级关系】

直接上级：餐厅经理。

直属下级：领位员、服务员、传菜员。

【岗位职责】

（1）检查本班组员工仪表、仪容及出勤情况并布置任务，进行分工，有效督导本班组服务员优质高效地完成各项餐饮服务。

（2）负责对本班员工的考勤、考绩，根据员工的表现好差有权进行表扬批评、奖惩。

（3）开餐前，带领本组员工做好准备工作。

（4）营业时间内，带领本组员工为客人提供高质量高效率的服务，确保本班组服务人员按服务程序和标准为客人提供服务。

（5）全面控制本服务区区域内的客人用餐情况，及时解决客人问题，并适当处理客人投诉。

（6）了解当日厨师长推荐及厨房供应的情况，与传菜部协调合作。

（7）客人就餐完毕，督促值台或亲自将菜单、酒水单和点心单等汇总为客人结账，防止走单、漏单。

（8）餐厅营业时间结束后，要检查餐厅餐台、服务台的清洁状况，检查收尾工作是否完成，并与下一班做好交接工作。

（9）定期对本班组员工进行业绩评估，向餐厅经理上报奖惩建议，并组织实施本班组员工培训。

2. 领位员

【层级关系】

直接上级：餐厅领班。

【岗位职责】

（1）熟知当天订餐的单位（或个人）名称、时间、人数及台位安排等情况。

（2）上岗时要求衣冠整洁、端庄大方、笑容可掬、彬彬有礼。

（3）迎送来宾，引领来宾至所订餐位或合适餐位，并为客人拉椅。

（4）留意常客姓氏，以增加亲切感，并巧妙运用礼貌语言。

（5）替客人存取保管衣物，并询问有无贵重物品，如有贵重物品则提醒客人自行保管。

（6）注意观察接待工作中的各种问题，听取客人的意见，及时向上级反映。

（7）熟悉饭店设施、服务项目和餐厅的特色菜肴，回答客人的询问。

3. 服务员

【层级关系】

直接上级：餐厅领班。

【岗位职责】

（1）做好餐前各项准备工作，包括餐具、布草、调料的摆放、补充、更换。

（2）负责餐厅的各项接待服务：点菜、上菜、分菜、斟酒、收款等。

（3）严格按工作程序、服务程序和卫生要求进行工作。

（4）上班时要控制情绪，保持良好的心态。

（5）服务时持主动、热情、耐心、礼貌、周到的态度。

（6）保持餐厅卫生洁净，与其他服务员搞好协作配合。

（7）满足消费者的合理要求，遇到投诉，应及时上报。

4. 传菜员

【层级关系】

直接上级：餐厅领班。

【岗位职责】

（1）负责开餐前的传菜准备工作，保持传菜用具物品及传菜廊的清洁卫生。

（2）负责将菜肴食品准确及时地传送给餐厅值台服务员。

（3）负责将值台服务员开出的并经账台收款员盖章的饭菜订单传送到厨房（没传单员的情况下）。

（4）发现有异物或不符合质量标准的菜点应及时中止传送。

（5）严格执行传送菜点服务规范，确保准确、迅速。

（6）与值台服务员和厨房内堂保持良好的联系。

（7）餐前协助服务员布置餐厅和餐桌、摆台；餐后参与清洁整理工作。完成上级交办的其他任务。

5. 宴会厅领班

【层级关系】

直接上级：宴会厅经理。

直属下级：宴会厅服务员。

【岗位职责】

（1）检查本班员工的仪表仪容，负责对本班员工的考勤、考绩，根据员工的表现有权进行表扬批评、奖惩。

（2）了解每日宴席安排状况并向本班组传达，布置任务，进行分工。

(3) 全面控制本服务区域内的客人用餐情况，及时解决客人问题，并适当处理客人投诉。

(4) 根据每天工作情况和接待任务带领员工做好准备工作，并进行检查。

(5) 宴席结束后，搞好卫生，恢复宴席厅完好状态，并与下一班做好交接工作。

(6) 负责本服务区域内的维护、保养和清洁。

6. 酒吧领班

【层级关系】

直接上级：酒吧经理。

直属下级：调酒员、服务员。

【岗位职责】

(1) 在酒吧经理领导下，负责酒吧的日常运转工作。

(2) 向调酒员和服务员布置任务，安排班次并在对客人服务过程中进行督导，为客人提供优质酒水服务。

(3) 负责酒吧酒水盘点和物品管理工作。

(4) 控制服务区域内的客人状况，及时解决客人提出的问题，适当处理客人投诉，尽量多地了解客人，满足客人合理要求。

(5) 随时掌握酒水库存量，做好酒水控制。

(6) 严格控制酒水成本，杜绝浪费。

(7) 营业结束后，检查吧台及餐台，并做好各项善后工作。

(8) 每天认真填写营业报告和各种提货单。

7. 管事部领班

【层级关系】

直接上级：管事部经理。

直属下级：保管员、洗碗工、清洁工。

【岗位职责】

(1) 检查厨房、洗碗间的清洁卫生，必须达到规定标准，

(2) 控制清洁用品的使用，降低成本。

(3) 申领所需清洁用品。指导清洁液的配制和使用。

(4) 建立洗皿部的安全、卫生等各项规章制度并严格落实。

(5) 做好有关部门的餐具的定期盘点（一年 2～4 次）。

(6) 定期检查各有关部门的餐具使用情况，确保餐具的清洁度和金、银器皿的光亮度。

(7) 检查餐具、用具的库存状况，报告损坏和短缺情况，及时补充。

(8) 每日检查或不定期抽查洗碗班和卫生班的清洁工作。

(9) 安排好本班组的人员班次的调整工作。

(10) 评估和培训员工，做好本班组的员工考勤工作。

(11) 完成上级所交给的其他工作。

8. 设备专管员

【层级关系】

直接上级：管事部领班。

【岗位职责】

(1) 负责餐饮部家具、厨具、餐具及室内装饰物的管理，并建立档案。

（2）每天巡检各部门设备情况，负责报修，定时保养。

（3）发现墙纸、地毡、沙发椅有污垢，要请清洁班清洗，墙纸、门窗破损要及时报修。

（4）负责领发大型宴会、酒会、冷餐会、研讨会、展览会、音乐会、时装表演会等所需用具和设备，并协助餐厅进行安装。用后要及时收回，交仓库保管。

（5）监督和检查各部门的清洁卫生工作。

（6）若需添置家具、厨具、用具、餐具及特殊用品，要层层上报核准，协助采购部门进行采购或制作。

9. 清洁工

【层级关系】

直接上级：管事部领班。

【岗位职责】

（1）接受领班分派的工作，做好工作的各项准备工作。

（2）负责收拾台面、用具。

（3）负责清洗厨具、清理垃圾桶、擦洗墙面和清扫地面。

（4）擦洗工作台、工作柜，将用具、设备摆放在规定位置。

（5）打扫厨房内的卫生，包括排水沟和油烟灶。

（6）完成上级临时交办的各项工作。

10. 餐具洗刷员

【层级关系】

直接上级：管事部领班。

【岗位职责】

（1）承担餐具、酒具和杂品的洗刷工作。

（2）严格按程序和标准对餐具、酒具消毒。

（3）对所有物品，定点摆放，分类摆放，整洁有序。

（4）及时清理洗刷下来的垃圾，及时清理泔水桶，保证场地无异味。

（5）洗刷、消毒过程中注意保护好餐具，尽量减少损耗。

（6）完成上级临时交办的各项工作。

11. 客房送餐领班

【层级关系】

直接上级：客房送餐主管。

【岗位职责】

（1）班前检查服务员的仪表、仪容，指导和监督送餐部服务员和订餐员的工作。

（2）全面负责 VIP 的送餐服务工作，有时与服务员一起参与服务。

（3）负责 VIP 房间的赠送品（如果篮、花篮、巧克力等）的包装和装盆。

（4）检查房内用餐和其他区域用餐过的餐车（桌）、餐具，是否全部收回。

12. 传单服务员

【层级关系】

直接上级：客房送餐领班。

【岗位职责】

（1）开餐高峰前，摆好托盘、餐车、补充餐具及用品。

（2）分别将订餐单送往酒吧和厨房，并及时领取食品和酒水。
（3）熟悉每天的特色餐和公司的各种活动。
（4）按公司制定的送餐服务程序，为住店客人提供优质服务。
（5）收回送餐用具和餐具，及时将用过的餐具送洗碗间清洗，保养和清洁送餐用具。

13. 客房订餐员（有时此工作由预订员兼任）

【层级关系】
直接上级：客房送餐领班。

【岗位职责】
（1）通过电话为住店客人预订食品、饮料。
（2）按订餐的程序为客人订餐，详细记录客人姓名、房号、点菜内容及特殊要求。
（3）在送餐服务记录本上登记。
（4）将订单交领班处理，并将订单内容填入账单。
（5）礼貌地接听电话，传送各种服务信息。

14. 酒水部领班

【层级关系】
直接上级：酒水部经理。
直属下级：酒水员。

【岗位职责】
（1）贯彻执行和传达部门经理布置的工作任务、指令，做好沟通工作。
（2）根据所管辖范围的情况制定相应的要求及酒水员的服务程序。
（3）现场督导、检查酒水员的出品质量和工作效率，检查员工的纪律执行情况。
（4）控制酒水的损耗，力求做到降低成本。
（5）做好岗位培训工作并作定期检查。
（6）控制酒水仓存平衡数，使其合理化。
（7）定期检查财产设备，有问题及时作维修保养。
（8）合理安排宴会、酒会的工作，带动员工，积极工作。
（9）与楼面服务人员保持良好的合作，互相协调，做好酒水的供应服务工作。

15. 酒水员

【层级关系】
直接上级：酒水部领班。

【岗位职责】
（1）执行上级指示，努力完成上级布置的工作任务。
（2）精通业务，熟练掌握本部门各种工具、器皿的使用方法。
（3）认识、了解所供酒水的特性、饮用形式和掌握一定的酒水知识。
（4）掌握基本的餐饮服务知识，善于向客人推销酒水，协助做好服务接待工作。
（5）加强业务学习，不断提高自己的专业水平。
（6）负责自己所属区域的清洁卫生工作。
（7）与餐厅服务员保持良好的合作关系。

16. 备餐间领班

【层级关系】
直接上级：餐厅经理。

直属下级：备餐间服务员。

【岗位职责】

(1) 开餐前向备餐间服务员布置当餐的传菜任务，以及各种酱料、小菜的准备任务。

(2) 督导下属并带头做好开餐前的准备和收餐后的清理工作。

(3) 传菜过程中注意随跟酱料，并检查菜品质量，控制好传菜速度。

(4) 落实重要客人及宴会传菜的注意事项。

(5) 负责餐厅与厨房之间的联络沟通，确保餐中服务顺利。

(6) 收餐时，回收各种用具并做好安全检查。

(7) 负责对下属员工进行培训及绩效评估，向经理提出奖罚建议。

17. 备餐间服务员

【层级关系】

直接上级：备餐间领班。

【岗位职责】

(1) 详细了解当餐供应的品种、订单内容及客人的特殊要求。

(2) 根据操作服务程序做好餐前准备和传菜工作。

(3) 传菜过程中，检查菜品质量；与餐厅紧密联系，控制传菜速度。

(4) 熟悉餐厅的布局，准确地将客人所点菜式送到台前。

(5) 做好布草的清点及更换工作。

(6) 收餐后搞好备餐间的卫生并收齐餐具，做好安全防患工作。

3.4　厨房组织机构及岗位职责

3.4.1　厨房组织机构

由于厨房规模、类型和生产方式的不同，厨房岗位设置也有所不同。一般设有行政总厨、厨师长、厨师领班、各岗位厨师、辅助人员（勤杂工）、见习生等。中、西厨房的组织机构分别如图3-7和图3-8所示。

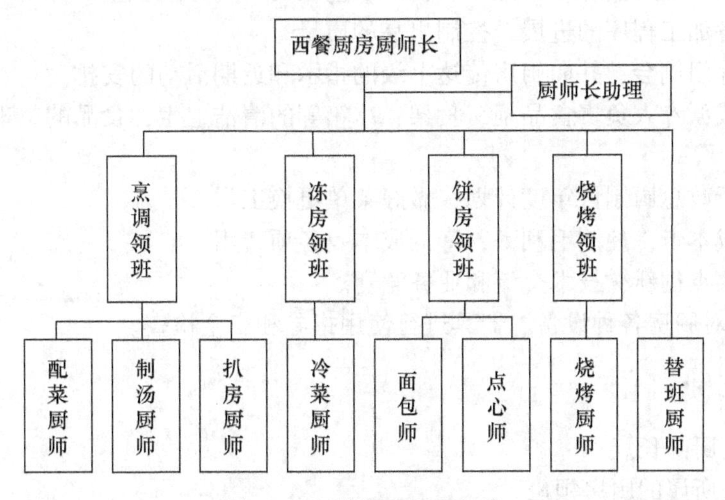

图3-7　西餐厨房组织机构

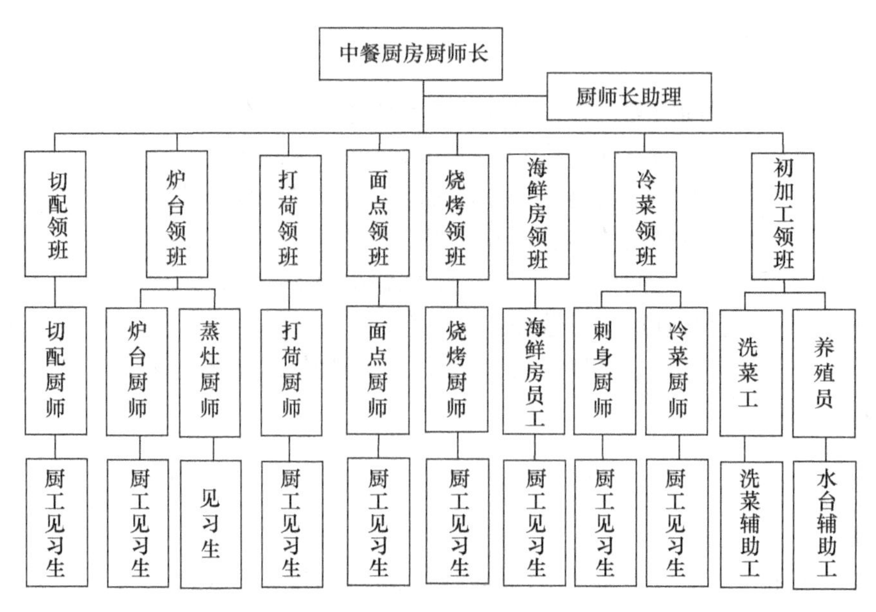

图 3-8　中餐厨房组织机构

3.4.2　厨房岗位职责

1. 各点厨师长

【层级关系】

直接上级：行政总厨。

直属下级：各部门主管、领班。

联系：餐厅经理、管事部、采购部。

【岗位职责】

(1) 负责所在厨房运转，安排厨房人员工作班次，负责考勤考核。

(2) 督促下属做好餐前准备工作，并带领下属按程序完成工作任务。

(3) 检查督导下属搞好个人卫生、食品卫生及厨房的环境卫生。

(4) 负责各加工程序的进展，控制出品的质量。

(5) 出席部门例会，并向厨房传达上级的指示和近期活动的安排。

(6) 负责或派专人负责食品柜、货架、冰箱等的清洁卫生，食品的整理和食品的及时使用。

(7) 协助行政总厨制订年度计划，做好菜单更换工作。

(8) 编制成本卡，控制毛利率，降低成本及各项费用。

(9) 组织菜点创新，技术交流和业务竞赛。

(10) 负责对厨房各种设备、器具进行使用指导和安全检查。

2. 厨房主管

【层级关系】

直接上级：厨师长。

直属下级：所属的厨房领班。

联系：其他厨房部门、管事部、采购部。

【岗位职责】

(1) 每天上班查看当天任务单，根据情况分配落实，做好一天的日常工作。

(2) 了解冰箱货柜的存货，根据预订，签发领料单、申购单，为次日与第三日做好准备工作。

(3) 参加厨房例会，将厨房生产中出现的问题及时反映给厨师长，并提出改进意见。

(4) 检查厨房的出勤情况，及时安排人力，弥补缺勤人员。

(5) 下班前检查厨房或负责区域的卫生和安全。

(6) 及时了解设备的使用情况，通知工程部维修，以免耽误厨房生产。

(7) 随时检查菜肴的质量，并提出改进意见。

(8) 考核下属的工作表现和出勤情况。

(9) 关心设备的使用情况，注意厨房的操作安全和卫生安全等。

注意：少数餐饮部在厨师长与领班中间设有厨房主管岗，有些只在比较大的操作岗设有厨房主管；如果切配、炉台联系较多，则一般增设一名主管。

3. 炉台岗领班

【层级关系】

直接上级：厨师长（厨房主管）。

直属下级：炉台厨师、蒸灶厨师。

【岗位职责】

(1) 自觉服从厨师长的工作安排。

(2) 每天上班先要了解任务情况，监督各岗位做好餐前准备工作。

(3) 合理安排工作程序，督促炉灶厨师严格按照规范实施操作，确保操作安全。

(4) 监督厨师做好炉灶台面的清洁工作，随时保持环境的整洁。

(5) 督促厨师按出菜程序的先后，有序烹制，有序出菜。

(6) 督促厨师节约燃料、水、电等能源，减少不必要的损耗。

(7) 督促厨师在操作中使用调味品时，要力行节约、合理使用、减少浪费。

(8) 督促厨师在收市时注意炊具的清洗（特别是汤桶），加盖调味罐，过滤剩油。

(9) 督促厨师在收市时关掉所有水、电、煤气开关，保证安全。

(10) 抓好班组的业务岗位培训工作，不断提高员工的岗位业务水平。

(11) 与厨师和睦相处、团结与合作，共同发挥出工作的主动性与积极性。

4. 炉台岗厨师

【层级关系】

直接上级：炉台领班。

【岗位职责】

(1) 自觉服从炉台领班的工作安排。

(2) 做好调味罐、油罐的清洗和补充工作，做到用具齐、分量足，做好开餐准备。

(3) 开餐之前应做好原材料的前期加工工作。

(4) 开餐过程中，应服从划菜员、打荷厨师的安排，及时烹制，有序操作地保证菜肴质量。

(5) 烹饪操作中应注意节约水、电、煤等能源，合理使用原材料、调料，减少浪费。

(6) 做好炉灶台面的清洁工作，随时保持环境的整洁。

（7）营业结束后，要做好炊具的清洗（特别是汤桶），加盖调味罐，过滤剩油等工作。

（8）积极参加岗位业务培训，不断提高岗位业务水平。

5. 蒸灶岗厨师

【层级关系】

直接上级：炉台领班。

【岗位职责】

（1）自觉服从领班的工作安排，保质保量完成菜肴的蒸炖制作。

（2）必须熟悉和掌握蒸、扣、炖、熬、煲等烹制方法。

（3）浸发各种干货，如鲍鱼、海参、鱼翅、燕窝、鳖肚等。

（4）熟练掌握各种干货的涨发性能和涨发的程度，提高出成率。

（5）加工各种蒸菜的调味品和小料，如蒜茸、豆豉酱、葱、姜等。

（6）熬制上汤、二汤，保证当天热菜的烹调使用。

（7）负责本岗位的设备、工具的清理和保管。

（8）负责打扫本岗位的卫生，下班时关好水、气、电开关。

（9）发挥工作主动性，完成上级交办的其他任务。

6. 切配岗领班

【层级关系】

直接上级：厨师长。

直属下级：切配厨师。

【岗位职责】

（1）服从厨师长的工作安排，对整个厨房的日常生产、计划要做到心中有数。

（2）带领切配师，按照操作规范完成菜肴的配料工作，按要求做好原材料保管。

（3）适时整理冰箱内的各类食品原材料，保证原材料的新鲜，防止变质。

（4）严格按照切配要求操作，督促厨师按要求过秤主、副原材料，严防短斤少两。

（5）把握大型宴会、酒席的配菜时间。

（6）与炉灶厨师、打荷厨师密切配合，按序配菜、出菜，防止发生漏配现象。

（7）督促厨师合理使用原材料，尽量减少浪费。

（8）如果原材料断档，要及时转告餐厅，以便服务员向客人解释。

（9）营业结束之后，剩余原材料应分类保管、储藏，水发原材料应勤换水。

（10）督促员工及时清洗台面、台秤、砧板和绞肉机等。

（11）积极参加岗位业务培训，不断提高自身的岗位业务水平。

（12）与员工保持和谐的关系，完成上级交办的其他任务。

7. 切配岗厨师

【层级关系】

直接上级：切配领班。

【岗位职责】

（1）自觉服从切配领班的工作安排。

（2）根据工作规范和成型要求，高质量地完成菜肴切配工作。

（3）经切配的原材料应妥善保管，若遇夏天应及时降温保管，防止原材料变质。

(4) 原材料上浆前应过秤，以便如实做好原材料的加工记录工作。

(5) 在工作中，妥善处理下脚料，分类存放保管原材料。

(6) 随时整理冰箱内的食品原材料，做到存放有序，定期清洗冰箱，保持卫生整洁。

(7) 负责更换样品菜，保持新鲜度。

(8) 营业结束后，做好工具、用具、砧板的清洁工作，磨好菜刀，关闭水、电及其他设备设施开关。

(9) 积极参加业务岗位培训，不断提高自身的岗位业务水平。

(10) 发挥工作的主动性与积极性，搞好员工的团结与合作，完成上级交办的其他任务。

8. 打荷岗领班

【层级关系】

直接上级：厨师长。

直属下级：打荷厨师。

【岗位职责】

(1) 自觉服从厨师长的工作安排，组织和分配打荷岗的各项工作。

(2) 督促下级在开餐前做好各项准备工作，包括点缀原材料的准备、小料的准备及餐具的准备。

(3) 督促厨师在操作中使用的原材料应力求合理、节约。

(4) 每天根本营业要求，合理领取各种调味品，并如实记录。

(5) 每市开餐之前准备好各种兑汁与调味品，并进行检查。

(6) 督促炉灶厨师、打荷厨师有序出菜，保证出菜的速度与节奏，把好菜肴质量关。

(7) 根据点菜的先后和出菜原则出菜，根据特殊情况和要求，灵活出菜。

(8) 与餐厅服务员、划菜员加强沟通，尽量满足消费者要求。

(9) 大型会议、重要任务营业结束之后，负责做好食品留样工作。

(10) 每市营业结束后，督促下级做好各项卫生工作并例行检查。

(11) 与下级员工团结合作，完成上级交办的其他任务。

9. 打荷岗厨师

【层级关系】

直接上级：打荷领班。

【岗位职责】

(1) 自觉服从打荷领班的工作安排。

(2) 负责做好工作范围内的环境清洁和台面卫生工作。

(3) 做好开餐前的准备，包括点缀原材料的准备、小料及餐具的准备。

(4) 开餐时餐具、油味罐的放置要保持整洁，并做到每市清洗。

(5) 根据菜肴的烹饪特点和餐厅情况，及时分配菜肴，掌握出菜速度与节奏。

(6) 发现食品规格、质量、标准与菜肴不符，应及时通知切配岗进行补救。

(7) 及时将烹制好的菜肴送到划菜处。

(8) 要仔细查看取菜联上是否有特别要求，如有应给予及时调整，满足宾客需求。

(9) 每市营业结束后，应及时整理取菜联，核对后，送交厨师长办公室。

(10) 发挥工作主动性，完成上级交办的其他任务。

10. 冷菜岗领班

【层级关系】

直接上级：厨师长。

直属下级：冷菜厨师、刺身厨师。

【岗位职责】

（1）自觉接受厨师长的工作安排，负责做好冷菜菜肴的制作工作。

（2）及时了解当天的工作要求，督促下属员工做好各项准备工作。

（3）负责冷菜的考察学习与研究，定期做到冷菜创新。

（4）督促下属做好一切准备工作，做到品种齐全，保证正常供应。

（5）督促下属对所使用的工具、用具、盛器、炉子等负责清洗和保管。

（6）负责检查冷菜专用工具、用具盛器的卫生消毒工作。

（7）负责检查初加工送来的食品原材料的质量是否符合国家卫生标准。

（8）如遇点菜，需及时切配，严格按照分量标准出售，并做到有序操作。

（9）督促厨师在操作中，应节约燃料、水、电等能源。

（10）在操作中，应节约使用各类调味品，力求做到使用合理，减少浪费。

（11）负责整理冷菜房的熟食冰箱，保持清洁卫生，保证食品安全。

（12）督促厨师在收市时注意炊具的清洗，给调味罐加盖。

（13）督促厨师在收市时关掉所有水、电、煤气开关，保证安全，并打开紫外线灯。

（14）每市营业结束后，应及时整理取菜联，核对后，送交厨师长办公室。

（15）若原材料断档，则要及时转告餐厅，以便服务员向客人解释。

（16）提前一天开出进货申购单，交厨师长审批。

（17）大型会议、重要任务营业结束之后，负责做好食品留样工作。

（18）与下级员工团结合作，完成上级交办的其他任务。

11. 冷菜岗厨师

【层级关系】

直接上级：冷菜领班。

【岗位职责】

（1）服从领班的工作安排，保质、保量完成冷盆菜肴的制作工作。

（2）及时了解当天的工作任务，并做好各项准备工作。

（3）负责将原材料、调味品、油等用品准备齐全，以切实保证使用需要。

（4）负责做好各类工具、用具的清洁消毒工作，以及砧板、刀具的清洗消毒工作。

（5）每市营业开始之前，负责做好冷菜烹制工作。

（6）严格按照菜肴操作规程实施操作。

（7）进入冷菜间操作熟食时必须戴口罩，并消毒双手、抹布、砧板和刀具。

（8）在装盆时，应做到刀面清晰、厚薄均匀、清洁美观，并按标准分量配制。

（9）收到点菜单后，应有序操作，迅速完成冷盆的制作工作。

（10）合理使用各类原材料，力行节约，减少浪费。

（11）及时将剩余熟食原材料分类储藏在冰箱中，保证食品安全。

（12）及时洗净使用过的盛器、用具和砧板，合理放置，并盖上纱布。

（13）在收市时关掉所有水、电、煤气开关，保证安全。

（14）注意做好冷菜间的卫生消毒工作。下班时打开紫外线灯，进行消毒。

（15）发挥工作主动性，完成上级交办的其他任务。

12. 烧烤岗领班

【层级关系】

直接上级：厨师长。

直属下级：烧烤厨师。

【岗位职责】

（1）接受厨师长的工作安排，负责做好中餐厨房的烧烤工作。

（2）及时了解当天的工作任务，督促所属员工做好各项准备工作。

（3）督促下级做好原材料和调料的准备工作，做到品种齐全，保证正常供应。

（4）督促下级保管好工具、盛器等用具，并保持用具和炉子的清洁。

（5）负责将每天原材料拆卸后的边角料及时送交切配间或员工食堂。

（6）负责检查初加工送来的食品原材料的质量是否符合国家卫生标准。

（7）保证在每天开餐之前完成原材料的烹调、烧烤等工作。

（8）及时切配，严格按照计量标准出售，做到有序操作。

（9）若原材料断档，则要及时转告餐厅，以便服务员向客人解释。

（10）督促厨师节约燃料、水、电等能源，并在收市时关掉所有水、电、煤气开关，保证安全。

（11）督促厨师在操作中使用调味品时，要合理使用、力行节约、减少浪费。

（12）督促下属厨师及时将剩余的食品原材料分类存放冰箱中保管。

（13）督促厨师在收市时清洗汤桶和炊具，加盖调味罐。

（14）提前一天开出进货申购单，交厨师长审批。

（15）大型会议、重要任务营业结束之后，负责做好食品留样工作。

（16）与下级员工团结合作，完成上级交办的其他任务。

13. 烧烤岗厨师

【层级关系】

直接上级：烧烤领班。

【岗位职责】

（1）自觉服从领班的工作安排，保质保量完成烧烤菜肴的制作工作。

（2）及时了解当天的工作任务，切实做好各项准备工作。

（3）做好各种原材料、调味品等的准备工作，做到品种齐全，以保证使用需要。

（4）做好各种工具、用具、盛器的准备和清洁等工作。

（5）检查初加工送来的各种原材料的质量是否符合卫生要求。

（6）做好上炉烧烤原材料的加工、腌渍等准备工作。

（7）在操作时，应注意保持炉子周围的环境卫生。

（8）严格按照烧烤质量要求实施操作，完成原材料的烹调、烧烤等工作，以保证供应。

（9）及时切配，严格按照标准计量出售，做到有序操作。

（10）在操作中使用调味品时，要合理使用、力行节约。

（11）节约燃料、水、电等能源，减少不必要的损耗。
（12）及时将剩余的食品原材料分类存放在冰箱中保管。
（13）在收市时清洗汤桶和炊具，加盖调味罐。
（14）在收市时关掉所有水、电、煤气开关，保证安全。
（15）发挥工作主动性，完成上级交办的其他任务。

14. 面点岗领班

【层级关系】

直接上级：厨师长。
直属下级：面点厨师。

【岗位职责】

（1）自觉服从厨师长的工作安排，负责点心的制作。
（2）根据每天供应的点心品种情况，督促所属员工在开餐前做好各种点心的加工准备工作。
（3）在每市营业开始之前，分别清洁各类用具及机械设备，保持点心房的环境整洁。
（4）督促下级严格按照点心质量要求实施操作。
（5）原材料断档，要及时转告餐厅，以便服务员向客人解释。
（6）督促下级在操作中应合理使用各种原材料，做到力行节约，减少浪费。
（7）督促下级在收市时，应将剩余的点心成品分类保管。
（8）督促下级在收市时关掉所有水、电、煤气开关，以保证安全。
（9）与下级员工团结合作，完成上级交办的其他任务。

15. 面点岗厨师

【层级关系】

直接上级：面点领班。

【岗位职责】

（1）自觉服从面点领班的工作安排，负责点心的制作。
（2）定量做好所需要馅芯的准备工作和调味罐的补充工作。
（3）根据每天供应的点心品种情况，开餐前做好各种点心的加工准备工作。
（4）在每市营业开始之前，分别清洁各类用具及机械设备。
（5）负责做好灶面的卫生工作，保持点心房的环境整洁。
（6）严格按照点心质量要求实施操作。
（7）在操作中应合理使用各种原材料，做到力行节约，减少浪费。
（8）在收市时，应将剩余的点心成品分类保管。
（9）及时清洗炊具及其他机械设备，并保持灶面整洁。
（10）在收市时关掉所有水、电、煤气开关，以保证安全。
（11）发挥工作主动性，完成上级交办的其他任务。

16. 海鲜房领班

【层级关系】

直接上级：厨师长。
直属下级：海鲜房员工。

【岗位职责】

(1) 自觉服从厨师长的工作安排，负责海鲜房饲养和管理工作。

(2) 负责各类鱼缸约海水配方，保证鱼、虾、蟹、贝壳类的成活率。

(3) 负责冰鲜池的排放整齐，分类合理，及时处理隔天的冰鲜，交厨房另行加工。

(4) 严格控制水产的成活率与新鲜度，把好质量关，把不合格的水产及时退还采购部门。

(5) 负责海鲜房的环境卫生与设备卫生，做到随时清理。

(6) 负责开列出当天进货申购单，交厨师长办公室。

(7) 空运海鲜需提前一天开进货申购单，并交厨师长审批。

(8) 对顾客要实事求是，不能短斤缺两，不以死当活，以次充好。

(9) 与下级员工团结合作，完成上级交办的其他任务。

17. 海鲜房员工

【层级关系】

直接上级：海鲜房领班。

【岗位职责】

(1) 自觉服从领班的工作安排，负责各类活鲜产品的合理饲养。

(2) 负责鱼池、贝壳池、冰鲜池、蛇箱、鸟笼的换水与清洗。

(3) 严把海鲜质量关，不符合标准的水产一律不用，并把刚死的海鲜及时送厨房，以便厨房妥善处理。

(4) 做到待客和气，不欺骗顾客，不以次充好，不以死当活，不缺斤短两。

(5) 负责做到贝壳类提前一天清养，隔天使用。

(6) 每市结束之后，搞好封冰、换水及卫生等工作，关闭水电开关。

(7) 发挥工作主动性，完成上级交办的其他任务。

18. 初加工领班

【层级关系】

直接上级：厨师长。

直属下级：洗菜工。

【岗位职责】

(1) 自觉服从厨师长的工作安排，负责初加工间的管理工作。

(2) 合理安排下属员工，严格按照食品初加工要求实施操作。

(3) 负责做好工具、用具和盛器的准备工作，保证加工使用方便。

(4) 根据厨房需求，及时调整原材料加工的次序。

(5) 检查加工原材料是否符合标准，并送交厨房使用。

(6) 操作中应保持原材料的新鲜，妥善处理下脚料。

(7) 与下级员工团结合作，完成上级交办的其他任务。

19. 洗菜工

【层级关系】

直接上级：初加工领班。

【岗位职责】

(1) 自觉服从领班各项工作安排，完成所有原材料初加工工作。

(2) 严格按照食品加工要求实施操作，净菜中不得混有杂菜、草、黄叶、烂叶等。

(3) 根据厨房使用要求，及时提供加工好的蔬菜等原材料。

(4) 操作中应保持原材料的新鲜程度。

(5) 加工完，厨房暂不用的蔬菜、水产等应妥善保管，放入保鲜库或冰库，保持新鲜，防止变质。

(6) 负责保管工具，保持初加工间的清洁卫生。

(7) 负责活禽等动物的喂养。

(8) 发挥工作主动性，完成上级交办的其他任务。

思考与练习

1. 熟悉餐饮组织机构的设置原则和各岗位的职能。

2. 根据精简和效率相统一等原则，在不同性质、不同规模的餐饮中灵活构架组织机构。

3. 餐饮组织中的管理层的核心工作任务是什么？

第二部分

产销规范篇

第 4 章　厨房餐厅原材料管理

生产销售的前提是原材料的供给，原材料的供给顺畅、质量稳定是生产销售的基础。本章所讲的原材料管理就是指原材料的申购、采购、验收、储存、领用一条线的管理，它包括申购的合理性，供应商的信誉度，原材料的适用度，库房的储存管理，以及领用过程的环节，这些环节是厨房生产的前奏。

4.1　食品原材料采购管理

为了保证菜肴的质量稳定，一是要靠有一支技术过硬的厨师队伍，二是要靠原材料的产地和质量始终如一。食品原材料的质量好坏不是以价格的高低，而是以食品原材料是否适用于某种菜肴的烹调来定论的。如果原材料的适用度越高，其质量就越好。所以食品原材料的采购很有学问，一般采购员要虚心学习，认真听取使用者的建议，深入厨房观察和研究。

4.1.1　食品原材料采购意义和方式

1. 原材料采购管理的意义

食品原材料采购是厨房食品生产加工和销售服务顺利进行的物质基础。组织好厨房食品原材料的采购供应工作，不仅能够使厨房食品生产加工和业务经营活动得以顺利进行，同时，对于保证菜点质量，降低厨房生产成本，加速资金周转，提高经济效益，都具有十分重要的意义。

2. 设立专业人员采购原材料

为了做好中餐厨房食品原材料的采购工作，确保采购业务活动顺利开展，饭店应视其具体情况设立采购部门，明确采购部门职责，确定采购方针和原则，制定相关的规章制度；根据采购业务量设计岗位，确定岗位职责和素质要求，配备符合岗位素质要求的人员；加强对采购价格、数量、质量、时间和资金占用的控制，圆满完成食品原材料采购工作任务。

由于饭店、餐馆的规模大小各不相同，因而食品原材料采购机构的设置也有区别。一般情况下，食品原材料采购机构的形式大致有下面几种。

（1）饭店设立采购部。采购部负责饭店所有物品的采购，厨房和餐饮部根据业务经营需要提出食品原材料采购申请，由采购部负责定购和验收等工作。实践中，有的采购部隶属于财务部，这种形式适用于大型饭店。

（2）餐饮部附设采购部或采购人员。这种形式的采购部属餐饮部经理领导。厨房和餐饮部业务经营活动所需物品和食品原材料都由采购部负责。这种形式适用于中、小型饭店。

（3）餐饮部或厨房直接负责鲜活食品原材料的订货和验收，其余食品原材料和物品的采购由采购部负责。有些饭店因考虑厨房原材料的特殊性，均采用厨房直接采购的形式。

3. 根据原材料特点灵活采购

食品原材料的采购是一项比较复杂的业务活动，厨房中需要采购的食品原材料具有品种规格多、质量价格差异大、货源渠道杂等特点。采购人员在原材料的采购过程中必须能够熟悉掌握这些特点，根据具体的情况，运用多渠道的采购方式和灵活的采购方法，按需求的数量、规格和质量标准，以合理的价格，最少的流动资金占用，从有信誉的供货商，采购到各种食品原材料。

4.1.2 原材料采购的程序

为了确保食品原材料采购工作顺利进行，提高采购工作质量，餐饮部要根据原材料的特点和采购业务活动的规律，制定一个行之有效的工作程序和采购准则。采购人员必须按照规定的工作程序和采购准则开展采购活动。

在实践中，食品原材料采购活动的基本工作流程如图4-1所示。

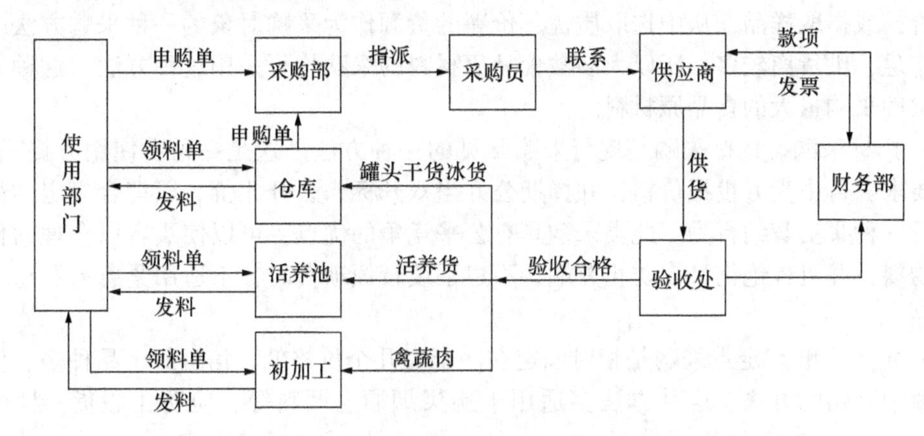

图4-1 食品原材料采购业务活动程序

1. 提出申购

首先由使用部门向采购部门（员）提交采购申请明细单。由于采购形式的不同，采购申请单的提交者也就不同。通常中、小饭店的鲜活食品原材料由厨房提交申购单，可储存性食品原材料由食品仓库提交申购单，酒水由餐厅提交申购单。

2. 联系采购

采购部把接到的申购单汇总后，一般原材料直接与供货商联系，询问价格、洽谈订购意向。干货原材料和冰冻水产品要索取样品，与厨师长一起检验质量、商定价格，再根据洽谈约定填写订购单等。大批量和贵重原材料需签订订货合同，并应同时交给验收人员一份，以备验收入库使用。零散原材料、鲜活原材料、蔬菜原材料等采购员可直接采购。

3. 验收入库

对于采购员采购和供货商送货的原材料，验收人员要根据申购单验收，验收合格后，交给仓库保管员登记入库。采购员电话联系订购后自行提货的原材料，在提货现场就要对原材料进行初验，待原材料运回后再由验收人员复验后登记入库。鲜活原材料验收后，由使用部门办理申领手续直接发货。

4. 审核付款

验收人员完成了食品原材料的验收、入库等工作后，应将自己填制的验收单和签字后的发票连同订购单交于财务部，同时告知采购部门原材料已验收入库。经财务部审核无误后，供货商或采购员即可提取现金或报销。

4.1.3 采购方法和种类

1. 采购方法

食品原材料的采购方法很多，采用什么样的采购方法，应该根据餐饮业务经营的要求、采购任务、食品原材料的种类及市场情况，选择最适宜的采购方法。常见的采购方法主要有以下几种。

（1）询价采购。询价采购是最常见、最原始的一种采购方法。通过采购员深入市场，了解行情，逐个询价，根据原材料价格和质量优劣情况，购买性价比低，适用度高的原材料。但这种方法需自行解决运输工具，得自己承担运输中出现的风险。

（2）比较采购。比较采购是采购人员将需要采购的某种食品原材料通过询问几个供货商的报价，或提取样品，从中选取质优、价廉的货源作为采购对象的一种采购方法。因目前货源充足，供货商较多，所以大多数食品原材料的采购均可采用这种方法。这种方法最适于一次性采购量大的食品原材料。

（3）招标采购。招标采购是现行采购常见的一种方法。这是一种由使用方提出品种、规格等要求，再由卖方投报价格，并择期公开当众开标，公开比价，以符合规定的最低价者得标的一种买卖契约行为。此类采购具有公平竞争的优点，可以使买者以合理的价格购得理想物料，并可杜绝徇私、防止弊端，不过手续较烦琐费时，不适用紧急采购与特殊规格的货品。

（4）定点采购。定点采购是相对固定在一个或几个价格低、信誉好、品种多、供货足的供货商中采购的方法。这种方法多适用于购买烟酒、调料等，应防止假货，杜绝三无产品。

（5）约定采购。约定采购是指采购人员根据厨房对某种原材料的需要情况，按一定的时间间隔，要求供货商把原材料送货上门。每次送货量有预先约定，也有临时通知，每次送货不当场结算，一般为月结或季结。

（6）托运采购。托运采购是将需要采购的食品原材料与供货商以书面合同或口头形式订货的采购方法，又称为期货订购。这种采购方法适于采购的批量大、异地供货和规格复杂的食品原材料，要求供货商一次或分批次供货。货到付款或先款后货均有。

（7）联合采购。联合采购是指几个类型相似的餐饮企业为了降低进货的成本，对某些共同需要的原材料凑成一大批数量，向供货单位进货，因为联合采购数量大，可以享受批发价格或优惠价，从而可以降低成本。

（8）无选择采购。无选择采购是在餐饮经营过程中，厨房有时急需某些品种的食品原材料，但在当地仅此一家有货供应。在这种情况下，不论供货商如何索价，只能采取无选择采购。采纳这种采购方法，其采购成本较高。

（9）特殊性采购。采购员、管理员在市场调查、订货展览和采购过程中，发现在申购要求以外的时鲜货、奇缺货、紧俏货及新品种酌情采购的一种方法。这种方法能使厨师长及时了解市场信息，加速新菜品的开发。

另外，随着连锁饭店、连号集团饭店和饭店管理集团的出现，许多大型酒店都建立了自己的物流中心或原材料配送部门，配送中心以批量采购的方式，降低采购原材料，即能保证原材料的统一质量规格又可以有效降低原材料的成本。

各种采购方法的利弊见表4-1。

表4-1　各种采购方法的利弊

采购方法	优　点	缺　点
询价采购	直观性强，适用度佳	费工费时，运输成本大，途中有风险
比较采购	能保证原材料质量	程序较复杂
招标采购	价格总体低、能杜绝舞弊	价格与市场有偏差、容易断货
定点采购	货源正宗，可退货	价格稍高
约定采购	原材料品质高、价格便宜	供货不灵活、不及时
托运采购	原材料风味突出	供货欠灵活。如果先款后货，则存在一定风险
联合采购	价格便宜	灵活性欠佳
无选择采购	时效性强	价格偏高
特殊性采购	能及时提供新品种信息	存在随意性，规范性不强

2. 供货商的选择

在众多供货商中，选择理想的供货商对于做好食品原材料采购工作，全面完成采购的任务，具有重要的意义。选择理想的供货商应着重注意以下几个问题。

（1）供货商的资信。这是指食品原材料供应商的经营资格和信誉度。采购部所要采购的食品原材料特点决定着对供货商资信的要求。供货商具备法人资格和较高的信誉，可以提高采购工作的可靠性和稳定性，减少采购的风险。

（2）供货商供货能力和价格。在选择供货商，应该优先选择中间环节少、供货能力强、能够持续供货和及时供货的供货商，尤其是可保证供应紧缺品种，供应高规格原材料的供货商。在其他条件相同的情况下，供货价格又是决定采购的关键因素，因它直接影响着厨房生产成本和餐饮经济效益。

（3）供货商的销售服务。销售服务包括食品原材料的包装、运输工具、交货方式、交货地点、送货条件及市场信息的提供等。在采购食品原材料时，应该权衡上述销售服务的情况，择优选择供货商。

（4）供货商供货地点。在其他条件相同的情况下，供货商应该选择交通运输方便、送货上门或供货地点近的供货商，这样有利于食品原材料的交付和接收，节省运输时间和费用，减少食品原材料的变质，提高经济效益。

4.1.4　采购合同的签订

采购合同是经济合同的一种，它是饭店或餐饮部为了采购各种食品原材料与原材料供应商之间明确相互权利、义务关系的一种具有法律效果的协议文本。

1. 合同主体

根据我国《经济合同法》的规定，合同主体应是企业法人、其他经济组织和个体工商户。企业法人是指从事生产、经营、服务等以营利为目的，依法成立的独立享有民事权利和独立承担民事义务的经济实体。其他经济组织是指从事生产经营服务等盈利活动，但不能独立承担民事责任，而经工商行政管理机关核准登记的非法人性质的经济组织，如企业法人的分支机构（营业部、分公司）、外商投资企业设立的分支机构等。个体工商户是指有民事权利能力和民事行为能力的从事个体经营的人员。

2. 合同签订程序

采购合同的签订分为两个步骤。第一是要约。要约是指一方当事人向对方提出订立经济合同的建议或要求。构成有约束力要约的条件有：一是要约必须表明要约人严肃的订约旨意，二是要约必须具有明确性和完整性。第二是承诺。承诺是指受要约方对要约内容表示完全同意的答复。要约一经承诺，说明双方当事人就合同的内容已经达成协议，经双方签字、盖章后，合同宣告成立。

3. 合同形式

采购合同的形式分为书面合同和口头合同两种。书面合同是指双方当事人以文字表述经协商一致而签订的经济合同。书面合同又可分为普通书面合同和特殊书面合同。双方当事人达成书面协议后，不需按规定或约定再履行其他手续的合同，称为普通书面合同。双方当事人达成书面协议后，还需按规定或约定再履行供证、鉴证等其他手续的合同，称为特殊书面合同。书面合同有的还分为主件和附件两部分，主件是主要条款内容，附件是对主要条款内容所做的文字说明或实物样品。信件、电报、电传也是书面合同的组成部分，当事人应妥善保管。双方当事人通过对话方式形成的合同，称为口头合同。采用口头合同应限于即时清结的合同，口头合同发生纠纷时，当事人有举证的责任，如发票、欠条、收据和通信联系等凭证。

4. 合同主要条款

采购合同的主要条款决定其合法性和有效性，是确定双方当事人权利和义务的依据，又是双方当事人产生合同纠纷进行仲裁的依据，因此，必须慎重对待合同的主要条款。其主要条款包括以下几条。

（1）标的，是指合同双方当事人权利和义务所共同指向的对象。采购合同的标的是餐饮食品原材料，称为标的物。标的物必须明确、具体、肯定，否则无法履行。

（2）数量，是指与标的直接联系的条款，目的是使合同中的标的具体化。数量条款应写明计量单位和计量方法、误差幅度、毛重或净重。

（3）质量，也是指与标的直接联系的条款，使合同中的标的具体化。质量是标的质的规定性。质量条款中质的规定性应该科学、全面、合理、明确，否则容易造成纠纷，甚至无法履行。所以质量条款中应写明如下事项。

① 标的质量要求、等级要求、卫生要求。

② 标的质量标准名称、代号和序号。

③ 对质量负责的条件和期限。

④ 对质量提出异议的条件和时间。

⑤ 抽样方法和比例。

⑥ 实物样品数量，封存样品的时间、保存地点和方法。

（4）价款，是指当事人方向另一方支付的货款。订立合同时，国家规定价格标准的，按规定执行；国家没有规定标准的，由双方议定。合同中明确规定给付货款的期限和结算方式，写明对方的开户银行和账号。

（5）履行期限，是指合同履行义务的时间界限。供货方的履行期限是指交货日期；采购方履行期限是指付款期限，应该明确、具体。

(6) 履行地点，是指当事人一方履行义务，另一方接受履行义务的地方。采购合同中履行地点视约定的交货方式而定。需方自提的，在提货地履行；供方代办托运的，在托运地履行；供方送货的，在需方接货地履行。

(7) 履行方式，是指合同当事人怎样履行义务。履行方式条款必须明确、具体规定交付标的物和支付货款的方式。例如，标的款交付应该明确是一次履行还是分次履行，标的是自提、送货还是代办托运，是何种运输方式和运输工具等等。

(8) 违约责任，是指合同当事人在违反合同约定时应承担的责任。根据我国有关法律、法规所规定的违约责任，主要采取违约金和赔偿金的形式。

(9) 争议的解决方式。在产生合同纠纷时采用什么方式解决协商？申请仲裁还是起诉？这些内容双方均应事先商定。目前推行的统一合同文本均有“争议的解决方式”一款，在签订合同时应予写明。

4.2 食品原材料验收管理

食品原材料的验收管理是非常重要的一个环节。餐饮部最好设立专职验收员，挑选一位具有一定的业务水平、敬业爱岗、责任心强的员工担任此职。常规原材料由验收员验收入库，而其他原材料需要两人以上在场验收签字。特别是海鲜、蔬菜类每次验收都要在厨师长挂帅下，会同验收员、财务人员、采购员一起验收。验收员着重负责验收品种数量、规格、重量；而厨师长或使用部门经理主管着重负责检查品种的产地、品种的真伪、品种的质量和鲜度等；财务人员负责监督；而采购员负责核对品种数量及分量。在验收过程中对控制采购渠道和采购食品原材料的质量、数量、价格，以及采购时间等方面均有重要意义。

4.2.1 食品原材料验收的要求

食品原材料验收的工作，不仅要配备专职验收员，还必须配置相应的验收场所和验收设备与工具等硬件。

1. 验收场所要求

餐饮部由于使用的原材料种类繁多，不能在一个固定的验收场所内对所有的食品原材料实施验收工作，因此验收场所因原材料的不同而经常临时变动。一般酒水原材料的验收场地应设在酒水仓库附近；干货类食品原材料的验收场地应设在食品原材料仓库附近；冰冻类原材料的验收应该设在冷库附近；新鲜原材料的验收场所应设在厨房初加工间附近；鲜活水产和禽类的验收场所应在海鲜池和养殖箱附近。

一般饭店的固定验收场地设在厨房初加工间附近，因为新鲜原材料品种多，验收最为复杂。而其他原材料相对品种少且验收简单。并在验收场地旁设验收办公室，以方便验收员填写验收单或涉及有关票据保管的事宜。食品原材料验收场地的配置还要同时考虑到车辆进出是否方便，是否有利于卸车搬运、便于验收的堆放和使用搬运工具，是否符合食品卫生要求的环境等。验收场所的大小视验收任务量而定，以不影响验收工作为准。

2. 验收设备要求

为了保证验收工作顺利进行，验收场所应配备验收工作需要的设备和工具。这些设备和工具主要有：符合计量要求的计量器具，搬运货物推车，盛装食品原材料的专用箱、筐、袋等，开启包装的用具，以及常用的快速检测仪器和用具等。规模较大的酒店或有条件的餐饮企业，应根据需要适当配备一些先进的检验检测设备与理化仪器等。

3. 验收人员要求

原材料验收人员应该是受过专职培训的，或从厨师中挑选责任心较强、有较丰富专业知识的人来担任。食品原材料的验收涉及许多方面的知识，比如：原材料的鲜度、品质，纯度、成熟度，原材料的产地、商标、卫生等。如果验收人员没有专业知识是无法胜任这一工作的。因此，必须对验收人员提出下列要求：

（1）身体健康，讲究清洁卫生；

（2）熟悉验收所使用的各种设备和工具；

（3）熟知本企业物品的采购规格和标准；

（4）具有鉴别原材料品质的能力；

（5）熟悉企业的财务制度，懂得各种票据处理的方法和程序；

（6）具有良好的职业道德，忠于职守，秉公验收。

4.2.2 食品原材料验收的一般程序

不同的饭店或者餐饮企业对食品原材料的验收程序都有具体的规定，特别是一些导入ISO 9000 质量管理体系的企业，对食品原材料的验收过程编制了作业指导书等文件，形成了严格的验收操作规程，使食品原材料的验收日益规范化。一般有如下几个验收环节。

（1）根据订单核对原材料。首先要依据订购单或订购记录来检查货物，对未办理过订购手续的物品不予受理，以防止盲目进货或有意多进货的现象。不论何种方式采购的原材料，验收人员必须根据定购单或订购合同书，核验原材料品种，同时核验跟随的发票，核查票据上所载明的食品原材料品种、规格、单价、数量、金额、时间、供货商和印戳等内容是否与订购要求相符，对于与订购单或订购合同书相抵或不符的内容，要求供货单位（或送货人）进行解释或进行必要的处理，如果两者的出入太大则不能对原材料进行验收和接受，并及时汇报上级。

（2）检查原材料的质量和数量。如果第一个环节没有发现什么问题，接下来就要根据送货单验收原材料的质量。检查原材料的规格是否符合标准，检验原材料的质量是否优良，核对原材料的数量是否准确，以及对包装进行检验等，并对每一项目都要做好验收记录。在检验质量和数量时，要做到以下几点：

① 以件计数的物品，必须逐件清点，记录下正确的数量；

② 以重量计数的物品，必须逐件过秤，记录下正确的重量；

③ 对照采购规格书，检查原材料的质量是否符合要求；

④ 对箱装、桶装原材料，采取抽样检查的方法；

⑤ 发现原材料重量不足或质量不符需要退货时，应填写原材料退货单，并由送货人签字，将其中一联退货单随同原材料退回供货单位。

（3）受理货物（拒绝受理货物）开具单子。通过前面二道验收后，如果一切项目与订购单或订购合同书所规定的完全相符，并且完全符合验收要求，验收人员应根据验收记录填写验收单并在发货票上签字。对于不符合验收要求的，如因质量、数量或价格等与要求不符，如果属供货商送货的，则应拒绝验收，办理退货手续，开具原材料退货单；如果属于自提和代运的，应根据验收记录做验收异议处理，并应对这类食品原材料妥善保管，加贴封条予以封存，不可随便动用，留待供货方来人或其他方式进行协商处理。

（4）办理入库，分流物品。食品原材料验收合格后，应及时与仓库保管员根据食品原材料的品种办理入库手续，交由保管员分类入库保管或冷藏保管，及时填写双联标签注明进货日期、名称、重量、单价及保质期等。对于部分鲜活原材料、蔬菜原材料可直接发放给使用部门，但申领手续要齐全。

（5）填写相关表、单。验收人员在对食品原材料进行验收的过程中，除了需要在发货票上签字外，还应根据企业的规定对验收过的原材料填写相应的表格、单据等。例如，填写验收记录表、验收单（收货凭证单）、验收日报表、验收异议报告、验收汇总表、双联货品标签卡、退货通知单等。有的企业要求填写的表单多一些，有的少一些，验收人员对于表单填写的种类必须根据具体情况和企业规定进行。其中，原材料验收日报表是验收人员将每天进货情况根据验收记录必须填写的项目，作为采购部、仓库或厨房等部门控制原材料使用的依据。对不能验收入库的食品原材料和验收中发现的问题，验收人员要及时向采购部或厨房以书面形式报告，并提出处理意见。

4.2.3 原材料验收的方法

食品原材料的验收一般有检查品种数量、检查件数重量、检查规格质量等常见的验收项目。具体方法如下。

1. 品种验收

验收的第一关，首先检查采购的食品原材料品种是否与使用部门的要求符合。由于食品原材料种类繁多，有些食品原材料的品种也不是验收人员都能够准确加以识别的，对有异议或辨认不清的原材料应请有经验的厨师帮助识别验收，以免出现验收失误。

2. 数量验收

对于零散的食品原材料，按计件、计量的规格逐件验收。有些原材料以包、合为单位，有些以重量为单位，这就需要分别清点。对于大件原材料（特别是托运原材料）要先清点件数。然后再开箱清点数量。

3. 质量验收

对常见的蔬菜、水果、禽畜肉类，验收员要凭知识和经验通过原材料的色泽、气味、滋味、口感、手感、音响、外观来判别食品原材料的质量优劣。

对于水产类原材料，验收员要凭知识和经验通过原材料的颜色、光泽、气味、外观、鲜活度来判别原材料的质量优劣。

对于包装原材料，验收员要查看包装是否完好无损，有无渗漏、破碎，标识标签是否完好，生产日期（保质期）、制造商（经销商）的名称和地址是否齐全。

对于一些数量较大，从外表又不能鉴定的原材料，就要采取抽样检查，从批量中提取少量具有代表性的样品，作为评定该批量食品原材料质量的依据。如冰冻虾仁、鲜贝等，化冻后检查其重量和质量。抽样的方法一般有百分比抽样和随机抽样两种。

4.3 食品原材料库房管理

原材料的库房常见的有调料库房、酒水库房、粮食库房、干料库房、冰冻库房、冰鲜存放区、蔬菜保鲜房、水产养殖区和禽类养殖区等，这些区域的储存、发货、保质、保洁都属于原材料的库房管理内容。

4.3.1 干货原材料的储存

干货食品原材料的储存、领发是食品原材料控制的重要环节，如果控制不当，就会造成原材料变质、库存积压，甚至出现偷盗行为，直接影响到餐饮的成本，所以应明确储存和领发的管理制度。

1. 干货储存场地要求

干货原材料要分门别类地进行储存，确保原材料的质量。根据原材料的种类、特性，以及储存时按所需的温度和湿度等进行存放，做到先进先出，防止霉变、虫蛀。在库房中设置货架，货架离墙壁至少 5 cm，离地面 15 cm，以便空气流动和清扫。另应该安装性能良好的排风设备，以及温度计和湿度计，使仓库室温控制在 10 ～20℃之间，湿度在 50%～60%之间。加速库存周转，尽量缩短原材料的储存时间。

2. 干货储存的管理要求

为了正确反映库存物品的进、出、存动态，仓库要建立严格的管理制度，要做到账（保管日记账）、卡（存货卡）、货（现有库存数量）相符。食品仓库的账要以每个品种为单位，分批设立账户，设立明细与完整的账单。一物必有一卡，存货卡要与账单相符，与存货相符。只有这样，才能防止差错、防止被窃与丢失。仓库控制的另一种方法是：定期或不定期地进行盘点，发现有误差或有失效物品时要追查责任。

3. 干货仓库的管理制度

（1）一货一卡，有序排列，分类放置，存放位置相对固定。

（2）入库原材料在其包装上注明进货日期，以利于按照先进先出的原则进行发放，保证食品质量。

（3）保证货架和地面的干净、干燥，防止污染，杜绝虫害、鼠害。

（4）经常进行盘查，发现疑似变质和误差，及时上报另待处理。

（5）库内严禁吸烟、吃零食。并经常检查防火、防盗、防鼠设备完好。

（6）不存放私人物品和杂物，不外借原材料。

（7）无关人员不得入库，不得委托他人代为管理。

（8）人离门关，妥善保管钥匙。预备钥匙应用纸袋密封，存放在经理办公室，以备急用之需。

4.3.2 冷藏冷冻原材料储存要求

1. 冷藏原材料储藏要求

冷藏是将冷库或冰箱的温度控制在 1 ～6℃，使储存的食品保持低温而不冻结。这样既控制了微生物的繁殖，保证了食品的质量，又使食品不必解冻而取用方便。但由于冷藏对微生物只起抑制和延缓作用，控制微生物的效果只能在一定的时间内，保持食品质量的时间不能像冷冻那样长，所以要特别注意储存时间的控制。冷藏的食品既可以是农产品中的蔬果类，也可以是肉、禽、鱼、虾、蛋、奶和熟食品等。

为使冷藏效果达到最佳点，有条件的单位可将食品分别储入分类专用库中，库内温度可调节到下列标准（见表 4-2）。

表4-2　食品分类专用库库内温度标准

仓库类型	原材料种类		适用温度/℃	适用湿度（%）	保存期限/天	备　　注
冷藏库	畜肉类		1～2	85～90	1～3	
	水产类		1～2		1～2	
	家禽类		1～2		1～3	
	乳制品类		1～2		1～3	
	禽蛋类		1～2		5～7	
	熟食类		1～2		1～2	
	一般蔬菜类		3～6		2～4	
	个别蔬菜	卷心菜	3～6		7～10	
		青红椒	3～6		5～10	
		胡萝卜	3～6		20～30	
	一般水果类		3～10		2～5	热带水果，温度要稍高
	个别水果	苹　果	3～6		12～16	
		椰　子	3～6		12～20	
		橙　子	3～6		12～16	10℃以下果皮易变色
		西　瓜	4～10		12～16	
常温	个别品种	香　蕉	10～16		12～16	夏天冷藏保温
		柠　檬	10～16		15～20	
		茄　子	7～10		3～5	

2. 原材料冷藏需注意的事项

（1）检查每件原材料质量后，尽快冷藏，尽量减少耽搁时间。

（2）新鲜动物原材料需经过初步加工，并用保鲜纸包裹，防止水分耗干及污染。

（3）小包装食品不宜随意散放，应用合适的大筐或保鲜箱储存。

（4）热食品应完全晾凉后再行冷藏。并要选用浅底、大面积的有盖容器盛放，以利于加速冷却，防止食品脱水和污染，避免熟食品吸收冰箱气味。

（5）原材料与原材料之间不可堆积过高、堆积过实，要留有空隙，使冷空气自由流动。

（6）冷藏设备的底部及靠近冷却管道的地方一般温度最低，这些地方宜存放奶制品、肉类、禽类、水产类食物原材料。

（7）容易腐烂的水果蔬菜要每天检查，发现问题时要及时处理。

（8）鱼虾类原材料要与其他食品分开放置，防止串味；奶制品要单独存放，不要与有强烈特殊气味的食物存放在一起，并加盖密封，防止污染。

（9）存取食品时需尽量缩短冰库的开门时间，要减少开启的次数，以免冰库温度升高，影响储存效果。

（10）随时和定期地关注冷藏的温度。制定清扫规程，保持库房洁净。

3. 冰冻原材料储藏要求

冰冻食品原材料的温度应保持在 –18～25℃，使食品完全处于冻结状态。在这种温度下大部分微生物的生长繁殖都受到有效的抑制，少部分不耐寒的微生物甚至死亡，因而食品能长时间地储存。对于冷库和冰箱中，如结霜过多应及时除霜清理。

在真空包装或保鲜膜包装的条件下，速冻食品可保藏的期限如下。

（1）牛肉：9 个月。

（2）小牛肉：6 个月。

（3）羊肉：6 个月。

（4）猪肉：4 个月。

（5）家禽：6 个月。

（6）鱼类：3 个月。

（7）虾仁鲜贝：6 个月。

4. 原材料冰冻需注意的事项

（1）冰冻食品到货后应及时置于 –18℃以下的冷库中储藏，储藏时要连同包装箱一起放入，因为这些包装材料通常可减少水分流失。

（2）所有新鲜原材料妥善包裹后再进行储存，特别是肉类原材料，应该用抗挥发的材料包装，保持湿度防止变质或变色。

（3）严禁原材料堆放在地面上或紧靠墙壁存放，而妨碍冷空气循环，影响储藏质量。

（4）取用应实行先储存先提取的原则，做到先进先出、轮流交替存货。所存原材料必须注明入库日期及价格，密切关注，防止原材料储藏过久，造成浪费。

（5）减少库门开启的次数，减少冷气的流失和温度的波动，并定期检查库房的温度情况。

（6）要除霜时需将食品移入另一冷冻库内，以利于彻底清洗冷冻库，通常应选择库存量最少时除霜。

（7）冷冻食物一经解冻，特别是肉、鱼、禽类原材料，应尽快烹制。再次冰冻会破坏食物组织结构，影响外观、营养成分及食物香味。

（8）有些冷冻食物，主要是蔬菜，可直接烹烧，不需经过解冻，而且这样反而有利于保持其色泽和外形。大块肉类必须先行解冻，一般应放置在冷藏室内进行，切忌在室温下解冻，以免引起细菌、微生物急速增殖。如果迫于时间，则应将肉块用洁净塑料袋盛装，密封置于自来水池中用冷水冲刷以助解冻。

另外，现在酒店还有一种冰藏新鲜水产品的方式，称为冰鲜。所谓冰鲜就是把新鲜没有经过冰冻的海产鱼类，摆放到一个特制的冰床上，在鱼体的表面再覆盖上一层冰碴的方法。冰床是根据酒店冰鲜原材料的需要单独设计的，即在冰鲜池内铺上一层冰块，要求厚薄一致，表面平坦，即为冰床。冰床要有漏水孔，防止原材料被冰水浸泡，至少每周要彻底清理一次，并进行消毒处理，使用的冰块要每天添加或更换，以确保原材料的新鲜。

4.3.3 水产品活养原材料的管理要求

随着广大餐饮消费者对新鲜食品原材料的需求越来越大，水产品运用活养的储藏形式已广泛在酒店、餐饮业流行。可以说，水产品的活养是一种新型的原材料储藏方法。

1. 设备与工具要求

水产品的活养需要有大型的玻璃养鱼缸或养鱼池，所有活养的鱼缸内均要安装新水循环系统、温度调节系统与供氧使用的氧气泵。水产品在活养期间，必须保持24小时连续不断的新水循环与供氧。其他工具则包括漏网、塑料筐、塑料袋、电子秤、温度计、盐度计以及小苏打（化学名称：硫代硫酸钠 $Na_2S_2O_3 \cdot 5H_2O$）、海水精等。所有用具、工具必须符合卫生标准，应干净无油腻、无污渍、无锈迹。

2. 水产品活养环境要求

活养水产品的活养环境主要取决于水的温度与盐度以及水质的清晰度。各类活养的水产品对盐度、温度的要求略有区别。盐度由调兑咸水的加盐量控制，温度由鱼缸的制冷系统控制，常见水产品活养的环境标准如下。

（1）淡水鱼：水质干净，透明度高。水的温度为20℃ ±1℃。

（2）海水鱼：水的盐度为21° ±2°，温度为18℃ ±1℃。

（3）海蟹类：水的盐度为21° ±2°，温度为14℃ ±1℃。

（4）贝壳类：水的盐度为20° ±2°，温度为16℃ ±1℃。

（5）龙虾：水的盐度为25～26°，温度为14～15℃。

（6）金枪鱼：水的盐度为25～26°，温度为20～23℃。

（7）美国虹鳟鱼：水的盐度为21° ±2°，温度为14℃ ±1℃。

有些品种还有特殊要求，如龙虾、海参、鲍鱼喜欢干净的水质；龙虾缸底必须铺放干净的大颗粒沙石等。水质过于浑浊，会严重影响其成活率，因此要经常更换新水，以保持水质的清洁。对水质的清晰度有特别要求的品种有龙虾、海参、鲍鱼、淡水鱼等，应根据水质的变化情况，及时更换新水。一般的品种则要每半个月换新水一次。

循环水池内要安装过滤设备，每周要把过滤网清洗一次，每半月对整个过滤设备彻底清洁一次。养鱼缸内部也要根据具体情况及时进行清洁，一般是随每次换新水同时进行。鱼缸清洁时首先要把鱼缸中的水产品捞出，放养在其他鱼缸中，放净水，再用抹布将鱼缸壁擦拭干净。最好放进与原来等量的浓度为0.3%～0.5%的高锰酸钾溶液，浸泡12小时进行消毒处理。然后排净溶液，用清水冲洗干净，再放入调兑好的咸水，加入大苏打进行养殖。如不加大苏打，则要将自来水净候24小时，等水中残留的氯散发后，才能养殖。

4.3.4 合理库存量的确定

食品原材料的库存量对于一个餐饮企业或酒店来说，是一个非常重要的管理环节，库存量过多，不仅导致流动资金的积压，而且原材料由于储存时间较长，会降低食品原材料的质量，甚至因变质而失去食用价值，从而造成浪费。如果食品原材料的库存量过低，又会在经营状况较好时的短期内发生原材料短缺或供应不足的问题。因此，给酒店确定一个合理的库存量，是食品原材料管理中不可忽视的问题。

如何确定一个合理的食品原材料的库存量，是比较复杂的管理环节，这主要是因为餐饮经营的业务量是不可预测的，有时原材料的耗用量大，而有时原材料耗用量相应减少。因此，所谓合理库存量的确定，实际上是一个动态的，是随着企业的经营情况可以随时调整的库存量水平。一般来说，确定食品原材料的库存量，应做好两个方面的工作。

1. 食品原材料的库存决策

食品原材料的库存决策是指在保证食品原材料供应的前提下，尽可能占用最少的资金和场地的一种合理库存方案。合理的库存量可以最大限度地减少原材料或资金积压，降低食品原材料的储藏费用，同时也可以降低食品原材料的无谓损耗，确保食品原材料的品质，并能提高资金的周转率。

2. 如何制定原材料库存决策

应以简化实用为主，由餐饮部办公室人员、厨师长、餐厅经理、采购部人员共同商量，根据原材料的使用量，根据原材料采购的难易度，对原材料进行合理的分类，见表4-3。

表4-3　原材料库存决策表

原材料等级	存在因素	审批权	库存量
A级原材料	1. 价格高、占用资金大的原材料	餐饮部经理或餐饮部办公会决定	少量
	2. 路途远、采购费用大的原材料		适量
	3. 使用率低，价格高的原材料		少量
	4. 需比价比质的原材料		适量
B级原材料	1. 价格适中、占用资金不大的原材料	厨师长、餐厅经理审批	适量
	2. 较易采购的原材料		少量
	3. 使用率一般的原材料		少量
C级原材料	1. 普通常规原材料	各主管	适量
	2. 要提前预约的原材料	仓库保管员	适量
	3. 较易采购的原材料		适量
	4. 使用率较高的原材料		适量

按等级标准再根据具体原材料制定最低库存量，提前进货时间。如A级，是需要比价比质的原材料（如虾仁、海蜇类），要各供货商送样货进行使用对比后，再确定进货的供应商和进货量。所以这类原材料的最低库存量要多一点。在能确保库存量使用半月有余时，就要提出采购方案。又如C级，是使用率较高、易采购的原材料，相对库存量制定的少点，如醋50瓶、番茄酱20听。又如啤酒10箱、红酒5箱。同时制定表格，必须按要求执行，见表4-4。

表4-4　最低库存量表格样张

类别	原材料品名	最低库存量+提前量	进货周期	审批权	备　注
C	红醋	50瓶	1天	仓库保管员	
	蚝油	20瓶	1天	仓库保管员	
	蒜茸酱	20瓶+（每天使用量5瓶×3天）	3天	仓库保管员	
……	……	……	……	……	
A	虾仁	150斤+（每天使用量20斤×10天）	10天	办公会决定	
	鲜贝	50斤+（每天使用量5斤×10天）	10天	办公会决定	

4.4 原材料的发放与盘存管理

一个饭店的食品、酒水等原材料使用量很大，而仓库原材料进出的流动量又是实际使用量的一倍，虽然直接进入厨房的原材料不进库房，但这些原材料的领用手续还是齐全的，所以仓库管理员不仅要负责进货发货工作，而且还要保证原材料在保管和发货过程中，不短缺、不变质、无差错，并每月一次或每旬一次要对仓库进行盘点存货，确保物品的准确性。

4.4.1 原材料的发放管理

原材料的发放是原材料仓库根据原材料申请部门填写的领料单发放原材料的过程。食品原材料库房管理员不仅要做好发放的工作，而且还需对发放的食品原材料进行控制。

1. 一般原材料的发放

库房管理员凭厨师填写的领料单（如表4-5所示）发货，领料单一式四联，其中一联使用部门，一联作仓库的发货凭证，一联由仓库转交给成本核算员，一联当天给财务处。

领料单在填写时必须字迹清楚工整，不得随意涂改，各项内容应填写完整，明确注明领用的品名、规格、数量、领用部门、领用岗位、领用时间、领用人。对于特殊原材料，保管员要根据既定的领用权限制度发放。

表4-5 食品原材料领用单

NO. 0001　　　　　　　　　　　　______年______月______日

品　名	规　格	单　位	数　量		单　价	金　额	备　注
			申领数	实发数			
合　计	仟　佰　拾　元　角　分					¥:	

保管员：　　　领用部门负责人：　　　领用人：

2. 鲜活原材料发放

厨房生产过程中，要使用大量的活禽、鲜肉、蔬菜，这些原材料一般验收后直接进入粗加工间，或直接通知厨房领用，而不进入仓库，这种领发方式俗称“直发”。具体操作程序如下。

（1）验收员根据请购单提供的信息，通知领用部门负责人（厨师长、主管），在规定时间内派专人领取，根据验收单的数据，由领用人填写领料单。

（2）原材料送到初加工部门清洗，按请购信息的部门分成若干份，再由请购部门领用，并由领用人填写领料单。但此时领料单上应填写原材料清洗前的毛重分量，如切配间需要青菜150斤，点心间需要青菜50斤，采购到的青菜共200斤，经初加工间清洗，去掉残叶、老叶成净菜后，此时的青菜为净重180斤，3/4（135斤）属于切配间，1/4（45斤）属于点心房，而切配间和点心房去领用的话，填写的领料单上的数据分别是毛重青菜150斤和50斤。

也可以先按清洗后的净料数领用，再由成本核算员和财务根据净料率进行折算。但是净料率是一个相对数值，每次的净料率不同，故不常采用此种方法。

4.4.2 原材料的调拨管理

有时由于各餐厅和各厨房的生产经营需要，免不了发生原材料、酒水的相互调拨。为准确核算各部门的食品原材料成本，应使用“食品原材料内部调拨单”，记录各分厨房或生产班组之间原材料调拨的时间、品名、数量、单价、金额等内容。调拨单为一式四份，调入和调出部门、财务部门、仓库各一份，以便各部门正确统计实际原材料消耗，确保各餐厅、厨房成本核算的真实性和准确性。食品原材料内部调拨单，见表4-6。

表4-6 ××饭店食品原材料内部调拨单

NO·0001 调出部门　　　　　　　　　　　　　　　　　　　　　年　月　日

品　名	规　格	单　位	数　量		单　价	金　额	备　注
			申拨数量	实发数量			
合　计	仟　佰　拾　元　角　分					￥	
调出部门审批				调入部门审批			

调入经手人：

餐饮部与其他部门之间的调拨，也可使用此单。但最好在颜色上或大小规格上有所区别。

4.4.3 原材料的盘存管理

每月一次或每旬一次要对仓库进行盘点存货，这是仓库保管员工作的一项重要内容，也是厨房食品原材料管理中的一项重要工作。它有利于保证账、货、卡相符，纠正入库验收和发放中发生的差错，有利于保管员熟悉库存物品，及时发现储存中原材料的质量变化、短缺和丢失等问题，调整养护措施，有助于核查库存额和食品原材料消耗，进行成本核算。除保管员自查外，财务部会同相关部门也会对库房进行盘存核查，确保准确性，杜绝舞弊现象滋生。

1. 原材料库存的盘点方式

库存盘点按目的和要求不同，可分为日常盘点、定期盘点和临时盘点3种方式。

（1）日常盘点。它是一种经常性随时盘点，是保证库存原材料账货相符的基本方法。日常盘点主要是原材料验收入库后和发放申领后，核对账、卡、货的库存量；保管员在进行养护时或对原材料堆放整理与倒垛过程中，核对卡货的库存量；保管员在仓库巡回检查中，对发现的异常情况所进行的核查等。

（2）定期盘点。它是每月对库存原材料的全面核查。盘点前应明确要求，做好充分准备工作。盘点时至少应有两人共同作业，为防止遗漏，要按分区分类货位编号对每种原材料进行清点，以货对卡，以卡对账，使货、卡、账相符；对不相符的，逐批做好记录。对以小包装计数的原材料，应逐个清点。对有定量包装的原材料，没有开封包装的，可只清点件数计量；对已开封包装的，应进行计量后记录核对。

月末盘点不仅是实际库存量的盘点，还应计算出月末实际库存额，为编制餐饮成本月报和营业分析表提供依据。由于报告期内某些食品原材料价格发生变化，可采取实际进货计价法、平均数计价法、加权平均数计价法等。

库存原材料盘点完后，由仓库账务员及时填送仓库库存汇总表，见表4-7，并以实际库存额为准，与账卡库存额进行对照，其差额在规定的1%范围内，则按规定办法处理；若差额超出规定的1%范围，则应分析原因，报告经理处理。

表4-7　餐饮部仓库月末（旬）库存汇总表

年　　月

品　　名	单　位	上期库存数	本期入库数	本期发料数	本期结存			备　注
					数量	单价	金额	

制表：　　　　　　　　　　　仓库：　　　　　　　　　　　　　　成本核算员：

（3）临时盘点。因保管员工作调动，进行工作交接而盘点；仓库收发业务发生差错或责任事故而盘点；财务部与餐饮部为检查工作或其他因素而临时性盘点。临时盘点根据需要可对部分原材料进行盘点或全面盘点，其盘点作业如同定期盘点。

2. 库外存货盘点

每天厨房各加工间的厨房冷库（冰箱）内都或多或少存留着原材料、半成品和成品，餐厅和酒吧存留着未销售完的酒水和食品，这些未及时消耗的存留，称之库外存货。库外存货是未耗用成本，月末应盘点统计，以利于毛利率的准确性。

对吧台的整瓶、整罐存货应要求酒水员另做账本，每日销账，保证账物统一。但对另散酒水和厨房的库外存货，则难以准确计量，通常是每旬或每月进行一次全面盘点。

3. 活养、冰鲜原材料盘点

无论活养还是冰鲜的原材料，如果销售时是按整只出货的，盘点则必须按实有剩余只数清点，按不同的种类分别进行登记列表，经盘点养殖员签字后报仓库保管员备查。如果销售时是按称重的方式出货的原材料，盘点时则必须将剩余的原材料逐一进行称重，并将所称得的数量进行登记。活养、冰鲜原材料根据饭店的不同，有些饭店把它归于库存原材料，有些饭店把它归属于库外存货。因活养、冰鲜原材料存在死亡变质的因素，故大多数饭店不计入库存，但养殖员必须每天应将盘点表报行政总厨和成本核算员备查。

思考与练习

1. 了解原材料采购、验收、发放，以及结算的程序。
2. 常用采购方法有哪些？说出其利弊。
3. 招标采购是酒店常用的方法，请写出招标程序。
4. 原材料验收是一项重要环节，请写出原材料验收的程序和注意事项。
5. 说出原材料盘存的作用，以及原材料盘存单和领料单的关系。

第 5 章　厨房生产运行管理

厨房生产运行管理是指对厨房菜点的整个生产、加工、制作过程所进行有效、有计划、有组织、系统地管理与控制过程，是餐饮产品生产的重要环节。

5.1　厨房生产流程管理

中餐厨房任何菜点的出品都需要经过很多的生产工序，尽管由于菜点品类较多，其加工的工艺流程有所区别，总体来说是大同小异的。从宏观上看，中餐的工艺流程按顺序包括如图 5-1 所示的几个阶段。

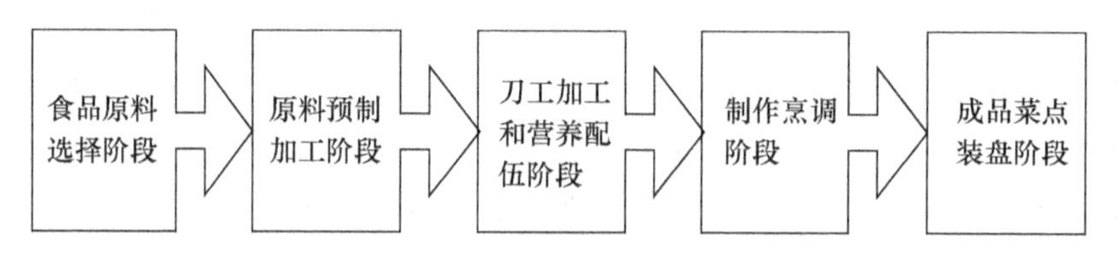

图 5-1　中餐工艺流程

食品原材料的选择阶段表明上看，似乎不应属于工艺范畴，但实际上它不仅与下面的几个工艺过程有着紧密的联系，而且食品原材料选择过程的本身就是一项非常复杂的工艺过程，食品原材料的采购人员与烹饪技术人员必须运用自己所掌握的丰富的技术手段，对不同的食品原材料进行品质优劣的分析和鉴别。因此，食品原材料的选择是菜点工艺流程中不可缺少的关键环节。

上面所表示的只是中餐菜点生产工艺流程的几个主要阶段，每一个阶段还需要运用具体的技术手段来完成。如果把中餐菜点工艺流程的几个阶段及主要的技术手段用一个工艺流程图的形式表现出来，就更加清楚明了，如图 5-2 所示是中餐菜肴烹制工艺流程示意图。

实际上，中餐菜肴的制作包括热菜和冷菜两大部分，有一些冷菜的加工是不需要进行加热处理的，因此也就没有烹调加热的工艺流程，把加工切制好的食品原材料直接装盘就可以了。因此，如图 5-2 所示的菜肴工艺流程示意图仅仅是中餐菜肴生产加工的一般性工艺流程与规律，具体运用时还是各有不同。

中餐菜肴与面点的加工过程虽然有异曲同工的特点，但在实际运用中还是有很大区别的，如果用工艺流程图把面点的加工过程表示出来就更加明显，如图 5-3 所示是中餐面点加工工艺流程示意图。

从厨房的生产工艺流程上概括地讲，厨房生产运行主要包括原材料初加工、切料配份、加热烹调三大阶段。针对不同阶段的生产运行特点，明确制定操作标准、规定操作程序、健全相应的管理制度，及时灵活地对菜点生产中出现的各类问题加以协调督导与有效控制，是对厨房生产运作进行有效控制管理的主要工作。

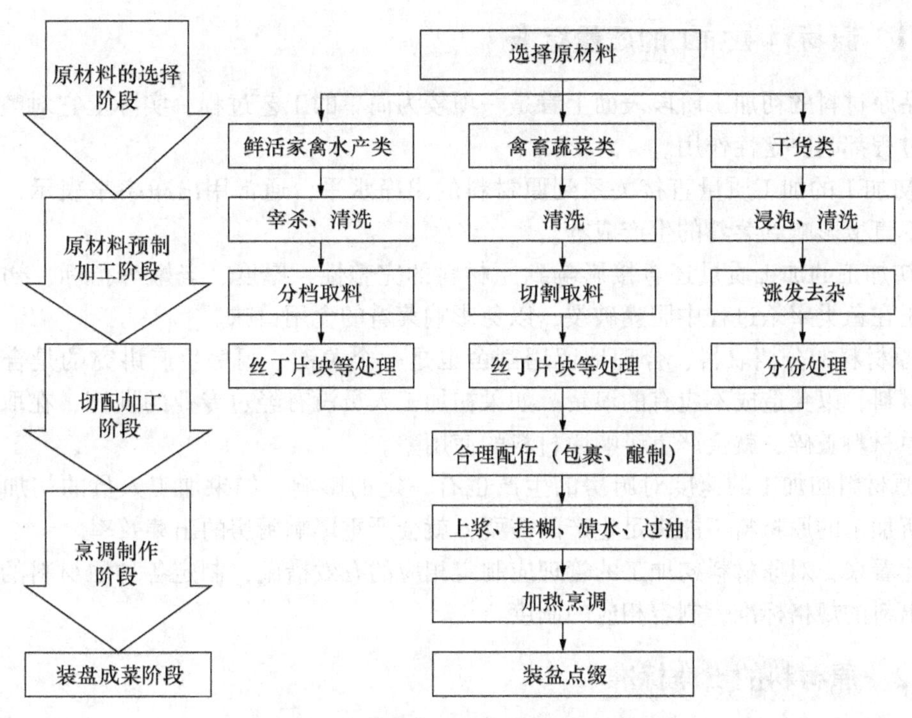

图5-2 中餐菜肴烹制工艺流程示意图

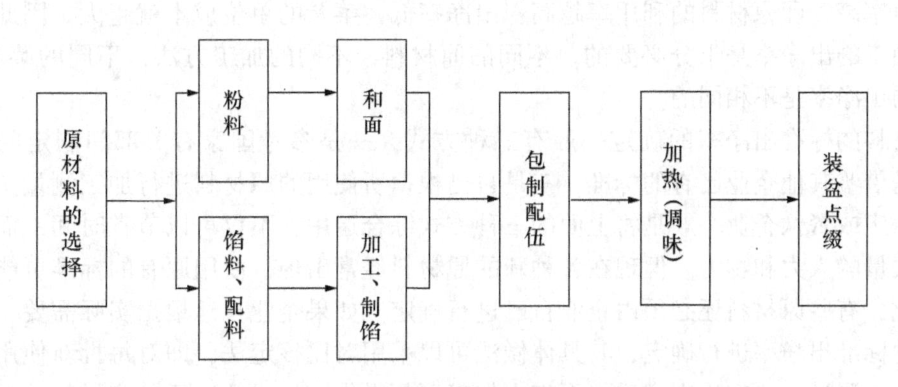

图5-3 中餐面点加工工艺流程示意图

5.2 原材料初加工的运行管理

中餐厨房食品原材料初加工是指对一切购进的原始原材料，如活鲜原材料等进行初步整理加工的过程，原材料的初加工一般包括对冰冻原材料的解冻，对鲜活原材料进行宰杀、洗涤和初步整理，对蔬菜、水果进行择叶、削皮、去根须、洗涤，对带骨、带皮的肉类原材料进行砍斩处理等。

原材料的初加工阶段是整个厨房菜点生产制作的基础，其加工品的规格质量和出品时效对以后阶段的生产产生直接的影响。同时，初加工的质量还决定原材料出净率的高低，对厨房菜点的成本有直接的影响。

5.2.1 原材料初加工的质量标准

食品原材料的初加工阶段表面上看是一项较为简单的工艺过程，实际上它对整个厨房的生产过程都起决定性作用。

1. 初加工的加工质量直接关系到原材料的出净水平，通常用出净率来表示，原材料的出净率直接影响到菜肴的生产成本。

2. 初加工的加工质量还直接影响到原材料的完整性、厚度、老嫩等指标，初加工人员要防止在鱼类宰杀过程中胆囊破裂，以免影响菜肴的食用口味。

3. 原材料的分档取料、合理地留用割舍也是一个关键。厨房生产讲究的是合理使用食品原材料，以免造成不应有的浪费。如果初加工人员没有经过专业的训练，在取料过程中造成原材料破碎，就会严重影响原材料的使用率。

4. 原材料初加工的速度对厨房的生产也有一定的影响，如果加工人员的初加工速度太慢，所加工的原材料不能满足生产的需要，就会严重影响厨房的出菜效率。

由此看来，对原材料初加工的管理应制定相应的有效措施，制定各种原材料的标准净料率和出料的规格标准，制定相应的制度。

5.2.2 原材料的出净标准

原材料的加工出净率是指加工后可供做菜的净料和未经加工的原始原材料之比。原材料的出净率高，即原材料的利用率越高；出净率低，菜肴的单位成本就越大。因此，把握和控制加工的出净率是十分必要的。不同的原材料，不同的加工方法，不同的菜肴需要，原材料的出净率是不相同的。

原材料的标准出净率的确定一般有三种方式，一是参考国家有关部门制定的现行标准，二是借鉴其他企业已有的标准，三是自己根据所使用的原材料进行加工测量。现在的大多数酒店或餐饮企业一般是将上面的三种方式综合运用，不仅可以节省时间，而且还可以节省大量的人力和物力。但现在各种新的原材料经常出现，使用原有的标准可能不够完善，因此，有些原材料还必须由企业自己进行确定。如果企业自己根据实际需要，对部分原材料的标准出净率进行确定，其具体做法可以采用对比核定法，即对每批新使用的原材料进行加工测试，测定出净率后，再交由加工厨师操作。经过几次反复测量，然后确定某种原材料的标准净料率。表5-1～5-4分别是中餐厨房常见的部分禽类、蔬菜类、干货类以及水产品原材料的净料率标准，可供管理者参考使用。

表5-1 部分禽类原材料、净料率参考表

<table>
<tr><th rowspan="2">毛料品名</th><th rowspan="2">净料处理项目</th><th colspan="2">净　料</th><th rowspan="2">下脚料、废料损耗率（%）</th></tr>
<tr><th>品　名</th><th>净料率（%）</th></tr>
<tr><td rowspan="5">光统鸡</td><td rowspan="5">分档整理，洗涤</td><td>净鸡</td><td>88</td><td>12</td></tr>
<tr><td>鸡肉</td><td>3</td><td rowspan="4">12</td></tr>
<tr><td>鸡壳</td><td>30</td></tr>
<tr><td>头、爪</td><td>11</td></tr>
<tr><td>肫、肝</td><td>4</td></tr>
</table>

（续表）

毛料品名	净料处理项目	净料		下脚料、废料损耗率（%）
		品　名	净料率（%）	
毛统鸡	宰杀，去头、爪、骨、翅、内脏	熟白鸡	55	45
	剔肉	鸡丝	35	65
	宰杀，去头、爪、内脏	鸡块	50	50
毛笨鸡	宰杀，去头、爪、内脏	净鸡	62	38
毛野鸡	宰杀，去头、内脏，洗净	净野鸡	75	25
毛野鸭	宰杀，去头、内脏，洗净	净野鸭	75	25
毛鸭		净鸭	60	40
光鸡	煮熟，整理分档	净鸡	94	6
		肫、肝	8	6
		肠	3	
		爪	8	
		带骨肉	75	
鸭肫	去黄皮垃圾，洗涤	净肫	85	15
活公鸡	宰杀，洗涤，分档	净鸡	67	15
		肫、肝、心、爪、腰等	18	
活母鸡	宰杀，洗涤，分档	净鸡	70	13
		肫、肝、心、脂肪、脚等	17	

表 5-2　部分蔬菜类原材料、净料率参考表

毛料品名	净料处理项目	净料		下脚料、废料损耗率（%）
		品　名	净料率（%）	
白菜	除老叶、帮、根，洗涤	净菜心	38	62
白菜、菠菜	除老叶、根，洗涤	净菜	80	20
时令冬笋	剥壳、去老根	净冬笋	35	65
时令春笋	剥壳、去老根	净春笋	35	65
无叶莴笋	削皮、洗涤	净莴笋	60	40
无壳茭白	削皮、洗涤	净茭白	80	20
刀豆	去尖头、除筋、洗净	净刀豆	90	10
蚕豆、毛豆	去壳	净豆	60	40
西葫芦	削皮、去籽、洗涤	净西葫芦	70	30
茄子	去头、洗涤	净茄子	90	10
冬瓜、南瓜	削皮、去籽、洗涤	净瓜	75	25

（续表）

毛料品名	净料处理项目	净料		下脚料、废料损耗率（%）
		品名	净料率（%）	
小黄瓜	削皮、去籽、洗涤	净小黄瓜	75	25
大黄瓜	削皮、去籽、洗涤	净大黄瓜	65	35
丝瓜	削皮、去籽、洗涤	净丝瓜	55	45
卷心菜	除老叶、根，洗涤	净卷心菜	70	30
卷心菜	除老叶、根，洗涤	净菜叶	50	50
芹菜	除老叶、根，洗涤	净芹菜	70	30
青椒、红椒	除根、去籽，洗涤	净椒	70	30
菜花	除叶、梗，洗涤	净菜花	80	20
大葱	除老皮、根须，洗涤	净大葱	70	30
大蒜	除老皮、根须，洗涤	净大蒜	70	30
圆葱	除老皮、根须，洗涤	净圆葱	80	20
山药	削皮、洗涤	净山药	66	34
青、白萝卜	削皮、洗涤	净萝卜	80	20
土豆	削皮、洗涤	净土豆	80	20
莲藕	削皮、洗涤	净莲藕	75	25
蒜苗	去头、洗涤	净蒜苗	80	20

表 5-3 部分干货类原材料、净料率参考表

毛料品名	净料处理项目	净料		下脚料、废料损耗率（%）
		品名	净料率（%）	
鱼翅	拣洗，泡发	净水发鱼翅	150～200	
刺参	拣洗，泡发	净水发刺参	400～500	
干贝	拣洗，泡发	水发干贝	200～250	
海米	拣洗，泡发	水发海米	200～250	
干鱼肚	油浸发，水泡软，挤干水分	水发干鱼肚	300～450	
蛰头	拣洗，泡发	净蛰头	130	
海带	拣洗，泡发	净水发海带	500	
干肉皮	油浸发，水泡软，挤干水分	水发肉皮	300～450	
干猪蹄筋	油浸发，水泡软，挤干水分	水发猪蹄筋	300～450	
干蘑菇	拣洗，泡发	水发蘑菇	200～300	
黄菜花	拣洗，泡发	水发黄菜花	200～300	
竹荪	拣洗，泡发	水发竹荪	300～800	

（续表）

毛料品名	净料处理项目	净料		下脚料、废料损耗率（%）
		品　名	净料率（%）	
冬菇	拣洗，泡发	水发冬菇	250～350	
香菇	拣洗，泡发	水发香菇	200～300	
黑木耳	拣洗，泡发	水发黑木耳	500～1000	
笋干	拣洗，泡发	水发笋干	400～500	
玉兰片	拣洗，泡发	水发玉兰片	250～350	
银耳	拣洗，泡发	净水发银耳	400～800	
粉条	拣洗，泡发	净湿粉条	350	
带壳花生	剥去外壳	净花生仁	70	30
带壳白果	剥去外壳	净白果仁	60	40
带壳栗子	剥去外壳	净栗子肉	63	37

表 5-4　部分水产品类原材料、净料率参考表

毛料品名	净料处理项目	净料		下脚料、废料损耗率（%）
		品　名	净料率（%）	
鲤鱼、鲢鱼	宰杀，去鳞、鳃、内脏，洗涤	净全鱼	80	20
鲫鱼、鳜鱼	宰杀，去鳞、鳃、内脏，洗涤	净鱼块	75	25
大、小黄鱼	宰杀，去鳞、鳃、内脏，洗涤	炸全鱼	55	45
黑鱼、鲤鱼	剔骨、取肉、切片	净鱼片	35	65
鲢鱼	剔骨、取肉、切片	净鱼片	30	70
鳜鱼	剔骨、取肉、切片	净鱼片	40	60
鳝鱼	宰杀，去头、尾、肠、血，洗涤	段、丝	62、50	38、50
甲鱼	宰杀，去壳、去内脏，洗涤，烫皮	净甲鱼	60	40
鲳鱼	宰杀，去鳞、鳃、内脏，洗涤	无头净鱼	80	20
带鱼	宰杀，去鳞、鳃、内脏，洗涤	无头净鱼	74	26
大虾	去须、脚	净虾	80	20
比目鱼	宰杀，去内脏、皮、骨，洗涤	净鱼	59	41
鱼	剔肉切成泥茸	净鱼泥茸	45	55

5.2.3　初加工作业过程的管理

（1）原材料的标准净料率一旦确定后，应在厨师作业过程中进行跟踪检查，对领用原材料和加工成品每天都要抽样，分别进行称量计重，随时检查，看是否与规定的标准一致。未达到标准的则要查明其原因。如果是采购的原因造成的，要及时对进货渠道的环节

严格检查。如果是因加工技术问题所造成的，要及时对加工人员进行有效地培训或指导。如果是员工的劳动态度问题，则需要进行职业道德的教育，并在运行中强化检查和督导。

（2）对下脚料及垃圾桶进行跟踪检查，厨师长应安排初加工间以外的管理人员对下脚料和垃圾桶进行经常性的检查，检查是否还有可用部分未被利用，使员工对出净率引起高度重视。

（3）初加工的质量应与员工的经济报酬相挂钩，对在检查中经常出现不达标的初加工人员，应进行一定的经济处罚，可根据不合格品出现的次数、检查次数、各切配岗位所反映的意见等，根据员工的工资水平制定一个处罚条例，同样对于业绩优异的员工应给予一定的奖励。

5.2.4 初加工的标准作业流程

原材料初加工阶段的工作，由于加工对象的不同，其工艺流程和质量要求也是不尽相同的，一般包括蔬菜的初加工、禽类的初加工、畜肉类的初加工、水产品的初加工及干货原材料的初加工等，鲜活水产品的初加工一般是在烹调前现场加工的，习惯上称为水台加工。除了对原材料进行初步加工之外，大部分饭店厨房活养的水产品、禽类也一般归初加工厨房管理。

为了保证原材料初加工的质量，除了要规定原材料的净料率外，还应确定各类原材料初加工的标准作业流程。下面是厨房生产常用的几类原材料与常用的初加工操作规程、加工的质量要求。

1. 蔬菜类原材料初加工操作步骤与要求（见表5-5）

表5-5　蔬菜类原材料初加工操作步骤与要求

<table>
<tr><th colspan="3">加工步骤</th><th>质量标准</th><th>作业要求</th></tr>
<tr><td>1</td><td colspan="2">准备清洗用具及盛器，按厨房使用要求排列蔬菜的清洗顺序</td><td></td><td>查看厨房使用顺序</td></tr>
<tr><td>2</td><td colspan="2">按要求对蔬菜进行拣择，去净原材料的老叶、老根、老皮及叶筋等不能食用部分</td><td>按规格要求对原材料修削整齐</td><td>按标准执行并符合出净料率</td></tr>
<tr><td>3</td><td colspan="2">放入水中浸泡10分钟后（以利于泥巴湿润，容易清洗），再行清洗</td><td rowspan="3">洗净的原材料应无泥沙、无虫卵</td><td rowspan="3">根据情况，按程序处理</td></tr>
<tr><td>4</td><td>消毒浸泡：用果蔬洗涤溶液或高锰酸钾溶液对蔬菜进行浸泡，浸泡的时间一般为5～10分钟</td><td rowspan="2">防农药浸泡：把洗净的蔬菜放入清水中浸泡10分钟</td></tr>
<tr><td>5</td><td>把用消毒液浸泡过的蔬菜放在流动的净水池内漂洗干净</td></tr>
<tr><td>6</td><td colspan="2">将经过清洗的蔬菜捞出，放于专用的带有漏眼的塑料筐内控净水分，分送到各厨房内的专用货架上或送冷藏库暂存待用</td><td>沥干水分，合理放置并不使其污染</td><td>夏天要及时入库</td></tr>
<tr><td>7</td><td colspan="2">清洁场地，清运垃圾，清理用具并妥善保管</td><td>整洁卫生</td><td>垃圾箱要密封，防止虫蝇</td></tr>
</table>

2. 家禽类原材料初加工操作步骤与要求（见表5-6）

表5-6 家禽类原材料初加工操作步骤与要求

<table>
<tr><th colspan="3">加工步骤</th><th>质量标准</th><th>作业要求</th></tr>
<tr><td>1</td><td colspan="2">准备清洗用具及盛器，按厨房使用要求排列清洗的顺序</td><td>按序作业</td><td>查看厨房使用顺序</td></tr>
<tr><td>2</td><td>按要求对不同的禽类进行宰杀、褪毛、去内脏处理</td><td rowspan="2">按需要经过二次或多次清洗</td><td>宰杀部位与开口适当，放尽血液；褪尽羽毛与嘴、爪、黄皮，洗涤干净</td><td>备有热水。如有特殊的加工要求则应按特殊的质量标准进行单独加工</td></tr>
<tr><td>3</td><td>将经过宰杀、褪毛、去内脏处理的禽类原材料进行分割</td><td>按规格要求对原材料进行分割</td><td>按标准执行</td></tr>
<tr><td>4</td><td colspan="2">放于专用的带有漏眼的塑料筐内，控净水分，分送到各厨房内的专用货架上，暂时不用的原材料用保鲜膜封严，送冷藏库暂存待用</td><td>分类合理放置，不使其污染</td><td>夏天要处理及时</td></tr>
<tr><td>5</td><td colspan="2">清洁场地，清运垃圾，清理用具并妥善保管</td><td>整洁卫生，地面无残留血、毛</td><td>垃圾箱要密封，防止虫蝇</td></tr>
</table>

3. 畜肉类原材料初加工操作步骤与要求（见表5-7）

表5-7 畜肉类原材料初加工操作步骤与要求

<table>
<tr><th colspan="3">加工步骤</th><th>质量标准</th><th>作业要求</th></tr>
<tr><td>1</td><td colspan="2">准备切割工具及盛器</td><td>按序作业</td><td>准备切割机、斩刀</td></tr>
<tr><td>2</td><td>根据规格要求，将畜肉类原材料进行不同的除污、洗涤、分档和切割</td><td>根据品种的不同，按要求、按步骤清洗</td><td>规定的切割规格进行初加工处理</td><td>准备清洗用料</td></tr>
<tr><td>3</td><td colspan="2">将经过分档、清洗的畜肉类原材料放于专用的带有漏眼的塑料筐内，控净水分，分送到各厨房内的专用货架上，暂时不用的原材料用保鲜膜封严，分别放置冷藏库或冰箱规定的位置，留待以后取用</td><td>分类合理放置，并不使其污染</td><td>夏天要处理及时</td></tr>
<tr><td>4</td><td colspan="2">清洁场地，清运垃圾，清理用具并妥善保管</td><td>整洁卫生，地面无残留血迹</td><td>垃圾箱要密封，防止虫蝇</td></tr>
</table>

4. 水产类原材料初加工操作步骤与要求（见表5-8）

表5-8 水产类原材料初加工操作步骤与要求

加工步骤		质量标准	作业要求
1	确认需加工原材料的品种、数量，准备好用具及盛器	按序作业	查看厨房使用顺序

（续表）

加工步骤			质量标准	作业要求
2	根据品种的不同，按要求、按步骤清洗原材料	鱼：刮净鱼鳞，剖腹去鳃去脏 鳝：剖腹去脏，或去脏后取片，或焯水后划丝、去骨 贝壳类：洗净泥沙 海产植物：洗除污泥 海蟹：先外壳洗净，用工具辅助之死，揭开蟹壳，去除鳃条和砂袋 河蟹：洗净外壳和大钳的泥沙，根据要求捆扎	按要求除净鳃、内脏与体内黑膜及杂物等；刮鱼鳞时，左手不能掐在鱼的眼球上，使鱼眼深陷	有些水产品要求不剖腹，从鳃部将内脏取出
3	将经过清洗的原材料放于专用的带有漏眼的塑料筐内，控净水分，分送到各厨房内的专用货架上，暂时不用的原材料用入冷库保管		分类合理放置，并不使其污染	夏天要处理及时
4	清洁场地，清运垃圾，清理用具，妥善保管		整洁卫生，地面无残留鱼鳞和血迹	垃圾箱要密封，防止虫蝇

5. 动物内脏初加工操作步骤与要求（见表 5-9）

表 5-9　动物内脏初加工操作步骤与要求

加工步骤		质量标准	作业要求
1	准备清洗用具及盛器，按厨房使用要求排列蔬菜的清洗顺序	按序作业	查看厨房使用顺序
2	一般内脏：先摘除内脏上的油脂及污物，将外表冲洗干净，再反过来把里面冲洗干净 肺：用清水灌水冲洗，拍打外表，至其发白 大肠：里外冲洗后再用盐、矾、醋搓洗两遍，或用面粉揉擦，然后用清水冲洗干净 肝、腰：撕去油脂和表衣用清水冲洗干净	按规定完成清洗程序，做到原材料无污、无臭、洁净	在清洗前要检查原材料的新鲜度，发现问题及时反映
3	将经过清洗的原材料放于专用的带有漏眼的塑料筐内，控净水分，分送到各厨房内的专用货架上，暂时不用的原材料放入冷库保管	分类合理放置，并不使其污染	夏天要处理及时
4	清洁场地，清运垃圾，清理用具，妥善保管。垃圾箱要密封，防止虫蝇	整洁卫生，地面用水冲洗	垃圾箱要密封，防止虫蝇

6. 水台初加工的操作步骤与要求（见表 5-10）

表 5-10　水台初加工的操作步骤与要求

加工步骤		质量标准	作业要求
1	接受传递过来的被加工原材料，放入配备盛器中		
2	确认被加工原材料的名称、种类及数量与点菜单相符	物单相符	看清点菜单上是否有其他要求

（续表）

加工步骤		质量标准	作业要求
3	根据点菜单的记录了解烹制方法和对原材料的要求，再行加工	检查原材料的新鲜度，发现问题及时反映	如果属于客人急催的菜肴或换新的菜肴，则应优先进行加工处理
4	洗杀时间：一般单只原材料控制在接单之后的3～5分钟内完成	按标准进行宰杀、清洗	加工过程中点菜单要紧跟盛器不要错位，加工好的原材料放回原来的盛器中
5	原材料初加工完毕后，应将加工好的原材料放回原来的盛器中，并对盛器中的点菜单予以核对，确认无误	核对点菜单与原材料准确无误	每加工一份原材料后及时整理台面，保持清洁
6	洗净的原材料及时由传递员传递到下一加工岗位	无废弃物的腥臭气味	废弃物随时放置专用垃圾箱内，并随时将桶盖盖严，以防垃圾外溢

7. 冷冻原材料化冻的操作方法

有些冰冻原材料加工前必须经过解冻，使解冻后的原材料恢复新鲜、软嫩的状态，尽量减少汁液流失，保持其风味和营养，解冻时必须注意表5-11所示的几点要求。

表5-11 冷冻原材料化冻的操作方法

解冻方法		作业要求
1	将解冻原材料适时提前从冰冻库领至冷藏库进行部分解冻	根据任务需要，预先提取原材料
2	立即要使用的原材料用袋子盛装放入水中解冻	为了加速解冻，要经常更换常温水
3	有些原材料在冰冻状态下，直接用工具切割后，再行化冻	例如涮羊肉片，切割后不用化冻；若需丝丁片，则待切割后自然化冻；若需大块的，则待切割后放入口袋，再入水中解冻

5.3 热菜厨房的运行管理

中式宴席的特点之一，就是热菜在整个宴席中占的比重比较大，一般情况下，热菜的数量和价值可以占整桌宴席总食品量的60%～70%，有时候客人评价一桌宴席水平的高低、优劣，也往往是以宴席中的热菜质量为主要指标的。因此，中餐厨房中的热菜生产就成为厨房管理的核心任务。

热菜的烹制加工，有赖于热菜厨房各个岗位的协作。传统中餐热菜的加工分为切配岗位与烹调岗位，俗称“案”与“灶”两大环节。随着厨房管理水平的不断提高与厨房工作岗位的细化，由原来的两大环节已增加到三大环节，即砧板、打荷、炉灶，这种分工在很大程度上得益于粤菜厨房管理的交流与传播，由于这种分工的合理性，已被中餐厨房所广泛接受并运用于厨房的实际管理活动中。

要确保中餐厨房生产的良好运行和出品优质的菜品，实际上关键在于对热菜厨房生产上的三大环节进行有效管理。一切厨房生产的有效管理，总是体现在两个方面，即保证生产的运行秩序和菜肴的出品质量。

5.3.1 砧板规范作业程序与质量标准

在规模较大的中餐厨房中，热菜厨房的砧板岗位实际上是由两部分构成的，一是对原材料进行切形处理的切制人员，另一个是负责对菜肴生料进行配份的人员，负责对菜肴生料进行配份的厨师通常称为配菜师。在一般的小型厨房中这两个岗位是合而为一的，但一个岗位的工作内容与两个岗位的工作内容是完全相同的。

1. 原材料切割作业程序（见表5-12）

表5-12 原材料切割作业程序表

<table>
<tr><th colspan="3">作业程序</th><th rowspan="2">作业要求</th></tr>
<tr><th></th><th>宴会、会议、团队厨房</th><th>点菜厨房</th></tr>
<tr><td>1</td><td>与订餐台进行联系，了解次日宴会、团体接待人数、就餐标准及特点要求，若需涨发和解冻的原材料，则需提前制作</td><td>取出没有加工的冷冻原材料，进行解冻处理，提前涨发原材料</td><td>主动并及时了解次日或几天后的任务要求</td></tr>
<tr><td>2</td><td>根据预定情况备足当日所用原材料</td><td>根据营业规律备足当日所用原材料</td><td>领取原材料后，对所有原材料要进行质量检验</td></tr>
<tr><td>3</td><td>准备好各种加工用具及盛器</td><td>准备好各种加工用具及盛器</td><td></td></tr>
<tr><td>4</td><td rowspan="2">根据不同的预定菜单，分别对畜、禽、水产品、蔬菜类等原材料进行切割处理，并直接进行配份</td><td>根据不同菜肴的烹调要求，分别对畜、禽、水产品、蔬菜类等原材料进行切割处理</td><td>按规定的料形、要求对原材料进行切割加工，要求成形大小相等、厚薄均匀、粗细一致，并整齐放置</td></tr>
<tr><td>5</td><td>待点菜单到达后，按菜单要求，适时取去冰箱内或原材料架上加工好的原材料，进行配菜</td><td>配菜迅速、缩短冰箱开启时间</td></tr>
<tr><td>6</td><td>妥善收藏剩余原材料，清洁工作区域及用具，清运垃圾</td><td>开餐结束，妥善收藏剩余原材料，清洁工作区域及用具，清运垃圾</td><td>时刻保持场地的清洁</td></tr>
</table>

2. 配制点菜作业程序（见表5-13）

表5-13 配制点菜作业程序表

作业程序		作业要求
1	准备生料配料盘	预先了解原材料的准备情况
2	接受点菜员传递过来的点菜单	确认菜单上的名称、种类、数量与桌号标识
3	按标准菜谱规定的各菜肴所需的原材料种类、重量、规格等进行配份（或切配）	所有的用料必须使用标准称量，不准随意抓取原材料
4	将各种菜料放置菜肴生料配料盘内，然后夹上菜单夹，按顺序传给打荷厨师	一般单个菜肴的配份应在1～2分钟内完成
5	搞好案头卫生，等待下一菜单	

3. 各种料型的切制标准（参见表5-14、表5-15）

表5-14　常用主辅料切割规格表

料形名称	适用原材料	切制规格/mm		
		长	宽	厚
丁	动物原材料	15～20	15～20	5～10
丁	植物原材料	10～15	10～15	5～15
粒	动植物原材料	5	5	5
块	动植物原材料	25～35	25～35	25～35
粗条	动植物原材料	45	15	15
细条	动植物原材料	30	10	10
粗丝	动物原材料	4～6	3～5	3～6
细丝	动植物原材料（火腿、土豆等）	5～6	1～2	1～2
片	植物原材料	35～45	2～25	1～3
片	动物原材料	40	30	1～3

表5-15　常用料头切割规格表

料形名称	适用原材料	切制规格/mm		
		长	宽（或自然形）	厚（自然形）
葱花	小葱	5	自然形	
小段	小葱	15～20	自然形	
长段	葱、青大蒜、香菜	30～45	自然形	
丝	葱、姜、红椒	30～50	1～2	1～2
丁	红辣椒	15	自然形	
小姜片	生姜	10	10	1
姜料片	生姜		自然形	2
末	姜、蒜头、香菜	1～2	1～2	1～2
蒜片	蒜头		横截面	1
干辣椒段	干辣椒	10～15	自然形	
干辣椒末	干辣椒	5	5	
红椒段	鲜青红辣椒	10	自然形	自然形
红椒丁	鲜青红辣椒	15～20	15～20	自然形

5.3.2　打荷规范作业程序与要求

打荷是现代厨房必不可少的岗位，此岗起到了菜肴质量监督、出菜速度的调控、菜肴出品的美化作用，同时也减轻了炉灶厨师的工作强度、加快了出菜的速度、严谨了出菜的环节。打荷规范作业程序见表5-16。

表 5-16 打荷规范作业程序

作业程序		作业要求
1	用具准备	准备刀、墩、小料盒、抹布、筷子和专用纸巾，所有用具、工具必须符合卫生标准
2	检查物料	按《原材料质量规格书》中规定的质量标准，对领取的当日所需要的各种调味料进行质量检验
3	调料准备	领用、添加各种调料。配制的调味酱、调味汁、调味油
4	汤料准备	制作各类清汤、高汤
5	小料准备	按规定的标准和要求切制小料
6	点缀品准备	雕刻盘饰花卉，按要求调制各种浆糊及制作高汤等
7	餐具准备	消毒过的各种餐具放置打荷台上或储存柜内，以取用方便为准
8	协助炉灶厨师对原材料进行预制处理	按要求调制各种糊浆，协助上浆、挂糊
9	接受配菜厨师传递过来的菜单、原材料	确认菜肴的名称、种类、烹调方法及桌号标识。检查原材料的配制是否符合标准
10	传递配制无误的原材料给炉灶厨师	将配制无误的半成品菜肴原材料传递给炉灶厨师烹调加工，并掌握出菜顺序、间隔时间。如果接到催菜的信息，经核实该菜肴尚未开始烹调时，要立即协调优先烹调
11	准备盛装餐、盛装具	根据菜肴的出品盛装要求，准备相应的餐具，并确保餐具的干净卫生
12	盛装、检查	在炉灶厨师盛装时（有些菜肴打荷员盛装），打荷员要快速有效地对菜肴进行质量检查，检查内容：有否异物，烹制方法是否有误
13	点缀装饰	根据审美需求及菜式格调，对装盘的菜肴进行快速地点缀装饰
14	核对、出菜	核对菜肴、菜夹号码、菜单三则是否相符，确认无误后，交传菜员出菜
15	开餐结束	及时收藏剩余原材料，保管好用品、用具，搞好卫生

5.3.3 烹调规范作业程序与要求

菜肴烹调是厨房生产的最后一道作业程序，是确定菜肴色泽、口味、形态、质地的关键环节。它直接关系着菜肴质量的最后形成，菜肴烹制节奏的快慢、出菜过程是否井然有序等，也取决于烹调作业岗位。因此，烹调是厨房生产管理中最为重要的部分。烹调规范作业程序与要求，见表 5-17。

表 5-17 烹调规范作业程序与要求

作业程序		作业要求
1	检查设备	通电通气检查炉灶、油烟排风设备运转功能是否正常，若出现故障，则应及时自行排除或报修
2	打扫清洗	清洗锅子（必要时用明火烤烧），打扫炉台卫生

（续表）

<table>
<tr><th colspan="2">作业程序</th><th>作业要求</th></tr>
<tr><td>3</td><td>准备调料</td><td>清洗油罐、调料罐，补足调料</td></tr>
<tr><td>4</td><td>准备工具</td><td>将手勺放入炒锅内，将炒锅放在灶眼上，漏勺放于油罐上，垫布放大炒锅左侧，炊帚、筷子、抹布等用具备好，放于炒锅两侧的适当位置</td></tr>
<tr><td>5</td><td>烹制前工作</td><td>打开照明灯，先点火放入灶眼中，再打开燃汽（或油）开关，调整风量；打开水龙头，注满水盒后，调整水速，保持流水降温</td></tr>
<tr><td>6</td><td>预制加工</td><td>对要预先加工的原材料进行水焯、油炸等预制加工</td></tr>
<tr><td>7</td><td>正式烹制</td><td>听从打荷员的安排，对菜肴按程序、按标准进行烹调，并随时保持灶面的清洁</td></tr>
<tr><td>8</td><td>开餐结束</td><td>及时过滤剩油，并加盖保管各类调味罐，防止蝇虫飞入；妥善保管好用品、用具；搞好炊具灶具卫生，并关闭煤气电源</td></tr>
</table>

5.3.4 热菜烹调技法的种类

烹调工艺的分类也和其他类别一样，有多种分类方法。有根据加工原材料时传热介质的不同，可分为液态介质的传热法、气态介质传热法、固态介质传热法三种；有根据烹调的工艺特点和风味特色可分为炸、炒、溜、爆、烹、炖、焖、煨、烧、扒、煮、汆、烩、煎、贴、塌、蒸、烤、涮等几十种。作为餐饮管理者有必要了解烹饪技法的种类，下面以传热介质分类方法为主线，以表5-18的形式加以说明。

表5-18 热菜烹调技法图表

<table>
<tr><th>序</th><th colspan="2">按传热介质分类</th><th colspan="2">技 法</th></tr>
<tr><td>1</td><td rowspan="20">液态介质传热烹调法</td><td rowspan="15">水传热法</td><td colspan="2">水焐</td></tr>
<tr><td>2</td><td colspan="2">水浸</td></tr>
<tr><td>3</td><td colspan="2">水汆</td></tr>
<tr><td>4</td><td colspan="2">煮</td></tr>
<tr><td>5</td><td colspan="2">炖</td></tr>
<tr><td>6</td><td colspan="2">煨</td></tr>
<tr><td>7</td><td rowspan="3">烧</td><td>红烧</td></tr>
<tr><td>8</td><td>白烧</td></tr>
<tr><td>9</td><td>干烧</td></tr>
<tr><td>10</td><td colspan="2">焖</td></tr>
<tr><td>11</td><td colspan="2">扒</td></tr>
<tr><td>12</td><td colspan="2">焅</td></tr>
<tr><td>13</td><td colspan="2">烩</td></tr>
<tr><td>14</td><td colspan="2">软溜</td></tr>
<tr><td>15</td><td colspan="2">涮</td></tr>
<tr><td>16</td><td rowspan="5">油传热法</td><td colspan="2">油焐</td></tr>
<tr><td>17</td><td colspan="2">油浸</td></tr>
<tr><td>18</td><td rowspan="3">炸</td><td>清炸</td></tr>
<tr><td>19</td><td>干炸</td></tr>
<tr><td>20</td><td>软炸</td></tr>
</table>

（续表）

序	按传热介质分类			技法	
21	液态介质传热烹调法	油传热法		炸	酥炸
22					香炸
23					包炸
24					脆炸
25					松炸
26					卷炸
27					油淋
28				炒	滑炒
29					爆
30					煸炒
31					软炒
32					生炒
33					熟炒
34				烹	
35				溜	脆溜
36					滑溜
					（软溜—水传热）
37				煎	
38				贴	
39				煽	
40	气态介质传热的烹调技法	热空气传热		烤	明烤
					暗烤
					包裹烤
41				熏	
42		水蒸气传热	弱水蒸中气蒸强气蒸	蒸	清蒸
					粉蒸
					包蒸
					上浆蒸
					隔水蒸
					带水蒸
43	固态介质传热的烹调技法	金属传热		铁板烧	
44				烙	
45		石传热		石烹	
46		盐传热		盐焗	
47	特殊混合烹调技法	油、水传热		蜜汁	
48				拔丝	
49				挂霜	
50				琉璃	

5.4 冷菜厨房的运行管理

冷菜是宴席中的重要主成部分，它对刺激人们的食欲，增加筵席的气氛，提高我国的烹饪艺术水平起着积极的作用。冷菜制作要求又非常高，无论小碟或拼盘，都要刀工精致、形象生动、色彩美观。所以冷菜厨房的清洁卫生要求很高，对冷菜厨师的仪表仪容和个人卫生也要求特高，并且在菜肴的成型规格、工作流程也与众不同。

5.4.1 冷菜烹制工作程序

冷菜烹制工作程序，如表5-19所示。

表5-19 冷菜烹制工作程序

作业程序			作业要求
1	上班		上班后，应洗手消毒，更换工作衣，戴工作帽
2	了解任务		与订餐台进行联系，了解次日宴会和其他接待人数、就餐标准及特点要求
3	准备原材料		原材料要严格把关，确保原材料的质量，对直接拌食的原材料要消毒清洗
4	刀案消毒		用高度酒精对砧板、刀具进行明火消毒；用漂白精水对抹布和双手消毒
5	刀工处理		根据不同品种的冷菜，分类进行严格选料，将原材料加工成所要求的形状；生熟原材料的加工要有固定的场地
6	直接调味		根据不同的冷菜食品，选好配料和调味料
6	烹制调味		冷菜食品不同的烹制方法，加工制作各种冷菜食品
7	装盆		取用洁净的餐具盛放；事先设计围碟，总盆所需原材料种类的搭配和艺术图案，然后利用刀工技术组合拼摆
8	工作结束		应将所有的饮具和用具进行清洗消毒，放到指定的地方备用；剩余的冷荤食品放入冰柜中，注意生熟原材料分开存放
9	紫外线消毒		等人员离开冷菜房时，开启紫外线灯，进行消毒

5.4.2 冷菜装盘的要求

冷菜装盘，是指将加工好的冷菜，按一定的规格要求和形式，进行刀工切配处理，再整齐美观地装入盛器的一道工序。所以冷菜比热菜更注重刀工，注重卫生。

（1）刀工要求。制作冷菜要有过硬的刀工技术，条、丝、块、片不仅要大小一致，厚薄均匀，还都有一定的标准（见表5-20）。为了使刀面整齐，刀口平整漂亮，原材料在烧制后待完全冷却后进行加工，有些还要压制结实，否则原材料易变形，影响菜品形状。

表5-20 冷菜刀工要求

料形名称	适用原材料	切制规格/mm		
		长	宽	厚
粗条	黄瓜、莴笋、冬笋、春笋、萝卜等	35	10	10
细条	冬笋、胡萝卜	35	4	4
丝	冬笋、熟牛肉、青红椒等	6～7	2	2
滚刀块（短形）	莴笋、春笋	长32	14	
滚刀块（尖形）	莴笋、春笋	50	14	
长方片	火腿、胡萝卜	45	20	2
自然片	牛肉、海蜇头等	约5	约3	2（海蜇4）
段	芹菜、蒜苗、刀豆等	约5	自然形	
丁	牛肉、鸡、香干	12	12	12

（2）色彩要求。多拼冷菜的装盘色泽配合要鲜艳和谐。卤制原材料装盘时为了增加色彩和光泽，可用香油、姜丝、蒜丝、芝麻等拌制。

（3）形态要求。同桌的冷菜应运用多种形式装盘，不使形状单调呆板。

（4）数量要求。装盆时原材料不能超出盘的底边线，高度是原材料底平面跨度的1/2以上。

（5）点缀要求。冷菜的点缀手法有全围、对称点缀、一角点缀，但点缀物要精小。

（6）防止串味。多拼冷菜须避免将带有汤汁的原材料相互串味。

（7）卫生要求。冷菜因刀工处理后，直接装盘食用，因此要特别注意卫生，保持砧板刀具清洁，不使用色素和不洁的点缀物。

5.4.3 冷菜制作技法种类

冷菜又名凉菜，冷菜制作工艺是把经过初步加工或切配后的半成品原料，通过调味或加热调味晾凉制成不同风味菜肴的过程。凉菜一般有蘸拌、浸渍、腌制等手法，也有通过蒸煮、油炸、烧烤等加热方法烹制，再晾凉成菜。我们在此把冷菜独有的技法整理出了26种。但热菜的许多烹调技法在冷菜制作过程中也常常被借用，如炸、蒸、煮、烧、挂霜、烟熏等，也列入其中。为了使餐饮管理者有一个全面的了解，现用表单列出加以说明。如表5-21所示。

表5-21 冷菜制作技法分类表

<table>
<tr><th></th><th>按技法分类</th><th colspan="3">技　法</th></tr>
<tr><td>1</td><td rowspan="26">冷烹独有技法</td><td rowspan="2">蘸</td><td colspan="2">生蘸</td></tr>
<tr><td>2</td><td colspan="2">熟蘸</td></tr>
<tr><td>3</td><td rowspan="3">拌</td><td colspan="2">生拌</td></tr>
<tr><td>4</td><td colspan="2">熟拌</td></tr>
<tr><td>5</td><td colspan="2">混合拌</td></tr>
<tr><td>6</td><td rowspan="2">炝</td><td colspan="2">生炝（醉）</td></tr>
<tr><td>7</td><td colspan="2">熟炝</td></tr>
<tr><td>8</td><td rowspan="12">浸渍</td><td colspan="2">盐水浸</td></tr>
<tr><td>9</td><td colspan="2">糖水浸</td></tr>
<tr><td>10</td><td colspan="2">卤水浸</td></tr>
<tr><td>11</td><td colspan="2">果汁浸</td></tr>
<tr><td>12</td><td colspan="2">醋浸</td></tr>
<tr><td>13</td><td colspan="2">鱼露浸</td></tr>
<tr><td>14</td><td rowspan="2">酒浸</td><td>生浸（生醉）</td></tr>
<tr><td>15</td><td>熟浸（熟醉）</td></tr>
<tr><td>16</td><td rowspan="2">糟</td><td>生糟</td></tr>
<tr><td>17</td><td>熟糟</td></tr>
<tr><td>18</td><td rowspan="2">泡</td><td>水泡</td></tr>
<tr><td>19</td><td>干泡</td></tr>
<tr><td>20</td><td rowspan="7">腌制</td><td rowspan="4">盐腌</td><td>生料干腌</td></tr>
<tr><td>21</td><td>熟料干腌</td></tr>
<tr><td>22</td><td>生料湿腌</td></tr>
<tr><td>23</td><td>熟料湿腌</td></tr>
<tr><td>24</td><td rowspan="2">酱油腌</td><td>干腌</td></tr>
<tr><td>25</td><td>湿腌</td></tr>
<tr><td>26</td><td colspan="2">碱腌</td></tr>
</table>

（续表）

	按技法分类	技法	
27		热烹	酱卤
28			冻
29			炸收
30			酥
31			制松
32	借用热烹技法	蒸	
33		煮	
34		烧	
35		挂霜	
36		炸	
37		烟熏	

5.4.4 单碟装盘的形式

单碟又称“围碟”，每碟装一种冷菜，是一种最常见、最简单的装盘类型，同时又是目前中式宴会中最常用而又最实用的冷菜形式。单盘的装盘造型有如下形式。

（1）自然形。自然形是采用“堆”的手法，是冷菜中最常见的一种装盘形式。具体操作是将丝、丁、粒、条、片、块的小型原材料，自然地堆砌在盘中，但装盆时原材料不能超出盘子的底边线，高度要在原材料底平面跨度的1/2以上。如遇到不能堆高的原材料，或带有汁水的原材料，则盛放于小盅、小碗中。

（2）三叠水形。三叠水形是采用“叠”的手法。具体操作是先用边角料垫底，再将长方片或半圆片原材料叠好后，按顺序呈两行摆在垫底上，最后挑选原材料质量最好的部分加工成的片料，用刀铲起，覆盖在两行中间，成两边低、中间高状，故称“三叠水”。要求刀工处理时厚薄均匀，刀面整齐。

（3）馒头形。馒头形又称“半球形”，与三叠水形一样是采用叠的手法，是传统冷菜装盘形式。装盆成形后比“三叠水形”高，一般高度为跨度的1/2，成半球型，形似馒头，故名“馒头形”。具体操作是先将边角料或质地稍次的原材料垫在盘子中间，作为垫底，再将稍好一点的熟料切片，盖在底料的边沿成半圆形，最后将质量好、形状好的原材料，切片后均匀地排列在顶面。

（4）宝塔形。宝塔形是采用“堆”的手法，装盆成形后高度高于“堆”，下大上小形同宝塔，故名“宝塔形”。具体操作是选用形状较好的粒、球原材料，先用菜叶等原材料垫底，使盘底不滑，再在圆盘上摆放一层圆形后，用同样方法向上堆砌一层，越到上面越小、形似宝塔即可。

（5）桥梁形。桥梁形是采用“叠”和“复”的手法，是传统冷菜装盘形式。装盆成形后中间高，两头低，好像一座古式的拱形石桥，故名“桥梁形”。具体操作是将长短一致的长方块、片或条在盘子内圆中先摆出长方形，然后，在此基础上摆成两头渐低、中间渐高的形状，而两侧要齐整垂直。另一种是将芹菜、辣白菜类切成长丝长段，用较次原材料堆在盘中，再用好的原材料覆于上面成“桥梁”。

（6）四方形。四方形又称“一颗印形”、“正方形”，采用“叠”的手法，是一种传统的冷菜装盘形式，因装盘成形后，上下大体呈方形，好似古时候的官印，故名“四方形”。具体操作是先将熟料在盘子的正中摆成四方形，然后层层向上叠放，有时每层略微向内收拢，使装好后不致歪斜垮塌。适用于长、宽、厚比较规则的条、块或三角形的原材料。

（7）菱形。菱形又称平行四边形，采用“叠”的手法，装盘成形后相当于两个等腰三角形的对称组合。具体操作是先将原材料在盘子的中间摆成菱形，摆时向外的刀口整齐，四个接头处要自然、拢紧，中间用边角碎料填充，上面再叠放 2 ～3 层后点缀；也可将条状原材料排齐后斜切成菱形。适于各种丝、条、末、块等原材料。

（8）等腰形。等腰形采用“叠”的手法，是一种新颖的装盘形式，因断面呈等腰三角形，故名“等腰形”。具体操作是将原材料切成长短、粗细大约一致的形状原材料，先用部分铺垫在盘内呈长方形，再将同样冷菜一层层堆起；每层两边都向内倾斜，最后封顶即成。适用于直条、直段和粗丝等原材料。

（9）螺旋形。螺旋形采用“围”的手法。因装盆成形后下大上小，介于宝塔形与馒头形之间，好似螺纹自下盘旋而上，故名“螺旋形”。具体操作是将圆片或梳子片原材料在盘子中间先铺成一圈圆形，之后再跟随最后一片，一圈圈地从底部开始层层盘旋而上，最后收口。适用于圆片、梳子片和小型的整形原材料。

（10）扇面形。扇面形采用“排”、“摆”、“扣”的手法，一种传统的装盘形式，因成形后酷似折扇，故名“扇面形”。具体操作是先将熟料切成一定规格的长条，等距排列成折扇状装入盘中即成；也可将泥蓉、细末等原材料用模子扣成扇形。适用于泥蓉、细末、自然条或要改刀的大块原材料。

（11）花朵形。花朵形采用“摆”的手法，装盆成形后酷似一朵花卉，故名“花朵形”。具体操作是将原材料加工成规格一致的片、卷和小花后，由外至内，由下向上堆砌成各种花形。根据菜肴不同味型的需要，花蕊可施以适量的糖粉、火腿茸。

（12）还原形。还原形采用“摆”的手法。具体操作是将经过刀工处理的熟料在盘中拼摆成动植物原形的装盘形式。如白鸡、酱鸭等经刀工处理后，仍在盘中摆成鸡、鸭的形状。但这种形式使用的盘比普通的小碟要大，多采用腰盘。

（13）风车形。风车形采用“叠”、“摆”的手法。具体操作是将原材料改成厚薄一致的长方片，按刀面等距离整齐地装入圆盘，如用荤素两种原材料，也可将原材料间隔叠放，装盘时原材料要外宽内窄，顺时针方向叠摆一圈，盘中可以用其他原材料点缀成形。

5.5 点心厨房的运行管理

中餐面点是以小麦、大米、豆类为主要原材料制作的各种小吃和点心，是中国菜肴的重要组成部分。我国面点有两大风味和三种制作方式，两大风味指南味和北味；三种制作方式指以广州为代表的广式点心、以苏州为代表的苏式点心、以北京为代表的京式点心。中餐面点的种类有很多，分类方法不一，按原材料分类，可分为麦类、米类和杂粮类。按面团性质可分为油酥、发面、水面。按熟制方法分类，可分为蒸、煮、煎、烙、炸、烤等方法制成的点心。按面点形态分类，可将它们分为饭、粥、糕、饼、团、条、块、卷、包、饺和冻等。按口味分类，又可将它们分为甜味、咸味、甜咸味和淡味面点等。

5.5.1 和面作业的管理

制作面点时首先应调制面团。通常，面团有 4 个种类，它们是水调面团、膨松面团、油酥面团和其他面团。和面要根据面点种类和花色品种不同，分别选用不同的面粉，有米粉、面粉、杂粮粉之分。为此，要根据制定的面点菜单，安排好面点生产任务，然后再根据不同花色品种的要求，合理用料。和面作业的管理，见表5-22。

表5-22　和面作业的管理

<table>
<tr><td rowspan="2">水调面团</td><td>冷水面团</td><td>30℃水揉合而成</td><td>质地硬实、富有弹性、食用爽滑。适用于制作面条、春卷皮和馄饨皮等</td><td rowspan="5">1. 选用附合待制品种要求的面粉
2. 按要求调好水温，并加各种拌料，调拌后备用</td></tr>
<tr><td>热水面团</td><td>60℃水揉合而成</td><td>柔软性强、可塑性好。适用于制作烧麦、春饼、小笼包等</td></tr>
<tr><td rowspan="3">膨松面团</td><td colspan="2">酵母发酵面团</td><td rowspan="3">柔软适度、口感松香。适用于制作包子、馒头和各种饼类</td></tr>
<tr><td colspan="2">发粉发酵面团</td></tr>
<tr><td colspan="2">蛋泡膨松面团</td></tr>
<tr><td rowspan="2">油酥面团</td><td>水油面团</td><td>用油、水和面粉揉合而成</td><td rowspan="2">外形膨松、色泽美观、口味酥香。又分为水用油面和干油酥包裹制成多层次的软酥，如海棠酥；用干油酥和其他配料搅拌的硬酥，如杏仁酥</td><td rowspan="5">3. 按照面点领班预先制定的标准面点菜单和面，为面点制作做准备
4. 严格按比例投入配料和调味品，将鸡蛋、油盐、味精、花椒面、胡椒粉、香油、葱花等和于面粉之中，然后用手工和机器搅拌、揉搓，将面粉和匀</td></tr>
<tr><td>干油酥团</td><td>食油和面粉揉合而成</td></tr>
<tr><td rowspan="3">其他面团</td><td>米粉面团</td><td>浸透后的米与水一起磨成浆，沥干成面团</td><td>细腻柔软，适用于制作宁波汤圆、灯笼麻球</td></tr>
<tr><td>澄粉面团</td><td>纯淀粉与水调和的面团</td><td>色泽洁白透明，适用于制作广东虾饺</td></tr>
<tr><td>豆类面团</td><td>豆粉与水调制成的面团</td><td>香味浓郁无黏性，适用于制作糕类。如绿豆糕</td></tr>
</table>

5.5.2　拌料作业的管理

面点食品尽管有几十个种类，但又大体可分为含料和带馅两个大类。前者的配料和调味品直接掺和在面粉中，和面和拌料同时进行。后者是配料和调味品单独形成馅料，然后用面团包裹。

（1）拌料。将配料和调味品，如鸡蛋、油、盐、味精、花椒面、胡椒粉、香油、葱花等掺和于面粉中。然后用手工或机器搅拌、揉搓，使其达到能够制作产品的要求。

（2）制馅。面点馅心用料广泛，包括植物性原材料或动物性原材料，有时动、植物原材料兼而有之。馅心的味道常有咸味、甜味或甜咸味等（见表5-23）。馅心与面点的色、香、味、形都有着直接的关系，它不仅增加面点的花色品味，而且也增加了面点的营养价值。

表5-23　拌料作业的管理

<table>
<tr><td>咸味馅</td><td>畜肉馅、鸡肉馅、鱼肉馅、海鲜馅、素菜馅、菜肉馅、什锦馅</td><td>海鲜馅：选料要精细、新鲜
畜肉馅：应肥瘦兼有，馅中搅入适量水或肉汤，使肉馅鲜嫩
素馅：应去掉原材料中的异味，同时要加入所需的食油、调味品和辅料
菜肉馅：应首先调制好肉馅，然后加入适量蔬菜</td></tr>
</table>

（续表）

甜味馅	泥茸馅、豆沙馅、奶黄馅、莲蓉馅、枣泥馅、麻芯馅、蜜饯馅、白糖馅、百果馅、果仁馅	泥茸馅：以植物果实或种子为原材料，经过加工成泥茸，再用糖、油炒制成馅
咸甜味馅	蛋黄馅、火腿馅、椒盐馅	咸甜味馅：一般在甜味馅料基础上加咸料

拌料或拌馅都是十分重要的环节，它直接影响面点食品的造型和烹制完成后的色、香、味、形和酥、脆、松、嫩等质量。为此，拌料或制馅都应加强管理，保证质量，其方法如下。

（1）拌料或拌馅都应选择有专业技术水平的面点师负责。

（2）拌料与和面同时进行，必须保证配料和调味品比例，搅拌或揉搓均匀、细致，使各种原材料充分溶化在面料中，保证味道纯正。

（3）馅料原材料要精细加工，配料准确，搅拌均匀得体，味道鲜美。

（4）每种面点的拌料或拌馅完成后，要严格检查，在保证质量的基础上，方可进入下一道工序。

5.5.3 造型作业的管理

造型是面点烹调制作管理的前奏。和好的面料，若遇发面需要经过一定时间的发酵，方可正式造型。将调制好的面团和坯皮，按照工艺要求，运用搓、包、卷、捏、押、切、削、叠、摊、拂、按、钳花、滚粘和镶嵌等方法，制成各种形状。如：圆形、半圆形、椭圆形、三角形、宝塔形、象形等形状。造型的关键是要美观、大方、精巧，带馅面点的造型要均匀、光滑。为此，管理人员同样要做好检查，保证质量。造型作业的管理，见表5-24。

表5-24 造型作业的管理

搓	将面点搓紧、搓光、搓圆、搓匀
包	将馅心包入坯皮中
卷	将面片抹上油和调料，卷成筒状，然后制成大小相等的剂子，再制成卷形
捏	将产品捏成各种形状
坤	将面团坤成条形
切	将面片切成条或其他形状
削	用于制作面条
叠	将面团折叠成形的方法
摊	将面团加工成片的方法
钳花	使用工具将面点制成多种多样的花色品种
滚粘	制作汤圆的一种方法
镶嵌	在面点中嵌入各种蜜饯，拼摆成花形图案，使其美观

5.5.4 烘烤和烹制作业的管理

烘烤和烹制是面点烹调制作管理的最后一道工序。烘烤是将加工好的面点放入烤箱、微波烤炉等机械炉灶设备中，加热使之成熟的过程。一般将半成品放入烤盘，调好烤箱的温度和时间，进行分批烘烤。

烹制则是根据面点花色品种制作要求，分别来用蒸、煮、烧、烙、煎、炸、烤等烹调技法，便面点原材料完成化学和物理反应达到成熟的过程。

（1）蒸是将成形的生坯放在蒸箱内加热使之成熟的过程。蒸，这一方法用途广泛，适用于各种膨松面团、水调面团、米粉面团。如花卷、烧麦、包子、蒸饺、蛋糕等。通过蒸制作的面点，形态完整、质地膨松柔软、馅心鲜嫩。

（2）煮是通过沸水加热使之成熟的过程。水煮成熟适用于各种面条、汤圆、饺子、粥。水煮加工技术的关键是水与被煮物数量的比例，水的数量一定要保持在被煮物的5倍以上，此外，保持旺火、沸水。

（3）烙是将面点放在金属盘上，通过金属传热的方法加热使之成熟的过程。例如，各种饼类，春饼、家常饼等是通过烙的方法成熟的。而许多面点同时使用烤烙方法或先烙再烤成熟。

（4）煎和炸是通过食油加热使之成熟的过程。水面多通过煎的方法使之成熟。如各种锅贴。而许多油酥类点心是通过油炸成熟。如荷花酥、海棠酥。

（5）烤是通过热气加热点心使之成熟的过程。一般将装好半成品的烤盘分批放入烤箱，调好烤箱的温度和时间，进行烘烤。

5.6 西餐厨房的运行管理

西餐是我国人民和其他东方国家和地区的人民对欧美各国菜肴的总称。它常指以法国、意大利、美国、英国、俄国等为代表的菜肴。此外，希腊、德国、奥地利、匈牙利、西班牙、葡萄牙、荷兰等国的菜肴也都是著名的西餐菜肴。西餐的原材料主要是海鲜、畜肉、禽类、鸡蛋、奶制品、蔬菜、水果和粮食。食品原材料中的奶制品很多，包括：牛奶、奶油、黄油、奶酪、酸奶酪等，西餐使用的畜肉以牛肉为最多，然后是羊肉和猪肉。西餐常常使用大块食品为原材料，如牛排、鱼排、鸡排等。菜单通常的组合方式如下所示（见表5-25）。

表5-25 西餐常见的组合方式

三道菜的组合方式	1. 开胃菜、汤和主菜
	2. 沙拉、汤和主菜
	3. 沙拉、主菜和甜品
四道菜的组合方式	沙拉、汤、主菜和甜品
五道菜的组合方式	开胃品、汤、主菜、蔬菜色拉和甜品
六道菜的组合方式	开胃菜、汤、海鲜菜、禽畜肉菜、蔬菜色拉、甜品

西餐菜肴讲究火候，如扒牛排的火候根据顾客的需求，有三四成熟、半熟和七八成熟，煮鸡蛋也有半熟、七八成熟和全熟之分。在营养方面，西餐讲究原材料的合理搭配，并根据原材料的不同特性尽量保持其营养成分。

西餐厨房是西餐的加工车间，西餐的食品原材料要经过西厨房的加工和烹调才能成为菜肴或面点，然后由服务员将菜肴送入餐厅。西厨房的基本生产工作如下。

（1）食品原材料选择、验收与储存。

（2）海鲜、禽肉、畜肉和蔬菜的加工和切配。

（3）汤和少司制作。

（4）菜肴烹调和熟制。

（5）面包和点心的加工与熟制。

（6）厨房的辅助与清洁工作。

5.6.1 西餐原材料的选择管理

选择优质、卫生的食品原材料是西餐烹调的第一步。西餐菜肴质量的基础是食品原材料的质量。因此选料时，应对原材料进行感官检查和物理检查，包括对原材料的颜色、气味、弹性、硬度、外形、大小、重量和包装等检查。通过这些检查确定原材料的新鲜度、规格和质量情况。按照食品加工和烹调要求选用适合的品种和部位。如鱼有脂肪鱼和非脂肪鱼，有各种形状，不同的鱼适用于不同的烹调方法。又如，畜肉有不同的部位，各部位的肉质老嫩程度不同，因此在畜肉菜肴的制作中，就要按照不同的部位，使用适当的加工和烹调方法才能制作出理想的菜肴。西餐食品原材料的采购、验收与储存可与中厨房一起运行，由餐饮部统一管理。

5.6.2 西餐原材料初加工管理

食品原材料初加工是西餐生产中的基础环节，它与菜肴的质量有着密切的联系，合理的初加工可以综合利用原材料，降低成本，增加效益，并且使原材料符合烹调要求，保持原材料的清洁卫生和营养成分，增加菜肴的颜色、味道和形状。在旅游发达的国家和地区，供应商提供的原材料已经是初加工后的净料，目前我国也正朝这方面发展。

1. 蔬菜原材料初加工

蔬菜是西餐常用的原材料。由于它们的种类及食用部位不同，因此加工方法也不同。但是，无论哪种蔬菜，清洗时，应先洗后切，保持蔬菜的营养素。最后将经过整理、清洗的蔬菜沥去水分，放在冷藏箱或适当的地方待用。西餐厨房使用的原材料和中餐厨房的原材料统一加工，操作步骤与要求一般与中餐原材料大致相同，举例如下。

（1）叶菜类蔬菜应去掉老根、老叶、黄叶，清洗干净。

（2）根茎类蔬菜应去掉外皮。

（3）果菜类蔬菜要去掉外皮和果心。

（4）豆类蔬菜应根据具体品种和食用方法剥去豆荚上的筋络或者剥去豆荚。

2. 畜肉原材料初加工

当今西餐业使用经过加工和整理的牛肉、羊肉和猪肉。在旅游业发达的国家，饭店购进的畜肉原材料已经切成所需要的各种形状。但是，在某些国家和地区，仍然有许多饭店和西餐业购进带骨、带皮的畜肉。这样需要将它们进行初加工。首先是去掉它们的骨头，然后根据畜肉各部位的实际用途进行分类、清洗、沥去水分。最后将加工好的肉放大容器中，冷冻或冷藏。

3. 水产原材料初加工

通常水产品原材料在切配和烹调前要做许多初加工工作，如宰杀、刮鳞、去腮、去内脏、清洗。根据烹调需要将鱼切成不同的形状。在许多旅游业发达的国家，水产品的初加工工作已经由供应商完成，一些鱼类原材料已经由供应商根据西餐的烹调要求切成不同的形状。

4. 家禽原材料初加工

西餐业常常采购经过宰杀和整理好的禽肉原材料。如经过开膛去内脏的鸡、鸭、鸡大腿、鸡翅、鸡胸脯等。但是，这种方便型的家禽原材料也需要初加工，特别是清洗工作。

5.6.3　西餐原材料的切配管理

食品原材料切配是将经过初加工的原材料切割成符合烹调要求的形状，并合理地搭配在一起，使之成为完美的菜肴过程。而在配菜前，首先是将原材料切割，这就需要运用不同的刀具和刀法将食品原材料切成不同的形状。

1. 西餐常用切割作业方法

(1) 切成块 (Cut)，将食品原材料切成较大的、整齐的块状。

(2) 剁、劈 (Chop)，将食品原材料切成不规则的形状。

(3) 切成末 (Mince)，将食品原材料切成碎末状。

(4) 切成片 (Slice)，将食品原材料横向切成整齐的片状。

2. 西餐常用的原材料形状和规格

西餐常用的原材料形状和规格，见表5-26。

表5-26　西餐常用的原材料形状和规格

料形名称	适用原材料	切制规格/mm		
		长	宽	厚
末 (Fine Dice)	洋葱、西芹等	3	3	3
小丁 (Small Dice)	洋葱、番茄等	6	6	6
中丁 (Medium Dice)	土豆、胡萝卜等	10	10	10
大丁 (Large Dice)	牛肉、水果等	20	20	20
小条 (Julienne)	土豆等	40	6	6
中条 (Baton net)	土豆等	80	3	3
大条 (French Fry)	土豆等	80～100	8～10	8～10
片 (Slice)	土豆、番茄等	50～150	20～40	3～8
楔形 (Wedge)	西瓜、苹果类	如切好的各种大小的西瓜块形状		
圆心角形 (Daysanne)	瓜果类	将各种厚薄圆片切成4等份或3等份		
椭圆形 (Tourne)	土豆、胡萝卜等	腰果形，通常有7个相等的边		

3. 配菜的基本原则

配菜是根据每盘菜肴的质量要求，把经过刀工处理的各种食品原材料进行合理地搭配，使它们成为一盘在色、香、味、形方面达到完美的菜肴。配菜中，西餐厨师常遵循以下原则。

(1) 注意原材料数量之间的协调性，应当突出主料的数量，配料的数量应当少于主料。

(2) 注意各种原材料的颜色配合，每盘菜肴应当有2～3种颜色，颜色单调使菜肴显得呆板；颜色过多，使菜肴显得不庄重。

(3) 尽量突出主料的自然味道，用不同味道的原材料或调料弥补主料味道的不足。

(4) 尽量将相同形状的原材料配合在一起，使菜肴呈现整齐。但是，如果配菜和装饰菜的形状与主料不同，有时会增加菜肴的美观。

（5）将不同质地的食品原材料配合在一起以达到互补。例如，马铃薯沙拉中放一些嫩黄瓜丁或嫩西芹丁，菜泥汤或奶油汤中放一些烤干的面包丁。

（6）现代西餐菜肴，讲究营养设计，讲究合理搭配原材料以满足不同顾客的需求。许多发达国家和地区饭店的菜单上在每个菜肴说明的栏目中，都明确地写出菜肴中的蛋白质含量和菜肴所含的热量。

5.6.4 西餐厨房各部门作业功能

西餐厨房各部门作业流程是指食品原材料在西餐厨房的某一部门中的加工或制作程序。不同的西餐厨房加工部门和西餐菜肴在厨房中不同的加工阶段，它们的加工程序也不同。西餐厨房的各部门作业程序常包括鱼、禽肉的加工程序、蔬菜加工程序、食品原材料切配程序、菜肴的烹调程序、面点制作程序和冷菜制作程序等。西餐厨房的分工与中餐厨房的分工也略有不同，中餐厨房原材料切配与烹调是分别部门和分别人员加工完成的，而西餐厨房是按菜肴的性质来分工的，切配与烹调由同一部门完成，类似中餐的冷菜房。西餐厨房根据菜肴的性质分有：冷菜加工区域、制汤加工区域、烹调加工区域、面包西点加工区域。各部门的运作功能，见表5-27。

表5-27 西餐厨房各部门的运作功能

<table>
<tr><th>加工区域</th><th colspan="2">负责人员</th><th>运作功能</th></tr>
<tr><td>冷菜加工区域</td><td colspan="2">冷菜厨师（Salad Cook）</td><td>负责冷菜（如冷鱼、冷肉、三明治、沙拉等）的制作</td></tr>
<tr><td>前汤加工区域</td><td colspan="2">制汤厨师（Soup Cook）</td><td>1. 负责制作各种汤，如清汤、浓汤、奶油汤、鲜蘑汤和民族风味汤
2. 负责制作各种汤的装饰品</td></tr>
<tr><td rowspan="5">主菜加工区域</td><td rowspan="5">烹调厨师*</td><td>少司/烹调厨师（Sauce Cook）</td><td>1. 负责制作各种调味汁
2. 负责各种热菜的制作
3. 负责各种热菜的装饰和装盘
4. 负责每天特别菜肴的制作</td></tr>
<tr><td>制鱼厨师（Fish Cook）</td><td>1. 负责制作各种海鲜菜肴和鱼类菜肴
2. 负责制作各种海鲜和鱼类菜肴的调味汁</td></tr>
<tr><td>烧烤厨师（Roast Cook）</td><td>1. 负责扒制（烧烤）各种畜肉、海鲜等菜肴
2. 负责制作各种扒菜的调味汁
3. 负责制作各种煎炸的菜肴，如炸海鲜、炸法式鸡排、炸薯条等</td></tr>
<tr><td>制肉厨师（Larder Cook）</td><td>1. 负责鱼禽肉的清洗、整理和切配工作
2. 负责烹饪各种肉类菜肴和每天特别菜肴的制作</td></tr>
<tr><td>蔬菜、鸡蛋、淀粉类菜肴厨师（Vegetable Egg and Noodle Cook）</td><td>1. 负责制作主菜的配菜
2. 负责制作各种蔬菜类菜肴
3. 负责制作各种鸡蛋类菜肴
4. 负责制作各种淀粉类菜肴，如意大利面条、米饭、炒饭等</td></tr>
</table>

（续表）

加工区域	负责人员	运作功能
面包、点心加工区域	面包与西点厨师（Pastry Cook）	1. 负责制作各种面包 2. 负责制作各种冷、热、甜、咸点心 3. 负责制作宴会装饰品，如巧克力雕、用糖制作的花篮等

* 在小型饭店中主菜加工区域只设烹调厨师和助理厨师，不具体分工。

思考与练习

1. 熟悉厨房生产流程及其内容。
2. 如何确定原材料的出净率？
3. 熟悉各岗位的作业程序和要求。
4. 拓展学习各烹调技法的定义。

第6章　餐厅服务规范

餐饮服务是餐饮产品销售的重要环节，服务的规范与否，直接关系到餐饮的声誉，影响消费者对菜的评价，所以餐饮服务既是独立的工作项目，又是对厨房产品提升的后续工作，更是赢取消费者口碑的形象工程。

6.1　餐厅运行流程与设施

6.1.1　餐厅运行流程

餐厅的合理运行是整个餐饮部达到标准化服务和顺利完成全年营业指标的前提。餐厅运行流程包括宣传销售、员工培训、餐厅布置、接待服务及清洁卫生。特别是通过标准化、程序化的服务和管理，以达到餐饮部的既定目标。餐厅运行流程如图6-1所示。

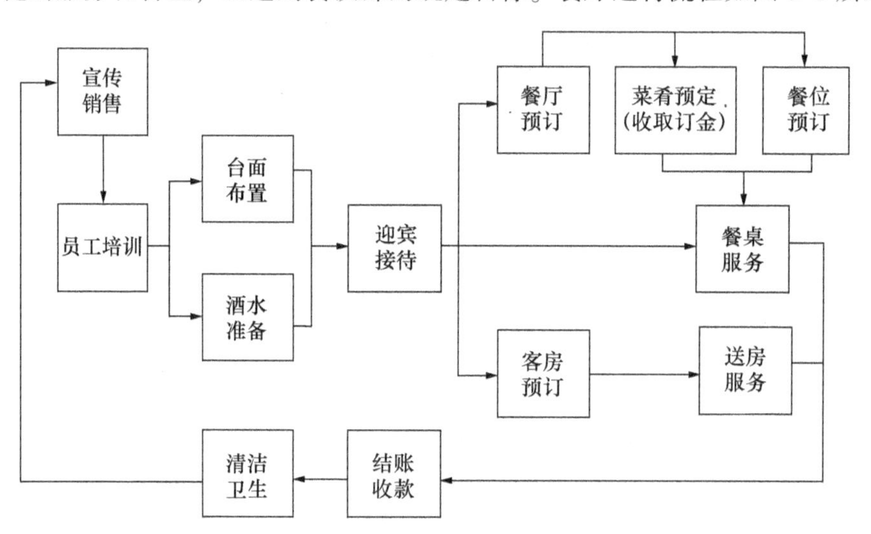

图6-1　餐厅运行流程

6.1.2　餐厅运行的内容

一个餐厅的良好运行，在于有合理的组织机构和严格的管理体系，更在于餐厅有一支素质良好的队伍。所以在运作过程中，要靠服务人员永远持有消费者至上的态度，充分重视消费者的需求，真心实意地为消费者服务的愿望。

餐厅运行的环节由三大部分组成：一是接待，二是销售和服务，三是控制，见表6-1。但其核心工作只有两部分，一是销售，二是服务。而这两部分内容均由服务人员完成，他们肩负着餐饮服务和餐饮推销两方面的任务，既是餐厅服务的生产者，同时又是餐饮产品的推销者。

表6-1 餐厅运行的环节

接待	接受预订，迎宾，衣帽服务，领座，递送菜单等
销售和服务	招呼宾客点菜，协助或指导选菜，回答各种有关问题，提供各种席间服务等
控制	检查餐饮质量和数量，控制开票、结账、收款等环节的正常运作

为了顺利完成运行环节，餐厅工作人员必须进行合理的分工，必须明确规定每个人员的职责和权力，按照结构框架发布命令，接受命令，完成餐厅服务的一系列任务。尽管有些餐厅的组织结构不尽相同，但组织的目的是一致的，以提供最佳服务获取最大营业利润。

6.1.3 餐厅礼宾设施

餐厅礼宾接待设施起着接待和服务等功能，包括迎宾台、签到台、指示牌、致辞台、雨伞架等设施。

(1) 迎宾台。通常设在餐厅门口的一侧，其高度以迎宾员肘部到地面的距离为准。台面光滑、水平或略倾斜。台面上摆放餐厅工作日记和客情资料、电话、插花等，迎宾台的台板下可设有抽屉。

(2) 签到台。设在餐厅的入口处，一般用矩形桌，铺设台布，围上桌裙，上面摆放插花、签到簿、笔墨等文具用品和有关活动的图文宣传资料，主办单位派专人在此接待出席活动的贵宾。

(3) 指示牌。它是饭店承办某些大型活动的告示和就餐指南，通常用于大中型的宴请活动、大型会议、婚宴等。其作用是使参加活动和就餐的宾客抵店后能迅速了解活动的具体举办地点、时间等，方便宾客及时找到自己的位置。要保持指示牌金属框架光亮、指示牌玻璃清洁明亮、内部照明线路完好。

(4) 致辞台。形式与迎宾台相似，其朝外的一面镶有饭店的店徽标志，上面配备有插花、麦克风，放置于主席台或主宾席的一侧，用于宾主双方相互致辞。

(5) 雨伞架、衣帽架。有些大宴会厅和多功能厅，单独设在主楼的一侧，所以要配备雨伞架、衣帽架，并有专人当值管理。

(6) 礼品间。礼品间有两种功能，一种是存放礼品，一般大型活动有互赠礼品的仪式，宾客随身带有礼品不方便，就把礼品存入礼品间，仪式开始时有礼仪员或礼仪小姐用托盘托上，或将礼品抬到致辞台边。另一种功能是提供礼品和礼品包装，如有些酒店在婚宴和寿宴中，为来宾免费提供礼金袋。

(7) 休息区。在进入餐厅的一侧设立来宾休息区，休息区内放上几对沙发，一个杂志架，架上插放介绍餐饮活动的小册子和杂志，若在度假区也可插放游览图。

6.1.4 餐厅分区设施

餐厅在接待各种对象时，通常在一个餐厅要分隔几个区域，分隔区域多使用屏风来阻隔空间。屏风有竹木制、金属制和玻璃制等。按摆放方式，屏风可分为折屏和座屏，屏面内容大多为反映中西历史文化缩影的艺术作品。屏风可设在餐厅内的入口处，组成一道屏障，也可设在餐厅的后墙，作为一幅背景。经过精雕细琢、充满诗情画意的屏风，是宴会厅室内布置与美化的一个重要组成部分。对于中小型饭店的宴会厅，屏风的另一个作用是把餐厅分隔成几个单元，以避免顾客们相互干扰。另外，在小型宴会厅常使用不同形式、不同风格的落地花台，将贵宾休息室和就餐区域分隔开来。

除上述家具之外，花架、古玩架也是餐厅不可少的家具。花架有方形的、圆形的及根雕形的，多为硬木制品，上方多铺大理石面，用于摆放花草、盆景，盆下配垫碟、套盆。古玩架是中国传统家具，做成开敞式陈列古玩和工艺品，配以灯光，宾客可以从各个不同的角度欣赏品味。

6.2 中餐厅服务

中餐服务虽有悠久的历史，但由于商品经济起步较晚，长期缺乏规范化运作模式。近几十年来，在吸收世界各国不同服务方式的基础上，在一些高星级酒店的引导和影响下，中餐服务在标准化、规范化方面取得了极大的成功，并形成了各地区、各酒店自己的特色。

6.2.1 餐桌台面布置

（1）检查桌椅。服务人员在摆设餐具之前，必须先检查餐桌的稳定性，检查桌脚是否有高低不平或者摇晃的情形，检查椅子是否摇晃、松动，如发现问题应避免使用，以免发生危险。

（2）桌布铺设。四方桌铺设桌布要正铺，将四个桌脚遮住。圆桌铺设桌布，则需注意垂落的桌布是否每一面的长度都很均匀。任何桌布的铺设都要正面朝上，折痕与方桌桌边垂直，与圆桌的主位对齐，中心折痕与圆桌中心对齐。

（3）摆放转盘。转盘须放置于桌子正中央位置，如有桌骑则须先将其放置在转盘正下方，并一律面向门口。桌骑的主要作用是增加桌面装饰的美观和宴会气氛，比如寿宴时采用寿桃图样，喜宴时则可使用龙凤图样。

（4）玻璃台面。需使用强化玻璃，除其比较不易破碎的优点外，即使不小心打破，强化玻璃也不会形成锐利的碎片，较为安全。有些转台与转盘分离配置，玻璃转盘务必放在转盘正中，圆桌边缘与玻璃转台缘距离相等。

（5）底盆。骨盆下面通常摆设垫底盘作为装饰，垫底盘简称底盆或垫盆，有瓷质、银质和玻璃，在一般便饭中可不放置，但在宴会服务中，最好摆设底盘。底盘是餐具摆设的起点，一切餐具都以底盘为对照基准，调整摆设距离。准备餐桌摆设时，首先须将底盘根据座位数等距摆放，每位正前方距桌缘约 1～3 cm 处。

底盘距桌缘距离可根据情况做调整，重要的是全宴会厅的摆设必须整齐统一，忌每桌摆设各不相同、杂乱无章。通常除喜宴的主桌之外，一般宴会都使用小骨盘当做服务盘，而摆放小骨盘时便应离桌缘稍远些，以增加桌面的丰富感，并取得较佳的空间分配。摆放银底盘时，需考虑到置于其上的骨盘又将离桌缘更远，而骨盘越远离桌缘，顾客前倾进食的角度会越大，较为不便，因此可将底盘离桌缘稍近一些，方便宾客进食。中式宴会按国际标准来讲，一张圆桌围坐 10 人时应采用直径为 180 cm 的圆桌，并最好配合使用直径大于 19 cm 的底盘，距桌缘距离为 2 cm。

（6）骨碟。骨碟顾名思义，是专为放置骨头而设置的餐盘，然而目前其实际功能已形同西餐中的餐盘，也用以盛放食物，实为双重功能。一般中式宴会部以 6～7 寸碟（直径15～18 cm）作为骨碟。但目前流行使用玻璃底盆，上面放置 7 寸碟（直径

17.5 cm)，甚至更大的骨碟。在服务中，一般骨碟至少须更换4次以上，甚至每道菜更换一次骨碟。

(7) 味碟。味碟可分为两种，一种是直径9.9 cm的大味碟，盛以必备调味酱料和葱、蒜小料，置放于转盘上供宾客共同使用，另外还附有小号茶匙方便舀取，原则上一桌备有一套即可。另一种小味碟直径约7～8 cm，也有方形双格味碟，单边长约7 cm。摆设时，应将其置于底盘或骨碟正上方约2 cm处。

(8) 筷架。筷架摆设于底盘（或骨碟）与小味碟中间右方约2～3 cm处。使用筷架的目的，一方面为使筷子有固定位置可放置，另一方面则基于卫生考虑，使筷子前端不至于直接接触桌面，同时也可避免筷子因沾有食物残汁而弄脏桌布。使用金银器服务时，一般都备有小龙头架，小龙头架两侧分别为筷架与汤匙架。

(9) 汤匙。餐桌摆台中都设有小汤碗，通常将小汤匙置于小汤碗内，手柄朝右。当使用银餐具服务时，常采用银质分匙，并与筷子共用一个龙头架出现在餐桌摆设中。汤匙的功能并不仅限于喝汤，它还可勺取筷子不易夹取的食物。

(10) 筷子。筷子有银质、木质、骨质、竹质与塑料。筷子在摆放前装入筷套中，筷套有纸、布等材质之分，有全套、半套之分。有时使用银筷、银架时便不再使用筷套，但大多数情况下采取筷架与筷套并用的摆设方式，上菜前由服务员将筷套取掉。筷子的摆放位置应与桌缘垂直并置于筷架上，下缘与骨盘齐平。

(11) 叉子。虽说一双筷子即能享用席中种种菜肴，但在宴会中，最后上桌的水果仍习惯以叉子食用，所以还须备有小钢叉。由于固有的中式餐具并不设置这种叉子，故可使用西式点心叉来代替又因上水果之前都将更换骨碟，因此在更换骨盘时再将这种水果叉置于骨碟右侧即可。

(12) 小汤碗。中餐采用银器服务时，常先将小汤碗放进银积菜碗中，然后再端给宾客。当然所使用的小汤碗必须配合银积菜碗的大小。小汤碗一般为3.5寸（直径8.9 cm），但有时也使用稍大的，至于宴会中将采用何种尺寸的小汤碗，要视菜肴而定，但一般使用8.9 cm小汤碗较多。

在中式宴席中小汤碗并非仅用以服务汤类菜式，凡含菜汁的菜肴都要使用小汤碗。因此，在摆台时就将小汤碗事先放在餐桌上，每人一个，与小味碟互相平行，置于积菜盘（或骨盘）上方约2～3 cm处。而采用代客分菜的贵宾服务时，因有服务人员代为分菜，所以小汤碗在上菜时再一齐准备即可，不必预先摆设在餐桌上。

(13) 水杯。水杯在中式餐饮里作饮料杯使用，盛装各类、啤酒或茶，这一点与西餐中水杯只能用以盛装冰水有很大不同。水杯大都摆设小味碟正上方约2～3 cm处。

6.2.2 餐桌台面步骤

各种餐、饮具要配套摆放，图案或文字要对正席位，每套餐、饮具间距相等。做到既清洁卫生，又有艺术性，并方便宾客使用。工作步骤与摆放标准见图6-2、图6-3和表6-2。

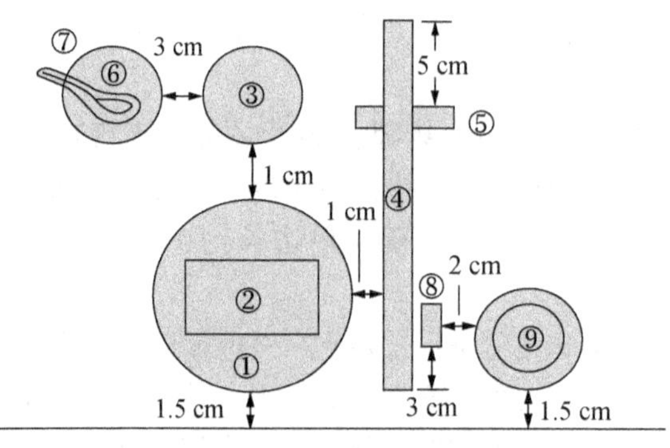

图6-2　中餐宴会餐位餐具摆放标准

① 骨碟　② 口布　③ 味碟　④ 筷子　⑤ 筷架
⑥ 汤碗　⑦ 调羹　⑧ 牙签　⑨ 茶杯

图6-3　中餐正餐餐位餐具摆放标准

表6-2　工作步骤与摆放标准

工作步骤	摆放标准		
	早　餐	中晚餐	宴　会
铺台布	服务员站在副主人位处，用双手将台布一次性抖开铺在台面上。抖铺时，台布不能沾地面，台布中间十字折纹交叉点居中，正面股缝朝上，并直对正、副主人席位，四角直线下垂并相等		
下转盘	在餐台中间摆上转盘底座及玻璃转盘，转盘与餐桌同一圆心		
围餐椅	围餐椅从主人位开始，餐椅要对正餐位，餐椅的前端与桌边平行，注意下垂的台布不能盖于椅面		
骨碟	从主人位开始，按顺时针方向依次摆放，骨碟距桌边 1.5 cm		
小汤碗、汤匙、调味碟	将小汤碗与调味碟放于骨碟正前方，距碟边 1 cm 处。小汤匙放于汤碗中，匙把冲左		
筷子、筷架	将筷架放于骨碟右侧，筷子距调味碟 1 cm，筷子底边距桌边 1.5 cm		同左，如是动物形金属筷架，则头冲左，上置筷子与汤勺
茶碟、茶杯	将茶碟放于筷子右侧。茶杯倒扣于茶碟之上，杯把冲右。茶碟距桌边 1.5 cm		
饮料杯	无	放在小汤碗与调味碟之间的上方，距小汤碗 1 cm 处	先将葡萄酒杯摆放于小汤碗与调味碟之间的正前方，距小汤碗 1 cm 处。烈酒杯摆在葡萄酒杯右侧，饮料杯摆放于左侧。三套杯横向成一条直线，杯与杯之间相距 1 cm
公用餐具	无	无	在正、副主人席位与桌心之间放上筷架，在筷架上放一个金属汤匙和一双筷子，匙把向左，筷子手持端向右，筷子放在靠桌心一侧
牙签	摆放在公用餐盘右侧，不出筷柄末端，不出公用餐盘的外切线		袋装牙签，摆放于每个餐位的右侧，店名标志朝上
餐巾	无	如使用杯花，应将叠好的餐巾花插在水杯中后，再将水杯摆放在葡萄酒杯的左侧；如摆放碟花，应将叠好的碟花摆放于骨碟上	
烟灰缸、火柴	从主人位右侧开始，每隔两个席位摆放一个，烟灰缸前端应在水杯的外切线上。烟灰缸的三个架烟孔，其中一个应朝向桌心，另外两个朝向两侧的客人。火柴摆在烟灰缸上，正面朝上		

（续表）

工作步骤	摆放标准		
	早　餐	中晚餐	宴　会
菜单	无	无	10人以下宴席应摆放2张菜单，分别摆在正、副主人席位的右侧，菜单底端距桌边1.5 cm，12人以上应摆4张菜单，摆成“十”字型
台号	台号一般摆在每张餐台的下首，面朝餐厅入口处		
花瓶	餐桌中心摆上花瓶		

公用餐具也有推出每人一付，如双头筷架上搁颜色不同的两双筷子，一双自用，一双用于盘中夹菜，或给他人夹菜。

6.2.3　餐厅早茶服务

早餐的服务方式因不同的地域而有所不同，其中较为流行的是广东早茶服务（也称为茶市）。

1. 茶市简介

茶市服务原是指使用中式茶壶、茶杯冲泡中国茶叶，按中国传统方式提供服务。现在多指配有点心的早茶、午茶、夜茶等的服务方式。

中国人饮茶已有三四千年的历史，在正餐餐前饮茶、餐中饮茶、餐后饮茶也有近3000年历史，若配以点心边吃边饮则基本上是近千年的事。其主源起于广东、江苏等地，近年来尤以广东茶市为盛，不但国内各大城市多有设置，国外亦广为流行，尤其是华人华侨集中的东南亚地区。在广东，茶市几乎座无虚席，远多于在餐厅享用午、晚餐的。现时的茶点，不断吸取了西式点心特点，融贯中西，并将小食、小炒带进茶市，款式精美多样，随叫随食，价格实惠又符合大众的生活习惯，很受广大顾客的欢迎。

2. 桌面餐具

茶市的摆位主要是一杯一碟、一小碗一匙羹、一筷一架共6件，加配牙签、烟缸。

3. 茶叶茶具

沏茶工具主要有茶壶、茶杯、茶盘、茶杯碟、热水瓶。原材料有纯净开水和菊花茶、铁观音、乌龙茶、普洱茶、花茶（香片）、龙井茶等各式茶叶。沏茶时茶叶放入量应以宾客浓淡爱好为凭。一般一壶茶放1～2茶勺茶叶。

女士优先，从宾客的右侧为宾客斟茶。茶壶应垫用茶盘，茶盘上放有垫布，以防茶壶漏水，为此斟茶将停时可略旋壶身，让最后一滴沿于壶嘴流落。斟茶量一般以2/3为宜。当茶壶中剩1/3茶水时，应为宾客添加开水，切忌茶壶内茶水已空后再添加开水，这样会影响茶的味道和色泽。

4. 茶市服务程序

茶市服务程序，如图6-4所示。

（1）餐前准备。

① 开餐前，应检查餐厅是否按要求摆好餐位，台椅是否摆放得整齐美观，餐厅环境是否清洁干净。

② 备好各种茶叶、开水及餐具。将备用餐具摆放在规定的位置上，以便于取用。

③ 注重仪容、仪表，做到仪表整洁。按要求佩戴员工号牌及穿着工衣，做好开餐前的一切工作。

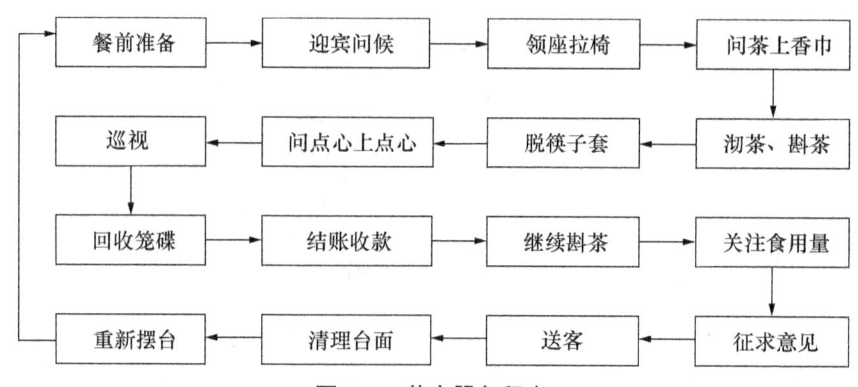

图6-4 茶市服务程序

（2）迎宾、领座。

当宾客进入餐厅，迎宾员应微笑礼貌待客。问清人数后，将宾客带到合适的餐台就座。

（3）问茶、斟茶。

① 值台员主动上前为宾客拉椅让座，送上香巾后开茶。因各人饮茶习惯不同，所以要向宾客问茶，然后按需开茶。

② 斟茶时，应该在宾客的右侧倒第一杯礼貌茶，通常以七八分满为宜。如宾客临时加位，应该把茶壶拿到工作台上加上适量茶叶，冲水送上，并为宾客倒第一杯礼貌茶。

（4）脱筷子套。

① 根据宾客数填写点心卡，记上台号、茶位，签上服务员名字或工号，把点心卡送上台，为宾客脱去并收回筷子套。

② 如需加位或撤走多余的餐具时，应该左手托盘，右手摆放或取走餐具。

（5）问点心、上点心。

① 向宾客介绍点心品种，主动协助推介点心。

② 根据宾客所点的品种，及时上桌。

（6）巡视。

① 餐间，服务员要做到勤巡视、勤添水、勤换烟灰缸、勤清理台面。

② 主动照顾老幼及残疾人士，照顾坐在边角位的宾客，尽量满足宾客的合理要求。

③ 服务过程中如发现宾客茶壶的茶色较浅时，可酌量加点茶叶。

④ 如发现餐桌上有宾客用完点心的空盘、空笼应及时收回。

（7）结账收款。

① 宾客要求结账时，应迅速将点心卡交给收款员计算汇总，打出账单。

② 值台员要把账单夹在账单夹里，在宾客右侧打开账单夹，告诉宾客所需付的金额。宾客付款时，值台员要向宾客道谢，在付款宾客面前点清账款后交收款员，最后将余额当面点清连同回单交还宾客，并礼貌地向宾客道谢。

③ 结账时要注意同台中有无搭台的宾客，若有，则应分清账单，不可错单、漏单和走单。

④ 如果宾客有多点或未吃完的点心，服务员要主动为其提供食品袋或食品盒，并为其打包，以便宾客带走。

（8）征求意见。

① 宾客结账后，还继续在食用或食用完毕但没离座，这时值台员要继续为宾客斟茶，换骨碟烟缸。

② 关注点心的剩余量，了解宾客对点心的喜爱程度，餐后及时返回餐厅主管或厨房。

③ 征求宾客对本餐厅的服务质量、点心质量及其他方面的意见。

（9）送客服务。

① 宾客起身离座时，服务员要向宾客道谢，并及时帮助宾客拉开座椅，同时提醒宾客带上自己的物品，并再次向宾客道谢。

② 宾客离开时，迎宾员应将宾客送出餐厅门口致谢，并诚邀宾客再次光临。

（10）清理台面。

① 宾客离开后，服务员要迅速清理台面。清理台面的顺序为：先收茶壶、香巾及茶杯，再收其他餐具。

② 收餐具时要注意分类摆放，尤其是香巾要另放，不可与油腻物件混杂一起。

（11）重新摆台。

① 台面清洁后，应迅速换上干净的台布，重新摆好餐具，准备接待下批宾客。

② 早茶结束后，按要求摆好台面。若午餐有宴会或团体包餐，应按其宴会要求摆台，做好接待前的准备工作。

5. 茶市服务的注意事项

（1）宾客中如有小孩应热情帮忙摆放儿童座椅。

（2）询问宾客需饮何种茶水。一般将本餐厅所有茶叶予以介绍。遇同台宾客分别叫2～3种茶叶的，当茶沏好送到台前时要报茶名，再按宾客的选择斟倒。

（3）同台宾客人数较多，可酌情多用2～3个茶壶。

（4）服务员在推卖过程中，要关注点心的销售情况，适时添加品种，切勿空缺。

（5）就餐高峰时，主管应时常留意各桌的订单是否已送入各部门，如发现在接单处堆积太多或拖延太长时间，应立即送入传菜部，再由传菜员送各出品部门。

（6）服务员需要兼顾多张台位，除时常留意本身岗位各台宾客，提供及时服务外，也有责任协助其他同事。

（7）宾客订的食物如果属粉面类，应将适当的饭碗、碟及匙羹摆放在台面空位上。摆法是碗放在碟上，匙羹放在碗中或旁边，另外用一碟放筷子及公匙以便分粉面时用。

（8）在用餐过程中，服务员应将空餐具（碟笼）及时收去，且要核对点心卡内是否有相应盖印。

（9）发现已订的食物长时间没有上桌，首先向宾客道歉，再到订单接收处查核订单是否送入，然后到传菜部将台号及食物名称告知传菜主管，由他们进入出品部查核、催出，自己返回岗位，等待传菜员送出或告知原因。切记“跟催”是服务员的工作内容。

（10）如所点的食物已售完，服务员应礼貌向宾客道歉，征求及提议改换其他食物，如获宾客同意，立即将订单送去柜位及传菜部。如方便取拿的可拿卡及托盘亲自到点心车、明档处帮助拿取，然后让传菜部盖上印即可。

（11）如需取消卡上某部分点心，应当请领班以上主管签名取消，有订单的还应在订单上签消。

（12）服务员应经常留意给茶壶添水，最佳方法是礼貌地将茶壶拿起，茶壶重说明茶水充足，则逐个给宾客斟茶；如茶壶轻说明无水，要很自然地拿开，给茶壶注水。另外观察宾客提壶自斟茶水时茶壶的倾斜度，得知茶水的多少。发现宾客把壶盖打开，说明水已尽，应及时注水。

（13）切忌在宾客面前或台上用水壶加开水，这样容易烫伤宾客，服务员应该到服务柜台或热水柜加水。

（14）上完一只或数只点心后，及时在点心单上做好记录。中途也要主动查看单上的记录，了解情况，发现尚未上桌的，应立即补救。

（15）服务员在茶市繁忙时应当保持镇定及笑容，切忌丢三落四，忽视某些细节；也忌讳在场内奔走，碰撞到宾客；另外也要留意烟灰缸及骨碟，及时更换。

（16）服务员应该适时推着餐车在宾客之间流动，由宾客随时取食。能一眼看到的点心一般不宜向宾客殷勤推介，同一批宾客若在进餐中受到几次殷勤推销反而会引起宾客不满和尴尬。但若宾客询问，就应抓住时机礼貌热情地回答介绍。

（17）服务员推销时，应帮宾客将所点的食物送到桌上。若遇宾客自己取拿，应礼貌地说“多谢，让我来”，并记得准确地在点心卡上盖印。至于明档上的糕点、小炒等不便巡展于宾客前的食品，宜由厅面服务人员适当推介。

（18）宾客用膳完毕结账，服务员应说声多谢，并将点心卡交到收银柜台，由收银员打印出账单（一般来说餐厅中埋单事项多由领班去办，以让服务员有足够时间招呼宾客）。

（19）在上班过程中，任何服务员不可私自离开工作岗位，即使上洗手间亦需同上司同事打好招呼，交代岗位工作。

如图6-5、图6-6所示是某饭店的早茶点心菜单。

早茶点心菜单（一）

台号:

即点即制金牌点心

沙律明虾饺 14.00 □	温泉虾饺皇 20.00□
脆皮炸虾盏 15.00 □	高汤鲜水饺 12.00□
香酋金鱼饺 14.00 □	鱼翅灌汤饺 25.00□

小点（每份6.00）

椰汁马蹄糕□	香麻炸软枣□	煎农场鲜蛋□
酥炸奶黄包□	鲜奶九层糕□	莲茸五指包□
黄金炸三角□	生磨马蹄糕□	芋丝炸春卷□
核桃甘露酥□	巧制炸油条□	鲜奶油蛋糕□

中点（每份8.00）

广东式煎饺□	五香芋头糕□	海米糯米糍□
黑椒蒸大肠□	爵士奶黄包□	煎虾米汤粉□
叉烧焗餐包□	蛇皇叉烧包□	蛋黄莲茸包□
咸菜拌猪肚□	东海牡蛎饼□	安虾咸水角□

大点（每份10.00）

山竹牛肉球□	鼓汁蒸凤爪□	鼓汁蒸排骨□
蛇皇腐皮卷□	美味锅贴饺□	广东小笼包□
艳丽水晶包□	海鲜灌汤饺□	云腿葱油酥□

特点（每份12.00）

鲜虾素粉果□	瑶柱滑鸡包□	蟹黄干蒸卖□
潮州蒸粉果□	荷香糯米鸡□	油菜牛肉肠□
海皇带子饺□	发菜鲮鱼球□	鲜虾蒸肠粉□

图6-5 早茶点心菜单（1）

早茶点心菜单（二）

台号:

明档粥类

田鸡粥生	12.00/碗 □	猪腰肝粥	12.00/碗 □
猪肝粥	8.00/碗 □	皮蛋瘦肉粥	8.00/碗 □
窝蛋牛肉粥	8.00/碗 □	鱼片粥	4.00/碗 □
福州锅边	4.00/碗 □	瑶柱白粥	4.00/碗 □
香浓豆浆	2.00/碗 □		

白灼类

白灼腰肝	14.00/份 □	蚝油时菜	10.00/份 □
爽脆牛百叶	10.00/份 □	韭菜滑猪红	10.00/份 □
福州鱼丸	8.00/份 □	高汤扁肉	8.00/份 □

图6-6　早茶点心菜单（2）

6.2.4　餐厅零点服务

1. 零点服务特点

零点餐厅是指散客随到随点随吃，吃完各自结账的餐厅。宾客来到餐厅后，为其进行点菜服务和上菜服务的，称为零点服务。零点餐厅通常设置散台，接受预约订餐位，很少预订菜肴。

由于零点餐厅的主要任务是接待散客就餐，宾客人员结构复杂，宾客到达时间不一，宾客所点的菜式不同，因此造成零点餐厅接待的波动性较大，营业时间较长。所以要求零点餐厅的服务员有过硬的服务基本功，并要求在服务时主动周到、反应灵敏，还要了解当天厨房的供应情况、厨房菜式烹调的基本方法和宾客的基本心理需求，并向宾客介绍菜式，给宾客以最佳服务，以适应和满足各种消费层次宾客的需求。

2. 零点服务程序（如图6-7所示）

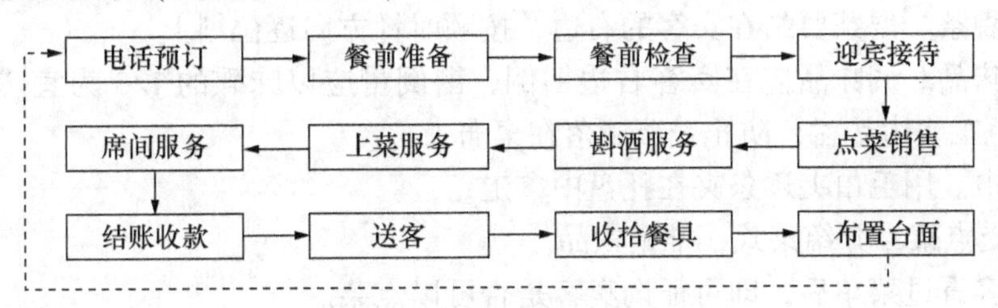

图6-7　零点服务程序

（1）电话预订。

① 电话铃响三声后，服务员应迅速拿起电话用敬语问候："您好！××餐厅。"

② 亲切热情地询问宾客需要提供什么样的帮助。

③ 问清宾客的姓名、房号或公司单位、人数、订餐时间及具体要求。

④ 准确记录电话内容，并提醒宾客餐厅留座时间等事项。

⑤ 如果餐厅预订已满，不能再接宾客的预订时应向宾客解释，告诉宾客需要等候的

时间或将宾客介绍到饭店的其他餐厅。

⑥ 向宾客道谢。

（2）餐前准备。

① 按本餐厅的要求着装，按时到岗，接受领班指派工作。

② 备好足够的餐具、台布、席巾、小毛巾以供餐间使用。

③ 按中餐零点规格进行摆台。

④ 了解当天供应品种，如例汤、海鲜、时菜、甜品、水果等。

⑤ 备好酱油、芥酱、茶叶；开水、点菜单。

（3）餐前检查。

① 餐具干净无缺口；台布、席巾无破损、无污渍。

② 台椅干净无尘，坐垫无污渍，台椅横竖对齐或有规律排放。

③ 台面餐具摆放符合摆台规格。

④ 菜单、酒水单要求整洁无污渍无破损，摆放整齐。

⑤ 花草鲜艳无枯叶。

⑥ 餐具柜内餐具、台布、托盘及一切开餐用具归类摆放整齐，餐具垫布整洁。

⑦ 地面无杂物、纸屑。

⑧ 备齐点菜单、圆珠笔、开瓶器。

（4）迎客及接待服务。

① 开餐前5分钟，站在分管的岗位上等候开餐，迎接宾客。

② 宾客进入餐厅时，迎宾员应有礼貌地向宾客问好，问清宾客有否预订及就餐人数后，主动带宾客到合适的位置。

③ 值台员应主动为宾客拉椅让座，如有小孩，应主动送上儿童椅。

④ 递巾、递菜单、问茶。等待宾客坐后，从宾客的右侧及时递派香巾，送上菜单并向宾客问茶。

⑤ 铺餐巾、脱筷子套，将餐巾花解开并铺在宾客双膝上，如宾客一时离开，可铺在餐碟底。脱筷子套要在宾客的右边进行。

⑥ 斟礼貌茶。斟茶要站在宾客的右边，按顺时针方向逐位斟上。

⑦ 上调味品。调味品应在宾客右边斟倒，斟倒量应以味碟的1/3为宜。调味品的容器，要用白色工作巾垫衬，防止残液滴落在桌布上。

⑧ 收香巾。用毛巾夹逐条夹在托盘中拿走。

（5）接受点菜，介绍菜式，推销饮品。

① 等宾客看过菜单后，即可征询宾客是否可以点菜。

② 点菜时应站在宾客右侧并记下菜名，主动介绍当天供应的菜式特点，帮助宾客挑选本餐厅的特色菜，特别是厨师当日推荐的创新菜、时令菜和特价菜。

③ 点菜完毕，要向宾客复述一遍所点的菜式，以免听错或写错。

④ 菜单定好后，还应主动征询宾客需要什么酒水饮料。

⑤ 记录并传递点菜单。开单时要迅速、准确，冷热菜要分单填写。同时填写台号、日期、用餐人数、开单时间和服务员姓名。如是穆斯林宾客或素食宾客，要在点菜单上加以说明。点菜单填好后要迅速交收银处和厨房，尽量缩短宾客的等候时间。把填写好的一式三联点菜单先记上时间，第一联交收银员，第二联交厨房，或由备餐间传菜员交厨房，

第三联交划菜员作划菜用，如有第四联，则由服务员留着核对用。

⑥ 开酒水单。到酒吧开酒水单时，要记清楚宾客所点酒水的种类和数量。酒水单的第一联交收银员，第二联交酒水员，第三联由服务员留着核对用。

（6）上酒服务。

① 按宾客所点的饮品到酒吧拿取。

② 取任何酒水，均要使用托盘。

③ 根据不同类型的酒水摆上相应的酒杯和饮料杯。

④ 在为宾客斟上酒水后，必须征求宾客的意见，将茶杯撤走。在上酒的服务过程中，宾客不小心碰翻水杯、酒杯时，服务员要马上用餐巾吸干台面的水分，然后把一条清洁的餐巾平放在吸干的位置，并利用台面现有的器皿压着，保持平坦。

（7）上菜服务。

① 所有热菜加盖后由传菜员送到餐厅，再由值台员把菜递上台，要注意台面上菜碟的摆放艺术与技巧。

② 上菜要主动报菜名，如配有作料、带壳食品、洗手盅和香巾的，应先上作料、洗手盅、香巾，然后再上菜，每一道菜要在该台的菜单上做记号。

③ 如上较多芡汁或粒状菜肴时需加公匙或公勺。

④ 上汤时，应为宾客分汤，然后主动把每碗汤端到宾客菜碟的左边，分派时先女宾后男宾。

⑤ 上菜时要轻放，放置时应先向宾客打招呼后，再从宾客之间的空隙上菜，严禁菜碟从宾客头上越过。

⑥ 摆放菜时，切忌菜碟重叠。如台面没有空位时，可采用两种方法处理：一是将菜盘换成小碟或组合碟；二是拿走剩菜最少的菜碟，但需先征得同意，或把剩余菜肴分给宾客。

⑦ 如果宾客没有点酒水，上第一道菜时要主动征询宾客是否上饭，并在食品卡上注明无酒水。

⑧ 上最后一道菜时，要告诉宾客菜已上齐全，并询问宾客还需什么食品或需什么帮助。

（8）席间服务。

① 值台员在宾客点菜后30分钟，应检查菜式是否上齐全，若未上齐，应及时查询，尽量缩短宾客的候餐时间，同时向宾客道歉，请宾客原谅。

② 服务员必须经常在宾客的餐台旁巡视，以便随时为宾客服务。

③ 如宾客的餐碟中有较多的骨头或其他残渣时，应及时撤换骨碟。

④ 如发现烟灰缸有两个以上烟头，须马上撤换。

⑤ 随时为宾客添加酒水、推介饮料。

⑥ 随时撤走空菜碟、空瓶、空罐，并及时整理餐台。

⑦ 宾客所点菜肴如已销售完毕，应及时告诉宾客，并向宾客道歉，然后征询宾客的意见是否换菜。若宾客表示可换新菜时，应主动介绍一些类似的或制作简单、能够很快上台的菜式，同时迅速填好菜单，以最快速度让厨房把宾客更换的菜肴烹制出来。

⑧ 宾客进餐过程中提出加菜时，服务员应主动了解其需求，恰如其分地给予解决。通常宾客提出加菜的原因主要有三个：一是菜不够吃；二是想买菜带走；三是对某一道菜特别欣赏，想再添加。服务员应观察分析，了解加菜的目的，根据宾客的需要开单到厨房。

⑨ 宾客对菜肴的质量有意见时，应冷静考虑，认真对待。若菜肴确实有质量问题时，

应马上向宾客道歉，并征得厨房或主管的同意马上更换另一道质量好的菜肴送给宾客，或建议宾客换一个味道相似的菜式。如确是宾客无中生有、无理取闹，则应报告主管或经理，请他们去处理。杭州有些菜馆已实行无理由退菜。

⑩ 宾客用餐完毕，应尽快撤去餐台上除茶具、烟灰缸和有饮料的水杯外的其他餐具。收餐具时不能催促宾客，无论是端菜上台还是收拾餐具，操作时都要小心谨慎，绝对不能将菜汁汤水溅到宾客身上、淋在地面或台面。万一不小心弄脏宾客衣服时，要诚恳地向宾客道歉，设法替宾客清洁。在有条件和有可能的情况下，免费将宾客衣服送洗涤部门洗刷干净。

⑪ 上热茶。把宾客原饮用的茶壶先倒掉一部分茶水，再加上开水，另换茶杯，为宾客斟上一杯饭后茶。

⑫ 上甜点水果。上甜品前，先分派一套干净的小碗、匙羹，还有公勺、勺座，主动均匀地把甜品分给宾客。上水果前，应视品种，派上餐碟、刀叉，把水果端到餐台上让宾客品尝，随后跟上热毛巾。

（9）结账收款。

① 及时清点宾客所点的食品与饮料，告知收银员准备结账，并经核对，确认台号、所点的品种、数量与账单是否相符，将账单放入账单钱夹内。当宾客提出结账时，迅速递上账单。

② 呈递账单时应使用账单夹，同时轻声告诉宾客应付的金额数。如果现金结账，应在宾客面前点清款项然后代客到收款处交款，找回的余款连同账单仍用账单夹送还给宾客，并向宾客道谢。如找回的余款数额较大，应站在一侧，待宾客查点并收妥后方可离开。

③ 宾客付款的方式除现金外，还可使用支票、信用卡及签单等结账方式。当宾客签单时，应核对宾客的姓名、房号。如宾客用信用卡或支票结账，应交收款员处理。

④ 如果宾客用餐完毕，认为账单收费多而不愿意付款时，服务员应耐心给宾客对账，将宾客要的所有品种及价钱向宾客讲清楚，在宾客面前逐一对账，核算一次，有礼貌地向宾客解释，不可有不礼貌的表情流露，结账后表示道谢。

（10）送客。

① 宾客如有未吃完的菜肴，可主动用食品袋或食品盒为其包装，并由宾客决定是否带走。

② 宾客离席时应主动上前拉椅送客，提醒宾客不要忘记携带随身的物品，热情送客并向宾客道谢。

（11）餐后工作。

① 宾客离开后马上收拾台面上所有的餐具、用品并拉齐餐椅，铺上干净台布，摆回餐具、鲜花，等候迎接第二批宾客或继续服务其他宾客。

② 营业结束时间已到时，如仍有宾客就餐，禁止关灯、扫地、搬台椅。只有待就餐宾客全部离去后，方能打扫餐厅及环境卫生，收拾各种餐具及用品。

6.2.5 餐厅套餐服务

1. 套餐服务

套餐服务是按固定用餐标准为宾客提供规定品种菜肴的服务方式。一般套菜有多种款供宾客选择，服务方式与流程大致与点菜相同。

2. 套餐服务程序（如图 6-8 所示）

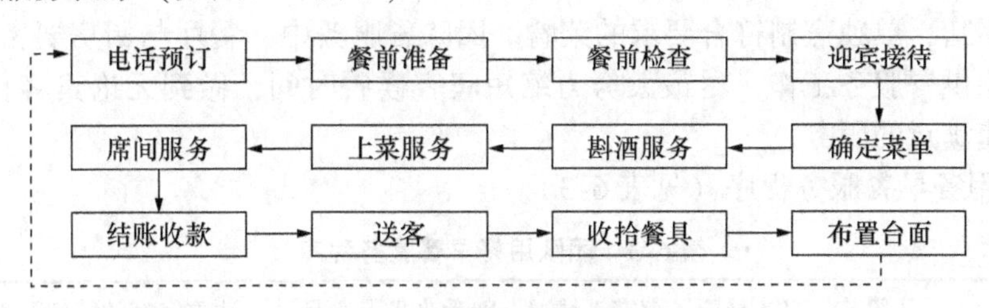

图 6-8　餐厅套餐服务程序

3. 套餐服务的注意事项

（1）服务员在为宾客提供茶水服务后，要向宾客介绍套餐的种类、价格等，等宾客确定类别后，然后开单下厨。有些是在电话预订时就确定了标准和菜单，但在宾客入座时仍要将菜单给客人过目确定，顺便确定人数。

（2）为宾客备好必要的调料。

（3）一般套餐在标准内不含酒水，服务员不可忘记向宾客推介酒水和饮料。

（4）要关注宾客菜肴的剩余情况，在宾客有追加点菜的愿望时，要适时推介。

图 6-9 是福州某五星级饭店中餐厅推出的商务家庭套餐。

商务家庭套餐

两人用 98 元套餐（AB 款）、四人用 198 元套餐（AB 款）

两人用（A 款）	四人用（A 款）	两人用（B 款）	四人用（B 款）
风味拼盘	卤水拼盘	烧味拼盘	什锦拼盘
香油白虾	生猛灼金虾	香油大虾	白灼基围虾
鲜炸牛奶	原盅炖青蛾	淡糟海鲤鱼	雀巢鸳鸯柳
海鲜粟米羹	普宁豆酱鸡	福州鱼丸汤	开洋炖白菜
什锦蔬菜煲	咸鱼煮津白	清炒油时菜	红烧猪蹄煲
清蒸鲸鱼	红烧鱼段	海鲜豆腐煲	西式松子鱼
福州炒饭	什锦炒面	美点双辉	美点双辉
时鲜水果	时鲜水果	水果拼盘	水果拼盘

图 6-9　商务家庭套餐

6.2.6　团队用餐服务

1. 团队用餐服务的特点

团队用餐服务是接待各类旅游团队游客和会议代表的便餐，一般称团队餐（会议餐）服务，在本节中统称团队餐。团队餐一般预先制定，标准按每位计算或按每桌计算均有，在编排菜单时，要考虑宾客所在地区的口味特点，一般每餐菜式不多，但在一组菜单中荤素搭配、口味多样。倘若某一团队要连续用餐数天，则在数天内菜单均不重复。团队餐不仅在菜单上有所讲究，在服务上也与其他餐式有所不同。要根据用餐时间集中，用餐过程短暂的特点，集中服务、集中上菜。如无酒水的餐食要尽快上饭、上汤，服务节奏要迅速，服务程序要紧凑。

团队餐标准普遍偏低，菜肴不如宴会菜精致，服务程序不如宴会那么烦琐，但绝不能因此就忽视菜肴质量，仍应想方设法变换花色品种，确保餐食质量，最大限度地满足各种宾客的普遍要求和特殊要求。及时了解团队中有否吃全素与清真的宾客，若有一位也要安排单独方桌用膳，单独烹制符合要求的菜肴。团队餐服务中，餐厅与厨房要密切配合，科学合理地组织供餐服务工作，尽最大努力缩短宾客候餐时间，做到无论宾客什么时候来，都能得到迅速满意的服务。

2. 团队用餐早餐服务程序（见表6-3）

表6-3 团队用餐早餐服务程序

餐前准备	（1）开餐前，服务员要了解客人情况，熟悉当日点心品种，注重宾客的特殊要求和生活忌讳 （2）按标准和人数摆好餐位，准备好各种调料和服务用品
接待引领	（1）宾客到达时，问清其团队或会议的名称，礼貌地将宾客引领到准备好的餐台，为宾客拉椅让座 （2）待宾客就座后，值台员马上递上香巾，为宾客斟茶
餐桌服务	（1）宾客到齐时，即可按标准送上菜肴点心。上菜时，应向宾客介绍菜肴的名称和风味特点 （2）每当上汤、上面、上羹品时，要为宾客分派 （3）用餐期间，服务员应勤巡台，主动为宾客服务。待宾客用完菜点后，递上香巾
结账送客	（1）如需餐厅马上结账的，应根据宾客数、标准累计总数，到收银处填写账单，向经办人现收 （2）如宾客需统一结账（通过银行转账），应将日期、人数、标准、费用总额填写清楚，签上接待人姓名并请经办人签名以便事后结账查对 （3）宾客离座时，应主动为其拉椅，并提醒宾客携带好随身物品
餐后清理	宾客离开后，马上清理台面，按标准重新布置餐台，为下一餐做好准备或继续接待其他宾客

3. 团队用餐午晚餐服务程序（见表6-4）

表6-4 团队用餐午晚餐服务程序

餐前准备	（1）开餐前，服务员要了解客人情况，熟悉当餐的菜单和菜肴的风味特点、上菜顺序，注重宾客的特殊需求和生活忌讳 （2）按标准和人数摆好餐位及台上用品，备好开水、茶叶、配菜作料
接待引领	（1）宾客到达时，问清其团队或会议的名称，礼貌地将宾客引领到准备好的餐台，为宾客拉椅让座 （2）宾客就座后，值台员递上香巾，为宾客斟茶或斟冷开水
餐桌服务	（1）宾客到齐后，通知厨房准备起菜 （2）为宾客斟饮料并将茶杯撤走 （3）上菜时，要向宾客介绍菜肴的名称和特色 （4）如接待外宾团体或重要团体，应按宴席操作规程为宾客服务，每菜必分 （5）用餐期间，服务员要勤巡视，勤斟饮料，勤换骨碟和烟灰缸 （6）菜肴上齐后应告诉宾客，并征询宾客有何要求 （7）餐毕，为宾客送上热茶、香巾
结账送客	（1）如果是餐后马上结账的，在上茶后即可准备结账 （2）如果是统一结账，则应将日期、人数、标准、费用总数填写清楚，签上接待人姓名并请经办人签名以便结账查对 （3）当宾客离座时，应主动为其拉椅，并提醒宾客携带好随身物品。如发现遗留物品时，应立即还给宾客或交上司处理
餐后清理	宾客离开后，迅速清理台面。按餐别标准布置餐台，搞好环境卫生，做好下一餐的准备工作

4. 团队用餐服务注意事项

（1）针对不同的团体布置用餐环境，如会议包餐的环境要布置得朴素大方，旅游团体的环境要布置得具有地方特色。

（2）团队用餐形式可分为分食、合食两种。合食一般有四菜一汤、八菜一汤、十菜一汤；分食有每人两菜一汤、三菜一汤，或主菜分食，辅菜和汤合食。团体餐一般不饮酒，应尽快上米饭、包子、花卷等主食，尽量满足个别宾客的特殊要求。

（3）一般旅游团体有导游带队，统一结账。而会议团体有时为了控制人员，会务组会发放餐券，会议就餐前要服务员或迎宾礼貌地收取餐券。

（4）如发生病员，要根据病情烹制可口的病号饭，单独端至餐桌或端至房间服务。如果有信仰和风俗不同的宾客，则要单独烹制菜肴，满足消费者。

（5）会议团体是按事先安排好的日程进行集体活动的，一到就餐时间，宾客会集中进入餐厅。如有冷菜要提前10分钟上菜，并注意统一菜肴的摆放位置。

（6）旅游团队抵店、离店和外出活动时间较难掌握，经常不能在规定的时间内进餐。因此，要加强联系，并保证米饭温度，做到宾客进入餐厅就能正常用餐。

（7）要事先了解团体餐的结账方式，以便用餐结束后，及时、准确地按相应的方式办理结账手续。一般旅游团体结账，由导游签单，再由收银台将结账单金额转入旅游团在饭店的总账中，最后由饭店向旅行社统一结账。签字前，服务员一定要核对团号，核对人数，确定与预订的是否相符，以防差错。而会议团队结账，一是按票结算；二是在用餐结束后，由收银台根据会议团队的预订标准和宾客的实际人数开具结账单，请会务人员在账单上签字，然后和当天的营业款一起交饭店财务，饭店财务会向会务组（会议单位）统一结账。

6.2.7　宴会服务

1. 宴会服务的程序（如图6-10所示）

2. 宴会服务的准备

（1）掌握宴会基本情况。服务员接到宴会通知单后，要做到“八知”、“三了解”。“八知”是指：知参加宴席的人数，知桌数，知主办单位，知宾客国籍，知宾主身份，知宴会标准，知开会时间，知菜式品种及出菜顺序。“三了解”是指：了解宾客风俗习惯，了解宾客生活忌讳，了解宾客的特殊需要。

（2）明确分工，调整宴会厅布局。由宴会负责人对服务员进行岗位分工，对迎宾、看台、传菜等岗位进行明确分工，将任务落实到人。在宴会负责人的指挥下，按宴会要求对宴会厅进行布置。

（3）熟悉菜单。服务员应熟记宴会上菜顺序及每道菜的菜名，了解每道菜的主料及风味特色，以保证准确无误地进行上菜服务，并回答宾客有关菜肴的问题。

（4）物品准备。准备好宴会所需的各类餐具、酒具、用具，备齐菜肴的配料、佐料，备好酒品、饮料、茶水；宴会菜单每桌1～2份放于桌面，重要宴会则人手一份。

（5）摆台。宴会摆台应在开会前1小时完成。按要求铺设台布，下转盘，摆放看台，摆放餐具、酒具、餐巾花，并摆放台号或按要求摆放席签。

（6）摆放冷盘。在宴会正式开始前15分钟左右摆上冷盘。

（7）全面检查。准备工作结束后，宴会负责人要作一次全面的检查，以保证各个环节准备就绪。

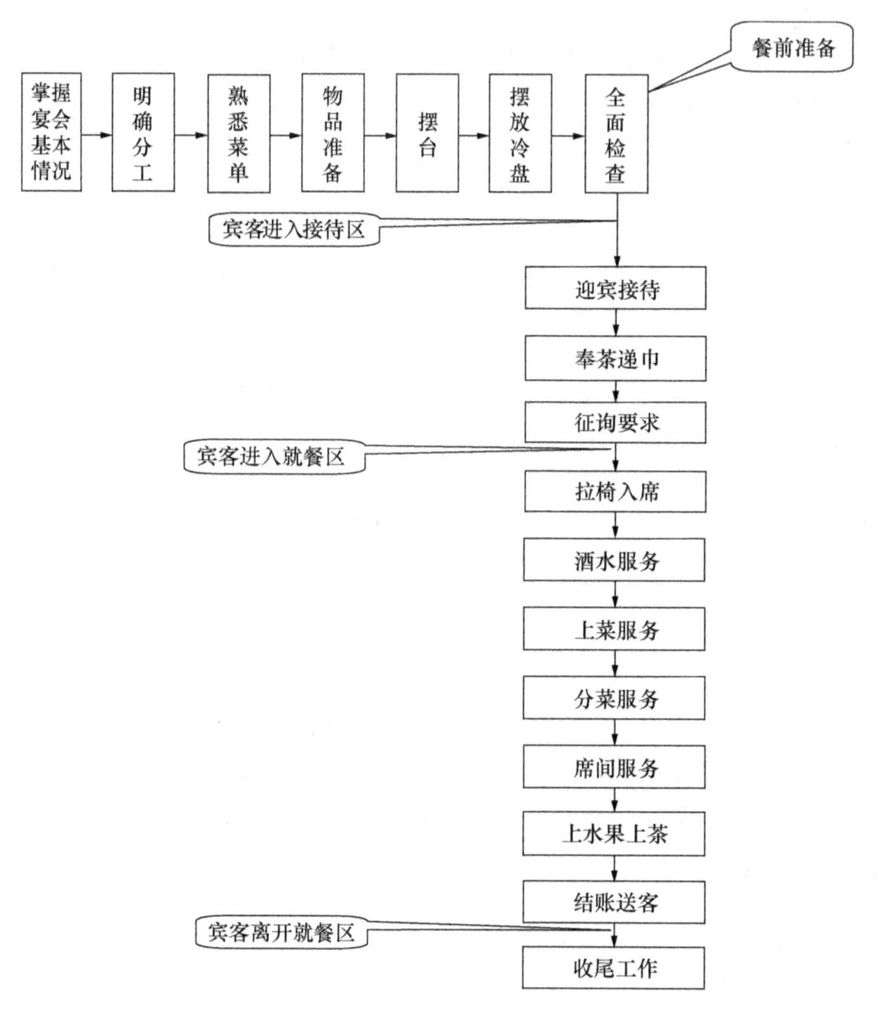

图 6-10　宴会服务的程序

3. 宴会就餐服务

中式宴会服务可分为转盘式服务、飞派服务、分菜服务 3 种方式。

转盘式服务是由服务员将菜端上转台，再从菜盘内夹菜到每位宾客的骨碟上。采用转盘式服务时，服务人员必须具备相当程度的服务技巧方能胜任，是一种较高级且亲切的服务。

飞派服务是服务员将菜盘端在左手上，从宾客右边夹菜到骨碟上，并报出菜名。飞派服务难度大，一般是人数多、桌面大，不能采用转盘式分菜的情况下，才采用飞派服务，服务员在夹菜时不能把汤汁滴在宾客身上。

分菜服务是服务员先将菜盘放在转台上，随之报出菜肴名称，菜盘旋转展示一圈后，便把菜撤下，端到工作台上进行分派，平均分配到骨碟上，然后再将骨碟依次端送给宾客。至于没有观赏价值的羹汤类，则可不经展示就直接在工作台上，分盛到小汤碗后，端上菜桌。桌边服务的分菜工作较为容易，相对可减轻服务员的压力。

除此 3 种以外，现在又有了中西结合的服务方式，菜肴均在厨房由厨师按既定分量分妥，每人一盘，由服务员上菜，菜肴的制作采用中式烹调方法，但编排和装盆按西式的要求，一般宴会只有4～5道菜肴，装盆一般使用10寸盘（250 mm），同一盘内装有一份主菜肴和少量辅菜，用长方桌就座，使用刀叉进食，整个服务程序实际上按西式宴会执行。这种形式习惯称“中菜西吃”。它只是在厨房的烹调和编排上与其他菜式有所区别，在餐饮服务上与西式宴会一样。假如宾客有要求采用圆桌，使用筷子，那服务就类似中餐服务，甚至比传统的中式宴会更为简单。

下面我们以转盘式服务为例，介绍宴会就餐服务的程序。

（1）奉茶递巾。一般高档宴会厅均设有沙发或另设接见室。当宾客到达宴会场所时，服务员必须以圆托盘奉上热茶，茶水倒七分满即可。随后奉上湿毛巾，根据季节，在冬季使用热毛巾，夏季使用凉毛巾。服务时，毛巾必须整齐置于毛巾篮里，由服务人员左手提毛巾篮，右手用手巾夹夹取毛巾，逐一递送给宾客。在餐桌上，预先摆好毛巾碟。特别在冬季等全部宾客就座后，再放上毛巾碟，使毛巾保持热度。

（2）征询要求。等宴会主人到达后，先要征询人数有否变化？配备的酒水是否合适？用餐时间是否有要求？对既定菜单是否满意？如有要求作适当调整，并控制出菜速度。

（3）拉椅入席。服务员应按照国际礼仪，协助宾客入座。首先替主宾及女士拉开椅子协助入座，待宾客全部就座后，服务员还要协助宾客摊开餐巾，撤筷套、撤台号。

（4）酒水服务。按主次位征询宾客的需要斟倒酒水，如预大型宴会，为了能同时举杯，一般预先斟好杯中黄酒。在开餐前要根据使用的酒水，预先准备好冰块、烫好黄酒及榨好果汁。

（5）上菜服务。上第一道菜应控制在冷菜食用到一半时进行。如是多桌宴席，上菜应以主桌为准，先上主桌，再按桌号依次上菜，还要统一掌握上菜进度。上菜时要选择正确的上菜位置，轻放于转盘边缘，并报出菜名，若能就菜肴的风味特点稍作简单的解说则更好。上桌的菜肴轻轻地以顺时针方向将菜肴转到主宾面前，然后从主宾开始，依序进行服务派菜。

（6）分菜服务。分菜时要胆大心细，掌握好菜的分量、件数，分派准确均匀。如果菜肴还有剩余，应将餐盘稍加整理，然后将服务叉匙放在骨盘上，待宾客骨碟中用完后自行取用或由服务人员再次服务。酌情撤走菜盘或把多余菜肴换成小盘盛装。此外，在分菜时应留意宾客对该菜肴的反应，如忌食或对该菜肴有异议，则不分派或作适当处理。

（7）席间服务。每上一道菜都必须更换骨碟，如是一般宴会也至少更换4次。并及时更换烟缸，斟倒酒水，收撤菜盘，递送毛巾（就座一次、餐中一次、上点心前一次）。有的菜肴需用手辅助食用，如带壳的虾或螃蟹等，则必须随菜提供洗手盅，VIP宾客应每位一盅。在洗手盅内盛以温水、温茶，再加柠檬片或花瓣。

（8）上水果上茶。上水果前先更换干净骨碟，配上果叉，再上水果，同时撤走菜盘。稍后，再给每位宾客斟倒一杯热茶。

（9）结账送客。接着服务员统计酒水消费的总数，以及菜单以外的各种消费，保证准确无误，再为宾客到账台结账（如是大型宴会一般在散席后，由主办方人员到账台结账）。同时服务员别忘了征求宾客的口头意见（也可发放意见卡，征得书面意见）。当宾客起身离席时，要主动拉椅送客，并提醒宾客带好自己物品。

4. 宴席收尾工作

（1）收台检查。在宾客离席的同时，服务员要检查台面，发现有未熄灭的烟头及时用茶水淋灭，再次检查是否有宾客遗留的物品。清理台面时，按餐巾、毛巾、金银器、酒水杯、瓷器、刀叉筷子的顺序分类收拾。凡贵重物品要逐一清点。

（2）所有餐具、用具在清理干净后，要回复原位，摆放整齐，保证下次宴席可顺利进行。台布、口布要抖净杂物，存放到回收车中，并做好餐厅的地面及其他的卫生工作。

6.3 西餐厅服务

前面已提及西餐（Western Foods）是我们对欧美各国菜肴的总称。西餐传入我国可追溯到13世纪，据说意大利旅行家马可·波罗到中国旅行，曾将西餐传入过中国。改革开放前，我国的国际交往以前苏联和东欧为主，我国的西餐只有俄式和其他东欧一些菜肴。改革开放后，我国对外交往扩大，合资酒店相继在各大城市建立，外国著名的饭店管理集团管理着国内许多酒店，他们进入中国后，带来了新的西餐技术和先进服务管理，使中国在西餐行业迅速与国际接轨。

6.3.1 西式餐台摆设

西餐中所使用的餐具种类繁多，每种菜肴都可能有其特殊的对应餐具，因此必须了解各式菜肴所须搭配的餐具，才可做出适当的摆设。点菜按所点的菜肴配置刀叉或按常规摆放，宴会按宴会菜单的结构进行餐具配置。下面我们先了解一下摆设的基本原则。

1. 刀叉的摆放位置

刀叉的摆放位置有“左叉，右刀（匙），上点心”一说。以垫盘位置为基准，左侧放置各式根据菜单内容所需的餐叉，右侧摆放各种根据菜单内容所需的餐刀及汤匙，上侧则横向摆放点心用餐具。摆设垫盘右侧的餐刀时，应使其刀刃都朝向左方。摆放上方的点心叉时，须紧靠垫盘，点心匙或点心刀则放在点心叉上方，摆放方向应以拿取方便为原则，一般手柄在右方。而奶油刀因面包盘都放在左手边，所以将刀摆在面包盘上。

2. 刀叉的摆放顺序

刀叉的摆设应以垫底盘为中心，先使用的餐具摆放在外侧，依序往内摆放。也就是说，餐中最先使用的餐具将摆设在最外侧，最后使用的主餐餐具应先摆放在最里侧。点心餐具则先内后外。但点心餐具通常只须先摆设一套即可，若遇有两种点心，另一道点心的餐具则可以随该点心一起上桌。

3. 刀叉的摆放套数

基于桌面的美化，餐具的摆放一般不超过5套以上。然而为了讲求效率，通常除特殊餐具外，正式宴会场合都将菜单上所要求的餐具全部摆置上桌。这种摆设方式不仅使服务节省很多时间，也使宾客使用较为顺手，不至于在使用中考虑菜肴与刀叉的匹配问题。

在正式宴会场合，咖啡杯一般不预先上桌，而应放在保温箱里，直至上点心时才取出端上。这样既可以保持咖啡杯的温度，也可避免餐具摆放太多而使餐桌而显得过于杂乱。

4. 西餐的配饮

西餐中每道菜习惯配饮一种葡萄酒，所以在更换葡萄酒的同时要更换酒杯。在宴会中，海鲜类（即白肉类）配饮白葡萄酒，红肉类配饮红葡萄酒，点心类配饮香槟，这样就有3只杯子，再加盛装西餐的必备之物——水，又是一只杯子。所以正式西餐宴会餐桌上都摆设有4种不同的杯子，即水杯、红葡萄酒杯、白葡萄酒杯及香槟杯。其他一些如饭前酒和饭后酒的酒杯都不预先摆上桌，以免餐桌显得过于杂乱，在桌面上应以不超过4只杯子为原则。

5. 酒杯的选用

酒杯的选用要各异，餐桌上要避免摆放两个形状与大小都相同的酒杯。一般红葡萄酒杯的容量是0.21～0.27L，白葡萄酒杯的容量则为0.18～0.24L。有些饭店为了节省费用并解决仓储问题，都采用通用型的红白葡萄酒杯，这是不符标准的表现。

(1) 酒杯的摆设方式。酒杯通常采用左上右下、斜45°的摆设方式。排列时应将最高者置于左边，最矮者放在右边，以方便服务员倒酒。如果右侧摆放较高的酒杯，服务员要倒左侧的矮酒杯时便会受到阻碍。大致上，酒杯也是根据此原则进行设计。由于白葡萄酒杯比红葡萄酒杯先使用的机会大，应摆放于右侧下方，故白葡萄酒杯设计得比红葡萄酒杯矮小，这样不但方便倒酒，也方便宾客举杯饮用。须特别注意的是水杯，通常水杯一定高于红葡萄酒杯，同时因将持续摆在桌上使用直至宴会结束，所以其正确的摆放位置应在所有酒杯的最左侧。

(2) 酒杯的摆设标准。酒杯的摆设标准，应以最靠近餐盘的大餐刀为基准。只有1只杯子时，摆放在大餐刀的正上方约5cm处；有2只杯子时，高杯摆放在餐刀正上方5cm的位置，矮杯则放在高杯右侧略为偏下之处；有3只杯子时，将中间的杯子摆设在大餐刀正上方5cm处，高杯子放在中间杯子的上方左侧，矮杯子放在中间杯子的下方右侧。譬如，设有水杯、红葡萄酒杯和白葡萄酒杯3种杯子，红葡萄酒杯应摆在大餐刀正上方5cm处，水杯放在红葡萄酒杯上方左侧，白葡萄酒杯则摆设在红葡萄酒杯下方右侧。如果设置有第四只酒杯——香槟杯，当香槟杯比水杯高时，便可将其摆放在水杯上方左侧，或是放在水杯与红酒杯中间。

6.3.2　西式餐位餐具摆放标准

西式餐位餐具摆放标准，见表6-5、图6-11～图6-13所示。

表6-5　西式餐位餐具摆放标准

工作步骤	摆放标准		
	早　餐	中晚餐	宴　会
铺台布	在餐台上铺台布要求正面朝上，四周下垂分布均匀		
围餐椅	餐椅要对正餐位，餐椅的前端与桌边平行，注意下垂的台布不能盖于椅面		
餐盘	早餐餐盘有时不放	从主人位开始，顺时针方向依次摆放在每个餐位正中，距桌边2cm	
刀、叉	餐盘的左边摆餐叉，叉尖朝上；餐叉与盘相距1cm，距桌边2cm；右侧摆餐刀，刀刃朝左	在面包盘与服务盘之间摆餐叉；餐刀和汤勺放在餐盘的右侧，刀刃朝左、勺口朝上	在餐盘的左侧由外及里依次摆放：头盘叉、鱼叉、主餐叉，在餐盘的右侧由外及里依次摆放：头盘刀、汤勺、鱼刀、主餐刀。除鱼刀、鱼叉向前突出2～3cm外，其他刀、叉、勺把平齐，距桌边2cm
咖啡杯	餐刀的右侧摆咖啡碟、咖啡杯、咖啡勺。咖啡杯的杯把朝右。奶壶、糖盅摆在咖啡杯的上方	无	无

（续表）

工作步骤	摆放标准		
	早　　餐	中晚餐	宴　　会
甜品叉、勺	无	甜品叉、勺横放在服务盘的上方。靠餐盘先摆甜品叉，叉把朝左，甜品叉的前方摆甜品勺，勺把朝右	在餐盘正前方先摆甜品叉，叉把朝左，甜品叉前方摆甜品勺，勺把朝右
面包盘	盘边距桌边 2 cm，盘上靠右侧摆放黄油刀，刀刃朝左	餐盘左侧距叉 5 cm 处摆放面包盘，距桌边 2 cm，盘上靠右侧摆放黄油刀，刀刃朝左	在头盘叉的左侧 1 cm 处摆面包盘，在面包盘上右侧摆放黄油刀，刀刃朝左
水杯（酒杯）	无	在餐刀正前方 2 cm 处摆放水杯	先将水杯摆在餐盘右上方，从左至右依次摆放红葡萄酒杯，白葡萄酒杯。三套杯在一条斜线上，与桌边呈 45°角，杯与杯之间相距 1 cm
盐瓶、胡椒瓶、牙签桶	按每 4 人用一套的标准摆放在餐台中线位置上		
烟缸	一般暂不摆放，视宾客需求再行摆饰		
餐巾	摆在餐盘之上		
菜单	无		放于正、副主人餐具的右侧，距桌边 2 cm
摆花瓶（插花）	摆于餐台中心位置		
摆烛台	无	烛台只在晚餐时使用，摆放于台面中股缝距花瓶 10 cm 处	

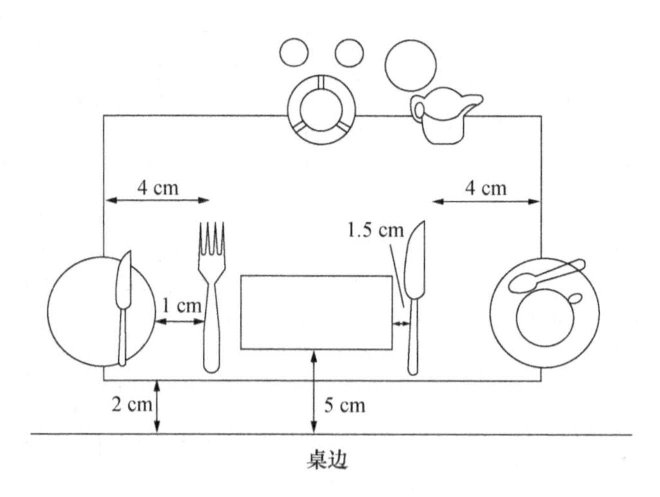

图 6-11　西式早餐餐位餐具摆放标准

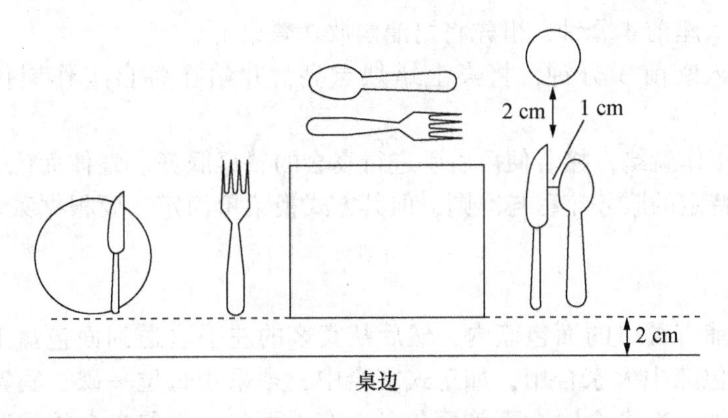

图 6-12　西式中、晚餐餐位餐具摆放标准

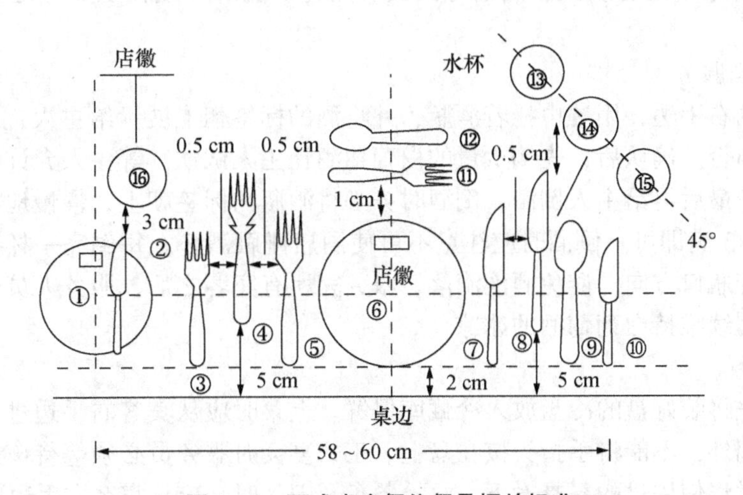

图 6-13　西式宴席餐位餐具摆放标准

① 面包盆　② 黄油刀　③ 头盆叉　④ 鱼叉　⑤ 主餐叉　⑥ 餐盆　⑦ 主餐刀　⑧ 鱼刀　⑨ 汤匙　⑩ 头盆刀
⑪ 甜点叉　⑫ 甜点勺　⑬ 水杯　⑭ 红葡萄酒杯　⑮ 白葡萄酒杯　⑯ 黄油碟

6.3.3　西式宴会的餐桌服务

1. 餐前准备

一般而言，在正式的西式宴会上，通常会在宴会开始之前先安排大约半小时至一小时左右的简单鸡尾酒会（Cocktail），让参加宴会的宾客有交流的机会，互相问候、认识。在酒会进行的同时，该宴会的服务员工必须分成两组，一组负责在酒会现场进行服务，另一组则在晚宴场所做餐前的准备工作。

（1）准备大小托盘及服务布巾。

（2）准备面包篮、夹子、冰水壶、咖啡壶等器具。

（3）准备晚宴所需使用的餐盘、底盘，并将咖啡杯保温。

（4）准备冰桶，并将宾客事先点好的白酒打开，置放在冰桶中。

（5）准备红酒篮，并将红酒提前半个钟头打开，斜放在红酒篮，使其与空气接触，称之为“呼吸”。

（6）于宾客入座前 5 分钟，事先倒好冰水。

（7）于宾客入座前4分钟，事先将奶油摆放在餐桌上。

（8）于宾客入座前3分钟，将桌上蜡烛点亮，并站在各自工作岗位上，协助宾客入座。

待一切准备工作就绪，接着便可着手进行宴会的餐桌服务。整体而论，西式宴会的餐桌服务方式有其特定的服务流程与准则，但其方式视菜单而定，要根据菜单内容，进行不同的服务。

2. 面包服务

将面包放入铺有餐巾的面包篮内，然后从宾客的左手边送到面包盘上。有时面包也统一放于大的面包篮中大家合用，如正式宴会中，须采用每位一碟，宾客食用完后，服务员必须再次添加。在宴会时，不管面包盘上有无面包，面包盘必须保留到收拾主菜盘后才能收掉；若菜单上有奶酪，则需等到宾客用完奶酪后，或在上点心之前，才能将盘子收走。

3. 白葡萄酒服务

站在主人的右手边，用餐巾托着酒瓶，并将酒的标签朝上展示给主人，以确认其点用的葡萄酒正确与否。确认后，先倒少量的白葡萄酒让主人试饮，等主人允许后便可由女士开始进行服务，最后再给主人倒酒。倒酒时务必将酒瓶的标签朝上，慢慢地将酒倒进顾客杯中约1/2～1/3满即可。倒酒时应注意不可使酒瓶碰触酒杯。每倒完一杯酒，需轻轻地转动手腕以改变瓶口方向，避免酒液滴落。服务完所有宾客之后，服务人员必须将酒再度摆回冰桶中以继续维持白葡萄酒的冰凉。

4. 冷盘服务

厨房通常先将装好盘的冷盘放入冷藏库保鲜。上菜时应从宾客右手边进行服务。拿盘的方法应指尖朝外，不能将手指头按在盘上。正式宴会时服务员必须等待该桌宾客都食用完毕，才可同时将使用过的餐具撤下。收拾餐盘及刀叉时，应从宾客右手边进行。

5. 前汤服务

从宾客右手边上汤，如遇汤碗有双耳，摆放时则应使双耳朝左右，平行面向宾客。待整桌宾客同时用完汤后，将汤碗、底盘连同汤匙从宾客右手边收掉。与此同时，服务人员须关注宾客是否有添加面包或白葡萄酒的需要，应给予必要的服务。

6. 海鲜菜肴服务

热菜要保持温度，烹制装盆后，应立即上桌。靠一位服务员是不可能完成同时上菜服务，这就要大家互相协助，一起取菜，一起按序上菜。服务人员须等该桌宾客全都用完菜肴后，从宾客右手边同时收掉餐盘及鱼刀、鱼叉。

7. 雪碧服务

宴会服务一般再上主菜前，加上一道雪碧，清除口中的余味，以便能充分享受下一道主菜。雪碧一般都使用高脚杯来盛装，服务时可用面包盘或点心盘加花边纸，从宾客右手边呈上。上主菜前将杯子连底盘一起收掉。

8. 红葡萄酒服务

红葡萄酒服务前应先将白葡萄酒杯收掉。如宾客需要，则保留白葡萄酒杯。将上菜前已开瓶的红葡萄酒，在主人或点酒者右侧，将标签朝上放在酒篮内的红酒，先倒少量（约0.03 L）给主人或点酒者品尝。当主人或点酒者评定酒的品质后，服务人员便可将酒瓶从酒篮中移出或仍然置于篮中，依次为所有宾客服务。倒红葡萄酒时，如遇宾客不喝红葡萄酒，服务人员必须将该宾客的红葡萄酒杯撤掉。斟葡萄酒时速度不可求快，应该慢慢地倒入，将近结束时轻轻转动手腕以改变瓶口方向，避免酒液滴落。在用餐过程中，添加红葡萄酒时，最好不要将新、旧酒混合，必须等到宾客喝完后，再行斟倒。

9. 主菜服务

主菜同样采用协作的方式，从宾客左手边提供上菜服务。等所有宾客都已放下餐具用完餐，再从宾客右手边收拾大餐刀、大餐叉及餐盘。同时撤掉餐桌上的胡椒、盐瓶。如后面无奶酪，可随后将面包盘撤掉。

10. 奶酪服务

上奶酪（Cheese）之前，服务员必须先左手持托盘，右手将小餐刀、小餐叉摆设在宾客位置上。再在宾客左边，就摆设在餐车上各种奶酪由宾客挑选，依序服务。若宴会人数众多，便应先在厨房中备妥，再采用餐盘服务，从宾客右手边上菜。提供奶酪服务的同时，亦需继续提供红葡萄酒服务和面包服务。同桌宾客都食用完后，服务人员必须将餐盘、小餐刀及小餐叉从宾客右手边收掉，面包盘可放在托盘上由宾客左手边收掉。并准备扫面包屑用的器具，将桌面清理干净。

11. 点心服务

上点心之前，桌上除了水杯、香槟杯、烟灰缸及点心餐具外，全部餐具与用品都要清理干净。如果桌上还有未用完的酒杯，则应征得宾客同意后方可收掉。

依次斟倒香槟酒。然后将餐桌上的点心叉、点心匙分别移到主盘的左右边，以方便宾客使用。再从宾客右手边上点心，用毕后也从宾客右手边撤餐盘、餐叉及餐匙。

12. 咖啡或红茶服务

点心上桌后，即可事先将咖啡杯摆在点心盘右侧。在咖啡、红茶上桌之前，再将糖盅及鲜奶油盅放置在餐桌上，然后再斟倒咖啡。斟倒时，服务员左手应拿着服务巾，除方便随时擦掉壶口滴液外，亦可用来护住热壶，以免烫到宾客。随餐服务的咖啡或茶必须不断地供应，但添加前应先询问宾客，以免造成浪费。

13. 饭后酒服务

服务完咖啡或茶后，即可让宾客点用饭后酒，其方式跟饭前酒相同。通常宴会厅都备有装满各式饭后酒的推车，由服务人员推至宾客面前进行服务。

14. 小甜点服务

服务小甜点时不需要餐具，由服务人员直接端着绕场服务或每桌放置一盘，由宾客自行取用。

6.3.4 西餐服务要领

在西式宴会中，除前面所述的各项菜肴的服务方法外，还有一些基本服务的要领。

1. 同步上菜与撤盘

在宴会中，同一种菜单项目须同时上桌。若遇有人其中一项不吃，仍须等大家都用完这道菜并收拾完毕后，再和其他宾客同时上下一道菜。

2. 保持台面整洁

确保餐盘、台面及台面物品的干净。上菜时须注意盘沿的卫生，发现问题用服务巾擦净后，方能上菜。保持台面的整洁，如有杂物应及时清理，同时注意烟缸的更换，缸内不超两支烟蒂为原则。

3. 热菜加盖服务

为了保持菜肴的原有温度。宴会菜肴均连盖上桌，再同步掀盖，以维持食物应有的品质，体现服务质量。盛装热菜的餐盘也须预先加热保温。

4. 菜盆的摆放角度

一般印有标志的餐盘以标志正面对着宾客（即在外）。无标志的餐盘应根据菜肴的摆放而定，盆内的主要食物必须靠近宾客。如左上是米食、马铃薯、洋芋等淀粉类食物；右上是胡萝卜、番茄、洋葱等蔬菜类食物；对着宾客的正下方是大块的牛排、猪排、鸡鸭等主菜。点心蛋糕类有尖头的，其尖头应指向宾客，以方便宾客食用。

5. 调味酱服务

调味酱应于菜肴上桌后才给予服务。调味酱分为冷调味酱和热调味酱。冷调味酱一般均由服务员准备好，放在服务桌上，待宾客需要时再服务，如番茄酱、芥末等；而热调味酱则由厨房调制好后，再由服务人员以分菜方式进行服务。最理想的服务方式应为一人上菜肴，一人随后上调味酱，或者在端菜上桌之际，先向宾客说明调味酱将随后服务，以免宾客不知另有调味酱而先动手食用。

6. 添换刀叉

收拾残盘时要将桌上已不使用的餐具一并收走，若有宾客用错刀叉时，也须将误用的刀叉一起收掉，但务必在下一道菜上桌前及时补置新刀叉。

7. 洗手盅摆放

宾客食用有壳类或需用到手的食物时，应提供洗手盅。凡是需用到手的菜肴如龙虾、乳鸽等，均需供应洗手盅。洗手盅内盛装约1/2左右的温水，盅内通常还放有柠檬片或花瓣。有些宾客可能不清楚洗手盅的用途，所以上桌时最好稍作说明。随菜上桌的洗手盅视同为该道菜的餐具之一，撤盘时必须一起收走。

8. 用具、餐具的拿法

从卫生角度来考虑，服务员拿刀叉或杯子时，不可触及刀刃或杯口等将与口接触之处，而应拿刀叉的柄或杯子的底部。拿餐盘时大拇指指尖要向外。手指不可整只接触盘边，更不可与食物碰触。

9. 随时添水

水应随时添加，直到顾客离去为止。随时帮宾客倒水，使水杯维持1/2～2/3的水量，一直到宾客离席为止。

6.3.5 西餐的服务流程

人们到西餐厅用餐，除满足饥饿需求外，还有商务需求、聚会需求、品味需求。无论其目的为何，每位顾客希望通过一顿丰盛的佳肴和一种愉悦的气氛来满足自身需求的消费动机是不变的。因此，西餐更讲究服务的完美性，要做到菜肴与服务的和谐完美，还要做到服务与人的和谐完美。西式正餐的零点服务的流程如图6-14所示。

1. 准备

西餐厅服务员的服装仪容及名牌佩带应符合标准，皮鞋要保持光亮。确保员工精神状态良好，不嚼口香糖。管理员与服务员均应了解当天的订席情况。并检查制冰机是否正常工作，做好其他餐前准备。

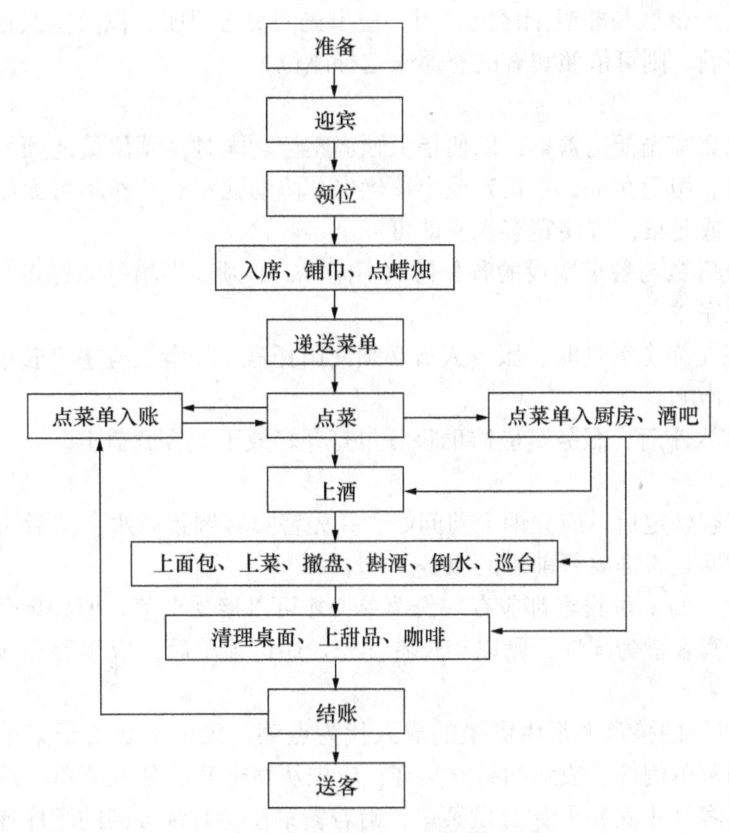

图6-14 西式正餐的零点服务流程

2. 迎宾

领位员应以微笑、愉悦的态度，友善地招呼来宾，不可在门口犹豫和停留。引导宾客入席时，必须配合其行进速度，走在宾客斜右前方45°，保持二三步之隔的距离领引，并以手势礼貌地作方向指引。途中须频频回顾，注意顾客是否跟上，根据宾客的速度行进，调整自己的速度。途中若遇有台阶或特殊状况，应嘱咐顾客小心。

3. 领位

到达餐桌时，应马上介绍该区的领班或服务人员，被介绍的领班或服务人员须主动跟宾客打招呼。如果有两组宾客几乎同时入座，服务员应该谨守“先到先服务”的原则，以免让先到的宾客感到不受尊重而不愉快。

同时在安排座位时需注意下列要领。

（1）带位时以不并桌为原则，即不同组或互不认识的宾客，绝对不安排共桌而食。

（2）刚开始营业时，应先安排顾客到餐厅进门口处较为显眼的座位就餐，使餐厅不会显得冷清。生意越好的餐厅通常会越吸引宾客。

（3）年纪较大或行动不便的宾客，应尽量安排在入口处附近，以减少其走动的距离。

（4）年轻的情侣应尽量安排在安静的地方或墙角的餐桌。

（5）单独用餐的宾客应尽量安排至较不显眼的座位，使其不会自觉孤单。

（6）勿将顾客集中安排在同一区域，而应分散于餐厅各处，以平均服务员的工作量。只有这样，宾客才能得到较为周到的服务。

（7）餐厅有吸烟区与非吸烟区之分时，应事先向宾客说明，以尊重其他人的权益。此外，若座位不很满，则可依照宾客的意愿来选择座位。

4. 入席

领位员应比宾客先抵达餐桌，以便指引顾客座位。同时，领位员还须配合领班或服务员协助宾客就座。切记女士、年长者或小孩优先。协助就座的动作不可太粗鲁，大致以帮助宾客拉出椅子或餐桌，方便宾客入座即可。

（1）如果宾客数与餐桌摆设的餐具份数不同时，必须立即增补或撤走，最好能在宾客尚未入座前就先完成。

（2）增补或是撤走餐具时，服务人员必须使用托盘，托盘上应垫有餐巾，以防餐具滑落或是碰撞发出声响。

（3）当宾客入座后，服务员应协助将餐巾打开轻放于顾客膝盖上。

5. 递送菜单

服务员待宾客坐定后，应立即上前问好，并先替宾客倒置冰水，然后再将菜单及酒单递送给宾客，询问是否需要餐前酒的服务。

（1）原则上，每一位宾客都应有一份菜单，才可以接受点菜。但如果菜单不够，则应先给予女宾，若宾客皆为同性，则以年长者优先。递送菜单后，应稍等宾客决定，再上前接受点菜。

（2）12 岁以下的孩童大都由同坐的成人代为点菜，故可不必给予菜单，不过若有特别为儿童设计的菜单例外。成对的男女宾客，应先从女士开始分发菜单。成群的宾客，应从主人右边的宾客（主宾）开始分发菜单，沿着餐桌按逆时钟方向的顺序递送，最后再给主人。递送菜单应从顾客右手边进行。如果不知道主人或主宾是谁，则先将菜单递送给年长者或女士。

6. 点菜

递给宾客菜单后如果餐厅有特别值得推荐的菜肴或当日的特色菜单，服务员可再以口头补充说明，然后退回两步以外（不宜站在桌边），让宾客慢慢研究菜单。千万不可在递给菜单后马上要宾客点菜。若发现宾客露出疑惑或要求协助的表情，则须立即上前说明，协助点菜。接受宾客点用餐食、饮料前应注意以下几点。

（1）点菜的顺序和递给菜单的顺序相同。不过若有人尚未决定，则可先跳过而先接受下一位宾客的点菜。

（2）点菜最能表现服务人员的技巧与能力。一位优秀的服务人员点菜时必须同时兼顾宾客需求的满足与饭店的促销政策，不但要能提高顾客的满意度，还要能降低饭店的成本。

（3）为了做好点菜的工作，每位服务人员必须熟谙菜单内容，并且对菜单中每一道菜的做法、材料和烹调时间相当了解，这样才有办法向宾客解说，并达到促销的目的。

（4）为常客服务时，应了解并记住其嗜好、喜爱的菜单或饮料种类，以便能推荐并提供令其满意的服务。在宾客点菜之时，若能提供一些和他（她）喜好相关的菜式信息，必定会让宾客惊讶且高兴。

（5）对于不是常客的宾客，应尝试获知其姓名、所属社会层次及形象，试着称呼其头衔，并从在服务时所交谈的一些言语中察觉其饮食习惯、需求与厌忌的东西，以便提供恰当的服务。此外，应注意宾客的身份（例如生意人、观光客、情侣或家族等），帮助了解其消费趋向，并针对顾客身份进行合适的促销。

接受宾客点用餐食及饮料时，服务人员应站在宾客的一边（左手边或右手边，视餐厅规定而确定）并注意询问主人意见，是否主人要为其他宾客代点或由宾客自行点菜。接受点菜时，要有系统地清楚记录下宾客所点用的品种，并在确信无误后方可离开。只有这样，在上菜时才不会因上错而造成宾客的不便。了解菜肴的烹调时间，视情况预告宾客。

7. 点菜单的分送及出菜

点菜完毕后应及时分送菜单。一般而言，传统点菜单最少一式三联或四联，其用途为：

第一联交付出纳员，供结账用；第二联交付厨房或酒吧，作为领料凭据；第三联交付出菜部门备用，供跑菜人员核对；第四联交付宾客或服务人员，供作稽核或服务之用。如是电脑点菜系统只要从餐厅的终端机输入点菜的资料，如桌号、宾客数、点菜项目与数量、服务员代号等即可。这些资料将存入电脑主机中，由厨房和出菜部的打印机立即自动打出点菜单，同时出纳处的收银终端机也能随时调出点菜资料来开具发票，而餐厅的终端机也可随时调出点菜资料来核对出菜是否有误，相当于电脑替代了人工分送点菜单。

分送点菜单后，紧接着便是出菜。出菜前，服务人员应确知及掌握各式菜肴的准备时间，以免白跑厨房而浪费时间并造成服务时的混乱。出菜时，每位服务人员必须备有一条干净的服务手巾，以便拿餐盘时避免烫伤。出菜时的方法：使用托盘，将食物或饮料整齐地摆放在托盘内，用左手端走。使用服务手巾，将盘、碟放置于左手直接端走时，注意避免手指碰到盘、碟上角。

8. 服务

一般可将服务方式分为美式服务、法式服务、英式服务及俄式服务4种，其服务方法及各自的优缺点如下。

（1）美式服务（又称盘式服务，Plate Service）。所有菜都在厨房装盘，由服务人员端入餐厅从宾客右手边上菜服务。面包、奶油及菜肴的配料应由宾客左手边服务。美式服务适用于翻座次数频繁的餐厅，如咖啡厅或大型宴会。美式服务的优缺点见表6-6。

表6-6 美式服务的优缺点

美式服务的优点	美式服务的缺点
1. 服务时便捷有效，同时间内可服务多位宾客 2. 不需做派菜、分菜的动作。工作简单且容易学习 3. 服务快速，能将食物趁热供给宾客	1. 缺少表演的机会，没有派菜、分菜及桌边服务那样细腻 2. 服务方式不够亲切

（2）法式服务（French Service）。法式服务是服务人员端上菜盘，在宾客左手边呈上给客人过目，然后由宾客自行挑选，夹取喜欢的食物以及所需要的分量到餐盘上享用。服务方式为左手腕托持银菜盘，将服务巾垫于盘下，并在银菜盘上放置服务用的叉匙。服务完一人，服务员原则上以逆时钟方向继续为其他宾客服务。在服侍下一位宾客之前，服务人员必须先将银菜盘中的其他菜肴重新排列摆设。

法式服务适用于精致华丽的宴会场合。法式服务的优缺点见表6-7。

表 6-7　法式服务的优缺点

法式服务的优点	法式服务的缺点
1. 不需要众多或技巧熟练的服务人员即可进行服务，也不需太大的空间摆放器具 2. 宾客可依需要自行选择菜肴的种类与数量，服务人员工作较为轻松容易	1. 服务过程缓慢，因为由宾客自己动手取菜势必造成服务速度迟缓 2. 由宾客自己动手取菜，必会打扰到宾客，同时似乎并未尽到服务顾客的责任 3. 因为由宾客自行夹取，所以上的菜肴常有剩余或是不够的情况发生

（3）英式服务（English Service）。英式服务与法式服务基本雷同，唯一不同的是宾客的食物须由服务人员以右手操作，用服务叉匙将菜肴配送到宾客盘中，供其享用。当宴席中需要较快速的服务时，经常采用这种服务方式。英式服务的优缺点见表 6-8。

表 6-8　英式服务的优缺点

英式服务的优点	英式服务的缺点
1. 提供个人服务，但比法式服务更迅速、更有效率 2. 可为宾客提供分量均等的食物。因为菜肴已事先在厨房内按规定的分量切好，并由服务人员控制分菜的分量，不必让宾客自己动手	1. 有些菜肴不适合采用这种服务方式，例如鱼或蛋卷 2. 如果很多宾客各点不相同的菜肴，服务生便须从厨房端出很多银菜盘 3. 分菜服务必须要有技巧熟练的服务人员，工作较为辛苦

（4）俄式（手推车）服务。菜肴先以整块原样展示后，当场在宾客面前切割，然后再进行桌边式服务。服务人员左手持服务叉，右手持服务匙，将菜肴送到宾客的餐盘内，并排列美观，然后以右手端盘，由宾客右手边上桌，供宾客享用，同时可借此机会询问宾客的喜好及对分量的要求。这种服务方式适用于提供在宾客面前调制菜肴的桌边服务的高级餐厅。俄式服务的优缺点见表 6-9。

表 6-9　俄式服务的优缺点

俄式服务的优点	俄式服务的缺点
1. 适用于各式菜肴，汤、冷盘、主食等均适用 2. 因为服务工作在手推车上进行，所以不易弄脏桌布和顾客衣物 3. 为宾客提供最周到的个人服务 4. 使宾客感觉备受重视	1. 因使用手推车进行服务，故需较宽敞的空间，餐厅座位因而相对减少 2. 服务速度缓慢 3. 需要较多且技巧熟练的人手进行服务 4. 需要多准备一些旁桌之类的设备，投资费用增加

9. 桌面的清理

（1）盘、碟及餐具类应从宾客右手边取走。

（2）杯类也是从宾客右手边收掉，但一定要使用托盘。通常在上完咖啡或茶后，桌上仅留水杯及香槟杯，其他杯子一律取走。

（3）在宴席中，若需要提供两道以上的餐中酒时，通常在宾客喝完一道后即将杯子收走，以免满桌尽是酒杯。

（4）餐席中，在主菜用完而未上点心之前，服务人员须清理桌面的面包屑或碎粒。操作时通常使用服务巾将东西集中扫入盘中带走，操作时必须很客气，不要让宾客觉得是他们弄脏或弄乱了桌面。

10. 结账

当全部的点菜与点酒服务全部完毕后，不可因为服务项目都已完成就不再注意宾客的需要。在适当时机，服务人员或领班仍然需要再向宾客询问是否对一切服务均满意，顺便也可以询问有无其他服务的需要。如果顾客表示满意而且不要其他服务的话，就可以准备账单了，但仍需等到宾客要求结账时，服务人员方可呈送账单。结账是整个餐厅作业中最重要的一环，应注意以下几点。

（1）勿让宾客等待账单的时间过长。

（2）将账单放入结账夹里，勿让其他宾客看到账单中的消费额。

（3）结账人员必须站在桌边，但不要太靠近桌旁，宾客需要解释账单时例外。

（4）需将零钱及账单收据或信用卡送交给宾客。

11. 送客

餐厅服务并非宾客付完账即告完毕，还须延续至宾客离开餐厅后才算大功告成。毕竟最后的印象的重要性不亚于第一印象，所以欢送的步骤与迎接的步骤同样不可忽视。为了在宾客用餐完毕、离开餐厅时使其感觉到与进入餐厅时同样地受到重视，餐厅人员应热情、亲切、友善地欢送。送客时，还需注意下列事项。

（1）当宾客起身准备离去时，服务员必须立即迎上，帮宾客拉出座椅或是餐桌，以方便宾客离座。

（2）宾客离开前，应将其寄放的衣物或任何物品归还。

（3）询问在餐席间是否服务周到，以及对菜肴的口味、品质满意与否。

（4）用语言感谢客人的光临，欢迎下次再来，并目送客人离开。

这样，餐厅与顾客的感情会自然地建立起来。

12. 收拾台面

在宾客离开后6～8分钟内应完成收拾台面、摆设台面的工作，以便迎接下一批宾客。

6.4　自助餐与酒会服务

6.4.1　鸡尾酒会的摆设与服务

鸡尾酒会是时下流行的社交、聚会宴请方式，以供应各种酒水饮料为主，并附设各种小吃、点心和一定数量的冷热菜，是一种简单且活泼的宴客方式。

由于酒会具有实用、热闹的特点，适合在各种不同场合举办，颇能符合现代社会求新求变又不拘泥形式的需求，以至于越来越多的人选择以举办酒会的方式宴请宾客。从酒会的主题来看，多是欢聚、纪念、庆祝、送别、开业典礼等，无论是隆重、俭朴或严肃的形式，酒会都不失为可行的宴会方式。

1. 酒会的供应方式

鸡尾酒会的形式较为自由。席间由主人和主宾即席致辞，宾客可以迟到或早退。然而为避免宴会主人不好意思开口结束宴会的尴尬情况，酒会通常有时间上的限制。一般举办时段，则以早上9：00～11：00、下午3：00～5：00及4：00～6：00比较合适，但宴会时间仍然可作适度调整，以给予主人及与会宾客充分的自由与方便。

酒会的举办方式相当多，并且具有很大的发挥空间，我们以形式的简繁分成3类。

（1）仅供应简单的开胃品。酒会中的开胃品通常放置在酒吧台或沙发旁的茶几上，供宾客自行取用。而这些开胃品不外乎是一些洋芋片、腰果、花生、蔬菜条、面包条等简单且方便食用的小餐点。

（2）除了开胃品的供应之外，再增加一些绕场服务食品之类的食物，由服务人员端着来回穿梭于宾客之间，供宾客们依个人喜好自行取用。这种类型的酒会在正式餐会开始之前的30分钟通常会提供餐前酒给宾客饮用。这种餐前酒的招待，不但能使宾客在用餐前能享受酒的美味，也可以帮助先到达会场的宾客在自由轻松的气氛之下与他人寒暄，打发等待其他与会宾客到齐的时间，而不至于感到无聊乏味。

（3）采用“餐台式”来举行酒会。若以这种方式举办酒会，便必须提供一些冷盘类食物以及其他简单易食的热食类餐点。除此之外，小餐盘和叉子的设置也是餐台式酒会所不可或缺的。

如上所述，前两种举办方式都不供应小餐盘或叉子，因此所有的食物都必须较不油腻，并且以能单手方便取用为供应原则。例如，一些鸡尾小点（Canapes）之类的食物便是适宜的选择。本节将就第三类酒会形式，即餐台式酒会的进行方式作更进一步的探讨，其中包括对酒会菜单的设计、菜单结构、酒会形式、场地设计、餐台布置、餐具备置及服务工作等内容的详细说明。

2. 酒会菜单设计的注意事项

（1）酒会中，除非个人特殊需求，一般都不设置桌椅供宾客入座就餐，也就是说来宾通常以站立的姿势食用餐点。因此，酒会餐点在刀法上必须讲求精致、细腻，食物应切分成较小块、少量，使宾客能够方便拿持餐食入口，而不必再使用刀叉。

（2）酒会跟自助餐的菜单设计有很大不同。一般酒会所提供的菜肴并不像自助餐那样以让宾客吃到饱为目的，而是限量供应，讲求精致、简单、方便，所以食物的分量有限，吃完了便不再提供，除非来宾再另点食品。

（3）在菜单的设计上，酒会菜单讲究食物的精美，因此酒会中每道菜所使用的手工部分比平常多，人力成本也不可避免地随之提高。鉴于此，其食物成本必须相对降低，以控制宴会厅经营成本并维持宴会部门的赢利能力。

（4）酒会菜单不提供沙拉和汤类食物，以符合简单、方便的原则。

（5）人数越多，菜单开出的菜肴种类也会随之增加。例如，200人和2 000人的酒会，尽管每人单价相同，酒会中出现的菜色也应有很大的差别。由此可知，与会人数也是决定菜单内容设计的重要依据。

3. 酒会菜单结构

（1）Canapes：鸡尾小点，如小饼干加乳酪、小面包加鹅肝酱等。

（2）Cold Cut：冷盘类。

（3）Hot Item：热菜类。

（4）Carving Item：现场切肉类。酒会中必备的菜色，最起码需设置一道此类食物，若设多道也无妨。但服务者在切肉时，务必将肉块切得大小适中，以方便宾客能一口品尝为原则。

（5）Pass Around or Special Addition：绕场服务小吃，如鸡尾小点、油炸小点心等，或

者特别增加类，如担担面、手卷、烤乳猪等。

（6）Pastries & Fruit late：甜点及水果类。

（7）Condiments：配酒料，即佐酒食用餐点，如干果类、蔬菜条等，通常放置在酒会中必备的小圆桌上，以便宾客自行取用。

举办酒会时，如果能严格按上述7点原则作为菜单设计的依据，便能轻而易举地制定出一份适当且宾主尽欢的酒会菜单。

4. 酒会的形式

酒会中不摆放桌椅，也不设置主宾席，只摆设餐台以及一些小圆桌或茶几，宾客在酒会中以站姿进餐。宽敞的空间使主人及宾客均得以自由地在会场内穿梭走动，自在地和其他与会宾客交谈。

酒会还有一个便利之处是宾客可根据自身方便、喜好，在请柬里所注明的宴会时段内，随时到达或提前离场。

此外，若宴请宾客人数较多，主人也可以将既定的酒会时间区隔成数时段，并用注明不同时段的请柬邀约不同的宾客，以避免某一时间内的与会宾客数过多，造成场面拥挤、使得主人无法兼顾所有宾客。由此可知，酒会其实是在一个比较活泼且较具弹性的方式中进行的宴会。

5. 餐具的准备

准备15 cm骨盘，均匀放在餐桌四角。骨盘的设定数量约为参加人数的2.5～3倍。准备点心叉或餐叉，其数量为参加人数的2～2.5倍。将服务匙及服务叉放置在餐桌的服务盘上，供宾客取用。准备餐巾纸，分散放置在每一张餐桌上，并随时补充。所有盛装配料、调味料的器皿下方须放置底盘座，并垫上花边纸，同时将茶匙置于底盘座上，以方便宾客取用又不失美感。有些绕场服务类的食物必须准备迷你叉供宾客使用。

6. 酒水台的准备及摆设

（1）宴会时，酒吧台均采用临时性活动吧台，由饮料单位负责准备。如果与会宾客众多，则可直接采用宴会桌来当酒吧台。

（2）杯子的数量约为参加人数的3倍左右，其中必须包括红葡萄酒杯、白葡萄酒杯、白兰地酒杯、果汁杯、啤酒杯、黑灰杯、利可杯、雪利杯、鸡尾酒杯等。

（3）供应宾客于宴会中饮用的酒水，在宴会开始前必须清楚记录，结账时才不会有所遗漏。

（4）酒会开始前，应请宴会主人先行清点所有准备用来供应宾客饮用的酒水数量，结束后仍须请其再清点一次，以确定实际的使用数量。清点结果记录在酒会领料（退料）表上（见表6-10）。

也有在餐费标准之内包括酒水的消费，在商定的酒水品种之内，无限量地提供，让宾客畅饮。

表 6-10 酒会领料（退料）表

主办单位： 日期：

料号	品名	数量			计价杯数	单价	总计
		领料	退料	使用量			

7. 酒会服务工作的分配

由于酒会中宾客没有固定座位。所以服务人员很难划分服务区域，而只能用分组的方式来服务宾客。一般将酒会服务人员分成3组来进行服务工作，第一组负责绕场服务和餐台，第二组负责酒类、饮料的服务，第三组则负责收拾空杯残盘及整理会场。其工作细节说明如下。

（1）负责绕场服务和餐台。

协助厨房照料餐台，并且通知厨房补菜、整理及补充餐台上的备用物品。此外还需负责执行绕场服务的任务，即在酒会中协助端拿绕场服务小吃类餐食在会场来回穿梭，以服务宾客取用食物。

（2）负责酒类或饮料的服务。

酒类或饮料服务方式根据参加酒会的人数而定。人数少时，服务员应主动迎向刚到的宾客并问好，同时接受宾客点用酒或饮料。接受宾客点用酒水之后，服务人员再到酒吧拿取酒或饮料来服务宾客。服务时，服务生需使用托盘拿持酒杯给予宾客，并随杯附上一张小餐巾纸。

但若与会人数众多，通常会由调酒员预先调好一些常见的酒类或饮料，然后由一部分服务人员端着放置着小餐巾纸、各式饮品数杯的托盘排队站在入口处让宾客自行挑选偏好的酒类或饮料；而另外一部分饮品同样置于托盘中，由服务人员端拿着穿梭于会场中，随时为宾客提供饮品服务。

在酒会中，若宾客找不到自己喜欢的饮料，可自行向服务员点酒。须注意的是，一旦有宾客点酒，尽管服务员恰巧在端盘服务，或不是负责服务酒类或饮料的服务人员，也应尽快协助宾客前往酒吧台点酒，并服务宾客。

（3）负责收拾空杯残盘及整理会场。

负责收拾的服务员必须端持托盘穿梭在会场之间，一旦看到宾客手上的杯子已空，便可上前询问需不需要将空杯盘收走。

宾客有时可能会向此组服务人员点酒。遇到这种情况时，虽然点酒不在其服务范围内，但仍应和颜悦色地回应以“请稍后，马上（请其他服务人员）为您服务！”之类的言语，并尽快请负责人员进行服务。

另外，第三组人员还要负责收拾摆在小圆桌上的空杯、残盘、叉子等，若发现地上掉有东西也应立即拾起，以随时保持会场的场地清洁。

6.4.2 自助餐的摆设与服务

自助餐起源于17世纪的瑞典，当时拥有土地的绅士习惯在用餐前聚在一起喝点伏特加，或吃些脆皮面包、乳酪、排鱼等食物开胃。到了18世纪，餐桌上的东西越来越多，本来只是餐前的点心逐渐变成正餐。而发展到10世纪中叶，已经和今日的菜式非常类似，桌上摆满各式各样丰盛的食物。目前中国的自助餐，有中式、西式和中西结合式3类，自助餐菜台上摆放各种菜点，菜台周围配有餐台和餐椅，由宾客自行拿取餐具、自选酒水和菜点后，自找座位坐下食用，是一种趋于自我服务的就餐形式。自助餐一般适用于会议用餐和散客用餐，相对其他菜肴价格便宜。其特点是价格适中，菜肴丰富，就餐便捷。

1. 自助餐菜台的布置

自助餐菜台也称食品陈列台，其布置形式多样（参见第9章的9.3节），有I型台、U型台、“工”字型台、L型台、O型台，以及扇面型台、半圆型台、1/4圆型台等台型。

（1）自助餐一般在午餐或晚餐举行，时间在中午的11：00～13：00，或晚上的17：00～21：00之间。

（2）自助餐中设有座位供宾客就座（日本自助餐多采用立式），菜式的分量比较多，宾客可无限止食用。

（3）宾客盛菜用的餐碟放于自助餐台最前端（即靠近入口处的一端），餐碟叠放要整齐，安全起见不可堆得太高。餐刀、餐叉、汤匙及餐巾纸整齐地放于餐碟前面，也有的餐厅把餐具摆在座位上。

（4）按色拉、开胃品、汤、主菜类、甜品、水果的顺序摆放菜肴。是中式或中西结合的，要把冷菜放前面，汤放最后。

（5）可将某些特色菜，如甜品、水果或切割烧烤肉类，另设分台摆放。

（6）凡热菜必须用保温锅保温。

（7）所有菜盆距台边15～25 cm左右。前面摆放一副取菜用的公用叉勺或夹子，同时摆放中英文菜牌。

（8）摆放菜肴时注意色彩搭配，各种菜要同与之相配的调味品、沙司等放在一起，做到美观整齐。

（9）成本较低的菜靠前放。宾客先取食便宜的菜肴，会减少昂贵菜肴的消耗量。

（10）台面中间部分用工艺雕塑、黄油雕、果蔬雕、鲜花、瓶饰、水果或餐巾花装饰点缀。

2. 中式自助餐菜单结构

（1）Cold Item：冷盘类。

（2）Hot Item：热菜类。

（3）Soup：汤类。

（4）Dessert & Fruit Plate：甜点水果类。

（5）Beverage：饮料类（中国茶）。

3. 西式自助餐菜单结构

（1）Cold Item：冷盘类。

（2）Vegetable Salads：蔬菜沙拉类。

（3）Soup：汤类。

（4）Aquatic products：水产类。
（5）Carving Board：切肉类。
（6）Hot Item：热菜类。
（7）Dessert & Fruit Plate：甜点水果类。
（8）Bread：面包类。
（9）Beverage：饮料类（咖啡或红茶）。

6.4.3 自助宴会的摆设与服务

自助宴会是介于酒会与自助餐之间的一种形式，有时也称冷菜酒会。它比酒会与自助餐的菜式更加丰富，具有酒会的布置隆重、菜肴精细的特点，又具有自助餐的坐式饮用、菜肴充足的特点。它是目前饭店经常采用的一种宴会形式，菜肴组成有中式、西式和中西结合均有，多数采用后两种形式。这种自助宴会深受政府部门、公司集团的喜爱，常常作为隆重纪念日庆祝、盛大会议聚餐、传统节日欢庆等活动的宴会形式。

1. 自助餐时间

一般为午餐、晚餐的正餐时间举行，有明确的开始时间和模糊的结束时间，在开始时有简短的仪式，进行时间一般为2小时左右，结束时宾客可随意离席。

2. 环境布置

自助宴会具有规模大的特点，应在宴会场地布置华丽，讲究气氛。甚至扩展到走道、阳台，在这些进入餐厅的过道和用餐休息区，也加以装饰，起到符合本次宴会主题的华丽热闹的作用。

3. 台型设计

餐台形式多样（参见9.3节），有I型台、L型台、O型台，以及扇面型台、半圆型台、1/4圆型台等台型。并在周围安排座区，座位要多余参加人数。

4. 餐台布置

在餐台上布置得高低错落，并分成酒水区、冰盘沙拉区、热食区、烧烤切肉区、水果点心区等。在中心台区，用大型的黄油雕、冰雕装饰，或配以反映宴会的主题雕塑。其他台区用果蔬雕、鲜花、瓶饰或餐巾花装饰点缀。

5. 菜品设计

菜品结构一般为西式和中西结合两种组成。通常由冷菜、热菜、汤、面包点心、水果、酒水饮料组成。

6. 服务方式

酒水采用酒台服务，将预先指定的酒水、饮料倒入排列整齐的酒杯中，任由宾客拿取。大部分菜肴任由宾客自行取食，烧烤切肉区由厨师值台，现切现取，一部分服务员负责补菜，一部分服务员负责撤盘、撤杯。但有些自助餐厅也穿插个性化服务项目，如特殊人员套餐、儿童套餐等，方便该群体的取食和进餐。

7. 结算方法

餐费价格一般以预计人数为基数，再按实际人数计算。假如预计人数120～160人，双方商榷每位价格标准为150元/人，最低结算人数为100人。最后实际参加人数在预计范围内或高于预计范围，则按实际人数结算（150元×实际人数）。如低于预计范围，距最低预计人数的差距数部分按50%收取((150元×实际人数)＋(150元×50%×差距数))。如低于最低结算人数，则按预计最低人数计算（150元×100人）。预计人数跨度由主办方提出，并和最低结算人数的确定由双方商量决定。

8. 自助宴会服务程序（如图6-15所示）

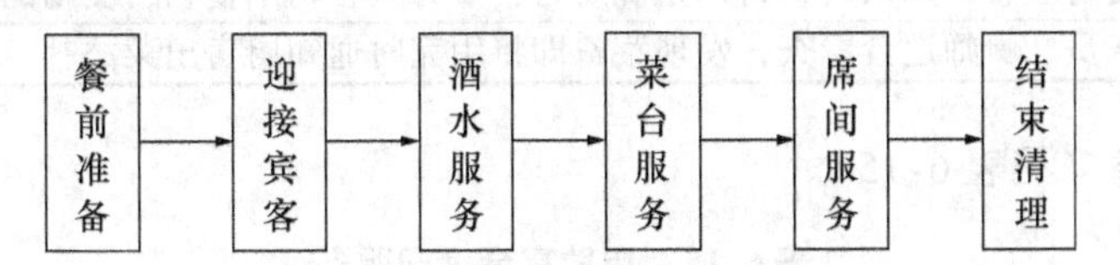

图6-15 自助宴会服务程序

（1）餐前准备（见表6-11）。

表6-11 自助宴会餐前准备

场地布置	按“宴会通知单”上的人数、台型设计、菜肴品种、布置主题等事项，布置环境、摆设台型
台面布置	铺设台布，然后围上装饰用的桌裙和装饰布，台中央可布置冰雕、黄油雕、鲜花、水果装饰物点缀，以烘托气氛，增加立体感
摆放菜肴	根据通知单上所列菜肴品种预置空间，按预置位置摆放保温锅，并加水点火 在菜肴前摆放底盘，上附菜肴相应的餐刀、餐叉、餐巾等用具 在菜肴前摆放菜肴相符的中英文菜牌 面包、点心、水果一般单独设台摆放，也可接在热菜的后面同台摆放 沙拉、开胃品和其他冷菜在开餐15～30分钟上菜，放在餐厅入口处最近的餐台上，并注意美观 热菜（或配调味汁）在开餐10～15分钟上菜 现切畜禽肉，在宴会开始时由厨师端上菜台
餐具摆放	餐具摆放在菜台最前端，一般为8～10寸平盘、刀、叉等。羹汤类菜肴和小点心类的餐具则摆放在相应食品旁边 有些刀、叉则和餐巾布一起摆放在就餐桌上
开灯点烛	宾客进入前5～10分钟，点燃烛台，点亮相应的灯光

（2）迎接宾客（见表6-12）。

表6-12 自助宴会迎接宾客

餐 前 酒	在酒会开始前15～30分钟，一般在宴会厅门外为先到的宾客提供鸡尾酒、饮料和简单小吃，直到酒会时间将近，再领引宾客进入宴会厅
自行入场	服务员见到宾客应礼貌问好并热情引领
凭证入场	服务员应礼貌地问好，并示意宾客出示相应凭证，如请柬、餐券
领引入场	有些宴会单独设立主桌，当主桌宾客到来，服务员应礼貌地问好，并领引到主桌边，拉椅入座

（3）酒水服务（见表6-13）。

表6-13 自助宴会酒水服务

斟倒冰水	在入座后，致辞、祝酒时，服务员为每位宾客斟倒冰水
自取酒水	酒水台开始斟倒各类酒水和饮料，任宾客自取

（4）菜台服务（见表6-14）。

表6-14 自助宴会菜台服务

值台服务	自助餐台应有厨师值台，特别是烧烤台，要为宾客切割食物，食物的块形不宜太大
巡台补菜	由服务员、厨师巡台看查，发现菜肴即将用完时通知厨房出菜添补

（5）席间服务（见表6-15）。

表6-15 自助宴会席间服务

送菜服务	遇到不便走动的特殊客人，或遇到宾客提出要求等，均要为宾客拿取食品和酒水
撤盘撤杯	巡视服务区域，随时撤空盘、换烟灰缸

（6）结束清理（见表6-16）。

表6-16 自助宴会结束清理

核定人数、核定酒水	宴会接近尾声时清点酒水，核实人数，协助收款员打出账单
结账、送客	当主办方示意结账时，按规定办理结账手续，询问宾客对活动的满意程度。宾客离座时帮助拉椅，提醒携带随身物品，感谢宾客的光临，礼貌送客
回收菜肴、清理卫生	宾客全部离开餐厅后，厨师负责将余下的菜肴全部撤回厨房分别按规定处理。服务员负责清理餐台、清点餐具，恢复宴会厅原样并为下一活动做准备

6.5 特殊服务

6.5.1 送房服务

在饭店中常有宾客为求安逸舒适或其他原因，不愿前往餐厅就餐，要求餐厅将酒水菜肴送至客房食用，这种方式称之为“送房服务”。送房服务有两种，一种是把宾客所需要的饮料食品送至客房，让客人自行享用；另一种是把宾客所需要的饮料食品送至客房后，留下1～2位服务员，进行正规的餐桌服务至结束。送房服务程序如图6-16所示。

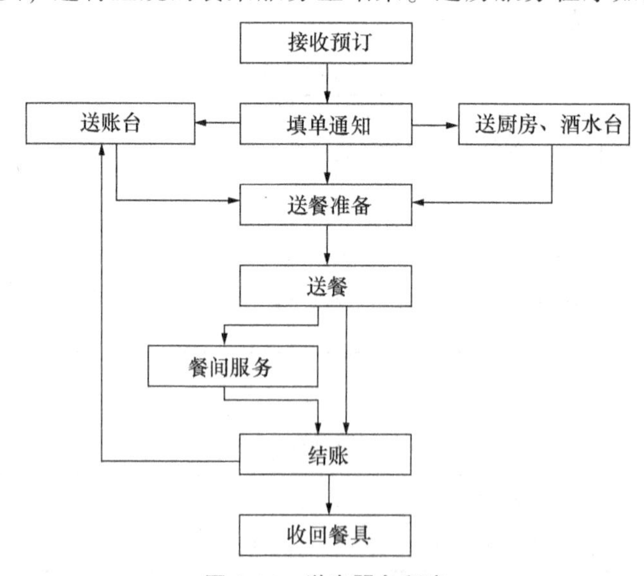

图6-16 送房服务程序

1. 接收预定（见表 6-17）。

表 6-17　接收预定

电话预定	礼貌接听，并记下订餐品种、数量、人数、房号及其送房时间
房牌预定	定时收取餐牌，仔细观察内容

2. 填单通知（见表 6-18）。

表 6-18　填单通知

填　　单	及时填写订餐单，明确注明相关内容
分　　送	把填写的订餐单分送到厨房、账台、送房部门

3. 送餐准备（见表 6-19）。

表 6-19　送餐准备

餐具、酒具	准备相应的洁净餐具（包括纸巾、牙签）。在房间服务的话，还要准备台布，口布、更换碟、残羹桶等
餐车、托盘	准备托盘或餐车，量少用托盘送餐，量多用餐车送餐。如在房间服务，则要准备餐桌车，以便到房间后，打开而成餐桌
菜肴、饮品	清点菜品、饮料，菜品要加盖，饮料要准备相关的冰块、开瓶器
账　　单	准备账单，遇散客现付，还要准备一定的找零钱

4. 送餐（见表 6-20）。

表 6-20　送餐

途　　中	保持菜肴的平稳，避免汁水溢出
到　　达	轻敲房门，报称“送房服务”，开门后致好，并询问“我能进来吗?”得到允许后致谢进入
摆　　放	按客人的要求摆放餐具、菜肴

5. 餐间服务（见表 6-21）。

表 6-21　餐间服务

铺　　台	如要进行餐间服务，就要铺台，摆放餐具
斟　　酒	按标准进行斟酒服务
派　　菜	按标准进行派菜服务和换碟服务

6. 结账（见表 6-22）。

表 6-22　结账

直接结账	摆好餐具后，即递上账单与笔给客人，要求签字，签字完后致谢退出房间
结束后结账	如进行餐间服务，则在用餐结束时，记账或结账

7. 收回餐具（见表6-23）。

表6-23 收回餐具

直接收取	服务完后，征得客人的同意，直接收取餐具
预约收取	餐送到退出后，早餐过30分钟，中晚餐过60分钟，电话询问能否收取，确定后，礼貌的进房收取
定时收取	按规定的时间，或进房打扫、铺床的时候一并由客房服务员收取，再由餐厅人员收回

6.5.2 会议服务

有些饭店的餐饮部除承担餐饮的生产和服务工作外，还承担着住店客人的各种会议任务，一般会议在会议室召开，在会议室不够的情况下，有些会议安排在餐厅召开。

1. 会议摆台（见表6-24）。

表6-24 会议摆台

确定台型	根据订单上的人数和要求，确定出会议的台型，有“一”字型、“口”字型、课桌型等
摆设台椅	铺设平整的台呢，座椅摆放要整齐，台面上布置鲜花
设置音箱	设置所需的音箱、话筒以及多媒体设备
摆设用品	每个座位摆放纸笔一份，摆放时纸与桌沿距离为1厘米，铅笔笔尖朝上成45°摆放在纸上 水杯垫上杯垫，摆在纸的右上方，整齐划一 如有水果，则在两位子中间摆放一盆 如有要求摆放烟缸、火柴，则每隔两位放一只
摆放席签	按规格摆放席签。主席台座次通常以职位的高低而排列，遇奇数居中为一，以一为标准依先左后右向两边顺序排开，偶数时左一右二（如图6-16、图6-17所示） 按会议方要求摆放席签
检　　查	自行检查、领班主管检查

2. 会议服务（见表6-25）。

表6-25 会议服务

准　　备	会议开始前半小时，将冰水、咖啡吧准备好，其他各种设备要调试好 根据客人要求，将指示牌摆放在指定位置 打开会议室门，服务员在会议室门口迎接客人
服　　务	会议开始后，服务员站在会议室的后面 通常每半小时左右为客人更换一次烟灰缸，添加冰水等，但要尽量不打扰客人开会，特殊情况时可按客人要求服务 保持会议室四周安静，服务员不能大声说话，东西要轻拿轻放 会议中间休息时，要尽快整理会场，补充和更换各种用品
清理会场	会议结束后，仔细地检查一遍会场，看是否有客人遗忘的东西和文件等 清洗餐具、打扫卫生、整理桌椅

（1）主席台人数为奇数时，座次排列如图6-17所示。

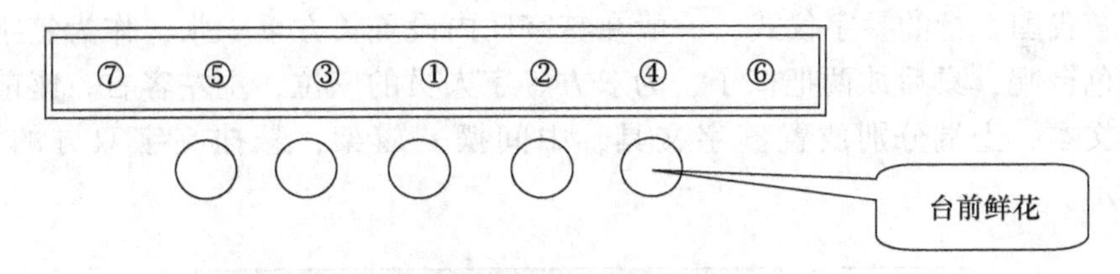

图6-17　奇数主席台座次排列

（2）主席台人数为偶数时，座次排列如图6-18所示。

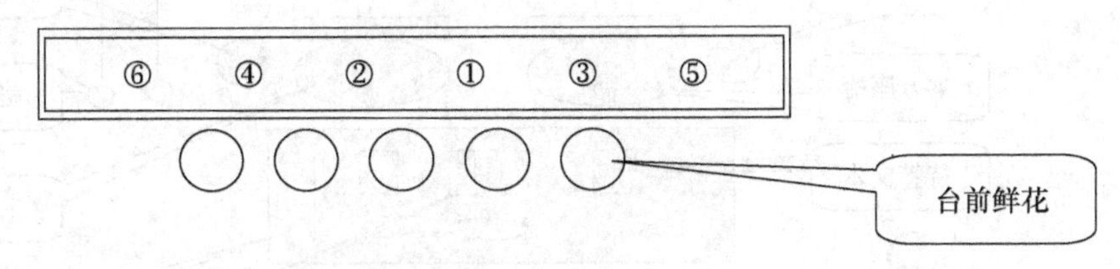

图6-18　偶数主席台座次排列

6.5.3　会议课间餐服务

应会议要求，在会议中途安排课间餐（也称茶歇），在课间餐台上放置各式甜饼、水果、咖啡、茶，一般布置在休息室或会议室门口，由服务员帮助取食或自行取食。

1. 课间餐摆台（见表6-26）。

表6-26　课间餐摆台

确定台型	根据会议的人数和要求，确定餐台的形状与面积，有“一”字型、L型、W型等
铺设台布	铺设平整的台布，设置有简单的错落。并摆放小纸巾
摆放食品	摆放咖啡及咖啡杯、咖啡勺、咖啡碟、糖盅、奶罐、咖啡壶、加热炉 摆放红茶及茶壶、茶盅 摆放甜食盘及小碟，摆放水果及水果叉、果碟
检　查	自行检查、领班主管检查

2. 课间餐服务（见表6-27）。

表6-27　课间餐服务

准　备	会议开始后，就可以动手铺台、准备食品。将新鲜热咖啡和开水，分别装在加热壶里，放在加热炉上加热
服　务	会议休会时，询问客人是否用咖啡或用茶，并为客人斟倒，随时补充咖啡、茶、开水、糖、淡奶等。及时清理台上的废糖袋、废茶袋等，保持台面的整洁
清理会场	会议开始后，撤回食品、清洗餐具、打扫卫生

6.5.4　签字仪式

国家间通过谈判达成协议，缔结条约、协定或公约时，一般都举行签字仪式。各友好国家的地区、部门达成协议时也举行签字仪式。

我国举行的签字仪式，一般在签字厅内设置长方桌一张，作为签字桌。桌面覆盖深绿色台呢，桌后放两把椅子，为双方签字人员的座位，主左客右。座前摆的是各自保存的文本，上端分别放置签字文具，中间摆一旗架，悬挂签字双方的国旗，如图6-19所示。

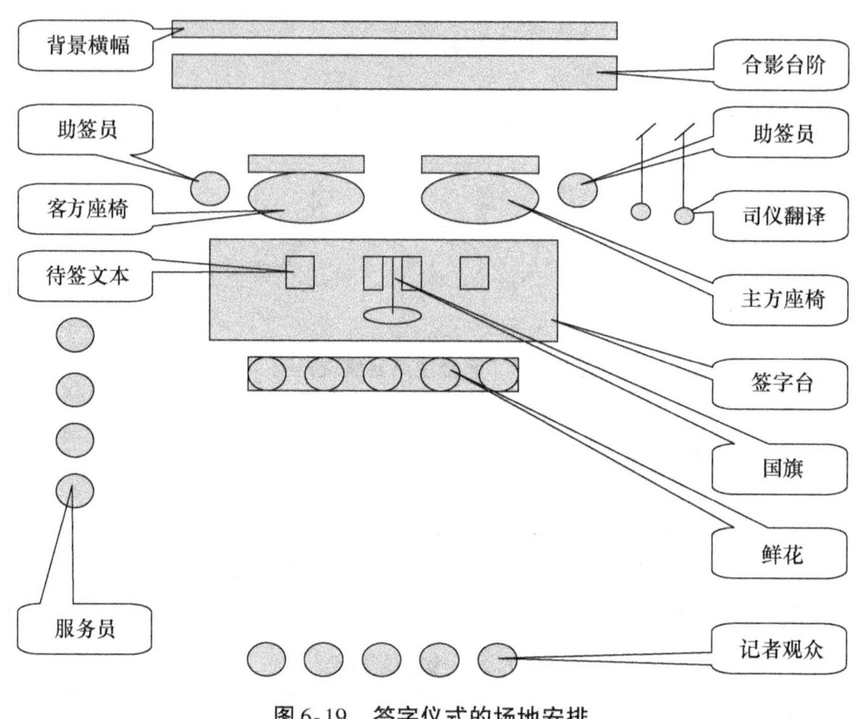

图6-19 签字仪式的场地安排

1. 签字仪式的摆台（见表6-28）。

表6-28 签字仪式的摆台

摆 台	将一字型签字台用干净、平整的深绿色台呢铺好，并围上台裙作为签字桌。桌后并列置放两把椅子，供双方签字人使用，主左客右
摆放国旗	签字台中间摆放国旗，国旗方向与座位相同
布 置	按委托方布置准备签字用的有关物品，如委托方提供的中外文文本、签字笔等横幅、鲜花盆景、话筒和扩音设备、合影用的台阶等

2. 签字仪式的服务（见表6-29）。

表6-29 签字仪式的服务

准 备	根据订单上的人数和要求，将酒水（一般为香槟酒）、酒杯、服务托盘、小口纸等摆放在酒吧台上
酒水服务	客人签字完毕，服务员要立刻用托盘将酒水送到所有客人面前
撤 杯	待客人干杯后，要立刻用托盘将空酒杯撤走
清 理	待客人拍完照离场后，清理卫生、整理场地

思考与练习

1. 熟悉餐厅运行流程及内容。
2. 课外进行中西餐桌面摆台练习。
3. 同学之间模拟点菜服务。
4. 根据团队餐的特点，在服务期间，应注意哪些问题？

第三部分

设计策划篇

第 7 章　厨房餐厅布局设计

餐饮生产的工作流程、生产质量和劳动效率，在很大程度上受到厨房设计布局的影响。生产场地设计布局的科学与否，不仅直接关系到员工的劳动量和工作方式，同时还影响到生产场地内部以及生产场地与餐厅间的联系，影响到建设投资是否合理和确有成效。

7.1　餐饮企业的空间划分

合理的空间划分是餐饮生产场所的基本要求。当一个饭店（餐饮企业）在建设初期，肯定要拿出工程蓝图，邀请行业专家进行布局规划，或对原有布局设计进行论证，使得空间划分更为合理。

7.1.1　餐饮生产场所布局的基本要求

餐饮的生产场所主要是厨房，本节首先讲解厨房各部门的位置布局及厨房设备和设施的分布。厨房的安排布局，依据饭店的规模、位置、星级档次和经营策略的不同，风格和布局表现也不同，科学的设计和布局可以帮助厨房减少浪费、降低成本、方便管理、提高工作质量、提高生产效率、减少员工外流。厨房设计和布局中必须注意以下几个方面。

1. 同一平面设计厨房

厨房的不同加工作业点，应集中紧凑，安排在同一平面上，即同一楼层的区域，这样可缩短原材料、食品的搬运距离，便于互相调剂原材料和设备用具，有利于垃圾的集中清运，切实减轻厨师的劳动强度，提高工作效率，保证出品质量，减少客人等餐时间；同时，也更便于管理者的集中控制和督导。如果同层面积不够容纳厨房全部作业点时，可将食品仓库、冰库、烧烤间等安排到其他相近的楼层，但要与出品厨房有方便垂直的交通联系。

同样，厨房要和餐厅设计在同一平面上，并使它尽量靠近餐厅。厨房与餐厅的关系是非常密切的，在餐厅用餐的客人希望尽快地能吃到自己挑选的餐食，同样餐饮人员也希望把生产出来的菜肴等食品尽快地送到客人面前。加上餐厅与厨房间每日的食品与盘碟进出量很大，所以有必要缩短厨房与餐厅的距离，提高工作效率。

2. 保证工作流程通畅

餐饮生产从原材料购进开始，经加工、切割和配份到烹调出品，是一项接连不断、循序渐进的工作。因此，厨房原材料进货和领用路线、菜品烹制装配与出品路线，要避免交叉回流，特别要注意防止烹调出菜与收台、洗碟、入柜的交错。厨房的物流和人流路线在设计时应充分考虑到领料车和垃圾清运车的通道，以及在大型餐饮活动时，餐车、冷碟车进出的通道。

3. 兼顾厨房促销功能

厨房虽然是餐饮后台，若设计独具匠心，巧妙得体，不仅可以美化活跃餐厅气氛，也可以推动厨房产品的销售。若将活养箱池置于餐厅与厨房相连处，既可供就餐宾客观赏、选点，美化了餐饮环境，还可以刺激客人的消费欲望。同样，色泽诱人、香气四溢的各类烧烤制品，布置于明档，有衣着整齐、动作娴熟的厨师操作，无疑也将起到美化餐饮环境和引导消费的作用。对这样的厨房，不仅要精心设计，精细施工，并要求厨房内部整洁卫生，厨师着装干净，举止文明。

4. 作业点流程合理

作业点是厨房的基本工作岗位。作业点的分布要符合作业流程的规律，原材料的验收点和仓库可安排在与餐厅较远的地方，而厨房的出品部门要安排在与餐厅较近的位置。餐具存放既要方便厨房人员取用，又要方便餐厅人员取用。另外各作业点用具、设备的安放要方便厨师作业时使用，如放置不合理，就会增加作业人员行走的距离，增加作业时间和人员的体耗，进而影响工作效率。

5. 作业点尽可能兼用、套用

现代饭店大多设有多功能餐厅、小宴会厅，以及风味餐厅、零点餐厅等等，提供相应产品的厨房自然增多。而各厨房若不能合理安排布局，势必要配齐若干套厨房设备。尤其是多功能餐厅厨房，使用频率不是很高，厨房设备大多闲置，很不经济。因此，厨房设计时应尽可能合并厨房的相同功能，如将点心、烧烤、冷菜厨房合而为一，集中生产制作，分点灵活调配使用，可节省厨房场地和劳动力，大大减少设备的投资。

6. 创造良好的工作条件

为了提高工作效率。厨房的通风、照明、高温、噪声问题要引起高度重视。厨房的总体布局要在整个饭店后部或两边的位置，要考虑到油烟管道的排风效果，考虑到出风量与进风量的配比；考虑到减噪要素，使排风管的材料要符合标准，把噪声降到最低点。假如设计存在缺陷就会严重影响员工的工作情绪和工作效率，如油烟味跑到餐厅，也严重影响到餐厅的就餐环境。

7.1.2　餐饮企业的功能区域

现代餐饮企业是由多个功能区域组成的营业场所。功能区域的分配与布置要结合企业类型、餐厅经营的要求、最方便顾客和安全操作的原则来确定，同时要考虑卫生、防疫、消防安全等特殊要求，以有利于企业取得高效率经营。

一般餐饮企业从整体上可分为两个大作业区域，即厨房与餐厅。

(1) 厨房。厨房是准备原材料和烹制菜肴的区域，其中包括：库房、冰库、初加工区、精加工区、炉灶区、点心房、冷菜房、清洗消毒间等。厨房内的主要设备有洗碗机、消毒柜、保温柜、案板台、冰箱、多功能搅拌机、碎肉机、压面机、自动切片机、库房货架、开水炉、炉具、烤箱、案台、推车、餐具等。在特殊情况下还有升降梯。

(2) 餐厅。餐厅是接纳顾客用餐的场所，其中包括：迎宾台、等候休息区、大厅、雅座、包厢、多功能厅、酒吧区、备餐间、卫生间，以及烹饪表演区、舞台演出区、演员更衣室、点菜区、海鲜池等。餐厅内的设施物品包括：餐椅、餐桌、台布、酒水设备、制冰机、开水炉、台号牌、点菜单、陈列柜、收款台、酒吧台、咨询台、屏风隔断、花槽等。

(3) 其他。餐饮部除餐厅、厨房的工作区域外，还有后台的公共区域，其中包括：办公室、员工更衣室、员工浴室、员工卫生间、物品仓库及员工吸烟室。

7.1.3　厨房与餐厅的空间确定

厨房和餐厅的空间划分是餐饮整体布局中关键的问题。这是一项复杂而又受多种因素影响的工作，因此，在进行布局、安排时，应该由布局设计者、管理者、生产者、设备专家共同讨论、研究决定。厨房与餐厅的空间确定是指餐饮生产系统的整个设计规划。通常中小型饭店的生产场所是一个具有多种功能的综合性大厨房，而大型饭店的生产场所是由若干个不同功能的分点厨房组成的。大型饭店各分点厨房是有机相连的整体，在厨房的位置、面积、生产功能的分配、产品的流程上，都要体现整体作业的协调性。

厨房与餐厅的空间之比没有明确规定，有1:1、4:6、7:3之说，特别是中西厨房的差异很大。一般影响厨房面积的因素如下。

（1）原材料加工程度的差异。发达国家对食品原材料的加工已实现社会化，如猪、牛等各按不同部位及用途做了精细、准确、标准的分割。国内的原材料以前多以整片、整只出售，或简单分割，需厨房做进一步加工，但如今我国对原材料的加工与西方发达国家相比，已无太大差距。

（2）供应菜肴品种的差异。中餐中有许多菜肴制作工艺复杂，如鱼翅、海参的涨发需要多道工序、多种设备的处理，故中餐厨房面积应大于西餐厨房。

（3）设备的先进程度差异。先进的设备往往比老旧的设备占地面积更小，能更好地利用厨房空间，使厨房显得井井有条。

按上述3条分析，从理论角度看，中餐厨房的面积一般应大于西餐厨房，但由于中西方在社会发展进程上的差异，带来了社会观念上的不同，也带来厨房面积分配比例上的不同。现代西方文明已普遍认同了宽敞、舒适的工作条件，能批量生产出优质的产品，因而西方国家的饭店厨房设计在面积、温度、照明等方面同餐厅相比完全相匹配，厨房面积加上后台其他设施，一般占到整个餐饮面积的50%左右；而国内饭店在餐饮整体布局时，往往将大面积作餐厅之用，缩小厨房面积，减裁后台设施（如餐具储物仓库）。确定餐厅、厨房面积的方法一般有3种，一是以餐厅预期的就餐人数为参数来确定，二是按分配比率表为依据，三是根据餐厅不同的功能来分配。

1. 以餐厅预期的就餐人数为参数

以餐厅预期的就餐人数为参数，来确定厨房的面积，见表7-1。使用这种方法，通常就餐规模越大，就餐的人均所需厨房面积就越小，这主要是因为小型厨房的辅助间和过道等所占的面积不可能按比例缩得太小。

表7-1 厨房面积规格

餐厅预期的就餐人数	厨房面积/（m^2/餐位）
100	0.697
250	0.48
500	0.46
750	0.37
1 000	0.348
1 500	0.309
2 000	0.279

2. 按分配比率表为依据

按分配比率表为依据，来确定与它们之间的面积比例。通常，厨房占餐饮总面积的21%左右，加上辅助区域，其面积应是餐厅面积的45%左右，详见表7-2。但在实际运用中应留有一定的弹性幅度，这是因为各饭店的餐饮定位、档次、功能以及用料情况、制作工艺、设备设施、场地的可用面积、过道的方位等因素的不同，而使各餐饮的情况各异。

表 7-2　餐饮各部门面积比例表

部门名称	所占比例（%）
餐饮总面积	100
餐厅	50
客用设施	7.5
厨房	21
仓库	10
清洗	6.5
员工设施	3
办公室	2

3. 根据餐厅不同的功能来分配

不同类型、不同规格的餐厅，对餐位面积的要求亦不相同。一般来说，各种餐厅设置的餐位面积见表 7-3。

表 7-3　餐厅的餐位面积对照表

类　别	餐位面积/（m^2/餐位）
咖啡厅	1.4～1.6
自助餐厅	1.2～1.7
豪华餐厅	1.5～1.9
普通餐厅	0.9～1.4
风味餐厅	1.4～1.8
快餐厅	1.1～1.4
宴会厅	1.1～1.3
酒吧	1.2～1.4

同时，餐厅与酒吧的客容量视饭店的规模、类型、地点及市场情况而定。对于大型饭店所属的餐厅来说，一个常用参考值是餐位与客房数目之比为 0.75:1，酒吧座位与客房数目之比为 0.5:1。在远离市区的度假型饭店中，宾客一日三餐都在饭店内进行，所以饭店就要设法灵活利用室外场地，如游泳池旁设快餐酒吧，或者设法提高就餐高峰时的餐位周转率。

7.2　餐厅的设计布局

7.2.1　餐厅设计的原则

1. 以经济、安全、高效为原则

完美、合理的餐厅设计不是单纯在材料上追求昂贵，而是要通过装饰布置、色彩线条来体现风格。餐厅设计要注意从以下几方面。

（1）经济性。要求设计出的餐厅在同档次中投资较少，从而使投资空间所获取的收益最大。由于餐厅面积的利用程度直接影响到接待能力和营业收入，所以各种设计布置不应占据太多营业空间。

（2）安全性。是指餐厅内的布局要合理、实用，保证用餐区内顾客、产品、服务员和设备的流动畅通，无安全隐患。具体包括：在用餐区要为员工提供安全的工作空间，为顾客提供公共通道，保证用餐区的卫生环境整洁。

（3）高效性。要求用餐区的设计与布局便于员工高效率地工作。主要指：用餐区的设备、设施维修方便，费用较低；用餐区的高效节能，如最大限度地利用自然采光，或者与饭店大堂共享喷泉流水等室内景观，以充分利用餐厅营业空间，并给客人带来乐趣；餐厅设计要为顾客提供舒适的环境。

2. 以满足功能需要为原则

（1）宾客进入餐厅前，先要设置一个休息区域，以使宾客在等候同伴时休息，或在等候餐座时小憩。

（2）在餐厅入口处附近设立收款台，以便于进出时结账收款。

（3）将餐厅分为若干区域，在营业低谷时可以关闭部分区域。

（4）餐桌要有大小不同的规格，以便招待人数不同的各批次顾客。

（5）设立食品陈列柜和菜点陈列区。

（6）包厢每间设一只工作台，大厅约 5 桌设一只工作台，用于为顾客提供茶水、咖啡，分派菜肴，置放餐具之用。

（7）包厢区域设置独立消毒间，方便包厢酒具的清洗和消毒。

（8）使用可变灯光调节装置，以便创造不同的用餐气氛。

7.2.2 餐厅设计的布局的要点

1. 餐厅的通道设计与动线安排

餐厅通道的设计布置应体现流畅、便利、安全，切忌杂乱。要求从视觉上给人以统一的意念，要求其平面变化达到完整与灵活相结合的布局效果。餐厅动线是指客人、服务员、食品与器物在厅内流动的方向和路线。客人动线应以从大门到座位之间的通道畅通无阻为基本要求。一般来说，餐厅中客人动线采用直线为好，避免迂回绕道。任何不必要的迂回曲折都会给人一种人流杂乱的感觉，影响、干扰客人进餐的情绪和食欲。餐厅中客人的流通通道要尽可能宽畅，动线以一个基点为准。餐厅中服务人员的动线长度对工作效率有直接的影响，原则上愈短愈好。在服务人员动线安排中，一个方向的作业动线不要过于集中，并尽可能除去不必要的曲折。所以设置一个区域服务台——工作台是非常必要的，既可存放餐具，又有助于服务人员缩短行走路线。

2. 餐厅的空间设计与布局

餐厅内部的设计与布局应根据餐厅空间的大小决定。由于餐厅内各部门对需占用的空间要求不同，所以在进行整体空间设计与布局规划时，要做到统筹兼顾，合理安排。既要考虑到客人的安全性、便利性，以及营业各环节的机能、操作效果等因素，又要注意全局与部分之间的和谐、均匀、对称，体现出浓郁的风格情调，使客人一进入餐厅就能强烈地感受到形式美与艺术美，得到一种艺术享受。餐厅的空间设计通常包括以下几个方面。

（1）流通空间（通道、走廊、座位等）。

（2）管理空间（服务台、办公室等）。

（3）调理空间（配餐间、展示厨房、备餐间等）。

（4）公共空间（休息室、就餐区、洗手间）。

3. 根据厨房要求设计餐厅平面形式

餐厅的平面形式设计要根据厨房的要求、餐厅各室的种类及数量（如多功能厅、雅座、单间等）来进行。现代餐厅的平面设计大致分两类：一类是传统的封闭式厨房的餐厅，这类餐厅的就餐区和厨房是隔开的；另一类是开放式的厨房，使厨房展示在客人面前，这种餐厅现在越来越受到顾客欢迎。

4. 餐厅的空间分隔

从就餐者的感受和视觉特征变化来看，在没有遮挡的餐厅内，出现凹进或凸出物体，都能在人的视觉区域中构成一个带有某种特点的空间。

餐厅空间分隔的总体原则是使客人既能享有相当隐蔽的小区，又能感受整个餐厅的气氛。由于陈设的简繁以及空间曲折、大小、高低的不同变化，能产生出形态繁多的空间分隔。下面介绍几种餐厅空间分隔常用的形式。

（1）软隔断分隔，就是用垂珠帘、帷幔、金属帘、折叠垂吊帘等把餐厅进行分隔，软隔断富丽、高档，一般在有空调的餐厅中使用。

（2）通透隔断空间，表现出传统的文化气息，通常是指屏风、博古架、花窗墙、竹排隔断等，一般是将大餐厅分隔成若干个雅座时使用。

（3）列柱、翼墙是满足特定空间的要求而虚设的，列柱、翼墙有稳定、厚重的感觉。

（4）用灯具对餐厅空间进行分隔，有一种隔而不断的感觉，达到一种特殊效果。灯具的布置起到了空间分区的作用，对于西餐厅和酒吧来说，是室内环境设计的常用手法。灯具分区的特点是，既保持了大的整体空间的气魄，又在顾客的心理上形成分隔，而且空气流通良好，视野宽广。

（5）矮墙分隔空间，使就餐者在心理上产生了一种自我受到保护的感觉。人们既享受了大空间的共融性，又保持了一定心理的隐秘性，矮墙分隔同样具有灯具分隔的多种优点。

（6）升降高程划分，就是将餐厅室内的地面标高以局部提高或局部下降，用台阶作为联系的通路。一般升高程用得较多，通过突出地面，暗示出两个空间区域。

（7）用植物划分，不仅可以限定两个功能不同的空间，还可以阻挡视线，围合成具有相对独立性的私密空间。植物本身就成为一种充满生机的“屏”，隔而不断，使空间保持其完整性和开敞性。植物还可以调节室内空气，调节温湿度，改善小气候，增加视觉和听觉的舒适度。同时，由于人们对回归大自然的向往，对植物也有一种偏爱。

（8）装饰物的放置也可以暗示一个空间的结束，另一个空间的开始。此时，它与半部通透的隔断或柱子，具有相同的作用，不会阻碍人们的视线，却阻碍人们的行动，从而给室内带来了丰富的空间层次。按照空间构成的原理，多种类型的物体都可以在分隔空间时加以利用，如花架、水池以及铺地材质的变化等都能起到分隔空间的作用。

7.2.3　餐厅座位设计与布局

餐厅座位的设计、布局，是根据餐饮类型、厨房特色来进行的，它对整个餐厅的经营影响很大。尽管座位的餐桌、椅、架等大小、形状各不相同，但还是有一定的比例和标准。一般以餐厅面积的大小、座位的需要数量作适当的配置，使有限的餐厅面积能最大限度地发挥其运用价值。

1. 桌椅的设计

在现代餐厅中，椅子的功能首要是满足宾客入座的需要，其次才是满足美的需求。所以椅子的设计，首先要有舒适感，其关键在于座面要符合人体坐姿的自然曲线。另外，靠背的支撑必须切中人体上部的着力部位。

日本学者研究表明：当座面高度为 40 cm 时，腰部的肌肉活动最强烈。座面比 40 cm 高或低时，肌肉活动都有所降低。这说明当人坐在 40 cm 左右高的椅子上时，腰部不易疲劳。另外，椅子的高度应该比小腿的长度低 2 ～3 cm。一般来说，餐桌与椅子的最佳搭配如图 7-1 所示。

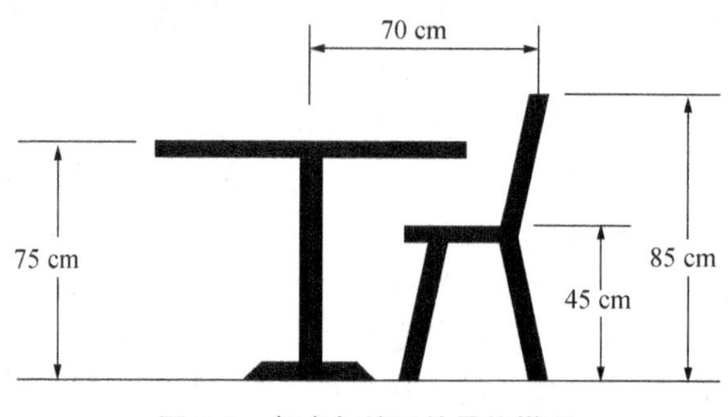

图 7-1 餐桌与椅子的最佳搭配

2. 餐厅坐席的设计

餐厅中坐席的配置一般要根据用餐人数、桌子形状来确定合适的坐席数，做到既不使客人感到拥挤局促，又不使其感到相互间的疏远。

（1）圆形餐桌。按圆桌的直径与人数的关系来计算餐位数。即每 17 ～20 cm 的直径可容纳一人的比率来计算餐位数。如：105 cm 为 5 ～6 个餐位，250 cm 为 12 ～16 个餐位。或以圆桌大小与人数关系计算，以每人占 55 ～60 cm 左右桌边长来确定餐位。圆形餐桌坐席的设计见表 7-4。

表 7-4 圆形餐桌坐席的设计

圆桌	直径 105 cm	5 ～6 个餐位
	直径 120 cm	6 ～7 个餐位
	直径 150 cm	7 ～9 个餐位
	直径 170 ～180 cm	9 ～11 个餐位
	直径 220 ～250 cm	12 ～14 个餐位

（2）长方形餐桌。根据用餐人数来确定不同的餐桌宽度和长度。长方形餐桌坐席的设计见表 7-5。

表 7-5 长方形餐桌坐席的设计

方桌	4 人座	宽 75 cm	长 75 cm	高 72 cm
	4 人座	宽 90 cm	长 90 cm	高 72 cm
长方桌	2 人座	宽 60 ～65 cm	长 72 ～85 cm	高 72 cm
	6 人座	宽 75 ～90 cm	长 130 ～160 cm	高 72 cm
	8 人座	宽 80 ～100 cm	长 160 ～180 cm	高 72 cm

7.2.4 餐厅氛围设计

餐厅的气氛是餐厅设计中的一项重要内容。气氛设计的优劣直接影响餐厅对顾客的吸引力。首先了解一下气氛的概念，气氛是指一定环境中能给人某种强烈感觉的精神表现或景象，餐厅气氛就是指餐厅内顾客所面对的氛围环境。餐厅的气氛包括两个部分：一种为有形气氛，如位置、外观、景色、内部装潢、构造和空间布局等方面，它是餐厅整体设计的重要组成部分。另一种是无形的气氛，如服务人员的态度、礼节、仪容仪表、服务能力以及让顾客满意的程度等。有形气氛靠设计人员和管理人员来营造，无形的气氛靠全体员工的努力来创造。

1. 餐厅气氛的作用

有形气氛设计的优劣和无形气氛营造的好坏，对客源的吸引力有直接的影响，直接关系到餐厅经营的成败。因此，餐厅的有形气氛必须与餐厅的其他设计工作共同组成一个有机的整体，来反映餐厅经营的主题思想。

餐厅气氛的主要作用在于影响消费者的心境。所谓心境是指顾客对组成餐厅气氛的各种因素的心理反映。首先，良好的餐厅气氛能给顾客留下深刻的印象，从而增强顾客的惠顾动机。其次，餐厅气氛设计也是占有目标市场的良好手段。顾客的职业、种族、风俗习惯、社会背景、收入水平、就餐时间以及偏好等因素都直接影响餐厅的经营。餐厅气氛设计既要考虑到消费者的共性，又要考虑到目标市场消费者的特性，针对目标市场特点进行气氛设计，是占有目标市场的重要条件。另外，餐厅的气氛又能影响消费者的行为，从而加速或延缓顾客就餐的时间。

总之，餐厅的气氛对餐厅经营的影响是直接的。要想设计良好的气氛，就要考虑到“舒适”这一标准。由于“舒适”的含义是抽象的，而且不同的顾客对“舒适”又有不同的标准，因此，要想达到“舒适”就必须深入了解顾客的心理因素。这些心理因素通常是指顾客对餐厅的光线、色调、音响、气味、温度等方面的感知。优良的餐厅气氛是这些因素的最佳组合。

2. 餐厅有形气氛的构成

餐厅有形气氛是由内部气氛和外部气氛所组成的一个整体。餐厅的外部气氛是指餐厅的位置、名称、建筑风格、门厅设计、风景和停车场等方面的因素。外部气氛的设计要能够反映出餐厅的种类、经营特色，同时要考虑到对顾客的吸引力。外部气氛要与内部气氛相辅相成，共同形成餐厅的整体气氛。由于餐厅的外部气氛涉及的内容很广，也很复杂，这里就不一一阐述。餐厅的内部气氛是指足以影响消费者心理的各种因素。内部气氛的设计要比外部气氛的设计具体得多，其作用也大得多。成功的内部气氛设计完全能够控制顾客的情绪和心境，所以内部气氛的设计是餐厅气氛设计的核心部分。要想达到良好的内部气氛设计，通常要考虑如下几项基本内容。

(1) 光线。光线是餐厅气氛设计应该考虑的关键的因素之一，因为光线系统能够决定餐厅的格调。餐厅使用的光线种类很多，如烛光、白炽光、荧光以及彩光等，不同的光线有不同的作用。

烛光是餐厅使用的传统光线。这种光线的红色光焰能使顾客和食物都显得分外漂亮。它比较适用于朋友聚会、恋人用餐、节日盛会等场合。

白炽光是餐厅使用的一种重要光线。这种光最容易控制，而且食品在这种光线下看上去最自然。如果调低光线，能增加顾客的舒适感，从而延长顾客的逗留时间。但白炽光的成本较高，一般适用于较为豪华的餐厅。

荧光是餐厅常使用的光线。这种光线经济、大方，但缺乏美感。因为荧光中蓝色和绿色强于红色和橙色而居于主导地位，从而使人的皮肤看上去显得苍白、食品呈现灰色。美国卡罗琳·兰伯特博士认为，荧光会缩短顾客的就餐时间。她说："尽管餐厅有舒服的桌椅、柔和的音乐和周到的服务，然而光线（荧光）的效果却不一样。这些相互作用的因素必须综合考虑。"

彩光是光线设计时应该考虑的另一因素。彩色的光线会影响人的面部和衣着。红色光对家具、设施和绝大多数的食品都是有利的；绿色和蓝色光通常不适于照射顾客；桃红色、乳白色和琥珀色光线可用来增加热情友好的气氛。

不论光线的种类如何，光线的强度对顾客的就餐时间也有影响。昏暗的光线会增加顾客的就餐时间，而明亮的光线则会加快顾客的就餐。

（2）色彩。色彩是环境气氛中可视的重要因素。它是设计人员用来创造各种心境的有效工具。不同的色彩对人的心理和行为有不同的影响。有些人认为，红、橙之类的颜色有激励的效果，其他如蓝色等冷色则有镇静的作用。一般说来，颜色对人的心境有如表7-6所示的影响。

表7-6　颜色对人的心境的影响

颜　　色	效　　果
红色	振奋、激励
橙色	兴奋、活跃
黄色	刺激
绿色	宁静、镇静
蓝色	自由、轻松
紫色	优美、雅致
棕色	松弛

不仅颜色的种类对人的心理和行为有影响，而且颜色的强度也有此效果。例如明亮的蓝色有相同于红色的激励作用。

在餐厅气氛设计过程中，要想提高顾客的流动率，餐室里最好使用红绿相配的颜色，而不使用诸如橙红色、桃红色和紫红色等颜色。因为橙红、桃红和紫红等颜色有一种柔和、悠闲的作用。在快餐馆的气氛设计中，鲜艳的色彩十分重要。这种色调配合以紧凑的座位、窄小而又不太舒适的桌子和火车座、明亮的灯光和快节奏的音乐，再加上嘈杂声，使顾客无暇交谈，驱使他们就餐后快速离开。

反之，要想延长顾客的就餐时间，就应该使用柔和的色调、宽敞的空间布局、舒适的桌椅、浪漫的光线和温柔舒缓的音乐来渲染气氛，从而使顾客延长逗留时间。

另外，色彩还能够用来表达餐厅的主题思想。例如，美国多年前的海味餐厅多在墙上画着帆船航海图，或梁上悬挂着船灯、帆缆，甚至有救生艇。但是，现在的餐厅打破了原有的传统，设计家用冷色调的绿、蓝、白三色微妙地表现了航海的主题。

颜色的使用还与餐厅的地理位置有关。例如，在纬度较高的地带，餐厅里应该使用暖色如红、橙、黄等，从而给顾客一种温暖的感觉；在纬度较低的地带，使用绿、蓝等冷色效果较好。

（3）音响。音响是指餐厅里的噪声和音乐。噪声是由烹调、顾客流动和餐厅外部环境所造成的。不同种类的餐厅对噪声的控制有不同的要求。对于招待忙碌了一天的企业人员或顾客的餐厅，需要安静和优雅的环境，因此对噪声的控制较严。但对于学生食堂就不同，因为学生在宁静的教室上了半天课，喧闹的食堂会起到放松和休息的作用。

现代的研究已经证实，音乐确实对顾客的活动有一定的影响。明快的音乐会使顾客加快就餐；相反，节奏缓慢而柔和的音乐会给顾客一种放松、舒适的感觉，从而能延长顾客的就餐时间。因此，不同种类的餐厅要根据具体需要进行不同的背景音乐设计。

综上所述，餐厅的气氛是餐厅设计的重要任务。要想达到优良的气氛设计，必须深入研究目标市场，以及各种因素对顾客心绪和活动的影响，同时还要注意到这些因素之间的相互联系。餐厅管理人员必须与设计师、建筑师和顾客密切配合，共同创造出一种理想的餐厅气氛。

7.2.5　餐厅营业区域设计

近年来，餐厅设计出现了一种新的方法，即在同一餐厅内设置几种不同格调、档次、大小的厅室来满足不同就餐者的需求。餐厅各厅室的设计和面积、功能的分配应根据市场调研情况及餐饮规划来确定。大多数餐饮企业的多功能厅占的面积较大，但也有雅间或单间占面积大的情况。

1. 多功能厅

多功能厅是餐厅的核心，它反映着餐厅的气势与风格。

（1）多功能厅的功能越多，所需增添的设备就越多。它既可以作摆设宴席的大厅，又可供一般客人就餐，也可供表演、娱乐和会议等使用。

（2）多功能厅要考虑一次能摆设多少席位，在布局中应尽可能将多功能厅的面积留大一些。同时考虑到宴席的特点可将桌椅布局集中一些，其空间完整一些。在设计平面图时，应考虑可能多用 12 人座来进行布局，其餐桌的直径为 180 cm。多功能厅的基本格调应是大方、豪华、温暖、干净、热闹。

（3）在作餐厅空间划分时，多功能厅与雅座最好不作全隔式（即隔墙）处理，而是采用从地面叠级或用矮花槽、门槽等半隔断来划分空间，使其内外空间既相隔又相通，必要时可以连通使用。

（4）多功能厅的通道设计应考虑到主通道与次通道的分布，认真分析人流导向，一般主通道宽度应为 150 cm 左右。

（5）多功能厅的酒吧设计象征着餐厅的档次，其功能有收款、调配酒、零售烟酒等。

2. 雅座

雅座是指餐厅中比较典雅、优美、清静，与其他散座区相区别的座位区。雅座往往为 2 人座与 4 人座。

（1）在平面布局中靠近餐厅里面或偏僻安静的地方可设为雅座区。它往往与多功能厅既在一个空间，又有一定形式的分隔，其设计上则与多功能厅的热闹、辉煌有完全不同的风格。它要求设计精致、高雅、僻静。

（2）雅座多采用叠级作地面处理，如地面材料相同则在天花板设计上有所不同，作为象征性地空间划分。在考虑雅座区的天花板时，应着重在“雅”上作思考。过分的叠级、过多的变化等都将影响其“雅”的效果。

（3）在特殊情况下有些雅座由“卡座”（又叫火车座式）所代替。

（4）在一般情况下，雅座的家具档次应不低于大餐厅的家具档次。

（5）有时在设计大型的餐厅时，将雅座作为风味餐厅来处理，其位置多数靠近厨房，以便于风味餐厅的厨房设备与其他大餐厅的设备共享。目前，很多餐饮企业将雅座设计成为园林式，给人一种回归自然之感。

3. 豪华包厢

豪华包厢其面积为 20 ～30 m^2 左右，包箱内有休息区。有些有舞池的面积更大，以食、唱、跳三者相结合，使其发展到一种小型美食娱乐的形式。

豪华包厢的平面布局中，既要考虑餐桌位，又要考虑娱乐区的划分。即将电视、录放机定位，沙发与舞池考虑进去，目前一般均考虑卫生间设置。使贵宾具有一定的隐蔽性，能享受到一种不受他人干扰、无拘无束的轻松感觉。

在多数情况下，包厢都以 10 ～12 人座一围式为标准座，但也有为签约合同和特殊庆典设计的 16 ～20 座一围的宴席座式的单间。另外还有以二围式、三围式等形式出现的大空间包厢。

7.3 厨房规划布局

7.3.1 厨房设计要求

1. 处理好厨房与餐厅的衔接关系

厨房与餐厅的衔接，关系到菜肴的质量、服务的效率。厨房与餐厅最好直接连接，并在一个平面无高低落差，如遇有无法避免的落差，也不应以台阶相连接，以免带来工作不便或造成事故。宜用防滑地面砖作斜坡处理，便于行走和拉车，并在坡面上加以色彩，以区别于其他地面，引起工作人员的注意，保证安全。

2. 处理好厨房到餐厅的流程线路

首先，厨房内部应合理缩短工艺流水线，减少员工劳动强度。其次，应考虑尽量缩短食品制作地点到餐厅内最远处餐桌之间的距离。减少运输过程中餐具的破损、人力的消耗。食品原材料从储藏库取出，一直到食品加工完成，再上桌服务，整个过程要有一条合理的流水线。最理想的设计是餐厅与厨房直接相连，所有功能区域都分布在同一层面，从生产服务到收台是一条平面的循环线。在遇到餐厅层面不能容纳全部厨房面积时，则可移出仓库、冷库、点心间，但必须与主厨房有良好的垂直交通联系。

3. 注重卫生与安全要求

厨房是餐饮企业中卫生要求最高的部分。厨房设计要遵循厨房卫生标准及员工安全规则。当地卫生防疫部门、环卫部门对厨房有严格的审查、验收规定。布局中冷菜房应设计二次更衣间，配电控制箱应设计在控制方便、远离炉灶的位置。厨房的机械设备安装必须方便操作，方便拆卸移动，并符合卫生、安全、防火的标准。建筑物应该密封的部位必须严实密封，以防止尘埃灌入及蚊、蝇、蟑螂、老鼠等侵入，不能封闭的部位必须能正常开启，以利于清洁打扫。依照消防条例安装消防器材，建造疏散消防楼梯，以确保餐饮企业财产及宾客、员工的人身安全。

4. 布局应干湿、冷热分家

布局时应考虑各功能区域的干湿、冷热的特点。如点心制作、备餐间等要求干燥，而洗碗间、蒸饭间则十分潮湿，这两个区域应避免太近，并在蒸饭间配以有效的排气装置，洗碗间配以良好的排水沟。另外冷菜间、刺身间、水果间应与热菜烹调区保持距离。

5. 选用便于清洁的地墙面材料

厨房卫生的重要性决定了厨房卫生工作的经常性，每天打扫厨房已列入每个厨房的规章制度。厨房水冲的机会很多，地面、墙面要铺贴容易清洗的材料，并应适当加大地面排水坡度，设置地面排水沟。但在仓库和西点间为了防潮、防鼠不宜设排水沟。

6. 防止厨房油烟进入餐厅

厨房的通风、排风如处理不当会导致油烟向餐厅、客房弥漫，影响顾客就餐和休息。现代厨房设计均采用厨房比餐厅的空气压力低的方法来解决此问题。即厨房采取负压，并用增加换气次数（使换气次数在60～70次/小时）的方法将厨房油烟与热量迅速排至室外。

7. 减少厨房噪声

噪声过大会直接影响工作的质量和效率。故在手推车和其他可以移动的设备上安装橡胶轮子，洗涤架下铺设塑料垫或橡胶垫，避免金属、瓷器的撞击，尽可能排除噪声的来源。一般在厨房与餐厅之间可以通过备餐间或过道的转折来降低噪声对餐厅的影响。也可使用屏风或隔墙等方法，来减少厨房噪声传入餐厅。

8. 设计方便通畅的行走线路

厨房、库房与供应入口应有方便、宽敞的行走通道。餐厅和厨房的通道必须妥善布局，以避免宾客和服务员、服务员和厨师的行动路线相互交叉和碰撞。厨房与餐厅之间的连接处应分别设有进、出两个通道，避免碰撞。厨房的操作单元应布局得合理，各操作点的位置也应根据操作特点和出菜的先后次序排列。避免厨师重复走动，提高工作效率。

9. 充分考虑各功能区域

在进行设计规划时，应充分考虑各功能区域。如食品验收区、仓库、初加工间、切配烹调间、冷菜间、点心间，备餐间、洗涤间、餐厅存物间、衣帽间、办公室、开水间、吸烟室、酒水间、员工更衣室，以及客用卫生间和员工卫生间等均应考虑到位。此外，还要考虑单独空调、音响设施、菜肴照明灯等设施。有些餐厅在开张营业时，才发现多余的餐桌、餐椅没地方存放，开餐要用的酒水没地方存放，背景音响设施没位置摆放，甚至连进货通道都没有。因此，在设计时要避免诸如此类的事发生。

10. 创建良好的工作环境

良好的工作环境有助于员工充分发挥工作才能，免除不必要的疲劳和不适。如温度、湿度、通风、照明、噪声、工作空间等诸多环境因素和条件都影响着员工的工作效率和情绪，特别是在设计和挑选地面材料时，要考虑到防滑与宜清洗。工作环境不仅能影响工作效率，也能影响到使用工作人员的成本，影响到厨师队伍的稳定性。

7.3.2 厨房各部位设计要点

1. 厨房的高度

厨房高度一般不低于3.6m，太低使人感到压抑，透气效果差和散热效果差；厨房高度太高，会使建筑、装修、清扫、维修费用增大，不符合经济要求。较为常见的高度为3.6～

4 m。储藏室之类可以适当低些，如是顶层，这一高一低的错落可以设计天窗通风口。

2. 墙壁和天花板

墙壁和天花板平面力求平整，无裂缝和凹凸，无暴露的管道。不然易堆污积尘，甚至孳生虫蝇，影响食品生产的卫生安全。由于厨房空气湿度大，天花板最好涂抹抗水白漆，以防表面受潮脱落污染食物。或选用轻型金属材料拉顶，便于拆卸清洁。墙壁应平整光滑，无裂缝凹陷，经久耐用，易于清洁，最好整面墙采用瓷砖、塑料之类的可洗物质铺面，以免油污堆积。

3. 厨房地面

厨房地面在保证不滑的前提下，还要求耐磨、易于清扫、不沾油腻，能经受无数次清扫、重物碰撞、高温接触的情况下，都不开裂、不褪色。另外地板的颜色要求鲜明，迫使人们从心理上注意保持厨房清洁。

4. 排水沟

排水沟必须有适当的深度，一般宽度为 200～300 mm，深度为 150～300 mm。内壁铺设瓷砖或不锈钢板，有一定的斜度，防止逆流。上面装有不锈钢栅板（栅板密度要小，防止服务员进出时扣住高跟鞋鞋跟）。排水沟出口处应装有防止垃圾流入管道的过滤筛，同时也可防止鼠虫侵入。

5. 其他要点

装备火警预报和自动灭火系统；冷藏库与冷冻库要排列在一起，以节省能源，并与库外地面平齐；厨房与各餐厅、宴会厅之间要有一服务间，习惯称备餐间，以备存放各种菜肴的辅助工具及服务用具，如火锅、刀叉、台布、纸巾等以及制冰机等；宴会厅与服务走廊之间要有隔屏；餐具车的位置要处在从餐厅通向厨房的门边，便于随时放置从餐厅内撤下的餐具，送往厨房洗涤间；厨房通道至少宽 1.1 m（42 英寸）等。

7.3.3 厨房作业区规划

厨房由原材料储藏、原材料初加工、精加工、烹调、点心制作、备餐、洗涤、各类餐具仓库、熟食品冷藏室、保温柜与厨房管理区域等组成，如图 7-2 所示。

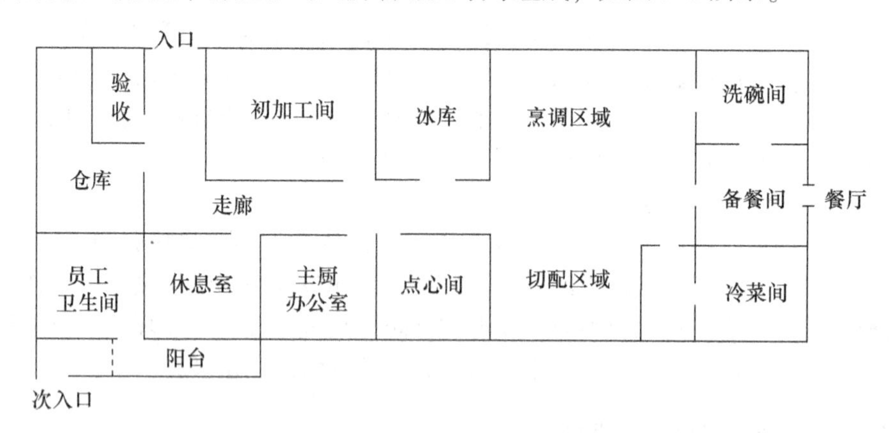

图 7-2 厨房作业区规划

1. 原材料储藏区

原材料储藏区分为食品仓库和冷库，食品仓库又分为干货仓库和粮油仓库。冷库一般均采用预制组合式冷库，这种冷库的壁板采用保温性能极高的材料，壁板之间有凹凸槽连接，安装方便、迅速，效果良好。仓库和冷库内应充分利用空间，制作尺寸合适的陈放架。

2. 原材料初加工间

中式烹饪原材料采购后，蔬菜要进行挑拣、清洗，鸡鸭要进行屠宰、褪毛等处理，所以，初加工间的面积相对要比国外餐馆的初加工间面积大。随着食品供应质量的提高和配送中心的发展，中餐厨房的初加工区将会缩小。目前，初加工部分主要包括工作台、水池、货架及活养区。在规划时要考虑到地面的冲洗的排水、水池容量的大小、自来水的进水流量、污水的排放速度等问题。

3. 精加工区

精加工区即切配区，厨师按照已定的菜单进行切制加工和配伍，为下一工序烹调做好准备。精加工主要分蔬菜加工、肉类加工、糕点加工等。规划要求是所在区域要有冰箱（冷藏库）的位置，并要靠近烹调区。

4. 烹调区

烹调是厨房中最重要的工序，烹调质量的好坏直接影响餐厅的经营效益。中、西菜的烹调决然不同，其设备与布局也各异。

（1）中餐烹调，一般配制炉灶与出菜台，出菜台又称打荷台，炉灶与打荷台距离应在85～110 cm。炉灶有二眼、三眼、五眼之分，上方要配制吸风罩，以利油烟的排放。中餐炉灶靠墙的为多。

（2）西餐烹调。西餐把烹饪区分为主菜烹饪间、点菜制作间等。西餐炉灶有四头、六头、八头明火炉，有不附设烤箱与附设烤箱多种。西餐灶有用电的、用煤气的，其他西餐设备有扒炉、炸炉、西式汤炉、热汤池、烤炉、焗炉等等。上方要配制吸风罩，摆放厨房中间的为多。

5. 冷菜间

冷菜间设计应考虑二次更衣间，生制品加工间，冷菜切配出品间。并应配有冷气设备或单独装有空调，除照明等外，还要装有红外线消毒灯，配置充足的冷藏设施。

6. 点心间

点心间应具有一定的相对独立性。必须配置相应的面点原材料加工、搅拌、发酵和蒸、煮、炸、烤等设备。应考虑大功率电源的设置，并应具备良好的排油烟、水蒸气系统。一般制作点心的设备有发酵箱、多功能搅拌机、压面机、蒸炉、烤箱等。

7. 主厨办公室

主厨办公室，是厨师长设计菜单的场所，也是对外联系原材料的窗口，所在位置最好在仓库区块和切配烹调区域之间。厨师长既可以方便验收和检查原材料，也方便在切配烹调区域指挥和工作，也杜绝了供应商进入烹调区域。

8. 员工卫生间

员工卫生间是必备设施，最好设计在远离餐厅的部位。底层厨房可单独设计在厨房的外面，楼层厨房可设计在仓库验收区块，或者增设阳台，从阳台进入卫生间，并使卫生间的门窗朝室外开启，这样设置不会影响到厨房的环境。

7.4 其他区块设计布局

7.4.1 餐厅公用区域

餐厅中常设有一些为餐厅经营活动服务、便利客人的公共设施和区域。

1. 会见室

会见室紧靠宴会厅，会见室的设立是政府机关有外事活动，在宴请前接见外宾或会谈之用。一般有沙发、茶几、大幅国画和鲜花盆景。使用中根据接待单位的需求，有时要添置挂旗和摄影台。

2. 休息区

休息区是为客人在等待同伴（或等候用餐）时休息的区域，休息区可以设立椅子、茶几。设置报刊小架、提供报纸、杂志及宣传册供客人翻阅。有些提供更为优质的服务，给等候的客人倒水泡茶，供应点心、水果，提供免费上网。

3. 衣帽间

衣帽间通常设在靠近餐厅进口处，由专门服务人员管理客人的厚重衣物和帽子、手杖等用品。

4. 洗手间

评价一个好的餐厅往往从洗手间开始。因为任何人都可以由洗手间的整洁程度来判断该餐厅对整体卫生的重视程度，所以应引起特别注意。洗手间设置切忌与厨房连在一起，也不宜设在餐厅中间或正对大门的地方。

7.4.2 储物仓库

仓库是生产与服务的后勤保障区域。有些饭店的餐饮部设有食品仓库，但忽略了餐厅的储物仓库，导致多余的桌椅无处存放，布草杂乱无章。所以餐厅储物仓库的设置必不可少。一般餐厅仓库有酒水仓库、布草仓库、杂件仓库等。

1. 酒水仓库

酒水仓库是餐厅的酒水中转站。根据任务的需要，适当放宽数量从仓库领取酒水，存放在餐厅的酒水库，从餐厅酒水库向餐厅发放，多余和退回的酒水也保存在这个酒水库中。

2. 布草仓库

布草仓库是餐厅存放台布、口布、桌裙、筷套、牙签等物品的储藏地。布草仓库设置有序的货架，从洗衣公司取回干净的布草按要求存放。但待清洗的脏台布禁止入内，防止老鼠以及昆虫的孳生。

3. 杂件仓库

杂件仓库是餐厅存放临时不用的桌椅、自助餐架、折叠桌、屏风、背景等物品，是餐厅必须设置的仓库。有些餐厅为了扩大营业面积，而不设杂件仓库，结果餐椅只能堆在餐厅的一角，严重影响了餐厅的整洁与美观。

4. 餐具仓库

餐具仓库是餐厅的银餐具仓库和餐具临时存放仓库。银餐具使用后，要擦净并密封存放，以防氧化。大型酒会结束后，大量的酒杯需洗净后放入酒杯格，存入餐具仓库。餐具仓库不仅要有序的货架，还要配制保险柜存放贵重餐具。

7.4.3 备餐洗碗区域

1. 备餐间

备餐间是餐厅的后台，是配备开餐用品，创造顺利开餐条件的场所。备餐间应处于餐厅、厨房过渡地带，起到了厨房与餐厅之间隔油烟、隔噪声的屏障作用。备餐间要有足够空间放置设备，如酒水冷库、柜台式冰箱、制冰机、冰淇淋机、榨汁机、烤面包机等。并有向餐厅提供菜肴的辅助用具和服务用具，和提供酒水、茶水、咖啡、牛奶、黄油等功能。

2. 洗碗间

洗碗间的位置，以紧靠餐厅和厨房，方便传递。无论是使用先进的集清洗、消毒于一体洗碗机洗碗，还是采用手工洗涤、蒸汽消毒的方法洗碗，在洗涤期间，均会产生水汽、热气、蒸汽。这些气体，如不及时抽排，不仅会影响洗碗工的操作，会使洗净的甚至已经干燥的餐具重新出现水汽，还会导致雾汽流向餐厅、厨房，因此，必须设计有效的排风设施。

思考与练习

1. 虚拟一个空间，根据厨房布置要求，设计厨房作业区图纸。
2. 在设计餐厅时，应考虑哪些不可缺少的附属区域？
3. 餐厅和厨房的连接在布局装修上应注意哪些问题？

第 8 章　文化建设与菜单设计

企业文化是社会文化的一个有机组成部分，企业文化同社会文化一样，亦有广义和狭义之分。广义上企业文化是指企业及其员工在长期生产经营中形成和发展起来的群体意识，并在这种群体意识的驱动下所创造的一切成果。狭义上说，企业文化是指企业及其员工在长期生产经营中所形成的管理思想、群体意识、价值观念、行为规范和行为方式。餐饮企业的菜单，也体现着企业的一种文化，故也涵盖在文化建设之中。

8.1　餐饮企业文化建设

餐饮企业文化是根据本企业的客观条件，从多年经营中所积累的具有行业特点的思想、意识、观念、规范和行为方式的总和。是当代餐饮经营中以人为本的管理理论的体现。

餐饮企业文化既是一种独特的文化，又是高度理性化的文化。比如它带有综合性，以激发职工的主动性和自觉性为目的，常常在餐饮的装修、园林环境、宣传画廊、经营理念、菜单设计、菜肴工艺、服务技巧等方面以各种形式出现。餐饮企业文化又可以调整职工的思想和行为，通过精神力量将全体职工组成一个有机的整体，使职工对企业产生信任和依赖，增加了职工的归属感。

8.1.1　餐饮企业文化内涵

当前餐饮管理学家和企业家普遍认为餐饮经营文化包括三个部分：餐饮企业精神文化、餐饮企业行为文化和餐饮企业物质文化。不同饭店或餐饮企业有不同的企业文化，建立一个个性独特鲜明的企业文化来凝聚员工的力量，是餐饮企业发展方向，是具有号召力、凝聚力和向心力的。

1. 精神文化

企业精神文化包含着个性精神、主体精神、自觉精神和道德精神。

一个企业在长期的生产经营过程中，围绕生产经营管理而逐步形成和发展起来的共同的理想信念、价值观念、经营宗旨、风格风尚等精神观念，是一种指导企业整体行为、具有鲜明个性特征的特殊精神。正是这种特殊精神的本质的概括，才形成每一个企业自己的企业精神。所以每个企业的精神都不同，存在着一定的个性。

企业精神是企业和员工主体意识的集中表现。它集中反映了企业员工的素质水准，全体员工在总体上对企业发展的意识程度和对企业所负的社会责任的觉悟程度，同时又是企业在其生产经营行为中所获得的自觉度、自由度的表现。所以企业精神十分强调企业员工的精神状态、思想境界和理想追求。如“诚心经营”、“待客如宾”等，都是主体精神的反映。

企业精神是企业广大职工在生产经营实践活动中自觉形成的，是广大职工集体智慧和精神追求的结晶。它也是企业优秀领导人结合生产经营实践反复灌输、不断培育的结果，靠的是永久的积累和自觉地追求。

道德的原意是风俗和习惯，后来发展成为原则、行为、品质等意义的代名词。道德是一种意识形态，是人类评价活动的一个重要领域。餐饮企业道德精神是调整本企业与其他企业之间、职工与顾客之间、职工与职工之间关系的行为规范的总和。道德精神是一种非制度化的规范，是一种内在的价值观念，一种企业意识，是企业各种法规的必要补充。

2. 行为文化

餐饮企业行为文化包括经营目标、企业制度、民主管理、人际关系等行为方面的文化。

经营目标是餐饮企业以目标形式表达的一种观念的形态文化，它作为一种意念或一种信号传达给职工并且引导他们的行为，以具体化的经营数字或目标表达抽象的追求。从中反映了全体职工的价值追求、道德规范、民主建设和企业形象。经营目标是经营者、管理者、员工共同的目标，促使大家相互配合、协调。在行动遇到困难和阻碍时，经营目标会激发人们克服困难的勇气，当经营目标实现后，又能使大家充满荣誉感。

企业制度是一种规范约束的行为文化，餐饮企业制度常常根据企业精神、价值观念、意识形态而制定的能保证正常的经营秩序、提高经营效益的行为规范。行为规范要精确性、稳定性和权威性。精确性是指制度条文的理解应该没有歧义，避免对制度的不同理解，具备可操作性；稳定性是指制度一经颁布执行，就应当在相当时间内不要轻易更动；权威性是指制度执行必须坚决与彻底，任何人都不得违背。餐饮企业制度文化一旦在长期经营和管理实践中形成，每个员工就不会感觉有制度约束，而是在习惯的过程中工作。

民主管理是一种企业以人为本的管理文化。民主管理包括职工民主意识、民主权利、民主义务等多方面。餐饮企业民主的核心是以人为本的价值观和行为规范。它使部门内每个职工都深深感到这一精神支柱、一种文化和民主气氛存在，从而做出自己最大的贡献。现代餐饮企业民主管理有利于改善管理人员与职工的关系，有利于提高企业在市场竞争中的应变能力。

企业人际关系是人们在工作交往时形成的关系文化。餐饮企业人际关系的基本形式有两种：企业领导与被领导的上下级的纵向关系；同事与同事之间的相互接触的横向关系。纵向关系又称序列关系，其中领导者在这种关系中有主导作用。横向关系也称平行关系，但这种关系由于工作过程中双方的互动存在，带有一定的强制因素。所以要重视横向关系的建设，有利于部门形成良好的群体氛围，又能使职工处在一个和谐融洽的关系中，用心情带动工作热情。

3. 物质文化

餐饮企业的物质文化包括由餐饮职工创造的企业环境、餐饮器物、餐饮标识等方面以物质为形态表现的文化，是精神文化和行为文化的显现。一方面它受精神文化与行为文化的制约，另一方面又是人们感受企业文化的外在形式，具有形象性。

餐饮环境是餐饮企业文化的一种外在象征，体现了餐饮经营文化个性特点。主要指建筑物、停车场、餐厅、通道、厨房等。

餐饮器物包括菜肴、酒水、经营与生产设施、餐具、酒具、各种用具、办公用品和交通工具等。其核心内容是餐具、菜肴和酒水。

餐饮标识是餐饮企业文化的可视象征之一，是体现餐饮经营文化个性的标志，它包括餐厅名称、包厢名称、餐厅象征物等方面的内容。一些餐厅在门口处摆放象征物或艺术品，反映该企业的餐饮经营文化。

8.1.2 餐饮企业文化功能

企业文化的功能，大致有9个方面，它们有时单独发挥作用，但大多时候还是综合地相互促进，更使企业文化的整体效应得到充分的发挥。

1. 发展功能

餐饮企业文化的建设，使餐饮企业具备持续发展的后劲。但是餐饮企业文化引导餐饮经营发展的效果，不能简单地理解为今天抓餐饮企业文化，经营效益就高上去，明天不抓餐饮企业文化，其经营效益就会低下来。要有一个时间上的积累过程，持之以恒地建设餐饮企业文化，必然会产生可持续发展的效果。从这个角度来看餐饮企业文化的可持续发展功能，不仅表现在经营效益方面，也表现在技术和整个企业的文明。

2. 激励功能

加强企业文化，使企业有明确的目标，各个岗位有各自的责任，有领导的信任，同事间的尊重，在共同文化观念形成的群体意识的驱动下，职工的事业心、责任感会逐步加强。这种良好的文化氛围，对职工积极性、主动性、创造性的发挥，能起到源源不断地激励的力量。这种力量，对一个现代企业来说，在国际商品竞争日益激烈的当今和未来，是生存、发展、取胜所必须具备的基础。

3. 导向功能

文化有一种价值取向，规定着人们所追求的目标，具有导向的功能。餐饮企业文化是餐饮企业的价值取向，规定着企业所追求的目标。所以要发挥企业文化的导向功能，第一，要引导职工树立企业的共同价值观。优秀的企业文化能使职工潜移默化地接受本企业共同的价值观，把追求各种具体目标上升为崇高目标，并把具体目标寓于企业的价值体系之中。第二，要引导职工正确认识自我以及自我在企业所处的地位和作用。优秀的企业文化能使职工正确认识自我以及企业对他们的期待，使职工正确认识自己在本企业中的位置，从而充分发挥自己的聪明才智。第三，要引导企业树立良好形象，提高企业知名度。优秀的企业文化能使企业展示自己良好的管理风格、经营状态和精神风貌，使企业树立良好的整体形象，扩大企业在社会上的影响。

4. 融合功能

餐饮企业文化能够融合企业内外关系，使各岗位和部门和谐一致。首先，通过企业文化建设使企业尽可能调整自己的产品，以利适应和满足顾客的需要；同时给予企业员工关爱，用这种爱把职工凝聚、融合成一个坚强的集体。其次，企业文化还会在职工中形成一种相互沟通、理解、信任的文化氛围。

5. 凝聚功能

餐饮企业文化可以增强企业凝聚力。这是因为企业文化有同化作用、规范作用和融合作用。这三种作用的综合效果就是餐饮企业文化的凝聚功能。从形式上，企业和它的全体职工总是凝聚在一起，但传统的管理理论把企业与职工的相互利用关系作为管理工作的出发点与归宿，而餐饮企业文化把个人目标同化于企业目标，把建立共享的价值观作为管理上的首要任务，从而坚持对职工的理想追求进行引导。

6. 育人功能

餐饮企业文化具有育人功能，它能使职工的精神境界和道德素养日益提高。企业文化的三个层次：物质文化、行为文化层、观念文化层，都蕴涵着不同程度的育人意识。企业文化的育人功能，主要是从以下三个方面来发挥：一是企业内培训；二是企业外培训；三是企业开展各种文明的、健康的、有益的文化活动。

7. 约束功能

约束功能是指运用规章制度、人际伦理关系、道德准则等约束和规范员工的思想和行为。为了使企业文化发挥更大的约束功能，第一，要让员工了解本企业的共同价值观，懂得何种思想和行为才符合企业的共同价值观。按照价值观的取向自我管理自己，并积极发挥其创造能力。第二，将硬约束与软约束有机地结合起来。企业需要严格的、科学的管理制度，但这是一种硬约束，按照目前中国企业的现状，它对员工思想和行为和规范还起着不容忽视的约束作用。而企业文化更侧重于软约束，即一种感情化的、注重道德准则的约束，这种软约束，实际上是一种由内心心理约束而起作用的自我管理。即在感情和道德觉悟的作用下，做了与制度相抵触的事，就会感到自负和内疚。

8. 美化功能

企业文化具有对餐饮企业的美化功能，它对员工实施审美教育，创造舒适整洁的氛围，提供优美的产品和优质的服务，开展各种有益身心健康的文化艺术和体育活动，培育具有独特个性的企业精神和富有魅力的企业形象。这些既体现在精神方面，也体现物质方面；既有社会的，也有自然的；既是主体，又是客体。所以不仅仅是审美教育、环境布置上有美化意识，而且在一系列的企业文化的活动和贯彻中，融和审美意识，体现美化功能。

9. 广告功能

餐饮企业文化还具有提高企业声誉功能。餐饮企业文化不仅对企业内部的管理发挥作用，而且还对企业周边的社区乃至整个社会产生积极的影响。由于企业文化的日趋成熟，必将促成企业管理工作日趋完善，真正走上科学化的管理轨道；企业整体素质提高，菜肴质量和服务质量也得到提高。加上企业的建筑、设施设备、诚心经营和其他活动都反映出企业的文化，这些文化会像广告一样给企业带来信誉，也是现代企业的一笔巨大的无形资产。

8.2　菜单文化

菜单，英文是“Menu”，来源于法语，或称菜谱、食单，其雏形是法国厨师为了记录菜肴的烹制方法而写的单子。当它成为向客人提供的菜单时，已是 16 世纪中叶的事情了，据说在 1541 年英国布朗斯维克公爵在私人宅第举行晚宴，宴请朋友时，要求厨师将当天准备的菜肴抄在小纸条上，使他能预先知道要上的菜，当客人看到他在看桌上的单子，颇受启发，以后大家便争相仿效，菜单也就真正出现了。而我国在宋代就有了菜单，诗人陆游在《老学庵笔记》中记载了宋廷宴请金使的国宴菜单。现代菜单与古时不同，它与菜谱有不同的性质。菜单是介绍菜肴给消费者的媒介，而菜谱是厨师制作菜肴的标准范本。

8.2.1　菜单定义

菜单的含义有广义与狭义之分。广义的菜单是指餐厅中一切与该餐饮企业产品、价格及服务有关的信息资料，它不仅包括各种文字图片资料、声像资料以及模型与实物资料，甚至还包括顾客点菜后服务员所写的点菜（订餐）单。而狭义的菜单则仅指餐饮企业为便于顾客点菜订餐而准备的有菜品与每份的量、服务与价格等信息内容的称为点菜菜单；为了便于顾客预定宴会和团体餐而准备的，有菜名及价格信息的称为预定菜单；宴会台面上介绍该宴会菜点的称之为宴会菜单。一份良好的菜单既要能够引导客人选择食品饮料，满足顾客审美及就餐的喜好，同时又要符合餐饮企业整个餐饮经营过程的计划。

8.2.2 菜单的作用

随着餐饮业的发展，新的餐饮经营形式不断出现，新技术在餐饮业广泛推广，从而使得菜单的种类与形式日趋丰富，其内容与作用也相应扩大。今天，菜单的含义已不局限于传统上的文字内容，它已成为餐饮企业与顾客进行信息交流与沟通的重要手段之一，同时也是餐饮企业对整个餐饮经营过程进行计划、调控不可缺少的管理工具之一，它在餐饮企业经营管理中的作用主要表现在以下几方面。

（1）菜单能促进餐饮销售。一份赏心悦目的菜单，能使顾客感到心情舒畅，并能让顾客体会餐厅的用心经营，促使顾客欣然解囊，乐于多点菜肴；而且可以利用菜单内容引导顾客消费，增加餐厅的收入，提高顾客满意度。

（2）菜单是宣传品，又是艺术品。菜单无疑是餐厅主要的广告宣传品，一份制作精美的菜单不但可以提高用餐气氛，更能反映餐厅的格调，使客人对菜单内所列的美味佳肴留下深刻印象。有的菜单甚至可以被视为一种艺术品，让人欣赏并留作纪念，带给客人美好的用餐体验。据说大画家张大千所写的菜单，成为客人竞相索取和收藏的纪念品，张学良将军还将收藏的菜单装订成册后又请张大千题字留念。

（3）菜单可反映餐厅的经营方针。餐饮工作包罗万象，主要有原材料的采购、食品的烹调制作以及餐厅服务，这些工作内容都得以菜单为依据。因此，必须根据餐厅经营方针的要求来设计菜单，才能实现营运目标。

（4）菜单可控制餐饮成本。菜单内容一经确定，也就决定了餐饮企业食品成本的高低。毛利偏低的菜肴过多，必然导致整个食品的成本偏高；精烹细作、工艺复杂的菜品过多，也会引起劳动成本的上升。菜单上不同成本的菜品数量比例是否恰当，直接影响到餐饮企业盈利能力。所以菜单的设计是生产成本控制的重要环节。

（5）菜单是厨房购置相应餐饮设备的指南。餐饮企业必须根据菜单的菜肴种类和制作方法，选择合适的餐饮设备和工具。例如有老鸭煲就要购置砂锅，有煎牛排就要购置平板灶或平锅。一般而言，菜式种类越丰富，所需的设备种类就越多。

（6）菜单是与消费者沟通的桥梁。消费者通过菜单来选购自己所喜爱的菜肴，而接待人员通过菜单来推荐餐厅的招牌菜，两者之间皆由菜单开始交谈，使信息得以交流，形成良好的双向沟通模式。有些在菜单上还绘上漫画，加上菜点小常识，更拉近消费者的距离。

（7）菜单体现餐厅的经营特色和水准。每个餐厅都有自己的经营特色和等级水准。菜单上的食品项目、饮料品种、价格及质量等均能显现餐厅商品的特色和水准，以留给客人良好和深刻的印象。

（8）菜单是餐厅采购原材料的依据。食品材料的采购和储藏是餐厅经营活动的必要环节，它们受到菜单内容和菜单类型的支配和影响。所以餐厅经营者必须根据菜单来决定食品材料采购的种类和数量的多寡。

（9）菜单是服务人员提供各项服务的准则。菜单决定了餐厅服务的方式和方法，服务人员必须根据菜单的内容及种类，提供各项标准的服务程序，既能让客人得到视觉、味觉、嗅觉上的满足，又能让客人享受到优质的服务。

(10) 菜单是研究食品质量的资料。根据客人点菜的情况，分析餐厅菜肴销售状况，了解客人的口味以及客人对菜肴的点击率，作为改进食品质量及服务品质的依据，从而来调整口味方向，改良生产计划和烹调技术，改善菜肴的促销方式和菜肴毛利率。

8.3 菜单的种类

由于各餐饮企业的经营类型、档次及经营项目各不相同，因而各企业对菜单内容选择、项目编排以及外观设计均有不同要求，从而形成了千姿百态的餐厅菜单。依据不同的分类标准，可将菜单分为多种类型。按餐饮形式和内容分，有早餐（茶）菜单、正餐菜单、宴席菜单、团队菜单、冷餐自助餐菜单、宵夜点心菜单以及酒水单；按照市场特点，可分为固定菜单、循环菜单、当日菜单和限定菜单等；按照菜单的价格形式，可分为零点菜单、套餐菜单和混合菜单；根据餐饮企业经营类型，可分为餐桌服务式餐厅菜单、自助式餐厅菜单和外卖送餐式餐厅菜单等；按照中西餐就餐方式，可分为中餐菜单和西餐菜单。综合考虑各类餐饮企业的经营类型、经营项目、就餐形式及服务对象等因素，可将菜单分为以下六大类型。

8.3.1 零点菜单

零点菜单又称作“点菜菜单”或“散客菜单”，是消费者根据自己嗜好选取所列菜点的单子或本子。是餐厅中最基本、最常见，也是使用最广泛的一种菜单。它适用于前述大多数经营类型的餐饮企业，如传统餐桌服务式餐厅、特色餐厅、风味餐厅、火锅餐厅及咖啡厅等。“点菜”在法语中叫“A La Carte”，在日语中又称“一品料理”。零点菜单按餐别可分为中、西早餐零点菜单和中、西正餐零点菜单4种。中、西正餐零点菜单所列菜品种类较多，大多都图文并茂，客人可根据自己嗜好按菜单点菜。随着餐饮业的迅猛发展，近年许多餐厅在正餐零点菜单上除保留一定比例的固定菜肴外，大量增加了应时新鲜菜品和一些特选品种，进一步扩大了菜单上的选择项目，使顾客有更充分的选择余地。即使是专营某类菜肴的特色餐馆或风味餐厅，其菜单上也列有一定数量的其他菜肴。中、西早餐零点菜单则相对简单，这主要是由于大多数人早上忙于上班，就餐时间相对较少，早餐菜单上较少的菜品可为客人节约点菜时间。总的来说，零点菜单的基本特征主要有以下几方面。

(1) 针对流动性较大的客源市场，常使用固定性菜单，在相当一段时间内大部分菜品基本不变。

(2) 针对的顾客群较广，为兼顾客人不同口味与层次的需求，零点菜单菜品较多，菜品价格高、中、低档搭配适度，尤其是正餐零点菜单，从而使顾客有充分的选择余地。

(3) 每道菜品都标明价格，许多餐厅的零点菜单还将每道菜品按大、中、小份分别定价，让顾客有更大的选择余地。

(4) 反映餐厅经营特色与等级水平，突出主菜与特色菜。

1. 中式早餐零点菜单主要菜品类别（见表8-1）

表8-1 中式早餐零点菜单主要菜品类别

粥类	各地粥品主要以当地风味为主，如白粥、小米粥、八宝粥主要常见于北方风味的餐厅，鱼片粥、皮蛋瘦肉粥在粤菜餐厅菜单上最常见。除了白粥价格低一个档次外，其他粥品一般以相同价格供顾客选择
面食点心类	面点类主要以中式面点为主，常见品种有蒸饺、虾饺、烧卖、春卷、花卷、包子、馒头、煮面、炒面、云吞等
小菜类	这亦是以各地风味小菜为主，如泡菜、咸菜、火腿肠、咸蛋、花生等，南方地区的餐厅还提供肉类小食，如牛百叶、凤爪、猪蹄等
饮料类	饮料一般是茶或果汁，有些餐厅还设有水果或咖啡

中式早餐零点菜单内容示例
BREAKFAST MENU

白粥 ￥5.00
White Congee
鱼片粥 ￥5.00
Congee with Sliced Fish
鸡茸粥 ￥5.00
Congee with Minced Chicken
皮蛋瘦肉粥 ￥5.00
Congee with Minced Pork & Preserved Egg
馒头（个） ￥0.50
Steamed Bun
包子（个） ￥1.00
Steamed Dumpling
各式面条（碗） ￥8.00
Various Noodles
云吞 ￥8.00
Wonton in Soup
咖啡、牛奶或奶茶 ￥2.00
Coffee, Milk or Milk Tea
各式小菜（任选1） ￥3.00
Various Pickled Vegetables
各式香肠、咸蛋（任选1） ￥3.00
Various Sausages or Salted eggs
水果盘 ￥8.00
Fruit Plate

图8-1 中式早餐零点菜单内容示例

2. 西式早餐零点菜单主要菜品类别（见表8-2）

表8-2 西式早餐零点菜单主要菜品类别

果汁与水果类	英式早餐的常见品种
面包与黄油	面包一般是烤制而成，与果酱黄油同时送上。早餐菜单一般选用月牙形黄油小面包(Croissant)、香甜盘肠面包（Sweet Roll)、玉米面包（Corn Muffin）等盘肠面包类主食
谷物类	这是英式早餐菜单上的常见品种，尤以燕麦片粥（Oatmeal)、玉米面包片（Corn Flakes）最为有名
禽蛋菜肴类	这也是英式早餐菜单上的常见品种。包括各种禽蛋菜肴，这类菜肴一般都加有火腿、香肠或咸肉
饮料	饮料主要有咖啡、牛奶、可乐、红茶等饮料

西式早餐零点菜单内容示例

BREAKFAST Ala Carte

Served from 7：00 a. m. —10：00 a. m.

Sundays and bank Holidays

8：00 a. m. —11：00 a. m.

Tomato Prune or Pineapple Juice	Small	£ 0. 50
	Large	£ 0. 60
Fresh Orange Juice or Grapefruit Juice	Small	£ 0. 40
	Large	£ 0. 50
Stewed Prunes or Figs		£ 0. 80
Chilled Seasonal Melon		£ 0. 50
Half a Grapefruit		£ 0. 30
Fresh Grapefruit Cocktail		£ 0. 50
A Choice of Fruit	Per piece	£ 0. 30
Yoghurt		£ 0. 50
Porrige or Cereals of Your Choice		£ 0. 50
Two Eggs as You Wish		£ 0. 60
Bacon, Sausage, Tomato and Mushrooms		£ 0. 60
A Three-Egg Omelette of Your Choice		£ 0. 75
Breakfast Sirloin Steak		£ 2. 00
A Pair of Kippers		£ 0. 70
Smoked Haddock and Poached Egg		£ 1. 00
Pancakes with Maple Syrup or Sugar and Lemon		£ 0. 60
Fresh Breakfast Rolls, Hot Croissants or Toast with Butter		£ 0. 15
Marmalade, Honey or Jam		£ 0. 15
Tea, Coffee or Milk		£ 0. 20

图8-2 西式早餐零点菜单内容示例

3. 中式正餐零点菜单主要菜品类别（见表8-3）

表 8-3 中式正餐零点菜单主要菜品类别

冷盘凉菜类	凉菜类包括各种拼盘、凉菜
江鲜、河鲜与海鲜类	主要包括淡水与咸水鱼、虾、蟹及甲壳类菜肴
肉类	肉类主要是家畜类菜肴，包括家畜内脏等原材料制成的菜肴
禽类	主要是家禽类菜肴
蔬菜类	主要包括蔬菜、粮食、水果等原材料制作的菜肴
主食类	一般是米、面制品制作的品种
汤类	汤类以各种羹汤类菜品为主
甜点类	甜点类包括各种甜食菜品
饮料类	包括酒精饮料与非酒精饮料

中式餐厅正餐零点菜单品种丰富，但并不意味着所有的餐厅在选择菜品时，都必须将上述类别的菜品全部列在菜单上，而是要根据本餐厅的经营类别、当地原材料供应情况、本餐厅技术力量、本餐厅市场定位与档次，来选择菜肴品种，同时在众多菜肴品种中，将那些最能突出本餐厅特色、反映本餐厅技术水平以及餐厅最愿意销售的菜品放在菜单上最醒目的位置。另外，中式正餐零点菜单的菜品类别，也可根据需要，加入以烹调方法为特征的品种类别，如堡仔菜、铁板类、热炒类、烛品类、烧烤类等类别。

中式正餐零点菜单内容示例

冷菜类

品名	重量	价格/单位
舟山海蜇	200 g	（略）
红油肚丝	200 g	（略）
绍兴醉鸡	250 g	（略）
温州鸭舌	200 g	（略）
五福醉魟	200 g	（略）
秘制排骨	200 g	（略）
蛋黄牛筋	200 g	（略）
泡椒皮蛋	200 g	（略）
宁波烤菜	200 g	（略）
糯米酥藕	250 g	（略）
面酱黄瓜	200 g	（略）
红枣百合	200 g	（略）
落地丁香	200 g	（略）
冰镇南瓜	300 g	（略）
金华老干	250 g	（略）
香菜干丝	100 g	（略）
……		

海鲜类

品名	加工方法	价格/单位
苏眉鱼	广味蒸、油浸	（略）
东星斑	广味蒸、葱油	（略）

图 8-3 中式正餐零点菜单内容示例

大黄鱼	清蒸、葱油、红烧、雪菜汤	（略）
小黄鱼	干炸、咸菜蒸	（略）
大鲳鱼	葱油、红烧、香炸	（略）
鳓鱼	抱腌蒸、红烧	（略）
大龙虾	蒜茸、椒盐、葱姜、上汤	（略）
小青龙	蒜茸、椒盐、上汤	（略）
大虾菇	白灼、椒盐	（略）
富贵虾	白灼、椒盐、盐水	（略）
基围虾	白灼、椒盐、蒜茸蒸	（略）
河虾	白灼、盐水、油爆、干菜蒸	（略）
白虾	白灼、盐水、油爆、干菜蒸	（略）
大对虾	干煎、椒盐	（略）
象鼻蚌	刺身、滑炒、上汤	（略）
竹管蛏	姜葱、葱油、白灼、盐焗	（略）
香螺	蒜爆、白灼	（略）
红膏蟹	葱姜炒、蛋蒸、咸蛋黄炒	（略）
湖蟹	清蒸、咸肉蒸	（略）
甲鱼	生炒、冰糖烧、清蒸、放汤	（略）
河鳗	清蒸、干菜蒸、豆豉蒸	（略）
左口鱼	清蒸、葱油、广式蒸	（略）
鳜鱼	清蒸、葱油、红烧	（略）
鲈鱼	清蒸、葱油、红烧	（略）
……		

畜肉类

品名	重量	价格/单位
铁板肥牛	肥牛肉 350 g	（略）
红烧羊肉	羊肉 400 g、青大蒜 50 g	（略）
沙茶牛肉	牛肉 350 g	（略）
西芹炒腊味	腊肉 150 g、西芹 200 g	（略）
回锅肉	肉片 200 g（青蒜、红椒、包菜、香干）	（略）
菠萝咕噜肉	猪肉 200 g、菠萝 50 g	（略）
水煮牛肉	牛肉 350 g	（略）
梅菜扣肉	五花肉 250 g、干菜 100 g	（略）
秘制蒜香骨	子排 500 g	（略）
椒盐排骨	子排 500 g	（略）
小烤野兔	野兔肉 250 g	（略）
咸鱼蒸肉饼	肉末 250 g、咸鱼 35 g	（略）
干菜肉夹饼	五花肉 200 g、干菜 100 g、夹饼 10 个	（略）
尖椒牛柳	牛柳 250 g、尖椒 50 g	（略）
钱江肉丝	猪肉 250 g	（略）
……		（略）

禽蛋类

品名	重量	价格/单位
叫化仔鸡	童鸡 1 000 g、猪肉 50 g	（略）
笋干老鸭煲	老鸭 1 500 g、笋干 200 g、火腿 200 g	（略）

图 8-3 中式正餐零点菜单内容示例（续）

鸡片炒滑菇	鸡片 100 g、滑菇 150 g、青椒 25 g	（略）
乌鸡菌煲	乌鸡 500 g、菌菇 200 g	（略）
脆皮乳鸽	乳鸽 2 只（500 g）	（略）
炸酱水波蛋	鸡蛋 100 g、炸酱 100 g	（略）
避风塘鸡翼	鸡翼 300 g	（略）
掌中宝	鸡掌 200 g、红椒 100 g、白果 50 g、松子 25 g	（略）
美极鸭脸	鸭脸 5 只	（略）
……		

蔬菜类

品名	重量	价格/单位
火腿蚕豆	蚕豆 300 g、火腿 30 g	（略）
油焖春笋	春笋 800 g	（略）
油条丝瓜	丝瓜 400 g、油条一根	（略）
油焖尖椒	小尖椒 300 g	（略）
开洋萝卜丝	萝卜 300 g、开洋 30 g	（略）
尖椒茄子	茄子 300 g、尖椒 50 g	（略）
蒜茸荷兰豆	荷兰豆 300 g	（略）
腊肉西芹	西芹 200 g、腊肉 50 g	（略）
百合苦瓜	苦瓜 300 g、百合 50 g	（略）
火朣白菜	白菜 400 g、火腿 80 g	（略）
雪菜素鸡	素鸡 250 个、雪菜 150 g	（略）
麻婆豆腐	豆腐一盒	（略）
油炸臭豆腐	臭豆腐 200 g	（略）
咸蛋黄炒南瓜	南瓜 300 g、咸蛋黄 5 只	（略）
蚝油生菜	生菜 300 g	（略）
清炒芦蒿	芦蒿 200 g	（略）
香干本芹	本芹 250 g、香干 2 块	（略）
……		

羹汤类

品名	重量	价格/单位
宋嫂鱼羹	鱼肉 100 g	（略）
发财鱼肚羹	发菜 20 g、鱼肚 100 g	（略）
芙蓉银鱼羹	银鱼 100 g、蛋清 25 g	（略）
鸭血开胃羹	豆腐一盒、鸭血一块、香菜 50 g	（略）
蛤蜊黄鱼羹	黄鱼 100 g、蛤蜊 100 g	（略）
群鲜羹	海参、干贝、虾仁、鱼肚、金针菇各 50 g	（略）
杭州酸辣汤	豆腐一盒、猪肉 50 g	（略）
西湖莼菜汤	莼菜 150 g、鸡丝 25 g、火腿丝 25 g	（略）
清汤鱼圆	鱼圆 10 粒	（略）
开洋萝卜汤	萝卜 150 g、开洋 50 g	（略）
榨菜肉丝汤	榨菜 50 g、肉丝 50 g	（略）
鱼片皮蛋汤	鱼肉 100 g、皮蛋 2 只	（略）
番茄牛肉汤	番茄 200 g、牛肉 100 g	（略）
……		

图 8-3 中式正餐零点菜单内容示例（续）

点心类		
品名	口味	价格/单位
风味南瓜饼	（甜）	（略）
榴莲酥	（甜）	（略）
翡翠豆沙包	（甜）	（略）
糯米素烧鹅	（甜）	（略）
葱包桧儿	（咸）	（略）
麦糊烧	（咸）	（略）
鲜肉煎饺	（咸）	（略）
葱油饼	（咸）	（略）
虾肉小笼	（咸）	（略）
酒酿圆子	（甜）	（略）
杭州猫耳朵	（咸）	（略）
片儿川	（咸）	（略）
鲜肉芋饺	（咸）	（略）
雪菜面疙瘩	（咸）	（略）
东阳沃面	（咸）	（略）
宁波汤圆	（甜）	（略）
猪油菜泡饭	（咸）	（略）
……		

图 8-3　中式正餐零点菜单内容示例（续）

4. 西餐正餐零点菜单主要菜品类别（见表 8-4）

表 8-4　西餐正餐零点菜单主要菜品类别

前菜类（Hors- d' Oeuvre）	前菜也称开胃菜（Appetizer）或头盆，一般在主菜前食用，其特点是量少、味鲜、色美，具有开胃刺激食欲的作用，通常包括三明治或饼干类开胃品、蘸汁开胃品及其他开胃小食品类，如法式鹅肝酱、苏格兰烟熏三文鱼、俄式鱼子酱、肉冻、咸菜、酸菜及开洋冷盘等
汤类（Soup）	汤的总称在法语中是 Potage，国际上沿用。而在法国菜中，汤一般分为两大类，即浓汤（Potage Lie）和清汤（Potage Clairs）。清汤中又以清炖肉汤（Consomme）最具代表性，西餐涉及人口及国家较多，除法国的汤菜外，其他许多国家也有一些较著名的汤菜，如俄罗斯的罗宋汤（Borscht），意大利的蔬菜面条汤（Minestrone Soup）等
主菜与配菜类（Main Courses and Garnitures）	这一类别的菜肴是西餐菜单上最重要的类别。主菜通常是菜单上烹调工艺较复杂，口味最具特色、分量最大的一类菜品，一般包括鱼、虾类、肉类、禽类及野味类菜品。按照西方人的就餐习惯，主菜一般只选一道菜品。主菜大部需要配菜，配菜一般选用各种新鲜菜，按照白、青、红等颜色组合烹制而成。其作用是既能在色、香、味、形方面美化主菜，又能刺激食欲，平衡营养
色拉类（Salad）	色拉也译为“沙律”，通常是在主菜上桌后不久或同时上桌。色拉有荤、素之分。荤色拉一般由鱼虾、蟹肉等原材料制成，素色拉主要选用新鲜质嫩的蔬菜水果制成。随着节食和素食者增多，素色拉的需要量在大幅增加，因此它又常作为客人的一道主菜选用。色拉类菜品有时也可作为配菜使用
甜品类（Desserts）	甜品类菜点，并非仅仅局限于甜味食品，按照西方人的饮食习惯，广义的甜品是指正餐后食用的食物。因此甜品类菜点又称作正餐后菜点（After- Dinner Course）。甜品类菜点一般由 3 类菜品组成。 1. 由冷热布丁（Pudding）、冰激凌（Ice Cream）等组成的冷热甜食类菜品（Sweet） 2. 以奶酪（Cheese）为主料制成的各种咸味小食品 3. 水果类

（续表）

盘肠面包与黄油类	主要品种有白面包、燕麦面包、葡萄干面包、黄油卷式面包、奶油包（Brioche）及玉米薄饼（片）
酒水饮料类	酒水饮料一般放在菜单最后，包括餐前开胃酒、跟餐酒、餐后烈酒、咖啡、牛奶、茶等

有些西餐厅为迎合东方人的需要，又在菜单上安排了一定的东方特色菜品供顾客选用，如中式云吞面、饺子、春卷、日式炒面、印度咖喱饭等；有些西餐厅为突出本餐厅特色，在菜单上专设特色菜或精选菜类别，以推销本餐厅的特色菜或畅销菜，如专门开设意式炒面和意大利薄饼系列菜品；为迎合节食者的需要，许多菜单还设有高蛋白低热量菜品专栏。另外，西餐正餐零点菜单内容丰富，一般都是按就餐顺序分类编排菜品项目的。

8.3.2 套菜菜单

“套菜”也称“套餐”、“定菜”，就是在各类菜品中选配若干菜品组合在一起，是以包价销售的一套菜肴。套菜菜单按照餐别划分，可分为中、西早餐套餐菜单和中、西正餐套餐菜单四种；按照服务人数来分为个人套菜菜单和多人套菜菜单。个人套菜菜单一般多见于中、西快餐厅，而多人套餐菜单常见于各类餐桌服务式餐厅。餐饮企业推出各种套菜菜单，其目的一是为了迎合不同顾客的需要，二是增加餐饮企业的收入，充分利用餐厅现有资源。同零点菜单相比，套菜菜单具有以下一些基本特征。

（1）经济实惠。套菜菜单的计价是以每客、每套或每桌计价，因此每套菜菜肴的包价通常比客人单独零点加起来便宜。

（2）品种大众化。套菜菜单上选用的菜品大都是大众习惯享用且制作较简便的品种。

（3）组合简单。每套菜肴的品种一般都较少，便于客人选择，使客人一目了然。

（4）可循环使用。无论是中西早餐套菜菜单还是中西正餐套菜单，除快餐厅外，每次提供给客人选择的套数不宜太多，一般保持在3～5套，但这些套菜菜单可循环使用。如每周循环一次。

（5）在节日或特殊场合，套菜菜单也可选用部分制作精细、档次较高的菜品。

海鲜双人套餐	海鲜（5人）套餐
红袍对虾 芙蓉海胆 宫保鲜贝 铁板鱿鱼 蚝油菜心 紫菜蛤蜊汤 点心两道 水果拼盘	蟹粉珍珠羹 苔菜江白虾 粽叶糯米排 目鱼小炒皇 砂锅焗鱼嘴 咸蛋黄南瓜 上汤豌豆苗 紫菜蛤蜊汤 点心两道 水果拼盘

图8-4　套餐菜单示例

8.3.3 宴席菜单

宴席菜单是为庆典而设计的具有一定规格质量的一整套菜品组成的菜单。严格说来，宴席菜单也属于套菜菜单，只是由于人们举行宴席的目的、档次、规模、季节、宴请对象及地点各不相同，要求宴席菜单在规格、内容、价格方面同其他套菜菜单区别开来。因此，宴席菜单可以说是一种特殊的套菜菜单。宴席菜单同其他套菜菜单相比，其特殊性主要表现在以下几个方面。

（1）设计的针对性与及时性。餐饮企业必须根据宴席预订信息或临时针对每一次宴席顾客的不同需要来进行菜单设计，即便是同一餐厅，同一时间，同一价格，菜单内容也会因不同宴席目的与宴请对象而大相径庭。这也是宴席菜单与套餐菜单最主要的区别之一。

（2）内容的完整性。宴席无论是何种目的与档次，在菜单设计上都要求遵循一定的设计规则按照就餐顺序，设计一套完整的菜品。如中式宴席菜单一般要求要有冷菜、头菜、热荤菜、热素菜、甜菜、汤、席点、随饭菜、水果、饮料等一整套菜品。

（3）菜品编排的协调性。宴席菜单在选择菜品时，除选择做工精细、外形美观的菜品外，所有菜品还要求在色、香、味、形、器、质地等方面搭配协调，避免雷同与杂乱。菜品选择还应与宴席性质及主题协调呼应，菜单上菜品编排也要体现主次感、层次感和节奏感，使所有菜品融合为一个有机统一的整体。

（4）菜单选用的菜品集中体现了餐饮企业的技术水平。

（5）宴席菜单本身的设计也体现了餐饮企业的个性特色。宴席菜单不仅要求外观漂亮，印刷精美，其色形、图案也要与餐厅装饰、宴席台面相协调，宴席菜单一般还可让客人带走留作纪念。

冷菜	一帆风顺	江南八碟		
羹	蟹黄鱼翅			
热菜	苔菜白虾	火膧炖鳖	葱油鳜鱼	果仁焙排
	太湖螃蟹	墨鱼小炒	笋干老鸭	蒜泥芦笋
主食	腊肉煲饭			
小吃	鲜肉芋饺	玉米脆烙		
水果	水果拼盘			

图8-5　宴席菜单示例

8.3.4　特种菜单

此类菜单同零点菜单、套菜菜单、宴席菜单相比，在服务对象、计价方式、品种编排以及适用场所等方面都有较特殊之处，因此部列入特种菜单。特种菜单常见的有以下几种。

1. 自助餐菜单

自助餐菜单与套餐菜单相比，其主要区别是套餐菜单的计价无论是以人还是以桌为计价单位，总是以一定品种和数量的菜品进行包价销售，而自助餐菜单则是在一定的品种菜品中，任顾客随意选用，无论数量多少，都按每位顾客规定的价格收费。也就是说顾客选择消费套餐，是以一定价格将套菜菜单上的菜品全部购买，即使吃不完也可打包带走，而选择消费自助餐，则具有在餐厅提供的菜品中任意选择享用的权利，但不能打包带走。自助餐菜单主要运用于经营自助餐、自助餐宴席以及自助式火锅的餐厅中。由于自助餐需要将菜品提前备好，供客人自由选用，因此自助餐菜单上菜品的选择具有以下一些特点。

（1）一般选用能大量生产、出品快速并且放置后质量下降慢的菜品。热菜要选用易于加温保温的品种。

（2）无论是中式自助餐还是西式自助餐，餐饮企业一般都将菜品进行合理编排与搭配，形成多套自助餐菜单，循环使用。

（3）品种风味一般要大众化，避免使用少数人群喜爱的风味菜。

（4）品种数量一定要合理预测与安排，如果盲目制备，极易形成浪费。

2. 客房送餐菜单

这种菜单一般只在具有较高星级的酒店、宾馆才能见到。客房送餐是酒店宾馆为那些不能去餐厅用餐或在正常就餐时间以外的时间要求用餐的住店客人提供的特别餐饮服务。因此客房送餐菜单具有以下一些特征。

（1）从菜单内容上看，客房送餐菜单仍属于零点菜单，但其品种数量明显少于零点菜单，而且酒店、宾馆一般将早餐、午餐、晚餐菜品及饮料都印在一张菜单上，或置于客房内，或挂于门把上，便于客人订菜。

（2）由于将菜品从餐厅送至客房需要一段时间，因此在选用菜单菜品时，一般都选用质量高、工艺不复杂且存放一定时间后质量不易退化的菜品。

（3）选择菜品时，应尽量少用需使用较复杂餐具的菜品。

（4）菜单计价一般有两种方式，一是菜单上注明每款菜品的价格和服务费收取比例，另一种是将用餐费包含在房价之中，如有些酒店、宾馆的房价注明包含早餐送餐服务。

（5）由于送餐服务需配备额外的工作人员和设备，如推车、保温容器等，菜品的价格则明显较零点菜单上的菜品价格高。

3. 旅行菜单

这类菜单主要用在一些大型旅行交通工具上，为旅客提供餐饮服务时使用。人们乘坐大型交通工具旅行，由于旅行时间较长，因此运输企业为顾客专门开设就餐场所，为人们提供简便的餐饮服务。这些交通工具主要指火车和轮船，这类菜单也属于零点菜单，只是由于受到场地、设备、原材料等限制，这类菜单上的品种相对较少，而且成本一般较高，因此菜品价格也较贵。

在飞机上提供餐饮服务受到更大的限制，因而飞机上使用的航空菜单品种数量最少，可供选择的套数也最少，一般1～2套，而且都是由航空食品供应商提前制好，起飞前送上飞机，由航空服务员在飞行途中分发给客人的。航空菜单的菜品一般都选用能大批量提前生产，便于包装、储存、运输的快餐食品，这些菜品都以每人一套的方式分发给顾客，其价格已包含在机票价格中，因此，航空菜单应属于套菜菜单。目前，国内航空公司的国内航线上一般很少使用菜单，而在国际航线上以及国际航空公司的客机上则使用航空菜单的机会较多。航空菜单如图8-6～图8-9所示。

Aperitifs
Sweet or Dry Martini Cocktail
Sweet or Dry Vermouth

Spirits
Scotch Whisky
Canadian Whisky
Bourbon
Gin
VSOP Cognac
Vodka
Rum

Wines
White Wine
Red Wine
Sparkling Wine

Beers
International Selections

A range of soft drinks is also available on board.

图8-6　航空菜单——酒水单（英文）

Singapore-Shanghai

5hrs 15mins

Lunch

Hors d'Oeuvre

Braised Chicken in Soya Sauce
Asparagus in Oyster Sauce
Broccoli with Almonds
Steamed Rice with Vegetables

Pork Cutlet with Calvados
Glaced Carrot Batonnets
Sauteed Baby Corns
Lyonnaise Potatoes

Cheese & Crackers

40th Anniversary Delight
(Banana Delight)

Roll & Butter

Coffee – Tea/Chinese Tea

Upon request, the Cabin Crew will be pleased to serve you soft drinks, decaffeinated coffee and calorie-free sweetener. We apologise if occasionally your choice of main course is not available due to unexpectedly high demand.

图 8-7　航空菜单——午餐单（英文）

新加坡—上海

5小時15分

午餐

開胃小菜

豉油鷄
蠔油蘆笋
杏仁芥蘭花
蔬菜蒸飯

甜酒猪扒
胡羅蔔
嫩炒玉米筍
里昂式馬鈴薯
乳酪與酥餅

甜品

麵包卷與牛油

咖啡—紅茶/中國茶

需要時，機上侍應員將樂意給閣下提供果汁，無因咖啡以及無熱量糖分。倘遇供不應求，以致未能提供更多您所選擇之主菜，我們深感抱歉。

图 8-8　航空菜单——午餐单（中文）

4. 特殊人群菜单

餐饮企业推出特殊人群菜单，主要是满足人们多种就餐方式与就餐口味的需要，以进一步提高餐厅的营业收入。餐饮企业针对特殊人群推出的菜单主要有 4 大类，即儿童菜单、病人菜单、特殊饮食菜单、营养保健菜单。特殊人群菜单见表 8-4。

Shanghai - Peking

1hr 50mins

Refreshment

Assorted Open Face Sandwiches

Rich Fruit Cake

Coffee – Tea

图 8-9　航空菜单——茶点单（英文）

表 8-5　特殊人群菜单

儿童菜单	尽管儿童不是家庭外出就餐的决策者，但他们对决策者有十分重要的影响，尤其是当前我国城市生活水平大幅提高，独生子女较多，年轻的父母们大都愿意为子女花钱，不少家庭因孩子的央求而外出就餐，因此许多餐饮企业，特别是西式快餐厅如“麦当劳”、“肯德基”等都将目光集中在儿童这一特殊人群身上，开发了各式各样的儿童菜单。其特点是菜单设计图文并茂，引起儿童兴趣，菜品上主要选择适合儿童生理特点的营养食品，计价上更灵活，使年轻父母们感到经济实惠，同时在菜单上注明可获额外小礼品，以进一步取悦小朋友
病人菜单	有些顾客因患有某些疾病，而在饮食上受到许多限制，如糖尿病患者与胃病患者。尽管这些人群是顾客中的极少部分，但一些餐厅还是为这些顾客准备了特别的菜单，以满足他们外出就餐的需要。当然在编制这种菜单时，应有医生、饮食学家和营养学家的指导
特殊饮食菜单	餐饮企业推出特殊饮食菜单主要是针对那些有特殊饮食习惯与嗜好的顾客，以满足他们的特殊饮食需要，如针对素食者的素菜单、针对节食者的节食菜单等
营养保健菜单	随着人们生活水平的提高，人们对饮食给健康带来的影响越来越重视，人们总是希望通过饮食来促进健康，预防疾病。在我国早就有“医食同源”之说，中医亦认为可通过饮食来预防和治疗某些疾病。一些餐饮企业大量开发、推出了药膳食疗菜单，满足了市场需求。目前，许多药膳菜单上的品种逐渐被其他种类的菜单所吸收引用

8.3.5　酒水单

酒水单主要适用于以经营酒水饮料为主的酒吧、咖啡屋、茶馆等餐饮企业。酒水单上饮品的种类选择根据餐饮企业的经营类别而有所不同。酒吧中的酒水单以含酒精饮料为主，而咖啡屋和茶馆的饮料单，则以咖啡、茶等非酒精饮料为主。酒水单上的饮品种类较多，一般有开胃酒、烈性酒、鸡尾酒、香槟酒、葡萄酒、啤酒、汽水、果汁等类别。酒水单上的每一种饮品应分别注明价格。但计价单位因各餐饮企业的经营方法和酒水种类而有所不同。如烈性酒、鸡尾酒等饮品大多按每杯计价，而香槟、葡萄酒等多数按每槽计价。酒水单的基本形式与零点菜单类似。由于酒水饮料属于获利很大的产品，因此酒水单的品种选择与内容编排，会直接影响餐饮企业的饮料销售。一般经营酒水饮料的餐厅大多把酒水饮料附列在菜单最后，部分大中型高档餐厅因提供酒水饮料品种较齐全，有时也单独印刷酒水单，其内容形式与酒吧等的酒水单类似。

8.3.6　混合式菜单

混合式菜单综合了零点菜单与套菜菜单的特点与长处，将二者有机地结合在一起。但是最初的混合式菜单则仅是简单地将一份零点菜单与一份套菜菜单印制在一起，其缺点是菜单过大过长，使用不便。后来许多餐饮企业进行了简化与改革，将零点菜单列在前，后设几组套菜或宴席菜式，形成了较简便实用的混合式菜单。西餐厅使用混合式菜单较多，有些西餐厅的混合式菜单上以套菜形式为主，同时欢迎顾客随意点用其中任何主菜，并以零点形式单独付款；而另一些西餐厅的混合式菜单则以零点形式为主，但主菜均有两种价格，一为零点价格，一为订菜价格。顾客若要选用订菜方式，则在选定主菜之后，可以在其他种类菜品中选择数量和品种控制在一定范围内的菜点作为配套菜品，最后按所选主菜的定菜价格付款。企业用混合式菜单一定要注意避免过于复杂，同时又不要因菜单叙述不清楚而引起歧义。

8.4　菜单策划与设计

菜单策划就是综合考虑餐饮企业目标市场的需求状况、购买力与动机、餐饮企业规模档次、企业市场定位、市场竞争等因素，并结合菜单分析等方法，对菜单菜品选择、价格、菜单档次及供餐方式进行决策。菜单一经确定，就必须按照菜单的要求去购置设备用具、招聘人员、组织生产、安排销售与服务，因此，菜单策划对于餐饮企业的生产和经营管理有着至关重要的作用。

8.4.1　菜单内容设计的原则

菜单内容关系到餐饮企业的生产和经营。因此在进行菜单拟定时，应注意掌握以下一些基本原则。

1. 突出餐饮特色

菜单是沟通生产与消费的桥梁。顾客进入餐厅在见到餐饮产品前，有关餐饮企业产品与服务的信息主要来自菜单与服务人员的介绍。因此企业应充分利用菜单这一工具，设法在顾客心目中树立起有别于其他餐饮企业的鲜明独特的形象，突出企业餐饮风格特色。如从菜品风味、著名品种、菜品价格、流行菜式、就餐类别、消费优惠等方面的性价优势，确立企业形象。另外，菜单要尽量选择反映餐饮企业风格特色和厨房最擅长的菜式品种进行推销，突出企业的品牌菜和特色菜，同时注意品种搭配，时常推陈出新。

2. 把握市场变化

由于目标市场的需求容易受到诸多因素的影响而发生变化和波动，因此餐饮管理人员在进行菜单策划时，要及时把握市场需求的变化状况，对菜单进行调整；即使是同一目标市场，人们在饮食习惯和偏好方面，受职业、年龄、教育程度、文化背景等因素影响，仍然存在许多细微差异。餐饮企业应有意识地收集、整理、统计有关资料和数据，深入研究目标顾客的饮食习惯与偏好，为菜单策划提供依据和参考。

3. 掌握原材料状况

凡列入菜单的菜式品种，餐饮企业应无条件地保证供应，餐饮管理者应清楚地认识到这一基本餐饮管理原则的重要性。如果一家餐厅的菜单品种丰富多彩，甚至可以说包罗万象，但当顾客点菜时却常常得到没有的回答，无论餐厅向顾客说出多么正当的理由，做出多么耐心的解释，都会招来顾客的失望和反感，进而引起顾客对餐厅诚实度和餐厅信誉的怀疑，极大地损害餐饮企业在顾客心目中的形象。因此，在进行菜单策划时，应充分掌握各种原材料供应状况，如市场供求关系、采购及运输条件、季节、餐厅地理位置等，以确保原材料供应充足。

由于菜单上各种菜品的成本不同，有的品种差异很大，因此餐饮管理人员在考虑菜单品种时，首先，正确核算菜品的成本与毛利，了解菜品的营利能力；其次，要考虑菜品的受欢迎程度，即潜在的销售量；最后，还要分析菜品之间的相互影响，即某种菜品的销售对其他菜品的销售是有利还是不利。

4. 注重营养搭配

随着人们生活水平和认识水平的提高，人们进入酒楼餐厅的目的，并不仅仅是解决饥饿这一基本生理需求，而是品尝美味佳肴，进行社会交往和丰富人生经历，尤为重要的是人们已经认识到了大鱼大肉、酒足饭饱并不意味着营养平衡的科学饮食。尽管选择什么样的饮食是就餐者自己的事，但向广大消费者推荐并提供既丰富多彩，又符合养生原理的饮食，是每个餐饮工作者义不容辞的责任。为此，菜单策划者在进行菜单设计时还必须认真分析人体营养需求这一因素，以满足顾客的多种需求。

5. 考虑生产能力

菜单上的品种都必须由厨房生产出来，因此餐饮企业的生产能力限制了菜单菜品的种类和规格。而影响餐饮企业生产能力的因素主要是厨房的设备条件和员工技术水平。如果不考虑企业的现有生产能力，而盲目设计菜单，即使设计得完美无缺，企业无法生产出来，对于餐饮企业来说，这样的菜单是毫无意义的。同时，菜单上各类菜品的数量搭配要合理，以免造成某些设备过度使用，而另一些设备使用率过低甚至闲置或某些岗位厨师工作量过大，而另一些厨师却空闲无事的现象。

8.4.2 菜单内容的编排

菜单内容千差万别，各具特色，但总的说来，菜单应向顾客传递以下几类信息。

1. 主体内容

菜单的主体内容一般按就餐顺序排列布局，因为顾客一般也习惯于按就餐顺序进行点菜。因此中式菜单的排列顺序一般是冷菜、热炒、汤、主食、饮料、水果。而西式菜单的顺序一般是开胃品、汤、沙律、主菜、面包类、甜品、饮品、水果。

2. 菜名信息

提供的菜名具有真实性，不模糊离奇，容易被客人理解接受。注意用词准确，语言精炼，避免冗长、夸张的字句。如是婚宴菜单和节庆菜单用吉祥语取的菜名，也要在括号内标注实名。

3. 成分信息

在菜名后注释真实的质量成分，有主要原材料的名称、产地、等级、分量及辅料的名称、分量，并注明计价单位，保证菜肴在实际配制时的真实性、准确性。有些菜单还注明菜肴的含辣等级，常用一只辣椒符号表示最低等级，等级越高（辣椒符号越多）表示越辣。

4. 价格信息

点菜菜单必须在每只菜肴后注明单只菜肴的价格，有些还要注明大盘和小盘的价格。宴会菜单要注明每桌可食用的人数及整桌宴会的价格，有些非使用单一货币地区，同时还要注明货币种类。

5. 语种信息

对于高星级酒店的餐厅和涉外酒楼，所提供的菜单应有相应的译文说明，一般用中英文（或中日文）两种文字。

6. 图片信息

对于餐厅特别推荐菜品或餐厅品牌菜品可用图片配合文字进行介绍。目前，有些酒店所销售的菜肴均配图片介绍。

7. 优惠和收费信息

有些高星级酒店的餐厅，在用餐后收取服务费，则要在菜单的明显位置上注明。特别是送房服务加收的服务费更要在送房菜单上注明，以免客人视送房与餐厅就餐相同，引起不悦。如遇酒店提供优惠，也要加以说明，例如婚宴达到一定桌数后，酒店会向顾客提供一系列的优惠，这些优惠要用文字在婚宴预订菜单中说明。

8. 酒店信息

酒店信息包括餐厅名字、企业名称、标志以及地址、联系电话或预订电话。送房菜单上还要注明送房的时间范围。

8.4.3　菜单装帧制作

菜单是餐饮业无言的推销员，在设计上要符合餐厅所塑造出来的形象，所以菜单的外形要与餐厅的主题相互辉映，而字体、颜色、用纸等更要和餐厅的装饰气氛相协调，还要通过菜单内容的配置反映出服务方式，这样才算是一份完整的菜单设计。一份设计精美的菜单本身对顾客就有非常大的吸引力。菜单的大小、色彩、重量、纸张质感、清洁度等都能给顾客强烈的印象。因此在设计制作菜单时，餐饮经营管理者应注意以下几方面的内容。

1. 菜单格式

菜单的规格和样式大小应能达到顾客点菜所需的视觉效果。除了满足顾客视觉艺术上的设计外，经营者对于菜单尺寸的大小、插页的多少及纸张的折叠选择等，也不可掉以轻心。一般点菜菜单的尺寸适中为宜，太大会让客人拿起来不舒适，太小会造成篇幅显得拥挤。最佳尺寸是利用黄金分割律 0. 618 来计算，如 18. 5 cm × 30 cm、17. 3 cm × 28 cm、16 cm × 26 cm、20 cm × 32. 4 cm 等。

点菜菜单一般以长方形居多，形式一般分为单页菜单、双页菜单、三页菜单和多页菜单。宴会菜单种类较多，有单页形、合页形、多折形、扇形、卷形、轴形等，并且设计精致美观。

2. 菜单封面

封面是菜单的门面，是菜单给顾客的第一印象，而封底是菜单留给客人的最后一个印象，独具匠心的封面和得体的封底，往往会给顾客留下深刻而美好的记忆。菜单封面与封底的色彩、图案、字体等应与餐厅档次、特色、环境色调相匹配和协调。封面与封底可用防油防水材料压膜覆盖，以防止污水油渍的浸染，同时也便于清洁。

3. 字体与图片

菜单上的文字和图片是最基本、最主要的餐厅与顾客之间沟通的信息媒体。无论是中文汉字还是其他文字，字体一定要易于辨认，为普通人所接受，否则不仅会拖延顾客点菜时间，有时甚至还会引起顾客误读招致不必要的纠纷。字体、字号、线条粗细等也应与餐厅风格相适应。图片传递信息能最直观、最真实地展现菜品的特色，彩色照片比文字具有更强的说服力，而且菜品的某些质量信息只有彩色照片才能形象地展示给顾客。但也要考虑到彩印的成本和菜单篇幅，因此图片的数量要控制在一定的范围内，最好选择餐厅的品牌菜、高档菜、推荐菜来配上图片。

4. 菜单纸张

用于印制菜单的纸张有多种类型，其价格、质量各不相同。如覆膜铜版纸、牙粉纸及一些特种纸张价格较高，而胶版纸、凸版纸等纸张价格相对较低，到底采用哪种纸张来印制菜单，企业应根据以下几个因素来决定。一是临时性菜单或经常变更换菜肴的菜单，则可考虑使用一些较薄型纸张以降低费用。如果是长期反复使用的菜单，则需要用质量较好的纸张，且要求采用一些措施使菜单能防止水油浸染，且便于清洁。二是根据餐厅的档次来决定纸张的质量，档次较高的餐厅选用较高级的纸张。三是在选择纸张时，还要考虑诸如纸张强度、柔韧性、光洁度、油墨及附着性等纸张及印刷技术问题，以保证印制效果达到菜单设计的要求。

5. 重点区域

菜单上不同部位对人们目光的吸引力不同，应将餐厅的特色菜、品牌菜、高档菜或餐厅最希望销售的菜品列在菜单上最引人注目的重点销售区。

① 单页菜单

单页菜单的重点推销区是菜单中线以上部分，如图 8-10 所示，阴影部分为重点推销区。

② 双页菜单

双页菜单的重点推销区是菜单右上角三角形区域，如图 8-11 所示。

图 8-10 单页菜单

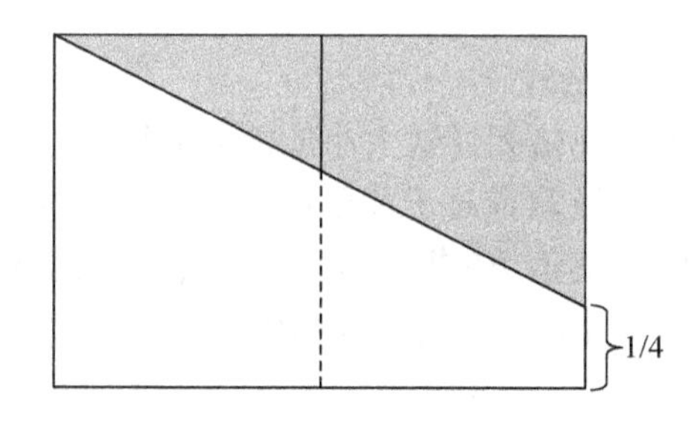

图 8-11 双页菜单

③ 三页菜单

三页菜单的重点销售区是菜单正中部分，根据研究表明，人们对正中部分的注意程度是对其他部分的 7 倍。人们翻开三页菜单首先注意其正中位置，然后移到右上角，接着移向左上角，再到左下角之后回到正中，再到右下角，最后回到正中及中上方，如图 8-12 所示。因此中页的中部是最显眼之处，应列上餐厅最希望推销的菜品。

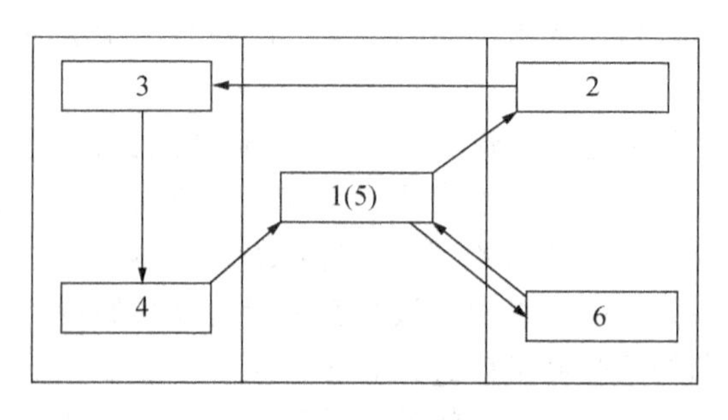

图 8-12 三页菜单

④ 多页菜单

多页菜单的第一页和最后一页一般给人的印象较深，经过调查，顾客一般总能记住同类产品的第一个和最后一个。

思考与练习

1. 点菜菜单的作用是什么？宴会菜单的作用是什么？
2. 拟定中餐厅零点菜单一款。
3. 请设计中式（西式）宴会菜单（实物）一款。
4. 设计茶餐厅（特色菜厅）简易菜单一款。

第9章　美食卖场策划与台型设计

当一个餐饮部或餐饮企业提升到一定高度时，也就是作为高星级饭店餐饮部和高档餐饮企业，要经常性地举行一些美食活动，既能提升人气，也可体现餐饮自身的运作策划能力和生产、接待水平。

9.1　节庆专案策划

餐厅在承办庆典宴会、团体会议、展示会、发表会、酒会之外，还需推出各类季节性、庆贺性的促销活动，以争取更大的客源与营业收入，平衡旺季和淡季的营业差额。简单地说，饭店餐饮部要根据不同时令、节庆，针对某些特定人群、团队进行多样化的专案促销，策划各类活动，来吸引顾客消费。

9.1.1　情人节促销专案

每年2月14日是西方情人节，又名“圣瓦伦丁节”。传说圣瓦伦丁带头反抗罗马统治者对基督教徒的迫害，被捕入狱，入狱后典狱长的女儿为他的凛然正气所折服，爱上了他。公元270年2月14日这天，罗马政府下达了对他的死刑判决。临刑前，圣瓦伦丁给了典狱长女儿一封信，表明了自己光明磊落的心迹和对她的一片情怀，使得刑场上的人深受感动，自此以后，基督教徒便把这一天定为情人节。近年来由于受西方的影响以及媒体的炒作，一些年轻人对这个西方的节日情有独钟。饭店正好锁定这个消费群，设计不同的情人节套餐或舞会等促销专案。例如，推出情人节舞会套餐或情人节温馨套餐，在卖场设计上用心形饰物、花朵、音乐盒、精美贺卡来装饰。并播放欧美的经典爱情歌曲，如：《Can You Feel The Love Tonight》、《I Will Always Love You》、《Without You》等。

农历七月初七是中国的情人节，也有人称之为“乞巧节”。这个节日源于一段家喻户晓的牛郎和织女的爱情故事。虽说这是虚构的故事，但已在民间广为流传，好多年轻人把它视为情侣相见的节日，饭店也要抓住这个机会。

饭店餐饮部在做情人节专案时要考虑到情侣的特点，多设两人座小桌，并更换灯泡，调低光线，准备蜡烛、玫瑰花或祝福贺卡，把餐厅布置得温馨甜蜜。菜肴多选用象征爱情美满的菜名，如甜甜蜜蜜、心心相印等。

9.1.2　端午五黄宴专案

农历五月初五，是我国传统的节日——端午节。这个节日，是家家户户包裹粽子的时节。端午节来历说法不一，有说是爱国诗人屈原投河的纪念日，有说是古代消毒避疫的日子。所以这一天便流传了许多驱邪、消毒和避疫的特殊习俗，如插艾叶、喝雄黄酒、祭五瘟使者等。我们要根据端午的风俗特点，插菖蒲、悬艾叶、佩香囊、食五黄、吃粽子来策划端午美食专案，如“观龙舟、吃五黄”，“吃五黄送粽子”等。在江浙一带端午节有吃黄鱼、黄瓜、黄鳝、咸蛋黄和黄酒（或雄黄酒），以及吃白肉、煮蛋和粽子的习惯。

9.1.3　谢师宴专案

每年6～9月之间是高中生毕业、高考生录取之际，众多学生为了答谢恩师或庆贺高考录取，为宴请聚餐高峰期，各饭店餐饮部要抓住这个机会，预先提出谢师宴促销活动。为减少广告费用的开支，饭店可用寄发直邮广告的方式送达各校班委会，直接进行促销。此宴会的策划应适应年轻人为首选，采取比平常优惠的价格来引导消费，开设自助式、酒会式，同时提供舞池、音响等优惠内容。

9.1.4　中秋团圆宴专案

农历八月十五，是我国民间的传统中秋佳节，据传已有两千多年的历史了。我国古代帝王有春天祭日、秋天祭月的礼制。《礼记》中记载："天子春朝日，秋朝月。朝日之朝，夕月之夕。"这里的"夕月"即拜月之意。古代把农历每季的三月，分别称为孟、仲、季。八月正是秋季的正中，十五又是仲月的正中，所以中秋也被称为"仲秋"。中秋节赠送月饼、家人团聚、供奉月亮是重要的内容。所以在策划专案时要把月饼与团圆联系起来，如设计月饼与团圆套餐的礼券，购月饼赠团圆宴的活动。在设计中秋卖场时也要结合月亮做文章，如登台望月、泛舟赏月、饮酒对月等，所以有条件的饭店可以将卖场延伸至露天或平台，以圆桌菜、自助餐形式均可，可提供团圆吉祥菜肴，并含有月饼、芋艿、桂花酒等。在露台上设置香案，摆上供品，有月饼、瓜果、藕，给就餐的人士提供祭拜月亮的场所。

9.1.5　圣诞节促销专案

12月25日为圣诞节，圣诞节是纪念耶稣诞生的日子，但现在已不仅仅是原来意义上的宗教节日了，是西方国家盛大的年节。一般餐饮业在12月24日平安夜和25日、26日三天举行圣诞大餐，以西式自助或西式大餐的形式出现，同时包括圣诞舞会或圣诞节晚会，价位将比平常高出很多，但卖场的策划设计费用比其他活动都高。圣诞的装饰将在11月底就开始布置，室外有彩灯、满天星、光纤维等发光器材组成或装饰的"圣诞树"、"圣诞老人"、"鹿拉雪橇"和文字及其他装饰，大厅有圣诞屋、圣诞花环、圣诞礼品等，以及选用圣诞节的传统曲目《Silent Night（平安夜）》、《White Christmas（白色圣诞）》、《We Wish You a Merry Christmas（祝你圣诞快乐）》、《Jingle Bells（铃儿响叮当）》等作为背景音乐。

9.1.6　除夕年夜饭专案

除夕夜一向是中国人全家大小团圆聚餐的时刻。在传统的过节方式中，人们从年前忙到年后地穿梭于炉灶之间，为张罗团圆饭筋疲力尽。近年来，城市中已有许多家庭选择到饭店享受精致美味又省时省力的年夜饭。所以许多餐厅便看好这一消费市场，大力推行除夕年夜饭专案的促销活动，以各式烹调美味的时令佳肴与象征好彩头的菜肴名称，营造出除夕夜年夜饭欢乐温馨的气氛。对顾客而言，除夕夜到饭店吃团圆饭不但免去事前张罗及饭后收拾善后的辛劳，更能借机享受餐厅所提供的精致美食和完善服务；对餐饮业厅而言，这段时间商务宴请较少，有了团圆宴，可增加营业额。此外，有些饭店在过年期间，饭店有资源从事"外带"套餐的方式，将一些平日仅见于餐馆的菜肴提供顾客外带回家享用，颇受大众喜爱，或提供厨师上门服务。这种外带餐饮和上门服务的经营方式不仅满足了现代人省时省力又喜好享受的需求，更顺应了除夕夜在家团圆用餐的习俗，不失为饭店促销的方法之一。

9.1.7 年终团拜及春酒专案

许多公司企业习惯于通过团拜或春酒来犒赏员工一年来的辛劳，针对这项消费需求，宴会厅便于每年元旦前至春节前一个月及春节后一个月推出年终团拜与春酒的促销专案，以吸引企事业单位群体。为了达到促销目的，此类专案宴席起价约比一般平常优惠，并随桌附赠部分酒水。有些饭店一次宴席桌数超过一定数量后，还另将额外提供奖品供摸彩之用。一般设计年终团拜及春酒促销专案的广告，这些促销广告的文字内容不必过于详尽，应以能吸引顾客注意为前提，其余宴会优惠细节则可待与顾客接洽时再详细告知，以免因优惠内容太多而引起业界的恶性竞争，或因供应条件太差而乏人问津。

9.2 美食节策划与运作

除推出节庆与季节性专案外，还可根据生意状况，在清闲时段推出美食活动。可以宣传饭店餐饮水平，树立饭店餐饮形象，满足消费者的猎奇心理，维持和扩大餐饮市场的份额，巩固和增强市场地位。此类美食活动称之“美食节”，时间可长可短，一般短则一周长则一月。策划者要预先准备精心设计，根据主题悉数采用上等食品原材料，辅以音乐和节目表演，营造现场气氛，使其活动不仅能给餐厅带来良好的经济效益，更能扩大影响，在社会上、行业中都能产生良好的效果。

9.2.1 美食节主题的策划

美食节的主题较多，内容相当广泛。这里将美食节的主题做简单的归纳和分析，供选择和策划。

1. 以某一原材料为主题

食品原材料的范围非常广泛，以某一原材料为特色主题来举办美食节，主要是集中体现该原材料的风味特色。以某一原材料为主题的策划见表9-1。

表9-1 以某一原材料为主题的策划

特点	主题	美食节（宴）名称
体现时令	野味美食	土味美食节、花卉美食节
	时令鱼美食	时令刀鱼宴、金秋肥蟹美食月
	鲜果美食	椰果宴美食节、五果丰登美食宴
体现风格	海鲜美食	小海鲜美食节、龙虾美食节
	蜗牛美食	天然昆虫宴、法国蜗牛宴
	绿色食品	有机菜美食节、龙井茶宴美食节
体现技艺	全羊风味	烤全羊风味美食节、牛头宴美食节
	鱼米之乡	年年有余美食节、百鱼宴美食节
	特色风味	饺子宴美食节、烧烤美食月

2. 以地方菜、民族菜为主题

我国是地大物博的多民族国家，饮食文化丰富多彩。以地方菜为特色，请来外地名厨举办美食节是个饭店的常用方法，一方面可以引领消费者消费，另一方面可以留下特色菜肴。以地方菜、民族菜为主题的策划如表 9-2 所示。

表 9-2　以地方菜、民族菜为主题的策划

特　点	主　题	美食节（宴）名称
体现民族风情	地方美食	蒙古风情美食、羌族风情美食节、湘粤风情美食节
体现异国风情	异国美食	泰国风味食品节、大亚洲风味节、阿拉伯清真宴

3. 以名人文化为主题

从古到今，历史名人与菜点有不解之缘，推出名人文化菜肴来吸引消费者，也是饭店常选之举。以名人文化为主题的策划见表 9-3。

表 9-3　以名人文化为主题的策划

特　点	主　题	美食节（宴）名称
体现文化	名人饮食文化	板桥宴美食节、东坡宴美食节、首相食谱美食节
	文学饮食文化	随园菜美食节、红楼宴美食节
体现复古	宫廷美食	乾隆御宴美食节、清宫御宴美食节
	仿古风味	南宋风味美食月、大唐风情美食节

4. 以食品功能为主题

根据原材料与菜点的营养和功能为特色，举办美食活动，特别是体现疗效的美食，有老中医坐诊，把脉开方，由厨房烹制单个食用，每人食疗有一定的周期。以食品功能为主题的策划见表 9-4。

表 9-4　以食品功能为主题的策划

特　点	主　题	美食节（宴）名称
体现养生	素食主义	全素养生美食节、百菇煲仔美食周
体现功效	美容健脑	养颜系列菜美食节、高考健脑菜品美食月
体现疗效	保健治病	滋补药膳美食节、食疗菜点美食节

5. 以本地区、本饭店菜点为主题

利用本地区、本饭店的传统菜、创新菜为主题，推出美食活动，如百年回顾美食节、新派杭菜美食节。以本地区、本饭店菜点为主题的策划见表 9-5。

表9-5 以本地区、本饭店菜点为主题的策划

特　　点	主　　题	美食节（宴）名称
体现特色	传统风味	百年回顾美食节、老杭州风味节
	新潮风味	杭派新菜美食节、老店新开美食展示月
	创新风味	西溪美景美味风韵节、运河风情美食节
体现谢恩	周年庆典	周年庆典谢恩节、十年庆典优惠月

6. 以餐具容器为主题

以餐具容器为主体而制作的菜肴来命名的美食节，如砂锅美食节、自助火锅美食月等足以吸引客人消费。还可以在推出的火锅上做文章，如自助火锅、鸳鸯火锅、各客火锅、海鲜火锅等。以餐具容器为主题的策划见表9-6。

表9-6 以餐具容器为主题的策划

特　　点	主　　题	美食节（宴）名称
体现容器特色	铁板香	铁板烧美食月、铁板烤肉节
	沙锅热	各式砂锅美食节、野味石锅节
	煲仔旺	煲仔美食周、煲仔饭美食月
	火锅烫	海鲜火锅节、自助火锅美食月

9.2.2 美食节的运作步骤

每年年底前制订第二年的初步餐饮美食方案，新年按既定计划逐步实施美食活动，一般运作一次美食节需要做好以下几个步骤。

1. 把握契机、分析策划

美食节活动具有阶段性，它要求每一次美食节活动前都要把握契机，拟定活动计划。把握好契机，首先要了解市场行情，当前是否有一些重要事件（纪念日、重大要事、国际与全国会议等），其他竞争对手是否有类似的美食活动，市场现在流行哪些美食等。再根据市场需求和自身条件，初步拟定一些主题，然后指派员工深入市场，广泛调查研究，分析并进行策划。一般策划内容有：时间策划、主题策划、场地策划、形式策划、内容策划、宣传策划、展台策划。同时撰写美食节方案初稿，提交饭店由执行经理或饭店办公会议讨论通过后实施。

2. 确定主题，预算投资

美食节促销的主题，是决定和影响整个美食节成败的根本。所确定的主题，必须同时兼顾时令性和技术力量的来源，以确保美食节能如期举办并取得较好效果。有条件的星级饭店，应由运转总经理召集餐饮总监、行政总厨、餐厅经理、公关（营销）部经理等有关人员研究讨论，确定活动主题，并制定具体工作要求，然后分头进行工作，以保证美食节活动有目的、有计划、有组织地顺利开展。

美食节活动要对客源做出预测，分析可能接待的人次、人均消费和销售收入，并对如何组织客源提出解决办法和措施，以供领导层决策参考，更要提前部署，确保美食节活动能够取得预期效果。有些重大的美食节活动是要从国外聘请名厨大师，进口食品原材料。

为此，美食节活动计划应对投资及效果做出预算，其内容包括费用开支项目、成本消耗和预计经济效益，以防止活动搞得轰轰烈烈，但经济上却得不偿失。

3. 成立班子，各司其职

主题确定以后，立即成立美食节领导班子，一般由执行经理挂帅，餐饮总监、行政总厨、公关部（或营销部）经理为辅，成员包括采购部经理、餐厅经理等相关人员。先编排全面详细的活动计划，以防止美食节期间出现差错，尤其是请外地、外单位人员来本店厨房主持的美食节，计划应该包括活动起止日期、每天生产和营业时间、场地、用具、人员、原材料的组织和人员费用等。然后根据总进程去分别落实、行动。厨房生产应由总厨召集部门厨师长、主管或领班人员，研究货源、菜肴的制作计划等。

4. 制定菜单，落实人员

及早制定一份富有新意和吸引力的美食节推销菜单（包括小吃、点心单等）是十分重要的。美食节的所有活动归根到底都落实在菜单上，菜单编排的好坏对美食节的整个过程，都起着举足轻重的影响。菜单品种的选定要突出美食节的特点，还要考虑到宾客的实用价值，既要考虑菜品的风味特色，考虑菜品吸引宾客的新意，又要考虑到厨房技术力量。要从菜单的档次、价格进行合理的搭配组合，进而要测算每份菜的成本、毛利和售价。为了保证菜单品种的如期推出和出品质量，至少应将所有推出菜点的主料、配料、盛器和装盘规格，列表做出明确规定。如有可能，及时给每一菜点制定标准食谱卡，不仅对生产操作极为有利，对厨房的成本控制也是十分有用的。要求厨房员工按规格、按要求、保质量，落实到每一盘菜品上。有条件的饭店由专人负责到底，自始至终确保美食节菜品质量。

如果既定的美食节万一碰到厨房生产比较繁忙的时候，也应调剂、落实各岗位人员，以保证美食节的正常进行，这就要求厨房内部做好详细的时间计划，力求使有限的场地、设备用具发挥更大的作用。

5. 组织货源，开展宣传

菜单确定以后，一个很重要的工作就是筹备和企划食品节所需各种原材料，不仅要备齐美食节推出菜点的主料、配料，同时还要根据美食节用料清单，想方设法备全各种调味品、盛装器皿和装饰物品。饭店采购部要会同餐饮部前后台做好各项原材料的采购工作。所购原材料的好坏，对餐厅装饰气氛、菜点口味造型等都起着重要的影响。

美食节对外界的影响大小和成功与否，在很大程度上取决于广告的宣传作用。要在美食节举办之前，详细周密计划和分步实施广告宣传活动。要根据美食节的特点和主题，选择一定的广告宣传媒体，进行相应的广告宣传工作。美食节活动的印刷品除了广告宣传用品，还有菜单、酒单等。这些印刷品的设计和印刷质量，应与饭店餐饮规模、档次相适应，既要精致美观，又要突出美食节的主题，还要注意保持餐厅一贯的宣传风格和给客人的印象风格。

6. 实施运作，协调分析

美食节活动是以厨房、餐厅为主体，同时需要各级、各部门的协调和配合。各部门应根据活动计划的安排，积极主动地做好各方面的准备，实行标准化管理。采购部门每天保证食品原材料供应；厨房按菜单设计生产，保证产品质量；餐厅按美食节活动计划要求，每天搞好环境布置，热情推销产品；工程部门保证席间节目设施、设备安全，在空调、灯光、演出设备等方面满足活动需要。

餐饮部经理和餐厅经理要加强巡视检查，随时征求客人意见，不断改进服务质量，处理各种疑难问题，保证美食节活动的成功。

美食节期间，每天要统计出餐厅或美食节活动的接待人次、座位利用率、客人的食品和饮料人均消费、总销售额、座位平均销售额、毛利额、毛利率、成本消耗等，并分析前后各天的变化情况，从中发现美食节活动中存在的问题，不断改进工作，以降低消耗，提高经济效益，完成或超额完成美食节活动计划指标。

7. 总结评估，积累资料，完善档案

美食节是饭店、餐馆的一项综合性、集体性的活动。在筹备阶段，美食节组委会经常召开碰头会，研究问题，落实措施。美食节期间，不定期召开碰头会，研究营销策略和市场反馈，及时调整布局。美食节结束，要召开总结会，应对美食节进行全过程的总结评估，以积累一定的组织筹划、原材料采供、生产制作等方面的经验教训。

美食节结束以后，餐厅转入正常经营。餐饮总监和总厨要认真总结经验教训，全面分析美食节活动效果。对美食节活动的计划安排、准备工作、各级各部门的协调情况、产品销售情况、服务质量、客人反应等，做出具体分析，写出总结报告。肯定成绩，明确问题，以便为今后的美食节活动提供决策参考。

美食节活动结束以后，菜单、主要原材料供应、每天的销售分析报告和总销售报告，以及活动照片、媒体的报道要分类存档。其中，哪些菜点喜爱程度高，哪些菜点喜爱程度低，要特别保存，以便为下一次美食节活动提供决策参考。无论此类美食节以后再举办与否，都要做好一定的文字资料积累，为菜肴的推陈出新和其他不时之需做好准备。同时，将特别受欢迎的菜点纳入正常经营的菜单之中。

从饮食市场大局来看，美食节这一形式势必还将继续发展成熟，如何将美食节举办得更加成功，这是广大餐饮经营者、决策者不断探索的新课题。

9.2.3 美食活动的方案编写

美食节初步方案在上年年底制定，本年度要根据既定计划逐步实施，在实施前要指派员工深入调查研究，分析比较后，撰写申请报告，同时附上美食节方案，提交饭店审批。在审批时着手制定美食活动安排细则便于实施。

1. 年度餐饮美食推销计划表（见表9-7）

表9-7 年度餐饮美食推销计划表

月　份	中餐厅	西餐厅	酒吧及其他
1月	年末聚餐周	中西合璧美食节	热饮特选
2月	元宵花灯节	情人节	/
3月	野菜美食节	新马泰美食节	咖啡时节
4月	创新美食节	复活节	蔬菜果汁
5月	感恩谢师宴	母亲节	/
6月	端午粽子节	法国美食节	/
7月	夏日清凉美食	啤酒节	夏日特饮
8月	水果菜美食节	冰淇淋美食节	/
9月	中秋赏月宴	西式自助餐	鲜榨果汁
10月	老名菜品尝月	万圣节	意大利咖啡节
11月	潮菜美食节	感恩节	/
12月	圣诞狂欢节	圣诞节	圣诞特饮

2. 美食节方案

××餐厅美食方案

策划人：×××

在××餐厅装修一新之际，为了提升餐厅的声誉，挽回装修前的常客，重振餐饮雄风，树立餐饮形象，拟定11月下旬举办新年祈福美食节，此次美食节，以餐饮活动为主线，由数位书法名家现场撰书春联，每桌一副现场抽取，必将带来别样的宣传效应。同时也能在人气中带来财气，维护原有市场的份额。现策划如下。

一、时间：××年×月中旬，为期六天

二、活动地点：二楼餐厅

三、书画、菜肴展示地点：二楼长廊

四、活动计划

（一）美食节主题

迎新美食节——感恩祈福宴

（二）现场撰书展示区

1. 背景：中堂1幅，对联1对。

2. 画案：画案1张、书房四宝1套。

3. 悬挂区：对联若干幅。

（三）菜肴展示区

1. 背景为“福”字中堂、对联一幅。

2. 菜肴：热菜八道，点心两道，冷菜一组，雕刻二件。

3. 台面：6m×1m。

4. 台布：橘黄面料台布，台布上铺设桌骑，桌骑图案为“福”字。

5. 菜牌：仿古菜牌。菜名用毛笔书写，寓意吉祥。

6. 立式宣传牌：用对子形容菜肴，立于二楼入口处。

7. 灯光：二楼回廊设灯光数只，增加亮度。

8. 花卉：展台边点缀。

（四）人员装束

1. 迎宾员身着中式服装，挂美食节绶带，胸佩美食节会徽。

2. 书法家着中式服装、案头摆放个人介绍。

3. 餐厅人员统一身着新装，胸佩美食节“福”章。

4. 其余人员身着整洁服装。

（五）环境布置

1. 酒店大门：悬挂长幅对联，设置大红气弓门。

2. 餐厅门口：设立竖式掌勺大厨宣传牌。

3. 餐厅：上悬挂彩色折纸，窗户上贴窗花剪纸。

4. 餐桌菜牌采用节徽重新制作。

（六）优惠措施

1. 活动期间诚邀不同书法家参与，每桌赠门联一幅。

2. 结账时每桌赠送一坛贴“福”字的自制醉蟹。

五、宣传

1. 主要街道悬挂横幅。

2. 在报纸、电视、网络等媒体上作宣传。
3. 客户单位邮寄美食节宣传单。
4. 在美食节前店内设立广告牌，告之宾客举办美食节时间及优惠措施。
六、联系邀请书法家
1. 由宴会部诚邀书法家。
2. 确定人数和酬劳。
3. 负责接送和接待。
七、制作菜单
1. 编排菜单。（设计祈福寓意）
2. 制作菜单。
3. 厨师、服务员提前培训。
八、资料收集存档
美食节期间拍摄照片、整理材料、统计数据、总结经验，备案存档。

××××年×月

3. 美食展台介绍牌（如图9-1所示）
4. 美食节节徽（如图9-2所示）

图9-1 美食展台介绍牌

图9-2 美食节节徽

5. 美食节活动进程细则

××饭店×××美食节活动前期实施细则

（总体介绍略）
一、时间：××年×月—××年×月，为期20天
二、地点：××餐厅
三、主题：杭派新菜美食节
四、外聘厨师
（一）拟外聘厨师基本情况
1. 地区：浙江杭州。
2. 单位：××××饭店。

3. 人数：××人，×男×女。

4. 主厨姓名：×××。

5. 主厨年龄：××岁。

6. 主厨简历。(见附件1)

(二) 外聘厨师相关待遇

1. 聘请落实：由餐饮部落实确定，并保持联系。

2. 接送：机场接送由饭店办公室安排（具体时间由餐饮部提供，并指派员工随车接送）。

3. 食宿：由房务部负责（建议入住三号楼二楼东头，可走安全楼梯下楼，离厨房较近）。

4. 酬劳：(见附件2)。由餐饮部负责通知领取，由财务部负责发放，发放时间为×月×日。

5. 景区游玩：美食节结束后两天，由饭店接待部负责指派员工随从（游览线路按西湖两日游），费用交饭店办公室审核报销。

五、制定菜单

1. 传递联系：由餐饮部负责传递联系。

2. 讨论确定：在×月×日前由餐饮部（餐饮总监、餐饮部经理、行政总厨）、销售部经理负责确定。

3. 菜单翻译：在×月×日前由办公室负责完成（由行政总厨指派员工协助）。

六、菜单及宣传册的印制

宣传册、节徽和菜单设计：由餐饮部提供文字及图片资料。由饭店美工负责设计、负责送付胶印、校对、验收。(于×月×日下午2时在二楼小会议室，确定样稿。参加人员：分管副总、销售部经理、餐饮总监、餐饮部经理、行政总厨)

七、宣传

1. 条幅、横幅、灯笼：内容字体颜色大小以及悬挂地点（见附件3），由办公室、工程部负责，于前一星期完成。

2. 广告：报刊广告由办公室联系洽谈。

3. 告示牌、介绍牌：饭店美工负责。

4. 宣传报道：由办公室负责撰稿、征稿。

八、餐厅布置（由餐饮部负责）

1. 展示台：设计（餐饮部、美工），菜肴及餐具（餐饮部、采购部），展台台面（工程部），主雕灯光（工程部）、布艺（后勤部、采购部）。

2. 餐桌：台布点缀品。

3. 吧台：(略)。

4. 餐厅灯光：(略)。

5. 鲜花盆景：(略)。

九、菜单培训：培训部、餐饮部负责

十、原材料采购：原材料及用具餐具的采购（见附件4）由采购部负责

十一、服装绶带：服装由采购部负责，绶带（文字见附件5）由餐饮部负责

十二、其他

1. 安全及宾客车辆管理：安全部负责。

2. 现场抽奖：由销售部负责确定颁发方式、负责指派员工主持。

a. 奖品：由采购部负责采购（金额、件数见附件6，由销售部重新议定）。

b. 奖券：由财务部提供。
c. 主持人：销售部指派员工。
3. 音乐：餐饮部负责。
4. 摄影：办公室负责。

××××年×月×日

附件1：主厨简历
附件2：掌勺厨师酬劳
附件3：条幅、横幅、灯笼内容
附件4：原材料、餐具采购单
附件5：绶带文字
附件6：奖品及等级

9.3 宴会场地布置

9.3.1 宴会厅场地布置整体要求

（1）普通宴会进行布置时，由宴会部指派一位领班负责现场即可。而特殊宴会负责预定的人员需到场，配合协助，美工及现场人员进行布置。

（2）布置要庄重、美观、大方，桌椅摆放对称、整齐，并且安放平稳。

（3）桌子之间的距离要适当。大宴会厅的桌间距可稍大，小宴会厅的桌间距以方便客人入座、离席、便于服务人员操作为准。桌间距过大，会使场面显得松散、不利于创造热烈的气氛；桌间距过小则会显得拥挤，而且宾客用餐会显得不方便，服务员在服务过程中也容易出错误。最佳桌间距则为180 cm，最少桌间距一般也要140 cm。如果宴请的桌数较少，厅室较大，为避免空荡感，可以在四周和宴会厅空余的地方布置一些树木花草、屏风和沙发等。

（4）宴会中除了餐桌的摆设外，服务台同样需要备置妥当。其数量视宴会厅大小及宴客人数而定，但应尽量避免多占据空间。服务桌的摆设将影响服务品质，所以对工作人员而言非常重要，但尽管如此，仍然能少则少。

（5）如果席间要安排乐队演奏，乐队不要离宾客的席位过近，应该设在距离宾客席位3～4 m左右。如果席间有文艺演出，又无舞池时，则应该在布置桌椅时留出适当的位置，并铺上地毯，作为演出场地。

（6）酒吧台、礼品台、贵宾休息室等，要根据宴会的需要和宴会厅的具体情况灵活安排。

（7）整个会场布置完成后，领班或主管必须依照宴会通知单或计划所述内容逐项核对，以免遗漏。

9.3.2 中餐宴会餐桌布局

1. 服务区域总体规划

（1）确定主桌或主宾席区及来宾席区位置。中式宴会通常都在独立式的宴会厅举行，但不论是小型宴会还是大型宴会，其餐桌的安排都必须特别注意主桌或主宾席区的设定位置。原则上，主桌应摆放在最显眼的地方，以所有与会宾客都能看到为原则。一般而言，主桌大部分安排在面对正门口的餐厅上方，面向众席，背向厅壁纵观全厅，其他桌次由上至下排列；也可将主桌置于宴会厅中心位置，其他桌次向四周辐射排列。中型宴会主宾席区一般设一主二副，大型宴会一般设一主四副，也可以将主宾席区按照西餐宴会的台形设计成“一”字形，来宾席区仍按中式圆桌摆放。

(2) 餐桌与餐椅的布置要求。中式宴会的餐台一般使用圆桌和玻璃转盘。转盘要求型号、颜色一致，表面清洁、光滑、平整；餐椅要使用与宴会厅色调一致的框架和软面型，通常每桌摆放10位。在整个宴会餐桌的布局上，要求整齐划一，做到桌布一条线，桌腿一条线，花瓶一条线，主桌主位能互相照应。

(3) 工作台的设置。主桌或主宾席区一般设有专门的工作台，其余各桌依照服务区域的划分酌情设立工作台。工作台摆放的距离要适当，便于操作，一般放在餐厅的四周，其装饰布置（如台布和桌裙颜色等）应与宴会厅气氛协调一致。

(4) 主席台或表演台的设置。根据宴会主办单位的要求及宴会的性质、规格等设置主席台或表演台。在主桌后面用花坛、画屏或大型盆景等绿色植物以及各种装饰物布置一个背景，以突出宴会的主题。

(5) 会议台型与宴会台型。将会议和宴会衔接在一起是目前宴会部经营较为流行的一种形式，即会议台型和宴会台型共同布置于大宴会厅现场，先举行会议，后进行宴会用餐。布置时，必须统筹兼顾，充分利用有效的空间，合理分隔会议区域和宴会区域，严密制定服务计划，承前启后，井井有条。

2. 中式宴会餐桌布局设计方案

根据桌数的不同，有下列几类不同的设计方案可供参考。

(1) 2桌时，主桌在入口处的尽头。

(2) 3桌时，可排列成“品”字型。

(3) 4桌时，可排列成菱型，餐厅上方一桌为主桌。

(4) 5桌时，可排列成“立”字形或“日”字型。以“立”字型排列时，上方位置为主桌；“日”字型则以中间位置设定为主桌。

(5) 6桌时，可排列成“金”字型或梅花型。以“金”字型排列时，顶尖一桌为主桌；梅花形则以中间位置设定为主桌。小型宴会圆桌排列设计图如图9-3～图9-5所示。

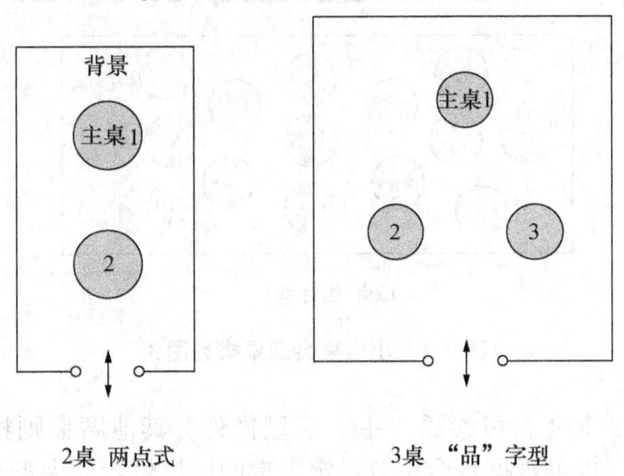

图9-3　小型宴会圆桌排列图1

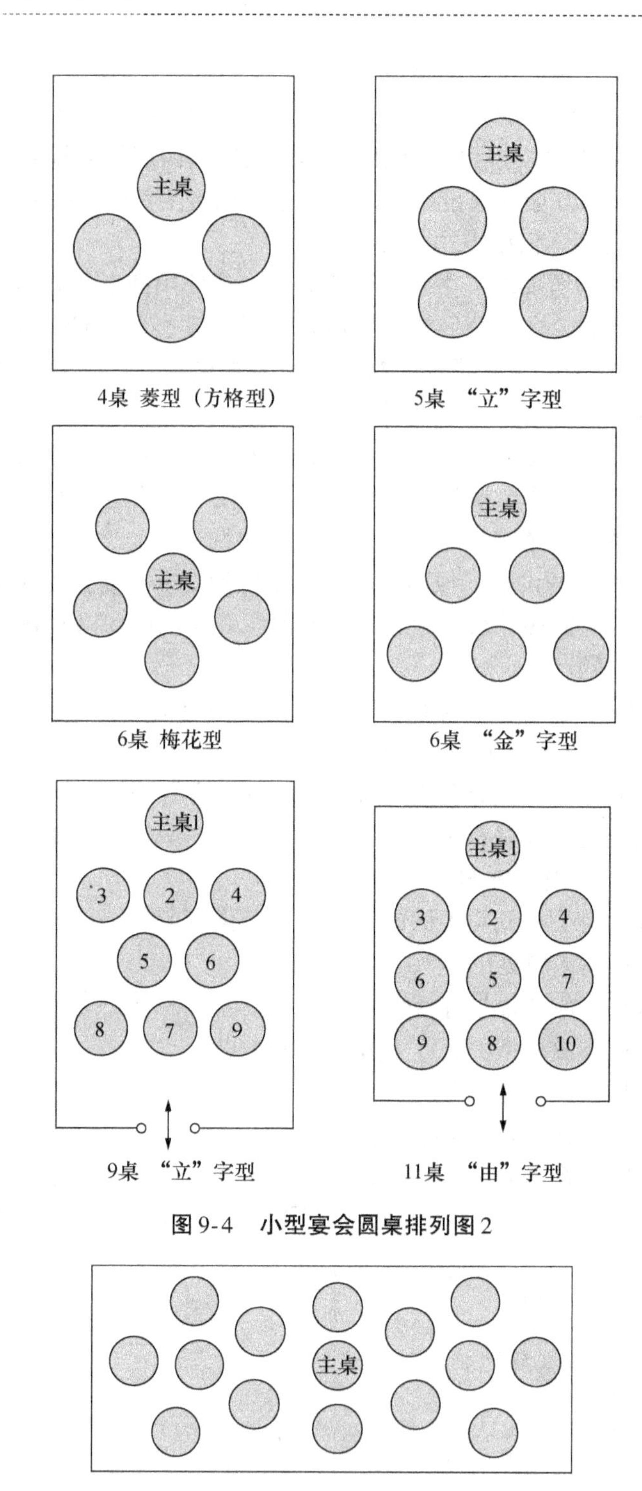

图 9-4 小型宴会圆桌排列图 2

图 9-5 小型宴会圆桌排列图 3

（6）大型宴会时，其主台可参照“主”字型排列，其他席桌则根据宴会厅的具体情况排列成方格形即可，也可根据舞台位置设定主桌的摆设位置。大型宴会中式圆桌排列设计图如图 9-6～图 9-9 所示。

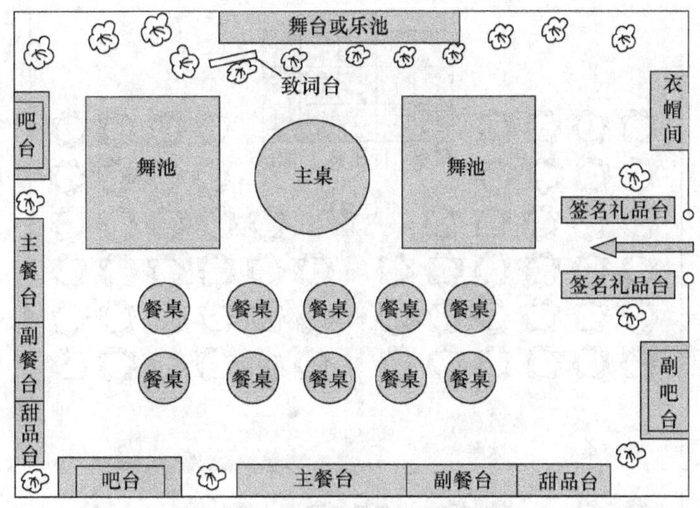

图9-6 大型中式宴会排列设计图1

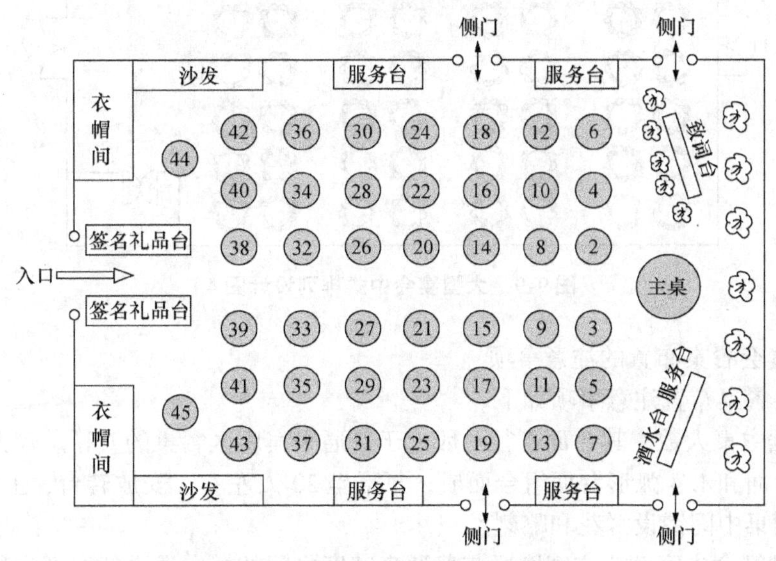

图9-7 大型宴会中式排列设计图2

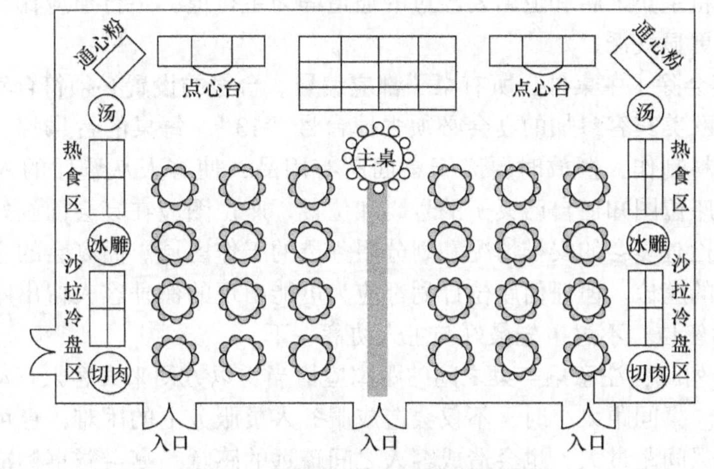

图9-8 大型宴会中式排列设计图3

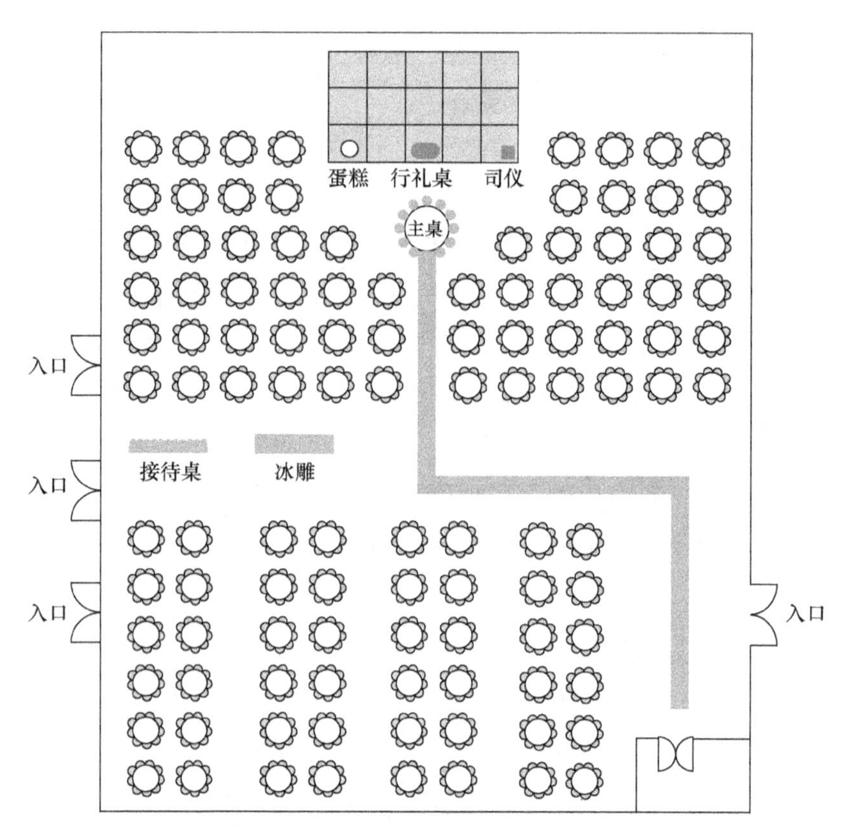

图 9-9 大型宴会中式排列设计图 4

3. 中式宴会餐桌布置的注意事项

中式宴会餐桌布置注意事项如下。

（1）根据主桌人数，其台面直径一般大于普通来宾席区餐桌的直径。较大的主桌台面一般由标准台面和 1/4 弧形台面组合而成，每桌坐 20 人左右。安放转台，上面铺设鲜花。也可直接在圆桌中间铺设鲜花和雕刻。

（2）大型宴会主宾席或主宾席区与普通来宾席之间的横向通道的宽度应稍大，以便主宾入席或退席。将主宾入席和退席要经过的通道辟为主行道，主行道应比其他行道宽 2 倍以上，这样才能更显气派。

（3）大型宴会除了主桌外，所有桌子都应编号。台号的设置必须符合宾客的风俗习惯和生活禁忌，如欧美宾客参加的宴会必须去掉台号“13”。每桌的台号牌一般用镀金、镀银、不锈钢等材料制作，摆放时要高于桌面所有用品，使客人从餐厅的入口处就可以看到。客人亦可从座位图知道自己桌子的号码和位置。座位图应在宴会前画好，宴会的组织者按照宴会图来检查宴会的安排情况和划分服务员的工作区域。而宴会的主人可以根据座位图来安排客人的座位。但任何座位计划都应为可能出现的额外客人留出座位。一般情况下应预留 10% 的座位，不过事先最好与主人协商一下。

（4）餐桌排列时，注意桌与桌之间的距离应恰当，以方便来宾客人行动自如、服务员方便服务为原则。桌间距太小时，不仅会造成服务人员服务上的困难，也可能使客人产生压迫感，然而若桌间距过大，也会造成客人之间疏远的感觉。宴会餐桌标准占地面积一般每桌为 10～12 m^2。桌间距一般最少要 140 cm，最佳桌间距则为 180 cm。

(5) 如在一个宴会厅同时有两家或两家以上的单位或个人举办宴会，就应以屏风将其隔开，以避免相互干扰和出现服务差错。其餐台排列可视宴会厅的具体情况而定。一般排列方法是：2桌可横或竖平行排列，4桌可排列成菱型或四方型，桌数多的，排列成方格型。

(6) 设计时还应强调会场气氛，做到灯光明亮，通常要设主宾讲话台，麦克风要事先装好并调试完毕。绿化装饰布置要求做到美观高雅。此外，吧台、礼品台、贵宾休息台等视宴会厅的情况灵活安排。要方便客人和服务员为客人服务，整个宴会布置要协调美观。只有这样才能顺利举办一场成功的宴会。

9.3.3　西式宴会与酒会餐桌布局

1. 西式宴会餐桌布局

正式西式宴会一般使用长方形餐桌或小方桌，长方形餐桌及小方桌都是可以拼接的。餐桌的大小和餐桌的排法，可根据宴会的人数、宴会厅的形状和大小、服务的组织、宾客的要求来进行，并做到尺寸对称、出入方便、图案新颖，椅子之间的距离不得少于20 cm，餐台两边的椅子应对称摆放。西式一般宴会餐桌的设计方式主要有以下几种。

(1) "一"字型。不超过36位宾客时，宜采用直线型。可用1.8 m×0.75 m的长条桌拼合而成。

(2) "口"字型。超过36位宾客时的台型，可用1.8 m×0.75 m的长条桌拼合而成，中央部位可布置花草、冰雕等装饰物。

(3) "E"型或"M"型。超过60位宾客时的台型。

此外，还有马蹄型、分散型、"T"型、"工"字型、"N"型等设计形式。如图9-10所示为西式宴会餐桌布局图。

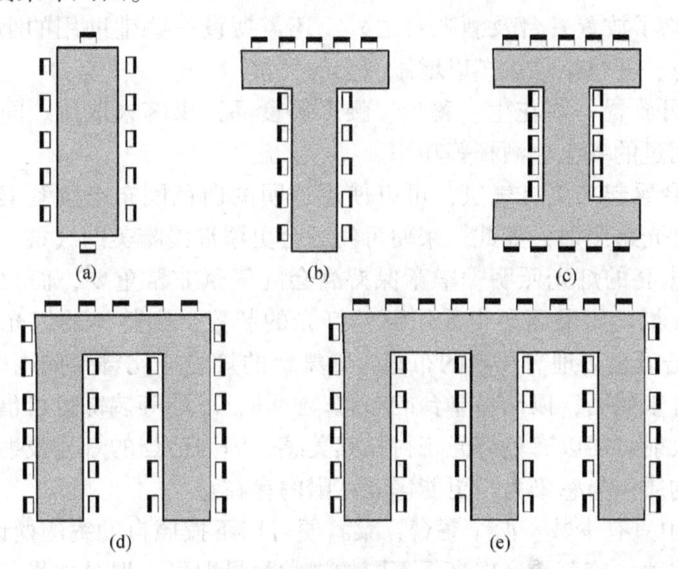

图9-10　西式宴会餐桌布局图

2. 西式酒会餐桌布局

(1) 酒会场地的设计。酒会中不摆放桌椅，也不设置主宾席，只摆设餐台以及一些小圆桌或茶几，宾客在酒会中以站姿进餐。宽敞的空间使主人及宾客均得以自由地在会场内穿梭走动，自在地和其他与会宾客交谈。

在接受一场酒会的预订时，预订员必须根据顾客的需求提供一份酒会的布置设计图，同时向客人报价。在设计酒会场地之前，必须事先了解顾客办酒会的目的、与会人数的多少以及所希望的菜色等。然后，预订员便可就相关细节与行政主厨进行进一步的研究。

酒会菜色、菜肴道数、摆设方式、餐台大小等因素都足以影响一场酒会的成功与否。所以预订员对于以上所述的诸多细节都必须事先了解，否则一旦设计出来的餐台过大而菜色太少，便会令人感觉空洞；反之，如果因餐台太小而使菜肴摆起来显得拥挤，则不论其菜色如何，都会给人压迫感，从而降低该宴会的价值。

在酒会的场地设计中，舞台设计是其中非常重要的一环。倘若舞台布置适宜、主题明确，能让所有与会宾客在进场之后便留下深刻的第一印象，那么这场酒会已经成功了一半。而另外一半的成功，有30%取决于餐台的布置，最后的20%则取决于服务人员的服务态度。也就是说，在一场成功的酒会中，单就布置方面便已占一大半的影响要素，由此可见场地的设计对举办一场成功的酒会是多么重要。

（2）场地及餐台的布置要求。场地及餐台的布置要求如下。

① 酒会中餐台的摆设方式主要着重于酒吧台与餐台的位置规划。酒会通常采用活动式的酒吧台，并且摆放一些辅助桌以放置酒杯。至于餐台的布置，不仅需配合宴会厅的大小，还应摆设在较显眼的地方，一般都摆设在距门口不远的地方，让客人一进会场就可清楚看到。

② 餐台摆设可用有机玻璃箱、银架或覆盖着台布的塑料可乐箱来垫高，使菜肴摆设呈现出立体效果。

③ 餐台的摆设要视菜单上菜肴道数的多少来准备，过大或太小的餐台都不恰当，所以必须事先了解厨师所推出的菜肴分量，以作为布置的依据，有时也需配合特殊餐具的使用来进行摆设。

④ 酒会会场除了放置餐台及酒吧台之外，还需摆设一些辅助用的小圆桌。小圆桌中间可摆一盆蜡烛花，并将蜡烛点燃以增添酒会的气氛。

⑤ 小圆桌上可放置一些花生、薯片、腰果等食品，供客人取用。同时，小圆桌也具有让客人摆放使用过的餐盘、酒杯等功用。

⑥ 若要使餐台看起来更有气氛，可以使用透明的白色围布来围餐桌，并在桌下分别放置各种颜色的灯光来照射，如此一来便可使酒会更添浪漫唯美的气氛。

⑦ 酒会不需太亮的灯光照明，毕竟保持酒会的气氛非常重要，而微暗的灯光恰好可提供酒会适宜的气氛。如果酒会中采用调整灯光的装置，则整体的灯光亮度适合设定在3～4段之间，但若酒会场地有舞台的布置，则舞台的灯光应比舞台周围的酒会场地要亮，必要时可用投射灯来照明，以凸显舞台的布置。此外，冰雕等装饰也可借灯光技术以增加效果，而冰雕的投射灯需以有色灯光来衬托其美感，因为适当的灯光投射往往能恰如其分地增添冰雕装饰的质感与感染力，更能彰显冰雕的存在意义。

⑧ 如果酒会中只有少数一两个餐台，菜肴便可以不按照自助餐的摆设方式进行布置，而只需摆设出层次感，使菜肴呈现高低不同的视觉效果即可。但是如果餐台为数众多，则可依照菜肴类别分区摆设，比如分成冷盘区、热食区、切肉区、小点心区、饮品区等不同的餐台以示区别。

⑨ 酒吧台的摆设以尽量靠近入口处为原则。如果参加酒会的人数很多，应尽可能在会场最里面另设一个酒吧台，并将部分客人引导进入该吧台区，以缓解入口处人潮拥挤的状况。

酒会餐桌布局如图9-11、图9-12所示。

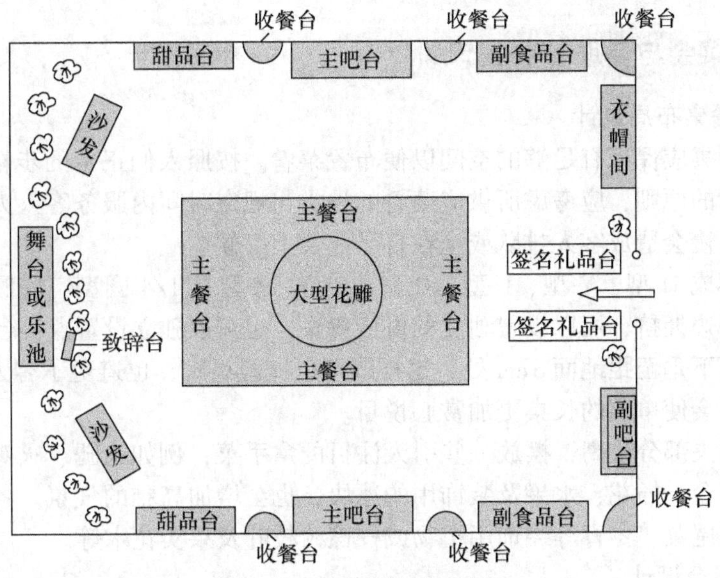

图 9-11　西式酒会餐桌布局

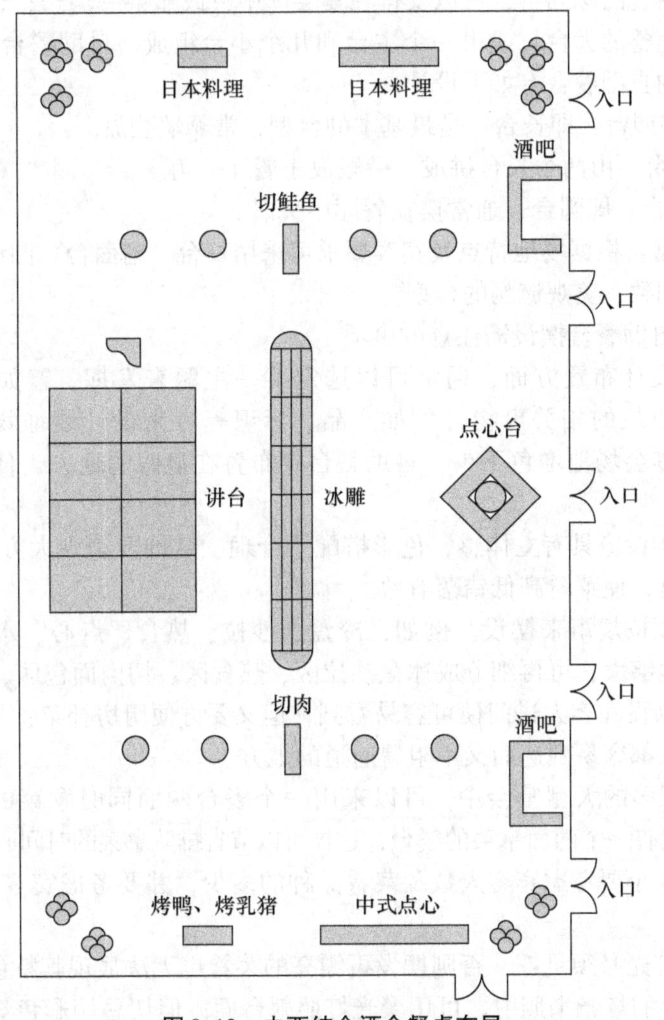

图 9-12　中西结合酒会餐桌布局

9.3.4 冷菜会与自助餐餐桌设计

1. 冷菜会餐桌布局设计

冷餐会的餐桌应保证有足够的空间以便布置菜肴。按照人们正常的步幅，每走一步就能挑选一种菜肴的原则，应考虑所供应菜肴的种类与规定时间内服务客人人数间的比例问题，否则进度缓慢会造成客人排队或坐在自己座位上等候。

餐桌可以摆成H型、Y型、L型、C型、S型、Z型及1/4圆型、椭圆型。另外，为了避免主餐台周边拥挤，可以设置独立的供应餐桌，也可以独立设置点心台。

桌布从台面下垂至距地面6cm处，这样既可以掩蔽桌脚，也避免了客人踩踏。如果使用色布或加褶，会使单调的长桌更加赏心悦目。

将餐台的中央部分垫高，摆放一些引人注目的拿手菜，例如火腿、火鸡及烤肉等。饰架以及上面的烛台、插花、水果及装饰用的冰块，也会增加高雅的气氛。各类碟之间的空隙可以摆一些牛尾菜、冬青等装饰用植物或柠檬树枝叶及果实花木等。

2. 自助餐餐台设计

自助餐台也叫食品陈列台，可以安排在宴会厅中央或靠某一墙边，也可放于宴会厅一角；可以摆一个完整的大台，或由一个主台和几个小台组成。自助餐台的安排形式多样、变化多端，常见的自助餐台有如下设计。

（1）“一”字型台：即长台，是最基本的台型，常靠墙摆放。

（2）“L”型台：由两个长台拼成，一般放于餐厅一角。

（3）“O”型台：即圆台，通常摆在餐厅中央。

（4）其他台型：根据场地特点及宾客要求可采用长台、扇面台、圆型台、半圆型台等拼接出各种新颖别致、美观流畅的台型。

3. 冷菜会与自助餐台摆设需注意的事项

（1）餐台的设计布置方面，通常可以选定某一主题来发挥，譬如以节庆为设计主题，或取用主办单位的相关事物（例如产品、标识等）来设计装饰物品，如冰雕、黄油雕等，均可使宴会场地增色不少。自助餐台要布置在显眼的地方，使宾客一进入餐厅就能看见。

（2）菜肴的摆设应具有立体感，色彩搭配要合理，装饰要美观大方，不要过于拥挤。可用物品衬垫菜盘，使菜肴高低错落有致。

（3）菜色必须按规矩来摆设。例如，冷盘、沙拉、热食、点心、水果等应依顺序排好。如果宴会场地够大，可再细分成冰盘沙拉区、热食区、切肉面包区、水果点心区等。

（4）餐台必须设在客人进门便可容易看到，但又要方便厨房补菜，另外须考虑其摆设地点应为所有客人都容易到达而又不阻碍通道的地方。

（5）在人数很多的大型宴会中，可以来用一个餐台两面同时拿菜的方法。最好是每150～200位客人就有一个两面拿菜的餐台，这样可以节省排队拿菜的时间，以免客人等太久。

（6）餐台的大小要考虑宾客人数及菜肴品种的多少，并要考虑宾客取菜的人流方向，避免拥挤和堵塞。

（7）餐台的灯光必须足够，否则摆设再漂亮的菜肴也无法显现其特色。尤其是冰雕部分更需要不同颜色的灯光来照射。可用聚光灯照射台面，但切忌用彩色灯光，以免使菜肴改变颜色，从而影响宾客食欲。

自助餐台台形组合与布局如图 9-13 所示。

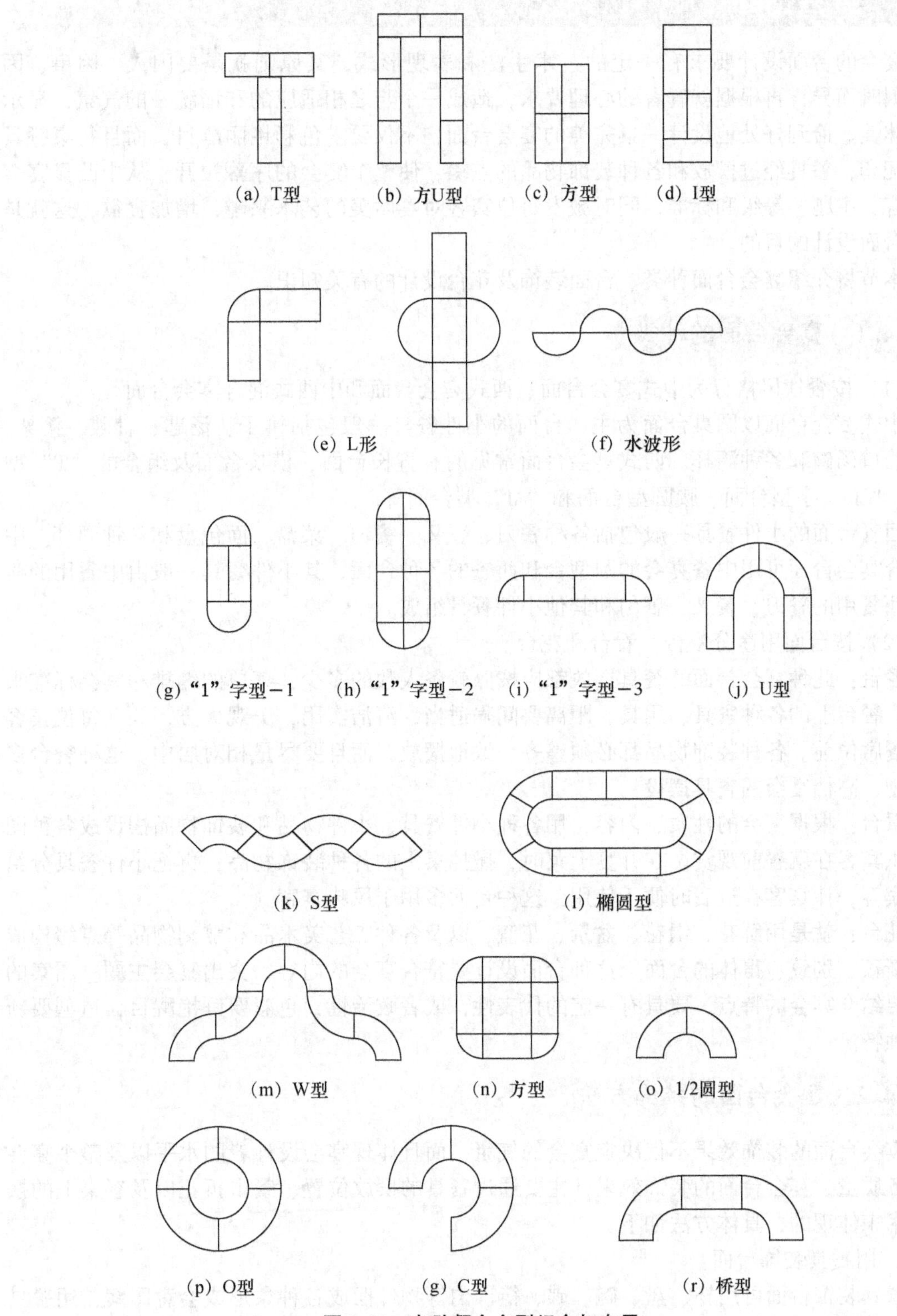

图 9-13　自助餐台台型组合与布局

9.4 宴会台面设计

宴会的台面设计要求有一定的艺术手法和表现形式，其原则就是要因人、因事、因地、因时而异，再根据就餐者的心理要求，造成一个与之相适应的和谐统一的气氛，显示出整体美。恰到好处地设计一桌完美的宴会台面，不仅要求色彩艳丽醒目，而且每桌餐具必须配套，餐具经过摆放和各种装饰物品的点缀，使整个宴会的序幕拉开，从中凸显宴会的内容、主题、等级和标准，同时激发每位宾客对宴席美的艺术兴趣，增加食欲，这就是宴会台面设计的目的。

本节将介绍宴会台面种类、台面装饰及花台设计的有关知识。

9.4.1 宴会台面的种类

（1）按餐饮风格分为中式宴会台面、西式宴会台面和中西式混合宴会台面。

中式宴会台面以圆桌台面为主，台面的小件餐具一般包括筷子、汤匙、骨碟、筷架、味碟、口汤碗和各种酒杯。西式宴会台面常见的有直长台面、横长台面及组合的“T”型台面、“工”字型台面、腰圆型台面和“M”型台面等。

西餐台面的小件餐具一般包括各种餐刀、餐叉、餐勺、菜盘、面包盘和各种酒杯。中西混合宴会台面可用中餐宴会的圆型台和西餐的各种台面，其小件餐具一般由中餐用的筷子、西餐用的餐刀、餐叉、餐勺和其他小件餐具组成。

（2）按台面用途分餐台、看台和花台。

餐台：此种宴会台面的餐具摆放都应按照就餐人数的多少，菜单的编排和宴会标准来配用。餐台上的各种餐具、用具，距离要间隔适当，清洁实用，美观大方，放在每位宾客的就餐席位前。各种装饰物品都必须整齐一致地摆放，而且要尽量相对居中。这种餐台多用于中、高档宴会的餐具摆设。

看台：根据宴会的性质、内容，用各种小件餐具、小件物品和装饰物品摆设成各种图案，供宾客在就餐前观赏。在开宴上菜时，撤掉桌上的各种装饰物品，再把小件餐具分给各位宾客，让宾客在进餐时便于使用，这种台面多用于风味宴席。

花台：就是用鲜花、绢花、盆景、花篮，以及各种工艺美术品和雕刻物品等点缀构成各种新颖、别致、得体的台面。这种台面设计要符合宴会的内容，突出宴会主题。图案的造型要结合宴会的特点，要具有一定的代表性，或者政治性，色彩要鲜艳醒目，造型要新颖、独特。

9.4.2 宴会台面的装饰方法

宴会台面的装饰效果不仅决定宴会的气氛，而且体现宴会设计者的水平以及整个宴会的服务质量。宴会台面的装饰效果，主要通过餐具的摆放位置、餐巾折花以及餐桌上的摆花艺术来体现的，具体方法如下。

1. 用餐具装饰台面

餐具装饰台面可用杯、盘、碗、碟、筷、勺等物件摆成各种象形或会意图案，用餐具装饰台面应注意高档宴会和名贵菜肴应配用较高级的餐具，以烘托宴会的气氛、突出菜肴的身价。餐具的件数应依据宴会的规格和进餐的需要而定。普通宴会一般配 5 件餐具，中档宴会一般配 7 件餐具，高档宴会一般配 8～10 件餐具。

2. 用餐巾花装饰台面

为了提高服务质量和突出宴会气氛，服务人员把小小的餐巾折叠成许多栩栩如生的鱼、虫、鸟等形状。形形色色的花卉植物和惟妙惟肖的实物造型，摆在餐桌上既可起到点缀美化席面的作用，又能给酒席宴会增添热烈欢快的气氛，给宾客以一种美的享受。餐巾花还可以其无声的形象语言，表达和交流宾主之间的感情，起到独特的媒介效果。标明宾主的座次，体现宴会的规格与档次。根据餐巾和台布的颜色以及餐具的质地、形状、色泽等进行构思，使折出来的餐巾花同宴会台面融为一体，给人以艺术上的享受，要能根据中西餐的要求、特点和对象不同，分别叠成不同式样的餐巾花。餐巾花的种类很多，一般总体原则如下。

(1) 根据宴会的性质来选择花型。如以欢迎答谢、表示友好为目的的宴会餐巾花可设计成友谊花篮及和平鸽。

(2) 根据宴会的规模来选择花型。一般大型宴会可选用简单、快捷、挺括、美观的花型。小型宴会可以在同一桌上使用各种不同的花型，形成既多样，又协调的布局。

(3) 根据花式冷拼选用与之相配的花型。如冷拼是“游鱼戏水”，则餐巾花可以选用“金鱼”造型。

(4) 根据时令季节选择花型。用台面上的花型反映出季节的特色，使之富有时令感。

(5) 根据宾主席位的安排来选择花型。宴会主人座位上的餐巾花称为主花，主花要选择美观而醒目的花型，其目的是使宴会的主位更加突出。主花要摆插在主位，一般的餐巾花则摆插在其他宾客席上，高低均匀，错落有致。

此外，还可采用印有各种具有象征意义图案的台布铺台，并以台布图案的寓意为主题，组织拼摆各小件餐具和其他物品，使整个台面协调一致，组成一个主题画面。用水果装饰台面，根据季节变化，将各种色彩和形状的水果，衬以绿色的叶子，在果盘上堆摆成金字塔形状上台，既可观赏，又可食用，简便易行，此法传统的宴席摆台运用较多。

9.4.3　花台设计

花台是餐台当中一个很特殊的类型，花台是用鲜花堆砌而成的、具有一定艺术造型的、供人观赏的台面。花台虽然比食台缺少实用性，但在高档宴会中却有着必不可少、举足轻重的作用。首先，花台体现了宴会的档次，只有高档的宴会才设花台，普通宴会往往不设花台。其次，花台体现了宴会的主题，主办者举行一次宴会往往有其特定的目的，这就是宴会的主题，可以利用花台来体现宴会主题。如在欢迎或答谢宴会上用友谊花篮的图案来体现和平、友好；在婚宴上可用艳丽的红玫瑰拼成大红喜字或戏水图案来体现爱情、喜庆。另外，花台还可增加宴会的气氛，如喜庆婚宴花台，火红的玫瑰亮丽夺目，无疑使宴会的气氛达到高潮。

一个成功的花台设计就像一件艺术品，它通过巧妙的排列构成的以花卉的自然美和人工的修饰美相结合的艺术造型，令人赏心悦目，给宴会创造出了隆重、热烈、和谐、欢快的氛围，因此花台制作已成为高档宴会中一种不可缺少的环境布置。

1. 确定花台主题

这是花台制作的第一步，制作一个好的花台需要事先进行构思，确定出明确的主题，根据主题创作出不同类型、不同风格、不同意境的花台。可以说，有了好的主题，花台制作就成功了一半，确定主题时应做到以下几点。

（1）不能脱离宴会的主题。宴会的主题是花台制作时确定主题的依据，因此，在没有动手制作花台前一定要先考虑宴会的主题是什么，不能随心所欲，自由发挥。所以，花台主题的确定要依据宴会的主题。比如祝寿宴，花台制作就必须反映寿比南山的主题；如果是新婚宴，花台制作就适宜突出花好月圆的主题。

（2）创新要新颖。在突出主题的前提下，花台的制作也应该注意创新，不能惯用传统的或别人的构思。让参加宴会的宾客见到的是以往没有见过的花台，才能够感到新奇，富有吸引力，从而达到一定的效果。

（3）要符合宴会的具体要求。花台制作者在构思花台的主题时，要根据宴会厅的环境、餐桌的大小、形状进行创作。比如，餐桌是长台，花台的形状不能摆成圆的，花台的大小也必须适合餐桌的大小，如果花台过大，无法在餐桌上摆放；如果花台过小，又起不到渲染宴会气氛的效果。

2. 选择合适的花卉

选择花卉是花台制作的前提。适用于花台制作的花卉材料很多，无论是植物的哪一部分，只要具有鲜明的色彩，优美的形态，给人以美感的，都可以用于花台的制作。但是如果不恰当地加以选用，哪怕花材本身很艳丽，也可能起不到制作者想要达到的效果。因此，只有选择合适的花材，才能给花台的制作创造条件。正确地选择合适的花材必须注意以下几点。

（1）要注意各民族的不同习惯。制作花台，要避免使用宾客忌讳的花材。比如，荷花在中国则表现了“出淤泥而不染”的君子风范，而日本人一般不喜欢荷花；点缀几点黄菊花，日本客人一定会非常高兴，因为黄菊花是日本皇室的专用贡花。在宴请法国客人时，花台制作绝不能使用黄菊花，因为他们认为此花是不吉利的。

（2）要注意花材色彩的调配。由于不同的色彩会引起不同的心理反应，因此，在花台制作中要根据宴会的主题，灵活掌握花卉之间的关系。比如，为了突出宴会热烈、欢快的气氛，可用红色做主色，辅以其他色彩的鲜花（但不能太多，一般4～5种即可）。这种情况要求配合在一起的色彩必须互为补充，协调如一；也可以根据实际情况用单种颜色制作出别具一格的花台。在注重色彩的配置时，不可忽视青枝绿叶在花台制作中的衬托作用。因为绿色最富有生机，能给人带来春天生命的气息。

（3）要注意花材的质量。由于鲜花是具有生命的，当其离开母体后，生理功能受到了破坏，水分和养料的吸收已无法与前期相比，再加上种植期间天气、虫害等影响，其质地也就不可能完全适合制作花台使用。因此挑选花材时要考虑客人喜好，考虑色彩搭配，要尽量选用色彩艳丽、花朵饱满、花枝粗直、长短适中的花材，避免使用有垂头萎蔫、脱水干枯、虫咬烂边、残缺病斑等的花材。

3. 正确运用插花技法

正确运用插花技法是花台制作的关键，制作者只有正确、熟练地掌握运用插花技法，才能完成自己精心构思的花台。正确运用插花技法要做好以下工作。

（1）要遵守花台造型的规律。花台的造型要有整体性、协调性，这是花台制作中最基本的要求。尽管主花在花台中占据主导地位，配花、枝叶居辅助地位，但主花却不能缺少配花，要做到有主有配，才能使花台成为有机的整体。插配中任何花卉都是整体中的一部分，每一部分都相互辉映，少了任何一部分都会有损于花台的整体美。

（2）要按制作步骤展开。制作时，应先插主花，用主花将花台的骨架搭起来，然后再插配花，使花台初显生动丰满的造型，最后再对枝叶进行必要的点缀，使整个花台充满活力、富有韵味。制作完毕的花台最后还要检查一遍，看看是否有不足之处，并将桌面收拾洁净。

（3）要利用各种辅助手法。尽管强调要选择合适的花材，但在实际工作中，花台制作人员常常会遇到有缺陷的花材。比如，枝干过短、过软，花朵未开和太小等情况，这就要求制作者借助一些辅助手法来弥补花材的不足。比如，枝干较短时，可将废弃的枝干用金属丝绑在较短花枝的下方，增加其长度；花朵未开或太小时，可向枝朵吹气或用手帮助其打开（适用于玫瑰、石竹等）；花枝较细软时，可用其他粗枝固定在细枝上，增强其支撑力。

总之，花台设计使插花艺术和摆设艺术上升到一个更高的境地，设计者应充分发挥自己的想象力和创造力，设计出合时、合宜、合适的花台造型。

思考与练习

1. 根据所学知识，设计一款主题美食节，并撰写方案和工作细则。
2. 推出美食节的目的及其作用是什么？
3. 主桌位置的变更因素有哪些？
4. 花台设置的要求，及注意事项是什么？

第四部分

监控管理篇

第10章　结账规范与成本控制

餐饮的成本控制，是餐饮管理中最为重要的一环，它包括生产成本的控制，生产环节费用的控制，提高菜肴性价比的质量控制，更为重要的是出菜环节和收银环节的控制。如果一个餐饮企业仅仅对菜肴毛利率的单项进行控制，而忽略了其他环节，往往会出现营业额高但利润无几的现象。

10.1　原材料采购保管控制

原材料的质量好坏和价格高低，直接影响菜肴质量和菜肴成品的性价比。但如果原材料采购、验收、保管环节中出现失控，则会导致成本的大幅上涨。

10.1.1　原材料采购质量控制

食品原材料采购质量的控制，是餐饮管理人员一项极其重要的管理内容。要求管理人员特别是厨房管理员做好两个方面的工作。

1. 制定食品原材料质量规格书

制定食品原材料采购质量规格书，为采购员、验收员在采购验收过程中提供了规范的依据，也是供应商提供原材料价格的参考依据。所以对于餐饮管理人员而言，要有效控制原材料采购过程，首先必须编制食品原材料采购质量规格书，并按照食品原材料采购质量规格书的内容对采购员、验收员、保管员及厨房工作进行培训。编制食品原材料采购质量规格书，可以从几个方面入手。一是先列出原材料，如鳜鱼、鲈鱼、鲫鱼等。二是细分原材料，原材料有大有小、有厚有薄。如虾有41～50头、51～61头之分；蟹有301～350 g、351～400 g之分；肋条骨有25～35 mm、36～45 mm之分；鱼有鲜活、翻背、冰鲜、冰冻之分等。三是根据细分的原材料，进行编号，方便采购和验收，如大、中、小、甲、乙、丙、丁等。

2. 制定使用标准，严格按规格书执行

编制原材料质量规格书后，则需制定相应的原材料使用标准。因为不同的原材料，肯定价格不同，就要制定什么规格的宴席，使用什么规格的原材料。同时采购、验收和使用制度，要求各个的环节，必须按原材料质量规格书规定的质量标准采购原材料、检验原材料、领用原材料，凡是不符合质量标准的原材料一律不购买、不验收、不入库、不领用，从各个环节全面杜绝不合格原材料的使用。

10.1.2　原材料采购价格控制

食品原材料的采购价格受市场供求变化、原材料品种和质量、采购数量、采购渠道以及供货商的影响而波动，尤其是许多食品原材料受生产的季节性、区域性的影响而使市场价格产生变化。为了降低餐饮成本，采购部门或采购人员必须对食品原材料的采购价格进行控制。其控制途径主要有以下几个方面。

（1）压价采购。压价控制的方法，是在询价采购、比较采购的情况下实施，通过上述采购方法，仔细地做好工作，准确掌握市场供求和价格信息，采购到质优价廉的原材料，使原材料进货价降低。

（2）竞价采购。采用第4章介绍的招标采购方法，也可以临时性地选两家供货商竞价供货。采购到低价的原材料。

（3）批量采购。根据餐饮的经营业务量、流动资金和储存条件适当提高每次采购原材料的批量，可使供货商降低供货价格。同时，在不影响采购质量的情况下，调整采购规格，如变小包装为大包装也可降低食品原材料的采购成本。另外，到产地大批量采购，去除中间环节，使费用降低。

（4）适时采购。有些食品原材料价格随市场就市量的变化而价格也随之浮动，有些也随着当天开市、收市而变化价格。所以要确切掌握市场价格信息，根据使用情况，抓住适当时机进行采购，降低原材料成本。

10.1.3 采购环节的漏洞控制

原材料在采购环节中，有些供应商诚心度不高，有些餐饮内部管理不善、采购员业务不熟悉或弄虚作假，导致所进的原材料价格过高、质量伪劣等现象。下面就在采购环节中存在的问题及原因以及控制的方法列表加以说明，见表10-1。

表10-1 采购环节中存在的问题及原因

<table>
<tr><th>漏洞名称</th><th>漏洞原因</th><th colspan="2">控制方法</th></tr>
<tr><td>价格过高</td><td>采购方法不妥</td><td>价格控制</td><td>采用压价采购、竞价采购、批量采购、适时采购等方法，降低原材料的进货价格</td></tr>
<tr><td rowspan="3">质量伪劣</td><td>质量标准不规范</td><td>规范控制</td><td>制定食品原材料质量规格书。如虾的头数、鱼的大小、肉的厚薄、蟹的分量。还有鲜活、反背之分</td></tr>
<tr><td rowspan="2">渠道不正、供应商作弊</td><td>严检控制</td><td>严格检查原材料是否正宗，杜绝三无产品</td></tr>
<tr><td>检查质量</td><td>对原材料要进行认真检查，对大批原材料要进行翻查、抽查、对比查</td></tr>
<tr><td rowspan="2">缺斤短两</td><td>计量不准</td><td>计量控制</td><td>对贵重原材料，陌生商贩采购的原材料，采取当场复称的办法</td></tr>
<tr><td>包装有诈</td><td>检查控制</td><td>检查口袋和口袋夹层是否有水；检查待装原材料的口袋里，是否已装有劣质原材料</td></tr>
<tr><td rowspan="2">弄虚作假</td><td>原材料掺假</td><td rowspan="2">检查控制</td><td>检查原材料是否掺假、注水、浸泡、混入低规格的原材料</td></tr>
<tr><td>原材料调包</td><td>检查发票真伪、货色是否异样</td></tr>
<tr><td rowspan="2">运输丢失</td><td>原材料遗漏</td><td rowspan="2">加强责任性</td><td>防止在存放、采购时遗忘（遗失）原材料</td></tr>
<tr><td>原材料被窃</td><td>防止在运输过程中被窃</td></tr>
<tr><td rowspan="2">提取回扣</td><td rowspan="2">私囊腰包</td><td rowspan="2">调查监督</td><td>成立询价小组，进行价格调查（市场调查、同行调查、供应商调查）</td></tr>
<tr><td>派人购买当天使用的部分原材料（如虾0.5kg，蟹10只），与采购员采购（供应商提供）的原材料进行实样对比、分析、判断</td></tr>
</table>

10.1.4 原材料验收保管的漏洞控制

在第4章中已对原材料的验收、保管均作了介绍，包括人员的素质要求，场地、设备的要求，验收保管申领程序和方法作了说明。在本节着重讲验收保管申领过程中有可能存在的漏洞，以及弥补的方法。一般原材料验收保管过程中常见的漏洞和控制方法见表10-2。

表10-2 一般原材料验收保管过程中常见的漏洞和控制方法

	漏洞		控制方法	
验收环节	价格漏洞	当场不标明价格，等原材料使用后，填上高价	当场填单	当场在原材料验收单上填写规格、重量（数量）和价格
	分量	在称重时舞弊，故意提高重量	两人验收	两人以上同时在场，进行质量、分量、数量的验收
	掺水漏洞	验收称重时水分过多，使实际重量大大少于记录重量	制定标准	制定滤水标准。如滤水工具、滤水时间
	规格漏洞	没按规格验收，或验收的规格宽松。如收进带子鱼、翻背鱼	制定质量规格书	按规格书进行验收
	掺假漏洞	整桶、整袋的原材料上好下次、上新鲜下陈旧，以次充好	严格检查	严格按要求进行翻查
保管环节	原材料被盗	原材料被外贼或内贼盗窃	防盗窃	加强防卫，防止偷盗
	过期变质	原材料保管不妥，导致原材料过期、虫变、霉变、失冰、脱水	防变质	定期检查，及时使用。防过期、防虫变、防霉变、防失冰、防脱水
	原材料短缺	库存原材料不翼而飞	防差错	领用时防止出现差错
	监守自盗	原材料被保管员侵蚀	抽查	经常抽查库存量，严禁带包袋进入库房
	二次入账	厨房、餐厅把批量原材料返回仓库不做账。保管员与供应商联手，作二次入账	进出入账	禁止多余原材料返库、倘若返库则需要红单退库
领用环节	虚假领用	填写领料单后，把原材料作为己有	检查审核	领用单要制定专员签字或其中一联厨房集中核查。经常检查、核对仓库
	以大换小	原材料单上没注明大小，领用小包作大包入账	注明规格	领用单上的规格要注明
	超额领用	领用数额大大超过当日使用量，使原材料浪费或被偷。如冰冻原材料剩余后导致原材料失冰浪费	加强控制	按定额领用

10.2 点菜程序的控制

散客进入餐厅就餐，免不了采用点菜的方式，挑选自己喜爱的菜肴食用。在点菜过程中服务员要热情地推荐菜肴，帮消费者挑选菜肴，同时也要考虑到就餐人数和菜肴数量的关系，菜肴点的少不够食用，菜肴点了多又要造成浪费。并且在整个过程中还会出现厨房缺货或客人加菜的情况。所以要控制好点菜这一环节，既要让消费者满意，又要在内部井井有条，是每个管理者研究的课题。

10.2.1 点菜的程序

点菜的程序如图 10-1 所示。

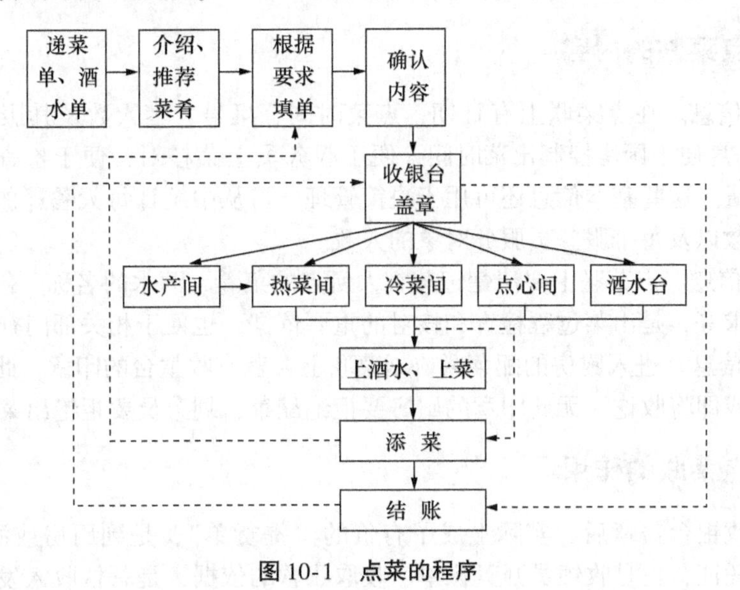

图 10-1 点菜的程序

(1) 递菜单、酒水单。当宾客入座后，站在宾客的左侧，礼貌地递上菜单、酒水单，了解人数，观察客人的心理需求。

(2) 介绍、推荐菜肴。介绍本餐厅时菜、特色菜、名菜、畅销菜等菜品，当好客人的参谋。

(3) 根据要求填单。填单时身体要略向前倾，专心倾听客人的要求，将点菜联或酒水联拿在手上填写，现在有好多餐厅，出现平板电脑点菜，原理与手写联大致相同，但比手写传递准确、快捷。

① 客人点菜过多或重复，要及时提醒客人。

② 客人点了烹制时间较长的菜品时，要主动向客人解释，并调整出菜顺序。

③ 如遇客人有急事赶时间，要主动推荐一些快捷易做的菜品。

④ 填写点菜单时要迅速、准确、工整，写明台号、客人人数、菜名全称、分量、价格、填单时间和填表人姓名等，并注明客人的特殊要求。

⑤ 冷菜、鲜活水产、热菜、甜食、水果、酒水须分单填写。

(4) 确认内容。菜品点齐后，复述一遍客人所点菜品内容，并请客人确认。

(5) 收银台盖章。点菜联在送厨房前，先交收银员，由收银员检查点菜单内容后，盖章或签字（有些在收款台还打上日期时点），留下收银联，把其余几联交服务员（传菜员）送往各点。如果是采用收银机收费的，收银员将点菜联的内容输进收银机，并打印出配菜联、划菜联各一份送往各点。

(6) 分别下单。每份点菜联为一式三联或四联，一联交收银台后，其他联交收银台盖上章后，分送各点。一般四联为收银联、配菜联、划菜联、核对联。如果是三联，则减少划菜联或核对联。

(7) 核对上菜。上菜时，传菜员把菜肴放在服务台时，服务员要核对菜肴是否与点菜联相符，确定后上菜。

（8）添菜、换菜。客人所点的菜已售完，要婉转地向客人解释，并介绍其他相应菜品，重新填单入厨。如遇客人需要添菜，则呈上菜单或口头介绍，填单入厨。

10.2.2 点菜联的内容

（1）基本信息。在点菜联上有日期、点菜时间、桌号、客人数及其服务员姓名（或工号）。这些信息便于厨房控制出菜时间，便于服务员上菜核对，便于检查出菜、上菜和服务工作的质量。这些基本信息还可用于决策管理，可从中统计每天餐厅的就餐人数、各时段的就餐人数以及每个服务员服务对象的人数。

（2）订菜信息。点菜联上要清楚记载客人所点的菜肴、酒水的名称，包括特殊的制作要求和出菜要求等，是出菜过程检查和核对的重要依据。也便于相关部门查核和监督。

（3）收款信息。进入厨房的配菜联或划菜联上，盖有收款台的印章，此印章就表明此联已现金收讫或即将收讫。无此印章的厨房要拒绝配菜，划菜员要拒绝出菜。

10.2.3 点菜联的作用

点菜单经收银台盖章后，实际上成了有价的“提货单”，是到厨房或酒吧拿取菜肴、酒水等食物的凭证，也是收银员开具账单、收取账款的依据，是餐饮收入发生过程中第一张单据。作为餐饮管理者一定要了解点菜联的作用和重要性。

（1）传递信息。帮助传达客人订的菜品，向厨房和相关部门下达生产指令。

（2）凭证发菜。厨房制作好菜点后，由划菜人员根据点菜联的内容发菜。

（3）收取账款。点菜联上记载了客人所点的菜品，是向客人收费的凭证。

（4）统计数据。点菜联上记载了各菜品销售的份数、就餐人数，为生产计划、人员控制、菜单设计等提供分析所需要的原始数据。

（5）检查核对。用点菜联核实收银员收款的准确性，核实各项菜品的出售是否都产生收入。

（6）控制出菜。一方面可根据点菜联上的信息，控制出菜；另一方面可控制跑单和漏洞。

10.2.4 点菜联的控制

前面已提及点菜联通常一式四联（或三联），第一联为收银联交收银处，用于开立或打印账单，并附在账单后，作为账单的依据或原始凭证。第二联为配菜联送厨房（或酒水台），发出制作和发货指令。第三联为划菜联交划菜员，在出菜时划菜员根据其内容指挥传菜员传菜。第四联为核对联，由开单人留存备查。

对点菜联最严格、最有效的控制方法是将配菜联或划菜联与收银联逐项核对检查，这是堵塞出菜和收账漏洞，防止舞弊行为的一个关键环节。但在现实工作中，实施这种控制难度较大，这是因为一方面点菜联数量大，核对起来工作量大，所用的人力物力也大，另一方面点菜联分散，一个餐厅的点菜联往往分散到几个厨房（或部门）和酒吧。因此，在现实工作中要把收集点菜联作为日常工作，持之以恒，收集后按所属餐厅分类整理，当天送交餐饮部成本核算员。成本核算员要采用全部核对、抽查核对或项目核对的办法进行检查，项目核对内容包括如下几点。

（1）份数审核法。即对点菜联的份数进行核实，也就是对当餐、当天消费的批数进行核对。这样可以核查是否有漏单、跑单现象。核对方法是：配菜联与收银联核对，也可以划菜联与收银联核对。

（2）页数审核法。即对点菜联的页数进行核实，因为每桌客人的点菜联少则有数张，多则有十几张，所以要一一清点。这样可以查出加菜、换菜过程中的差错。核对方法是：对比两种同桌号的配菜联和收银联，清点页数。

（3）印章审核法。即对点菜联中的划菜联进行检查，逐张检查划菜联上有无收银员的印章。这样可以杜绝厨房无章配菜、出菜的现象。检查方法是：逐张检查划菜联、配菜联上的印章，在检查中如发现个别点菜联上没有印章，再找出相应的收银联，核对是否漏盖，做出相应处理，确保认真执行凭收银员印章取菜制度。

（4）单价审核法。即对点菜联中的收银联进行检查，检查菜肴的价格有无差错。这样可以及时发现收银员的差错或菜肴价格落实中存在差错。因每只菜的单价靠收银员的记忆填写，所以有时会出现错误，其次菜肴价格的变更的环节中，也会出现收银员脱节的情况。

（5）计算审核法。即对点菜联中的收银联款项进行计算，检查有无错误。这样可以发现收银员的差错，有无差错直接反映了收银员的工作责任性。一般这项检查由财务部门落实。

（6）数量检查法。即对点菜联中的收银联菜肴只数进行核对。这样可以发现厨房缺菜退单时，收银台实际有无退单，也可杜绝服务员、收银员擅自涂改点菜联。检查方法是：发现收银联中有退单的菜肴，再找出相应的划菜单核对。

（7）台号检查法。即对收银联的台号，与实际使用的台号进行核对。这种方法可以控制或杜绝酒吧、茶吧的漏账或舞弊现象。检查方法是：平时派人员暗查台号的使用情况并记录，与收银单核对，发现在某时段、某台号缺少账单，就说明有少收或舞弊的现象。

10.3 菜品的质量控制

10.3.1 出菜的一般程序

出菜的一般程序如图10-2所示。

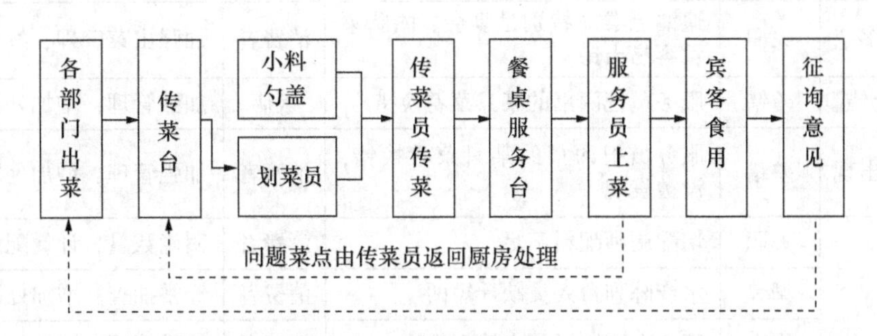

图10-2 出菜的一般程序

10.3.2 菜品的质量控制

菜肴的质量好坏直接影响到餐厅的声誉和盈利，而菜肴的质量直接由厨师决定。但厨师也有喜怒哀乐，也有身体欠佳的时候，所以要把好质量关，要在厨师完成烹制的菜肴上，再过几个检查关口。

（1）打荷员关口。检查菜肴的质量与烹调方法是否与配菜联相符，保证菜肴符合每张点菜联上的要求，发现问题及时更正。装盆过程中注意菜肴有无异物、有无异样，发现后要及时处理。

（2）划菜员关口。再次核对菜肴的烹调方法是否与划菜联相符，发现异物要及时处理。控制出菜的准确性。如遇宾客催菜，相同菜肴可调配替代。同时注意菜肴的分量，防止同类菜肴不同分量的换错。

（3）检查员关口。有些餐厅，聘请或抽调一名出菜检查员，在厨房出口处设立质量检查岗，每只菜肴都要经过他的检查，发现问题及时退回，重新烹制。此检查员一般为资深的老厨师或老"餐饮"（资深餐饮服务员、餐饮管理员），不但要熟悉餐厅的菜品品种和价格，还要了解各种菜的质量标准。

（4）传菜员关口。传菜员拿到菜后，要及时加盖，保持菜肴的温度，防止异物的进入。及时配备小料小碟，跟随上菜，准确无误地送达指定桌号。

（5）服务员关口。传菜员把菜肴放到服务台后，服务员再次确认菜肴是否准确。在分菜过程中，注意菜肴的纯正度。遇到需点火再次加热的要及时点火加热，但点火后的燃烧时间应控制在菜肴烧沸后 1 ～2 分钟。如果火过大、时间过长，就会导致菜肴水分蒸发、口感过咸，甚至导致菜肴烧糊烧焦，严重影响质量。

10.3.3 出菜常见的差错和舞弊现象

出菜过程中，难免出现差错，但差错过多，则说明管理存在问题，严重损害了消费者的利益，影响到酒店的声誉。一般差错大多数由工作人员失职所引起。出菜常见的差错和舞弊现象见表 10-3。

表 10-3　出菜常见的差错和舞弊现象

表面现象	性质	问题的实质	受损方	防范措施
发现菜肴短缺	差错	厨房装盘数量有误	饭店	加强划菜、传菜管理，增加处罚力度
		服务员把甲桌菜肴错上给了乙桌		
发现菜肴有多余	失职	遗漏上桌（特别是宴会、团队菜肴容易出错）	消费者	加强出菜管理，按菜单出菜
发现菜肴上错	差错	服务员把两桌的某只菜肴换错	饭店	加强管理，增加处罚力度
表面无情况出现	差错	服务员把两桌的某只菜肴换错，没被发现	消费者	加强管理，增加处罚力度
消费者投诉菜肴分量不足	失职	切配厨师配料不足	消费者	明确数量，计量配菜
	舞弊	水产陈列台人员缺斤短两	消费者	经常抽查，增加处罚力度
	偷吃	菜肴在烹制过程中给人偷吃	消费者	加强管理，增加处罚力度
	偷吃	菜肴在出菜过程中给人偷吃	消费者	加强管理，增加处罚力度
	失职	菜肴装盆分配不合理（如 A 盆甲鱼头 2 只，B 盆甲鱼腿 5 只；又如两桌同时点虾，A 桌点 400 g，B 点 250 g，但装盆时平均分配）	消费者	加强管理、注意观察、经常抽查

10.4 结账收银的控制

10.4.1 收银的基本程序

收银是餐厅管理的重要环节，收银如果出现失误，将直接引起顾客的不满或导致餐厅的损失，收银程序图表中的1、2、3、4是结账过程的顺序。收银的基本程序如图10-3所示。

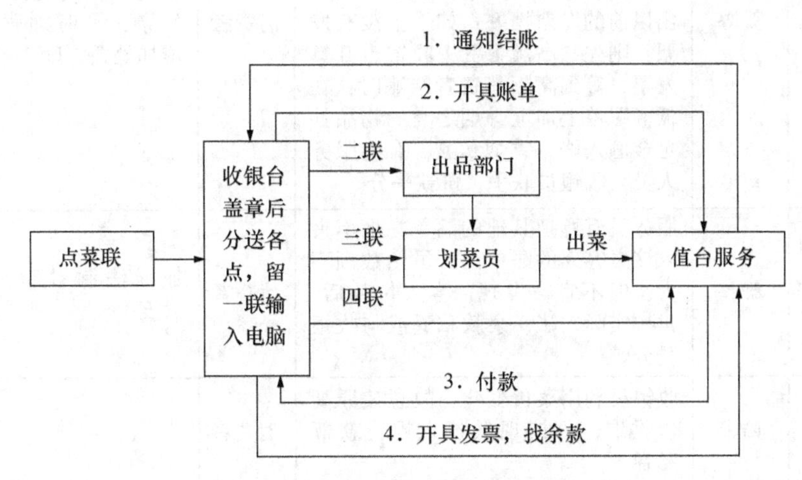

图10-3 收银的基本程序

10.4.2 收银常见的舞弊与差错

收银员的职责是记录现金收入和记账收入，向客人结账收款。收银处一般设在接近出口处。如果使用电脑联网或收银机收银，不管是现金销售还是挂账销售，则每笔收入都要输入电脑或收银机。但一般在餐厅或多或少还会出现一些舞弊（差错）的现象，下面就收银中常见的舞弊（差错）现象及防范措施用表加以说明，见表10-4。

表10-4 收银常见的舞弊与差错

表面现象	性质	问题的实质	受损方	防范措施
客人结账时，发现退掉的菜款没有扣除	失职	客人退菜、换菜后，服务员忘了通知账台，所以账单仍存在该菜肴	消费者	加强培训，增加处罚力度
		收银员接到通知忘了在账单上取消		
	舞弊	收银员故意不扣除退菜款，等款项收后，再在电脑中取消菜肴，多余欠款私吞	消费者	制定相应制度，加强法制教育，增加处罚力度
		服务员与账台联手采取上述方法		

（续表）

表面现象	性质	舞弊（差错）实质	受损方	防范措施
客人结账时，发现账款多于实际消费额。申述后，得知本桌账单与旁桌账单换错	差错	因同一服务员同时服务数批客人，不小心导致账单换错	消费者	加强培训，增加处罚力度
	舞弊	服务人员有意拿高额消费者的账单向低额消费者收款，若被发现，则说拿错了账单，若没被发现，则按实际消费的低额去收银台入账，差额私囊。如遇客人索要发票，则拿出以前的发票搪塞；如手上没有发票，则先拿高额餐费去收银台开具发票，等到高额消费者结账时，在低额账单上加上香烟之类的物品补足金额入账，香烟私囊。有些服务人员与收银员联手，赃款平分。	消费者	制定相应制度，不使用手撕发票，平时加强法制教育，增加处罚力度
把其他的酒单、烟单夹入该桌客人的账单内	舞弊	服务员有意把其他的酒单、烟单夹入该桌客人的账单内，虽然数额不大，但不宜被发现，客人付款后，再按实际入账，余款私囊或与收银员分赃	消费者	加强法制教育，增加处罚力度
客人结账时发现点菜价与收银价不符	舞弊	收银员利用菜价变化，故意按原高价收取，再按现低价入账，款额私吞	消费者	及时把调整的菜肴价格公布，并用文字通知收银员，同时增加处罚力度
	差错	菜肴因季节变换，而菜价降低，而收银员因没接到通知，出现差错	消费者	
	舞弊	收银员利用菜价变换，有意按现高价收取，再按原低价入账。款额私吞（这种情况出现较少）	饭店	
	差错	菜肴因季节变换，菜价提高，而收银员因没接到通知，出现差错	饭店	
核查账联时发现计算错误	差错	收银员在结算时，遗漏内容或计算错误	饭店或消费者	加强检查，严格核对
无表面现象	遗忘	服务员在非营业时间外卖菜肴或饮料，忘记把收取的钱款交至收银台	饭店	点菜联加盖值班章，同样上缴核查。同时及时上缴款额
	舞弊	服务员在非营业时间外卖菜肴或饮料，把收取的款额私吞	饭店	保持账物相符，不定时抽查
	舞弊	账台私下出卖烟酒，款额私吞。再外购酒水补足数量	饭店	保持账物相符。严禁出借烟酒，经常抽查盘点
	舞弊	账台私下出卖多余的酒水，款额私吞	饭店	多余的酒水要另行存放，保持账物相符
拿无章点菜联取菜	舞弊	服务员不去账台盖章，直接拿点菜联取菜，取菜成功，则收入归己	饭店	执行盖章制度
近期退菜较多	贪污	收银员与有退菜签字权的人联手，收银结束后，退掉几款菜肴或酒水，多余款项私分	饭店	核查账联（特别是在电脑入账后，管理层麻痹，使人乘机而入）

（续表）

表面现象	性质	舞弊（差错）实质	受损方	防范措施
无表面现象	贪污	收划菜联（或收取划菜联）人员与收银员联手，抽取账联贪污现金	饭店	配菜联由厨房上缴。制作每餐营业情况表和结账联，由餐厅上缴
无表面现象	贪污	收银员收款后不入账，款额私吞	饭店	认真填写营业报表，由核算核对营业情况（这种情况一般在团队菜、自助餐上发生）
	贪污	收银员减少结算人数、桌数。少收款额	饭店	
人数与营业额不符	遗忘	自助餐服务员直接收款，而忘记把款额上缴	饭店	两人在场，收款后放入收银箱
	舞弊	服务员故意遗忘早餐款额。事后私吞	饭店	
核对后发现账单少失	舞弊	收银员收款后，有机会时抛弃账单，款额私吞	饭店	使用固定点菜联，核查账联
无表面现象或发现跑单	差错	发现客人跑单	饭店	注意巡查，增加处罚力度
	舞弊	有意让客人跑单	饭店	责任到人。增加处罚力度
无表面现象或发现走单	舞弊	当收银员离开时，服务员私自盖章，去厨房取菜，免费提供给熟客	饭店	保管好印章，核查账联
	舞弊	服务员与收银联手，有意走单	饭店	核查账联
	舞弊	服务员与厨房或划菜串通，有意走单	饭店	

10.4.3　收银漏洞的防范措施

餐饮收入的日常控制手段主要是单据控制。为此，必须设计和运用适当种类和数量的单据来控制各个环节。这里需要特别强调的是单单相扣、环环相连。任何一单一环的短缺，整个控制就可能脱节，差错和舞弊就可能随之而来。

餐饮收入的控制主要是针对收银过程中可能发生的差错和舞弊。为此我们要设计一系列的防范措施，来杜绝差错的发生，营造有序的氛围。

1. 有效的防范措施

（1）凭有效单配菜、划菜。

（2）菜价如有变动应全线贯彻。

（3）加强盘查，酒水台要账物相符。

（4）内部用餐、加餐、团队用餐同样使用点菜联传递程序进行。

（5）服务员收到的现金、餐券要及时上缴收银台。

（6）收银员要及时上缴当餐的账单和营业款。

（7）使用统一的点菜联，不得以其他单据代用。

（8）责任到人，制定严格的制度。

（9）当餐结束后，上缴点菜联的划菜联、配菜联、结账联。

（10）账单联和其他联分别上交，不要让某一岗位人员收集后上交。

（11）当日或次日要采取抽查或全面审核单据。

（12）不使用手撕发票。

（13）营业日报表要每日填写，及时上交。

2. 日营业情况表（见表10-5）

表10-5　日营业情况表

＿＿＿＿＿＿餐厅每餐/日营业情况　　　　日期＿＿＿＿＿＿

餐别 数据 桌号		早餐			中餐			晚餐		
		人数	消费额（元）	服务员	人数	消费额（元）	服务员	人数	消费额（元）	服务员
大厅	一号桌									
	二号桌									
	三号桌									
	四号桌									
包厢	钱塘阁									
	西湖舫									
	西溪庐									
	运河舟									
合计										

制表：

3. 日营业收入表（见表10-6）

表10-6　日营业收入表

＿＿＿＿＿＿餐厅每餐/日营业收入　　　　日期＿＿＿＿＿＿

当天小计	人数	食品收入	饮品收入	饮品收入	人均消费
早餐					
中餐					
晚餐					
总数					
本月累计	**人数**	**食品收入**	**饮品收入**	**饮品收入**	**人均消费**
早餐					
早餐					
晚餐					
总数					
	现金收入	**记账收入**	**有价餐券收入**	**其他收入**	**内部消费**
早餐					
中餐					
晚餐					

制表：

10.4.4　酒吧收银控制

有些小型酒吧为节省人力，让调酒师兼服务员，为客人订饮料，提供酒水服务，填写销售记录，收取客人交付的现金并让客人在账单上签字。这些工作如果全由一个人承担而缺乏控制，常常会发生一系列舞弊现象。因此，管理人员对酒吧销售控制要采取严格的措施。

使用手工账单的酒吧，要避免舞弊现象的发生，防止漏收账或不入账。如果酒吧使用收银机，要求服务员或调酒师将向客人售出的饮料数量和金额输入收银机。但如果没有其他控制手段，也存在少输入，或不输入的漏洞，这样就会多出差额，装入私人的腰包。所以，酒吧服务员先使用印制的酒水联填写客人所点的酒水饮料，把酒水送到客人桌面后，再把数量输入收银机或电脑，并保留账单，营业结束后上缴。使用收银机的酒吧，应立即打出账单给客人，使顾客成为监督员。

大型企业中的酒吧有专职收银员，由于各自有分工，舞弊现象相对减少。下面就常见的舞弊现象及防范措施用表加以说明，见表10-7。

表10-7　常见的舞弊现象及防范措施

舞弊人	舞弊现象	防范措施
吧台人员	1. 没收账（忘记收款、有意不收款） 2. 不入账，账款私吞 3. 少入账，账款私吞	1. 制定有序的桌号，桌号牌朝同一方向，摆放整齐，不得随意更变。并派人暗中抽查，记录台号、人数、时间 2. 酒水联编号，当场记录，如有错误不得销毁，保留更改原件。营业结束后一并上缴 3. 在记录酒水时，要求记录台号、人数、时间 4. 内部消费也要记录并要消费人签字，消费联在营业结束后一并上缴 5. 严格控制酒水数量，做到账物相符
吧台人员	变卖多余酒水，款项私吞	1. 结账时遇到多余的酒水要及时退单。如遇酒水多余，要记录在册，并及时上交 2. 抽查酒水吧，严禁酒水多余或短缺，做到账物相符 3. 严禁私下借用，如遇工作需要，要借用部门出具借条 4. 严格控制零卖、调用
吧台人员	卖私人烟酒，款项私吞	1. 严禁存放私人香烟 2. 严禁借用各类香烟，如工作需要，则开调拨单调拨

思考与练习

1. 了解采购、验收、保管等环节的常见漏洞，并对验收环节作模拟练习。
2. 制作点菜联，分组对点菜作模拟练习，理清点菜、传单、出菜一系列过程。
3. 大型宴会时，如何减少出菜的差错？
4. 如何杜绝和减少收银结账中出现的问题？

第11章　生产卫生与安全管理

餐饮的卫生与安全是餐饮管理的重要内容。在食品制作的每一个步骤都必须强调卫生与安全问题。如果不按照规范的食品卫生、安全程序操作，有可能导致员工的伤害，引起顾客的不悦，甚至导致中毒事件的发生，给企业造成声誉损失或财产损失。所以卫生与安全问题尤为重要，餐饮的食品卫生工作与设备安全操作关系到员工与顾客的生命安全，是餐饮管理者、生产者不可忽视的重要环节，同时也肩负着法律上的责任。

11.1　食品生产卫生的管理

食品生产卫生的管理就是菜品制作过程中的卫生管理，一方面要注意最大限度地减少污染，避免异物的混入，另一方面要注意保护原材料的营养素不受破坏。

11.1.1　食品卫生的管理要求

(1) 严格把好过手关。验收人员、制作人员应对过手的食品原材料及半成品进行感官检查，必要的时候要对食品进行理化检验。严格检查食品的保质期，杜绝使用不合格产品和三无产品，不符合国家卫生标准的原材料一律不能进行验收和加工。对于暂不使用的原材料应及时入库。

(2) 科学冷藏各类原材料。食品存放在冰箱并非绝对安全，特别是柜门冷藏冰箱。在夏天，开启冰箱的次数增多，冰箱内的温度会升高，所以要及时调低温度，减少开启次数。并在无温度显示的冷冻、冷藏冰箱中放入温度计，以便准确测定温度，及时调节。在存放时，每件食品不能裸放，应进行包裹或放入食品盒内，食品与食品、食品与冰箱内壁之间应该留有空隙，保证冷气循环畅通，冷冻的食品原材料在解冻时，应经过缓慢的解冻后再进行烹制，解冻后的食品原材料应一次使用完，不宜二次冻结，以免影响原材料的质量。

(3) 防止夹生与焦糊。因为大部分的细菌在高温下都会被杀死。所以菜品在烹制加热过程中，要认真掌握时间，做到菜品成熟，更不能使半生半熟的菜品过夜，导致食物变质。但有时加热也是形成有害物质的环节，如烧焦或烤糊，因此要特别注意控制加热时火力的强弱与加热时间的长短，尽可能注意不要把菜品烧焦，以防止化学性污染物的形成。

(4) 分开存放生熟食品。无论是在菜品的加工烹制，还是在菜品原材料及菜品成品的存放时，都应严格执行生熟食品隔离的原则，以防止食品的交叉污染，避免熟的菜品食品被生的食品原材料进行再次污染。另外，熟的菜品食品与半成品在存放时还要与天然冰分开。

(5) 尽量缩短加工时间。有些花色菜品的制作过程比较复杂，制作时间比较长，使食品长时间暴露在空气中。加上手工操作和工具的使用，会使菜品交叉污染。因此，从业人员应特别注意菜品加工时的环境卫生，对于清洗和切配的原材料要处理及时，尽可能地缩短加工时间。尤其是冷荤菜肴的制作，要做到随制随销、现做现卖、以销定产的原则。

(6) 保持良好的环境卫生。做好菜品加工制作场地中用具的清洁消毒工作，保持室内空气新鲜，严防尘土飞扬，熟食品存放时应加盖，以防微生物污染，凡接触过或盛放过熟食制品的用具和盛器，要做到每使用一次消毒一次。

(7) 快速清洁盛装菜点。菜点装盘之前，盛器必须经过严格的洗净消毒处理，装盘时双手要保持清洁，并不与菜肴直接接触。还要防止菜肴和卤汁外溢，如果溢到盘边，一般不要用抹布擦拭，要用干净的纸巾擦拭或另换容器。装盘时动作要迅速，整个过程要快速完成。

(8) 妥善保管剩余原材料。真空包装的食品原材料、调料和自制调料，尽可能根据当天的业务需要量领用和加工，剩余原材料，应存入冰箱妥善保管，防止变味变质。

(9) 加强个人卫生管理。所有从事菜品加工的烹饪工作人员，要树立良好的职业道德观念，坚持安全第一的理念，在进行菜品加工的过程中，一定要把好个人卫生关，严格要求自己，加强个人的卫生管理，确保菜品的卫生质量与就餐者的健康安全。

11.1.2 餐饮食品卫生控制

食品和原材料在采购、生产、加工、运输、储存和销售的各个环节中，稍有不慎就要引起变质，给企业带来财产的损失，严重的还要给消费者带来健康的危害。所以我们为了控制食品腐败变质，就要了解食品腐败变质和有毒的成因（在11.1.3节和11.1.4节中详细介绍），要保证食品所接触的环境清洁卫生，尽可能杜绝微生物对食品污染的机会。为了确保厨房生产食品的卫生，管理者必须对以下4个方面加以控制：一是生产环境、设备和工具的卫生；二是原材料的卫生；三是制作过程的卫生；四是生产人员的卫生。下面就前三点作一叙述，第四点从业人员的卫生要求在11.2.4节中单独讲述。

1. 厨房环境的卫生控制

厨房是制作餐饮产品的场所，各种设备和工具都有可能与食品接触，卫生状况不良既影响员工健康，又会导致食品被污染。环境卫生除了建筑设计上必须符合食品卫生要求，购买设备时要考虑到不易积垢、易清洗，最重要的是始终保持清洁干净。厨房卫生的控制关键在于日常管理，制定员工工作区域的卫生责任制，明确员工的卫生职责，将卫生工作要求和操作程序融入到具体的生产过程中，并通过严格的培训和教育，养成良好的卫生习惯，确保各自工作区域的环境卫生。

2. 原材料的卫生控制

原材料的卫生程度决定了产品的卫生质量。厨房在正式取用原材料时，要认真进行质量鉴定。原材料的质量控制必须由具有丰富经验而又细心的人员担任。如为了保证成品原材料及罐头制品的质量，必须注意生产日期、保质期、品牌、供应商等情况，才能判断原材料的质量；对于高蛋白原材料，应该通过原材料表面的黏液和气味，来判断原材料的新鲜度；对于干货原材料，则凭手感判断原材料的含水量；对于加工性原材料（如火腿），则要用竹扦法鉴定原材料的质量。

3. 生产过程的卫生控制

生产过程的卫生控制主要包括下列内容。

冷冻食品解冻，一是要用正确的解冻方法，二是要迅速，尽量缩短解冻的时间，三是解冻中不可受到污染，各类食品应分别解冻，不可混合在一起；清洗食品要确保干净、安全、无异物，并放置于卫生清洁处，避免污染、避免杂物的混入；开启罐头时应先清洁表面，再用专用的开启刀开启，绝对不能使用已破碎的玻璃罐头食品；对蛋品、贝类加工去壳时，要清洗外表后再行加工；加工容易腐败的食品时，要尽量缩短时间；大批量加工时应将原材料逐步分批从冷库中取出，以免使最后加工的食品在自然环境中放置过久而质量下降；加工的环境温度不能过高，以免食品在加工中变质，加工后的成品应及时冷藏。

配制食品时，要使用清洁的专用盛器，尽量缩短配制与烹调的间隔时间。烹调加热过程，要充分杀菌。盛装时餐具要清洁，切忌使用工作抹布擦抹。

生产冷菜时首先要注意所用设备、用具应生熟分开，切配冷菜也应使用专用的刀、砧墩和抹布，切忌生熟交叉使用。其次，要对用具定期进行消毒，操作时尽量简化制作手法。装盘不可过早，装盘后不能立即上桌的应用保鲜纸封闭，并进行冷藏。

11.1.3 食品变质的成因

菜品原材料被微生物污染，既降低了食品的质量，更损害人体的健康。所以防止细菌污染引起食品的腐败变质，是食品卫生工作中重要的问题。

所谓腐败变质是指食品在微生物为主的各种因素的作用下，使食品降低或失去食用价值的一切变化，称为食品的腐败变质。从狭义的专业层面看，腐败变质是指在厌氧菌的作用下，使食品中的蛋白质分解产生臭恶气味为主的变化过程。而在食品加工、菜品加工范畴内，是泛指一切使食品发生臭恶、霉烂，导致不能食用的变化过程。

原材料腐败变质的原因是多方面的，一般可从微生物污染、食品本身和外界环境等三个方面来考虑。

1. 微生物的作用

这是引起菜品原材料腐败变质的重要原因。原材料经微生物污染后，并不是任何种类的微生物都能在食品上生长繁殖，能生长的微生物种类是由组成食品的成分所决定的。一般来说，含蛋白质较多的肉、鱼蛋及大豆制品等能滋生微生物。这些微生物在适宜的环境条件（如温度20℃左右，pH5.8～7.0和水分含量较大）下，大量繁殖，使食品发生一系列复杂变化，以致腐败变质。

2. 酶的作用

大多数动植物组织或其组织制品，含有有机的营养物质和水分，在适宜的条件下，由于其本身所含酶的作用，食品不断进行生物化学变化过程。如肉类食品的尸僵自溶，粮食和蔬菜食品的呼吸等，这些食品常常是胶体状态，其胶体结构极易破坏和改变，同时食品中含有的一些不饱和脂肪酸、芳香物质、色素等不稳定物质极易氧化。食品组成上的这些理化特点，便是其腐败变质的内在原因。

3. 外界环境

外界条件的影响是食品腐败变质的环境因素，如一定的温度、湿度、阳光（紫外线）和空气（氧）等也在促进食品发生各种变化上起重要作用。

一般来说，在餐饮行业中，菜品原材料的腐败变质的外因通常是由下列原因造成的。

（1）采购不当。

（2）储存温度不适当。

（3）储存时间过久。

（4）储存场所的通风条件太差。

（5）没有将食品分类存放。

（6）食品的验收和储存之间耽误太长。

（7）卫生标准太低致使食品遭到污染。

11.1.4 食品有毒的成因

餐饮生产的卫生与安全最最重要的是要防止食物中毒事故的发生。食物中毒是人们在日常生活中由于吃了被细菌、细菌毒素、化学物质或含有毒性物质的食物，而能够引起的一种急性疾病。简单的说是人们吃了“有毒”的食物而引起的一种急性疾病。食物中毒就其种类来看，以微生物造成的最多，发生的原因大多是对食物处理不当所致。从场地来看，大多发生在卫生条件差、没有良好卫生规范的地方；从事故发生的时间来看，大部分在夏秋季节，原因是气温高容易使微生物繁殖生长，造成食物变质。从原材料的品种来看，主要是肉类、鱼虾类、乳蛋品等食物变质和蔬菜农药残留引起的中毒。因此，餐饮的卫生与安全管理，必须从源头抓起，突出重点，做好预防准备，才能杜绝食物中毒事故的发生。

1. 造成食物有毒的原因

（1）食物原材料受到了细菌的污染，细菌产生的毒素致病。食物在加工、运输、储存和销售过程中食物受病源微生物污染后，在食物中产生大量毒素，使食品具有毒性，如葡萄球菌毒素、肉毒杆菌毒素和霉菌毒素等。受污染的原材料即使进行烹调加热，有时也不能排除其毒素。

（2）食物受致病细菌的污染。这种致病细菌在食物上大量繁殖，当食用了一定量后造成食物中毒，如沙门氏菌属和变形杆菌。

（3）有毒化学物质（如农药、金属和其他化学物质的污染）污染了食物，并达到能引起中毒的剂量，产生食物中毒，如被农药残留污染的蔬菜、水果等。

（4）食物本身有毒，没能加工彻底而造成食物中毒。自然界中有一些食物原材料本身有毒，由于加工方法不当，未把食物原材料中的毒素去掉或破坏掉，食后就可能发生食物中毒。如吃了加热时间不足的刀豆、没有经过焯水处理的鲜黄花菜，初加工处理不当的河豚鱼，均可能发生食物中毒。

（5）食物原材料本身没有毒，但由于存放或管理不当，使食物原材料产生了有毒物质，并且在加工、烹调中没有能够除去或破坏掉。如发芽马铃薯、霉变粮食等。

（6）掺杂、掺假、伪劣使食品产生毒素。还有一些食品是由于加工者出于某种经济利益的需要而在无毒的食物中使用了一些有害物质，或在食物中掺入了假的有害成分，以及把伪劣的食物当成好的无毒食物出售，致使食物成了有毒食品。

2. 造成食用者腹泻的原因

（1）食用了上述六类有毒的原材料制作的菜肴，造成了食物中毒。

（2）误食外形与无毒原材料相似的有毒食物烹制的菜肴，造成了食物中毒。由于某些有毒原材料外形与某种食物相似，而加工人员对这些有毒动植物原材料没有进行鉴别或缺乏鉴别能力，把这些有毒的东西误当作无毒的食物使用，如毒蘑菇等。

（3）食用者摄取了餐厅提供的或自带的不可食状态的食品（如未熟水果）；或摄取了非正常数量食品，如暴饮暴食而引起的急性胃肠炎。

（4）食用了烹制过程中受某些细菌感染的食物。

（5）食用者是特异体质，对某种食品（如鱼虾、牛奶等）过敏，造成反应性疾病。

但是，前两点属于食物中毒，后三点不属于食物中毒。理解食物中毒的概念，正确了解腹泻原因，对于病人是否按食物中毒患者急救治疗，引起发病的食物是否按有毒的食物进行处理，以及是否按《中华人民共和国食品安全法》追究责任，在实际工作中有重要意义。

3. 厨房中常见的有毒动、植物食品原材料

（1）河豚鱼。河豚是暖水性海洋底栖鱼类，在我国各大海域都有分布。常见的品种有数十种。河豚鱼体内只含有一种毒素，称为河豚毒素。过去将河豚鱼毒素分为河豚鱼卵巢毒素、河豚酸、河豚肝脏毒等，主要是由于毒素的形成有个过程，研究者所提取的毒素处在不同阶段。河豚鱼的含毒情况比较复杂，其毒力强弱随着身体部位、品种、季节、雌雄以及生长水域等因素而各异。在卵、卵巢、皮、肝中的毒力最强；在肾、肠、眼、鳃、脑髓等组织中次之；肌肉和睾丸中毒力较小。河豚鱼所含的毒素比较稳定，不易被一般物理性方法处理所破坏。盐腌、日晒、加热烧煮等方法都不能使毒素破坏。该毒素耐酸，对碱不稳定，在4%氢氧化钠中20分钟可破坏其毒性，加热100℃经4小时，115℃经3小时，可使毒素全部破坏。河豚毒素比氰化钠的毒素强500倍以上，是一种很强的神经毒，人体吸收后可使神经末梢和神经中枢麻痹。先是感觉神经麻痹，后是运动神经末梢麻痹，严重者脑干麻痹。因呼吸中枢和血管运动中枢麻痹而死亡。

（2）鱼类引起的组胺中毒。由于食用鱼类而引起的组胺中毒，国内外都有报道。中毒的发生主要是由于鱼不新鲜，含有一定数量的组胺，同时也与个人的过敏体质有关，所以组胺中毒是一种过敏性食物中毒。青皮红肉的海产鱼类肌肉中含血红蛋白较多，因此组胺酸含量也较高。当受到富含组胺酸脱羧酶的细菌污染，并在适宜的环境条件下，组胺酸就被大量分解脱羧而产生组胺。摄入含有大量组胺的鱼肉，就会发生过敏性中毒。青皮红肉的鱼类品种较多，如鲸鱼、鲤鱼、鲭鱼、金枪鱼、沙丁鱼、秋刀鱼等。中毒原因除组胺外，腐败氨类（三甲胺及其氧化物）、类组胺物质和组胺同时存在时，由于相互作用可使毒性增强。组胺的毒理作用主要是刺激心血管系统和神经系统，促使毛细血管扩张充血，使毛细血管通透性加强，使血浆大量进入组织，血液浓缩，血压下降，引起反射性心率加快，刺激平滑肌使之发生痉挛。成人摄入组胺超过100 mg（相当于每千克体重1.5 mg）就有中毒可能。

（3）毒蘑菇中毒。蘑菇，也叫蕈。在自然界分布极广，种类多是营养丰富的美味食品，如香蘑、口蘑、松蘑等。但是少数蕈含毒，某些毒蕈和食用蕈外形相似，不易鉴别，常误食引起中毒。我国目前可食用蕈约有360多种，毒蕈约有八九十种。其中能威胁生命的有20多种，而含剧毒者仅有褐鳞小伞、白毒伞、毒伞、豹斑毒伞、毒蝇伞、秋生盔抱伞、鹿花菌等10余种。毒蕈中毒多发生于高温多雨的夏秋季节。主要是由于个人或家庭采集野生鲜蕈，缺乏经验而误食中毒。毒蕈的有毒成分比较复杂，往往几种毒蕈含有同种毒素或一种毒蕈中含有多种毒素。几种有毒成分同时存在时，有的互相拮抗，有的互相协同，因而症状较为复杂。毒蕈含有毒素的多少可因地区、季节、品种、生长条件不同而异。个体体质、烹调方法和饮食习惯以及是否饮酒等，都与能否中毒或中毒轻重有关。

（4）发芽马铃薯中毒。马铃薯，别名土豆、山药蛋、洋山芋。储存不当时，可使马铃薯发芽或表皮部分变黑绿，食用时常发生中毒，尤以春末夏初季节最为常见。马铃薯发芽后，含有龙葵碱。正常马铃薯中龙葵碱的含量较少，为2～10 mg/100 g。当马铃薯发芽后，皮质变绿、发紫，这时龙葵碱含量增高，特别集中分布在芽、芽眼的皮及烂处，可达35～40 mg/100 g，严重的发芽部位可达420～730 mg/100 g。龙葵碱对红细胞有溶血作用，对胃肠道黏膜有刺激作用，对呼吸中枢有麻痹作用，并能引起脑水肿、充血等。马铃薯芽里的龙葵碱含量比其肉质里多50倍，一次食入0.2～0.4 g即可引起中毒。

（5）芸豆中毒。芸豆，因地区不同又称为菜豆、豆角、四季豆、刀豆、梅豆角等，是

人们普遍食用的蔬菜。由于农业科技的发展，目前食用芸豆已无明显的季节性。芸豆中的有毒成分是皂甙和红细胞凝集素。在芸豆加工过程中如未煮透，不能破坏其有毒物质，食后即可引起中毒，中毒程度与食用量成正比。如水焯后凉拌、冷面面卤、炒后食用发生中毒，炖食则很少有人中毒。

(6) 含氰甙类植物中毒。含氰甙类植物中毒是因为人们食用了生的果仁（苦杏仁、桃仁、李子仁、枇杷仁、樱桃仁、杨梅仁、亚麻仁等）和生的木薯（或食用未煮熟的木薯或喝洗木薯的水、煮木薯的汤）所致。这些植物中含有氰甙，以苦杏仁为最多。

食入苦杏仁后，其所含的氰甙在口腔、食道、胃和肠中遇水，经苦杏仁酶作用水解后释放出有毒的氢氰酸。氢氰酸能影响人体细胞功能，破坏中枢神经，严重的导致死亡。

小儿吃6粒，成人吃10粒苦杏仁就能引起中毒，小儿吃10～20粒，成人吃40～60粒就可致死。作为厨师要了解苦杏仁、木薯中毒的知识，不生吃苦果仁，用果仁做菜时，应反复用水浸泡，充分加热，使其失去毒性。同样木薯也不能生吃，要煮熟、煮透后方可食用。

以上所介绍的是餐饮企业中常见的一些动、植物中毒引起的中毒情况及其预防、治疗措施。除此之外，还有许多动、植物也能引起不同程度的食物中毒。

11.1.5 食物中毒事故的概念与特点

食品从生产加工到销售的过程，有很多情况和因素使之成为具有“毒性”的食品，这些“有毒”的食品对人体健康所造成的危害程度和性质虽各不相同，但对人类的身体健康和人身安全却构成了很大的威胁，因此，必须引起人们的足够重视，加强其预防措施。

(1) 什么是食物中毒？人们在日常生活中由于吃了被细菌、细菌毒素、化学物质污染或本身就含有毒性物质的食物，从而引起急性疾病，就是食物中毒。

(2) 食物中毒有以下几个特点。

① 有共同的致病食物。所有的病人都在相近的时间内吃过某种共同的致病食物，与食物关系比较明显，没有进食这种食物的人，即使同桌进餐或同屋居住也不发病。发病范围局限在食用该种有毒食物的人群中，停止食用这种有毒食物后，发病就很快停止。

② 潜伏期短。发病呈急性暴发过程，集体暴发食物中毒时，很多人在短时间内同时或先后相继发病，在短时间内达到高峰。一般潜伏期在24～48小时以内。

③ 患者的临床表现大致相同。大部分病人的症状相似，多为急性胃肠炎症状。

④ 没有传染性。停止食用有毒食物或污染源被清除后不再出现新的患者，人与人之间没有直接传染。

11.1.6 食物中毒事故的种类预防

食物中毒按致病物质的不同一般可分为5类：有细菌性食物中毒、化学性食物中毒、有毒动植物中毒、霉菌毒素中毒和人为投毒引起的中毒。

1. 细菌性食物中毒的预防

细菌以裂殖的方式进行快速繁殖，其繁殖速度与环境中的氧气、温度、湿度、营养和酸碱度密切关联。预防细菌性食物中毒的有效措施一般来说不外乎两个方面：一是减少或彻底杜绝各种有害细菌对食物的污染，二是对被细菌污染的食物或食品进行彻底地灭菌处理。

(1) 防止沙门氏菌的污染及中毒。沙门氏菌是一种生长在动物体肠道内的致病菌，生鲜的家禽肉类、家畜肉类以及各种蛋乳品等，都是沙门氏菌的污染媒介。主要预防措施是：生产人员定期作健康检查和保持个人卫生，杜绝带菌者进入工作区，保持加工区域的环境卫生，防止鼠类、蚊蝇昆虫的侵害，杜绝熟食品在室温下长时间放置，应及时处理或冷藏，加工原材料应注意交叉感染，养成良好的卫生操作习惯等。

（2）防止副溶血性弧菌的污染及中毒。副溶血性弧菌又称致病性嗜盐菌，广泛生长在海水中。海产品、海盐以及海盐腌制的食品都是致病菌的媒介。主要预防措施是：利用冷冻和冷藏防止致病菌的生长与繁殖，加热杀菌，避免生食海产品，注意原材料及容器的交叉感染等。

（4）防止葡萄球菌的污染及中毒。葡萄球菌是一种容易感染到人的身体内外的细菌，该细菌本身没有毒素，但一切感染繁殖所产生的排泄物对人的皮肤、组织产生过敏性感染。主要预防措施是：员工保持个人卫生，避免有感冒、皮肤感染、鼻炎、咽喉炎等病症的人员进入工作区域，注意冷藏原材料食品，低温防止细菌的生长与繁殖。

（5）防止肉毒杆菌的污染及中毒。肉毒杆菌主要是随泥土或动物粪便污染食品，它的生长繁殖需在无氧情况下厌氧生长。通常引起中毒的食品是肉类罐头、臭豆腐、腊肉以及发酵制品等，高温加热可以杀菌。主要预防措施是：防止劣质或过期罐头制品进入食品的加工生产之中，注意冷藏食品，在肉制品和鱼制品中加入食盐可起到抑制细菌生长繁殖的作用，注意原材料的净治加工，防止受到土壤和粪便的污染。

（6）防止黄曲霉毒素污染及中毒。黄曲霉毒素是黄曲霉菌的代谢产物，具有较强的致癌性。主要预防措施是：注意原材料的保管，如花生、大豆、大米等粮食类原材料应在低温干燥环境中储存，以免高温潮湿而发霉产生毒素，避免发霉的花生、大豆、大米、面粉等混入加工食品而导致中毒。

2. 化学性食物中毒的预防

化学性食物中毒的发生原因非常复杂，主要包括砷、铅、有机磷、有机氯、有机汞、多环芳烃类等化学物质，直接或间接对人体产生作用而发生中毒。

主要预防方法如下。

（1）从具有质量保证的渠道采购原材料，防止使用加工纯度低的色素、盐、碱、葡萄糖等。

（2）禁止使用装过含砷、有机磷等农药的容器盛放粮食和其他食品。

（3）不使用含有有毒物质的器皿、容器、包装材料。如不使用铅、锌、铜、锡等材料的容器，不使用聚乙烯、聚丙烯等塑料包装材料。

（4）加工各种原材料要洗涤干净，特别是蔬菜要进行浸泡，水果要削皮处理，降低有机农药的残留。

（5）厨房要谨慎使用各种消毒剂和杀虫剂。

（6）加强原材料和食品的保管，远离各种化学物质和药剂。

（7）食品生产过程中使用的化学物质或食品添加剂，必须符合食品卫生标准要求，禁止使用质量不合格的食物添加剂。

3. 有毒动、植物中毒的预防

有毒食物主要指食物本身或变化而产生毒素，食用后产生过敏反应、腹泻呕吐，甚至死亡。有毒食物中毒的原因很多，有采购原材料时混杂有毒品种，如食用菌混杂有毒的真菌；有的原材料加工纯度不够而造成有毒物质的残留，如棉籽油中残留棉酚、棉酚紫、棉绿素等毒素；有原材料储存不当而发生变化产生毒素，如土豆发芽产生龙葵素；有原材料腌制产生亚硝酸盐而发生中毒；有原材料本身死亡而产生毒素，如鲭鱼、鲸鱼、金枪鱼、黄鳝、甲鱼等死亡后产生毒素；有食用过量的富含丰富维生素A的食物而发生中毒，如狗肝、鱼肝以及野生动物肝脏等。

预防的主要措施如下。

(1) 区别各种食物，防止互相混淆。

(2) 严格规范原材料的保管，加强原材料选择环节的质量鉴定，严格按操作要求生产各种食品。

(3) 不加工出售有毒或腐败变质的鱼类食品，尤其是青皮红肉鱼类。

(4) 对含组胺较多的鱼类，应注意烹调方法，减轻其毒性。例如水浸、盐浸、加醋、清炖，加雪里蕻或红果少许都可降低组胺含量。

(5) 加工前应对菌类进行鉴别，对于不能识别有无毒性的种类，需经有关部门的鉴定，确认无毒后方可食用。

(6) 马铃薯应在低温、无阳光直射的场所储存；发芽较重及变黑绿的马铃薯不得加工食用；烹调马铃薯时加些醋，以破坏龙葵碱。

(7) 食用芸豆时应使其充分熟透，避免食用沸水焯过和旺火快炒的芸豆菜肴。

(8) 苦杏仁中毒多发生在杏熟季节，多见于儿童因误食生杏仁所致，由于氢氰酸遇热量挥发，故在加工杏仁时均应充分加热，敞开锅盖使其失去毒性。

(9) 木薯不能生吃。加工去毒方法主要是去皮、水浸、煮熟，新鲜木薯内皮含氢氰酸90%左右，故剥去内皮后再进行加工十分重要。浸泡木薯的水及薯汤不宜弃于池塘内，也不宜喂牲畜。

4. 真菌毒素食物中毒的预防

防止食品受黄曲霉菌及其毒素的污染，是预防黄曲霉毒素中毒的主要措施。因此，要加强对食品的防霉去毒工作。

(1) 防止食品霉变。主要是控制温度和湿度，一般粮食含水量在13%以下，玉米12.5%以下，花生8%以下，霉菌不易繁殖，故为安全水分。粮食储存要清洁干燥、低温，要装有通风设备。根据粮温、库温及湿度采取降温、降湿措施。

(2) 去毒。粮食已被黄曲霉菌污染并产生毒素后，应设法将毒素清除或破坏。可用物理、化学或生物学方法去毒，或将毒素破坏。其主要方法有：挑选霉粒法、碾轧加工法、加碱去毒法、物理吸附法、加水搓洗法等。

5. 人为投毒的防范

另外一个方面就是要加强厨房内部的安全防卫管理，以防止有个别的人员为了报复或达到其他的目的，而在菜点或食品及食品原材料中进行的故意投毒。由于内部人员或个别坏人混入厨房后的故意投毒引起的食品中毒事件在餐饮企业中虽然不多，但厨房安全中对此也要加强管理，以避免此中毒事件的发生。

6. 食物中毒事故的处理

每个餐饮人员都希望在日常的餐饮管理工作中，不出现食物中毒事件。但假如有客人食用了本餐厅提供的菜点，而身体不适，管理人员和员工应沉着冷静，忙而不乱，尽可能控制势态，及时加以处理。其基本处理步骤如下。

(1) 记下客人的姓名、地址和电话号码（家庭和工作单位）。

(2) 询问具体的征兆和症状。

(3) 弄清楚吃过的食物和就餐方式，食用日期、时间、发病时间、病痛持续时间，用过的药，过敏史，病前的医疗情况或免疫接种等。

（4）记下看病医生的姓名和医院的名称、地址和电话号码。

（5）有本企业的医生在场协助处理，了解病情，掌握现场资料。

（6）立即通知由餐饮部经理、厨师长等人员组成的事故处理小组，对整个生产过程进行重新检查。

（7）将相关信息递交给本企业的医生，以便更好地处理事故，如确是食物中毒则承担一切责任。

（8）查明同样的食物供应了多少份，收集样品，送化验室分析化验。

（9）查明这些可疑的菜点是由哪个员工制作的，对所有与制作过程有关的员工进行体检，查找有无急性患病或近期生病及疾病带菌者。

（10）分析并记录整个制作过程中的情况，明确有可能在哪些地方，食物如何受到污染，哪些地方存在细菌，以及这些细菌在食物中繁殖的机会等。

（11）从厨房设备上取一些标本送化验室化验。

（12）分析并记录餐饮生产和销售最近一段时期的卫生检查结果。

11.2 环境与设备的卫生管理

11.2.1 环境卫生管理

环境卫生管理仍然是餐饮卫生管理不可轻视的环节，包括通风设施、照明设施、温度调节设施、冷热水设施、地面、墙壁、天花板、门窗等卫生管理。特别是厨房环境清洁处理达不到卫生标准的要求，不仅对厨房的整体卫生产生严重的影响，甚至对食品的加工卫生构成威胁，造成菜品加工过程的污染。

1. 天花板清洁

（1）用尘帚清除屋顶上的蜘蛛网和尘埃。

（2）使用吸尘器清除餐厅天花板的灰尘。

2. 墙体的清洁

（1）使用吸尘器吸除墙纸墙面和白灰强面上的灰尘，每两年更换墙纸或粉刷墙体。

（2）对用瓷砖装饰的下部墙壁，先用浸润清洁剂溶液的抹布自上而下擦拭一遍，再用清水洗涤的抹布擦拭干净。也可用去污粉擦除瓷砖上的污垢。

（3）1.8 m 以下高度的厨房墙面和餐厅护墙一般应每天擦拭一次。1.8 m 以上的厨房墙面每周擦拭一次。

3. 门窗与纱窗的清洁

厨房的门窗也是比较容易沾染污物的地方，厨师领取原材料出入频繁，传菜员进出也频繁，加上厨房油污和灰尘更使厨房的门窗容易被污染。

（1）厨房门应当每天擦拭一次，特别是与餐厅连接的门，发现脏物应及时清除。

（2）清洗门及门框应从上至下擦洗。

（3）较高位置的窗户和玻璃（如超过 1.8 m），可以三天至一周清洁一次，使光线充足。

（4）厨房的纱窗每周清洗，应用加清洁剂的水溶液刷洗，然后用清水冲洗。发现破损应及时更换。

4. 防蝇门帘等设施的清洁

厨房是食品加工的场所，是很容易招引苍蝇的，为了达到较好的防蝇效果，厨房的门一般都安装有防蝇门帘、防蝇风帘和灭蝇灯。

（1）每周清理防蝇风帘。

（2）每天清理防蝇门帘。

（3）根据情况定期清理灭蝇灯，确保死蝇倒入垃圾箱内，并在清洗时注意安全切断电源。

5. 门拉手的清洁

（1）餐厅门拉手是整个清洁环节的重点，因人多手杂，必须在开餐后每隔 1 小时清洁一次，再用消毒清洁剂擦拭。

（2）其他门拉手一般每天用湿抹布擦拭一遍，以除其污迹，并定期用消毒清洁剂擦拭。

6. 厨房排风换气口的清洁

（1）通风口要有防尘设备，防止昆虫、尘土等飞入。

（2）油烟罩主要安装在油烟比较多大炉灶上方，所以要定时清理油污，预防在油锅不慎燃烧时引起的油烟罩及吸风管的火灾。

（3）换气设备主要安装在冷菜间、面点加工间，由于排风口处空气流动量较大，因而换风扇很容易沾染堆积灰尘、杂物等。清洁的周期一般每周一次。

7. 地面清洁与消毒

（1）餐厅地毯采用洗尘器清理地面，根据洁净状况每月或隔月用专用地毯洗涤剂对地毯清洗一次。

除了定期对餐厅内的地毯进行清洗保养以外，地毯还会经常出现局部的小块污渍，如饮料渍、食物油渍、奶渍等。出现这样的情况，就应及时进行局部清洗。

常见餐厅地毯污渍种类与清洗方法见表 11-1。

表 11-1　常见餐厅地毯污渍种类与清洗方法

<table>
<tr><th>污渍种类</th><th>清除方法</th><th>说　明</th></tr>
<tr><td>酒精、尿液、烟灰、铁锈、血液、啤酒、果酒、果汁、盐水、芥末、漂白剂、墨水</td><td>1. 将溶液甲倒在清洁的抹布上
2. 轻轻抹去污渍
3. 用纸巾或干布吸干
4. 用吸尘器吸尘</td><td rowspan="3">溶液甲的配制：用 3 ml 的地毯清洁剂加 1 匙白醋，溶在120 ml 水中即成
溶液乙的配制：将 7% 的硼砂溶在 300 ml 水中即成</td></tr>
<tr><td>巧克力、鸡蛋、口香糖、冰淇淋、牛奶、汽水、呕吐物</td><td>1. 将溶液甲倒在清洁的抹布上
2. 涂抹污渍并擦试
3. 用纸巾或干布吸干液体
4. 使用溶液乙擦抹污渍
5. 用纸巾或干布吸干液体
6. 干后用吸尘器吸尘</td></tr>
<tr><td>牛油、水果、果汁、油脂、食油、药膏、油漆、香水、鞋油、油渍、蜡油</td><td>1. 将溶液甲倒在清洁的抹布上
2. 轻轻抹去污渍
3. 用纸巾或干布吸干液体
4. 等待干燥
5. 使用溶液甲浸润脏处
6. 轻轻擦拭
7. 用纸巾或干布吸干液体
8. 干后用吸尘器吸尘</td></tr>
</table>

（2）餐厅地板日常清理选用软扫帚清扫，也可用抹布或经牵尘剂浸泡过的拖把除尘除迹，油性污物要用稀释的清洁液清洗，再用干抹布擦拭干净。每周打蜡抛光一次，以保光泽。一段时间后要清除成蜡，重新打蜡。大理石地面与地板一样，在第一次使用前要先清理后打蜡上光，随后定时打蜡。

（3）餐厅石材地面，采用扫把和拖布进行日常除尘清洁，根据情况每旬或每月清洗、打蜡、抛光一次，保持光泽。

（4）粗糙地面一般用适量的清洗剂刷洗地面，然后用清水拖把拖干，每天一次。

（5）光滑地面一般用适量的清洗剂刷洗地面，然后用橡皮刮，刮干地面。

（6）有些厨房地面由于沾染的油渍、油污较多，清洗时可使用碱性清洁剂，湿拖布除污与刮刷除污，然后用水冲洗，拖干或自然干，每餐一次。

8. 餐厅空调口和换气口的清洁

（1）通风设备要定时或经常清洁。

（2）空调口和换气口要每两天清洁一次。

9. 洗手间的清理

（1）洗手间的设备要完善、有效。

（2）应有专人负责清洁打扫，每时每刻保持空气清新，干净卫生。

（3）洗手间的门把手等与手接触机会较频繁的地方，应每隔1小时清洗一次，避免形成交叉污染。

（4）洗手台有流动自来水、洗涤液、干手器或擦手纸。

（5）员工洗手间也应有专人负责，餐厅服务员和厨房职工不可兼管洗手间的清洁。

（6）员工使用的洗手间，必须使用脚踏冲水式马桶与垃圾桶、冲水箱，避免用手接触。

（7）告诫员工正确地使用洗手间的设备。

10. 餐梯和原材料电梯

（1）在食物升降机内不留食物残渣，及时打扫干净以免病菌繁殖。

（2）杂物不掉入电梯的升降通道内，保证通道内干燥清洁。

11.2.2 设备卫生管理

餐厅、厨房设备的不洁净也是导致食品污染的原因之一，所以设备的卫生管理不容忽视。

设备卫生管理细则如下所示。

（1）设备材料最好坚固、光滑，易于清洁，防锈、防断裂，不含有毒物质。

（2）设备使用完毕，或当天工作结束时应彻底清洁。

（3）清洗搅拌设备时应先去掉残渣和油污，然后将拆下的部件放入含有清洁剂的热水里浸泡，用刷子刷，再用清水冲洗。

（4）对于不可拆卸的设备应在抹布上涂上清洁剂，然后涂在设备上，再用硬毛刷刷去污垢，用清水清洗后，用干净布擦干。

（5）对于不同材料制成的用具和器皿应采用不同的清洁方法以达到最佳卫生效果和保护用具和器皿的作用。

（6）用热水和毛刷冲洗大理石用具，然后用干布擦干。

(7) 用热水和清洁剂冲刷木制品，用净水冲洗，然后擦干。

(8) 用热水冲洗塑料制品。

(9) 用热水和清洁剂冲洗瓷器和陶器。

(10) 对于铜制品的清洁方法是先清除食物残渣，然后用热水和清洁剂冲洗，再晾干。不要用碱类物质清洗铝制品，以免破坏其防腐保护膜。

(11) 日常清洗金银餐具时先去掉食物残渣，再用热水放少量清洁剂清洗，然后用清水冲洗干净。

(12) 银器去黑则准备一个塑料桶，在桶的底部放入一张铝箔纸，将4瓷匙洗银粉融化在10 L 60～70℃水中，浸泡银器约半小时左右，取出后用清水冲净并擦干。

(13) 清洗锡制品和不锈钢制品时，先使用热水与清洁剂刷洗，然后用清水冲净，晾干。

(14) 清洁镀锌制品时，注意保护外部的薄膜，洗涤后一定要擦干，以防生锈。

(15) 用潮湿的布擦洗搪瓷制品，然后擦干，不要用去污粉搓洗。

(16) 清洁刀具时，应注意安全，用热水和清洁剂将刀具洗净，然后用清水冲净，擦干，涂油。

(17) 清洗各种滤布和口袋布时，先去掉其残渣，用热水和清洁剂洗涤揉搓后，用水煮，冲洗，晾干。

(18) 清洁滤网、绞肉机和削皮机时，用清水冲掉网洞中的食物残渣，用毛刷、热水和清洁剂刷洗，用净水冲洗，擦干。

(19) 清洗电器设备时，应关闭机器，切断电源，用布、小刀或其他工具去掉食物残渣，用热水和清洁剂清洗各部件，尤其应注意清洗刀具和盘孔清洁，然后擦干。

11.2.3 操作卫生管理

操作卫生管理是指在日常操作中的卫生要求及管理要求，如餐具、工具摆放与卫生，通风照明、温度湿度及对空气、细菌含量等方面的规定。

1. 餐厅日常卫生

(1) 地面：地面要保持干净卫生，整洁美观。每餐清理，并根据地面的材质不同，分别处理。

(2) 墙面、顶面：墙面、顶面除尘采用干布、鸡毛掸、吸尘器。天天检查，发现问题及时清除，并定时全面清理。

(3) 屏风、花隔：屏风、花隔的卫生做到每天一清洁，天天检查。

(4) 桌椅：在每天的擦拭中要注意观察桌椅的稳定性、牢固性。

(5) 餐具：用后必清洗消毒。领用时要检查餐具的卫生程度，发现有破损、有污点拒绝使用。

(6) 饮具：每餐清洗消毒。使用时检查饮具上有无指纹，如有需用消毒过的餐巾擦拭干净。

(7) 桌布、口布、香巾：桌布与口布每餐使用后要送洗衣房除迹、清洗、消毒、烫熨。香巾清洗后要在香精水溶液中浸泡3分钟，在放入蒸箱加热20分钟或微波炉高火加热3分钟，进行消毒处理。

(8) 牙签桶、调料壶：保持牙签桶、调料壶外壁清洁，内装的牙签整齐，调料两天一换，保持干净。

（9）点菜单、收银夹：点菜单、收银夹要保持封面无污点、无油腻，整洁卫生。

2. 备餐间日常卫生

（1）备餐间的所有用具（包括划菜用品等）、餐具、味碟等都要进行严格的消毒处理。

（2）在保证备餐间通风的同时，更要考虑配备菜品保温设施与防蝇防尘等设施的清洁卫生。

（3）备餐间的通道不宜过多，便于传递饭菜即可。备餐间应设置脚踏式流水洗手池等。

（4）备餐间的货架、操作台应在使用过程中随时将汤汁、污物擦去，并且要每餐结束后彻底擦拭一次。

（5）地面则按地面的清洁要求，每餐结束后清理、擦拭一次；每天供餐收台结束后，打开紫外线灯照射20～30分钟，进行消毒灭菌处理。

3. 冰柜使用卫生

（1）冰柜的温度要恒定，不能忽高忽低，以利于抑制微生物的繁殖。

（2）要根据原材料与熟饭菜的性质确定保藏的时间等，冷藏一般不超过3天。

（3）生、熟食品（原材料）要分别保藏，不能混放在一起，熟食要经过降温后再放入。

（4）食品原材料放入前要清洗干净，经加工后放入。

（5）对存放的食品原材料要按品种、档次分开，有血水的原材料放置下层，干爽的放上层。

（6）存放在冰柜中的原材料也要遵循先放先用的原则。

（7）冰柜除霜时融解的冰水不能滴在食品原材料上。

（8）除霜时，先将冰柜内的货品移至其他冷藏柜内储存，打开冰柜门，关闭电源，使其自然融化，用抹布将冰水擦拭干净，然后换用另一块干净的湿抹布把冰柜内外擦拭一遍，晾干冰柜内水分后，接通电源，将原来存放的货品移至冰柜内。

（9）清洗冰柜时，基本与冰柜除霜的程序相似，只是要把冰柜内的所有可以动的货架、食品盒等全部取出，用消毒清洁剂进行洗涤消毒处理，擦净晾干后，将货架、食品盒等放回原处，再把货品移至冰柜内。

（10）冰库要定期清理、洗刷，冷藏库夏季最少每10天洗刷一次，冬季每30天洗刷一次，冷冻库每半年洗刷一次。

4. 餐具洗涤间卫生

（1）洗涤间水槽、地面与脚踏板在每次洗涤结束后，都要用消毒清洁剂进行洗刷处理，保证无毒无菌，地面要每餐冲洗，地沟保持通畅。洗涤间内除用具外禁止存放其他物品，保持台面、墙壁与环境的清洁卫生。

（2）餐具柜是存放经过洗涤、消毒后的干净餐具的，在使用前必须经过严格的清洗、晾干与消毒处理，并要保持每天或定期进行消毒处理，柜内不得存放其他物品，必须专柜专用。

（3）洗碗机是将餐具的清洁、洗涤、消毒、烘干等环节融合为一体的机械化现代设备，但使用中同样需要对机器经常清洗，最好是每次用完后彻底清洗一次，以清除残留的污垢、油渍等，并定期进行消毒处理。

(4) 餐具洗涤间的废弃物要专用桶盛装，特别是剩余的饭菜、汤汁等，在较高的温度环境下很容易腐烂变质，应随时处理并及时清洗泔水桶等，如果使用的是专用垃圾袋则要及时封袋，及时处理。

5. 切配间日常卫生

(1) 厨房每日清扫不能少于4次，保持干净整洁，没有食品原材料加工后的废弃物和下脚料的堆积。

(2) 地面整洁防滑，无油污积淀。

(3) 墙面无灰尘蛛网，边角、下水滴漏处无卫生死角。

(4) 炊具、厨具、餐具每餐使用后要进行洗涤消毒，保持清洁、明亮、无油渍。砧板、刀具定时煮沸消毒。

(5) 各种盖布、盖帘、抹布要专布专用，每餐用后洗涤消毒。

(6) 整个厨房的各种机械设备与冰箱、橱柜定时或每天或每餐用后擦拭。

(7) 室内无积水、无异味。

6. 冷菜、面点间日常卫生

(1) 冷菜间单独配置，不能与其他特别是生料加工混在一起；以“五专”为基本原则：专墩、专人、专用工具、专用消毒、专用冷藏设施。

(2) 室内每天要用紫外线消毒，辐射强度不得低于70μW/cm^2。

(3) 菜墩每餐用后都要清洗消毒，刀具定时沸煮消毒；熟食架、冰箱每天清洗一次，每周用热碱水洗涤消毒一次，冰箱把手用消毒过的小方巾捆好，每天更换一次。

(4) 食品储存柜每天擦拭一次，每周用清洁剂洗涤消毒一次；各种食品、半成品分开，生、熟分开，荤、素分开，专柜存放，用保鲜膜封严。

(5) 出售的冷菜食品每天进行卫生防疫检验，检验率不低于90%；冷菜间工作人员进入操作间前要洗手消毒。

(6) 冷菜间工作人员除穿专制工作服外，直接与食品接触的员工要戴一次性塑胶手套。

7. 炉灶间日常卫生

炉灶的清洁主要是清除油渍污迹，由于炉灶的种类各不相同，清洁方法也有区别。

(1) 燃油、燃气炒灶。待炉灶晾凉后，用毛刷对燃油、燃气的灶头进行洗刷除污，使其保持通油、通汽无阻，燃烧完全；清除燃火灶头周围的杂物，把灶台上的用具清理干净，用浸泡过清洁的抹布将灶台擦拭一遍，再用干净的湿抹布擦拭干净，用抹布把炉灶四周的护板、支架（腿）等一一擦拭干净。

(2) 蒸灶、蒸箱。蒸灶清洁时将笼屉取下，用清水冲洗笼屉内外，如果笼屉内有粘在上面的食品渣等，可用毛刷洗刷，再用清水冲洗干净，控干水分，然后将蒸锅和灶台洗刷干净放上笼屉；清洁蒸箱时，应先从蒸箱内部清洗，用毛刷将蒸箱内的隔层架、食品盒洗刷除净杂物、食品渣，用水冲洗干净，放净箱内存水，用抹布擦拭干净，然后用抹布将蒸箱外表擦拭干净。

(3) 电烤箱。断开电源，将晾凉的烤盘取出，用铁铲铲除烤盘上的硬结食品渣、焦块等，然后洒上适量的餐具洗洁液浸泡10～20分钟，用毛刷洗刷烤盘内外，用清水冲洗干净，再用干抹布擦拭干净，将烤箱内分层板上的杂物、食品渣清扫干净，将远红外管上的粘结物用干毛刷扫除干净，最后将烤箱外表擦抹干净。

（4）微波炉。微波炉是一种比较干净卫生的烹饪新炉灶，但使用后也会沾染食品渣滓、油渍等，因此也应经常进行清洁处理。清洁的方法是先关闭电源，取出玻璃盘和支架，用清洁剂浸泡清洗，用清水搓洗干净，用干抹布擦抹干水分，然后用蘸过清洗溶液的抹布擦拭微波炉内胆及门，除净油渍杂物，再用干净的湿抹布擦拭干净，晾干后依次放入支架和玻璃盘，最后用湿抹布将外表擦拭干净，擦拭触摸式温控盘时，要注意动作轻些，以免损伤温控盘上的按键。

8. 用具日常卫生

整个餐饮有各种各样的用具，这些小的用具如果管理或使用不当，同样会使本来干净的菜品和饮品被有害物质污染，因此，食品用具的卫生安全也是不可忽视的一个环节。所以在每次使用结束后都要进行洗净与消毒处理。

（1）灶上用具和炉灶上的烹饪用具，包括炒锅（或勺）、锅铲、铁筷子、漏勺（漏网）、锅垫、油缸等，一般分为清洗、冲刷、消毒、存放4个步骤。

① 清洗。是将灶上用具放入按比例调制的洗涤剂水溶液中，对灶上用具进行彻底的洗刷，以除去灶上用具上的污物、油渍等。

② 冲刷。把清洗过的烹饪用具用流动的净水将用具上的洗涤液冲洗干净。

③ 消毒。灶上用具的消毒一般采用煮沸或蒸汽消毒的方法，可将灶上用具放入100℃的水中或100℃的蒸汽中加热5分钟以上。

④ 存放。将消毒过的灶上用具晾干后放入专用的橱柜内存放，并确保橱柜是干净卫生的，以免造成灶上用具的再次污染。

（2）调理台用具。调理台的用具也是很多的，有盛装生料的料盘及盛装各种调味品的料罐。这些用具是非常容易形成交叉污染的，因此每餐用后一定要进行严格的清洗消毒处理。特别是盛装调料的盆罐，收台时，必须将剩余的调料倒出，把料罐进行认真的清洗，消毒后放置专门的柜内存放。调理台用具清洁的一般步骤如下。

① 清洗除污。是将所有用具放入按比例调制的餐洗剂溶液中，对调理台用具进行彻底的清洗，以除去用具上的污物、油渍等，如果调料盒等用具上有硬结物，则应用热水浸泡变软后，再用硬毛刷蘸清洁剂将污物清除洗净。

② 冲洗除去清洁剂液。把用清洁剂溶液清洗过的用具用流动的净水将用具上的洗涤液冲洗干净，如果是在洗涤盆中冲洗，则要至少换清水3次冲洗，以确保用具上的清洁剂没有残留。

③ 消毒灭菌。调理台上的用具洗涤干净后一定要进行消毒灭菌处理，消毒一般采用煮沸或蒸汽消毒的方法，可将用具放入100℃的水中或100℃的蒸汽中加热5分钟以上，如果是塑料等不耐高温的用具，则应使用消毒清洁剂或高锰酸钾溶液进行消毒处理。

④ 卫生存放。将消毒过的调料盒等用具晾干后，放入专用的橱柜内存放，并确保橱柜是干净卫生的，以免造成调理台用具的再次污染。

（3）砧板。用于切割食品原材料的砧板，也叫菜墩、菜板。若是使用不当，或者是未清洗干净，很容易导致食品原材料与饭菜成品污染，尤其会导致交叉污染，因此必须加强对砧板的卫生清洁管理。使用后应及时清洗、消毒，无论是木质的，还是合成的塑胶砧板，每次使用后都要充分加以清洗，然后进行消毒处理，通常使用的消毒方法如下。

① 使用85℃以上的开水将砧板的两面冲烫。

② 把洗刷干净的砧板放入氯水中浸泡30分钟，捞出晾干。

③ 用纯酒精溶液涂擦砧板的表面，点燃后明火消毒。

④ 把砧板放在紫外线灯下开灯照射20～30分钟。

⑤ 砧板的清洁消毒应在每餐供餐结束进行一次，特别是用于熟品切割的砧板，一定要保证每餐进行一次消毒杀菌处理。

⑥ 砧板要侧立存放。消毒后的砧板应在专门的地方（无污染可能的环境）存放，存放时要侧立起来，以避免底部受潮或切配台台面的污染，并在砧板上覆盖防蝇防尘罩之类的设备。

（4）餐具卫生。所有的餐具不仅要经过清洗冲刷，还必须经过严格的消毒处理，尤其是尚未使用洗碗机的厨房企业更要严格消毒管理。餐具消毒常用的方法如下。

① 蒸煮消毒。用于陶瓷与金属餐具的消毒，将洗干净的餐具放入专用蒸箱（即消毒箱）内或放入清水锅内蒸煮，在100℃的沸水或蒸汽加热5分钟以上即可。金属餐具存放时注意晾干水分，以免生锈。

② 紫外线消毒。不适合于高温、酸碱等消毒方法的餐具可用紫外线消毒。

经过消毒处理后的餐具应放入专门的餐具柜内存放，以免细菌、灰尘的污染。

（5）抹布卫生。在厨房所有的工具中，厨师手中的抹布是使用频率最高，也是卫生状况最差的用具。抹布是厨师手中最容易造成微生物的传播与污染的用具，厨房有些菜品形成的有害物质的交叉污染，往往是由厨师手中的抹布引起的，因此必须对抹布的清洁卫生和消毒处理要进行严格的管理，每次使用结束后，必须进行严格的洗净与消毒处理。抹布的洗净与消毒处理的方法如下。

① 热碱水洗涤。将抹布先用热碱水煮沸、浸泡5分钟以上，然后搓洗捞出，用温清水反复洗净碱液为止，拧干净水分，再放于100℃的沸水中煮沸5分钟以上，捞出拧净水分晾干。

② 餐洗剂洗涤。将抹布蘸上一定量的餐用洗涤剂或洗涤剂水溶液，经过浸泡与搓洗后，再用清水反复洗去洗涤液，然后在100℃的沸水中煮5分钟以上，或在100℃以上的蒸汽中加热10分钟以上，取出后晾干。

③ 水洗微波消毒法。用一般中性清洁剂溶液将抹布反复搓洗，除净油渍污秽，然后用清水冲洗两遍，拧净水分，放入微波炉食品盘上，用高火力加热2分钟，取出晾干。

（6）卫生用具卫生。所谓卫生用具是指厨房在整理打扫卫生所使用的各种工具，如毛刷、拖把、扫帚、铁簸箕、洗涤剂等，这些物品不妥善存放和处理，也会造成污染。因此，厨房所使用的各种卫生工具必须由专人负责管理，每次用完后一定要清洗干净、消毒后晾干，在厨房以外的专门位置存放，不得放在厨房内。

9. 虫害的防治

（1）定期组织进行除虫害防治活动，做到没有苍蝇、老鼠、蟑螂等虫害发生。

（2）经常清理餐厅的空调箱、暖风设备，防止老鼠做窝。

（3）经常清理橱柜与沙发下面，及时发现清理除害时毒死的死鼠、死蟑螂。

（4）餐厅与厨房的过道口安置风门，厨房对外开放的门窗结构严密，缝隙不超过1 mm。

（5）管道入口和排污水沟出入口安装金属网，网口洞隙小于1 mm，以防蚊蝇进入。

（6）员工发现虫害问题必须马上向上级汇报。

10. 废弃物处理

厨房因每天都要进行菜品的制作，每天都会产生大量的垃圾及废弃的各种余料，如果不能及时得到妥善处理，特别是在高温的天气，不仅会产生腐败的臭味，也极易招来蚊、蝇、老鼠等，它们都是病菌的传播者，进而造成菜品等食品的污染。

（1）废弃物处理的原则。

① 分类处理。液体废弃物与固体废弃物、有机废弃物与无机废弃物等分开放置。

② 垃圾桶加盖。垃圾桶一定要配备盖子，桶内置放塑料袋，定时把袋装的垃圾取走，并及时对垃圾桶进行清洗消毒处理。

③ 清洗垃圾桶周围。废弃物清理后，垃圾桶周围也要进行清洗，用消毒液进行消毒处理，以保持清洁无菌。

（2）废弃物分类处理方法。

① 植物原材料废弃物。有条件的话，在择洗加工蔬菜时，最好能把废弃物分类装入垃圾桶，如把没有任何价值的根、皮及烂叶放在一起，把没有腐烂的老叶、菜帮等放在一起。蔬菜初加工结束，即将根等没有价值的废弃物集中用塑料袋封好，运送到公共垃圾箱内；把尚未腐烂的菜叶集中一起，运送到养鸡、猪的养殖场，用做饲料或当肥料；清洗垃圾桶及周围的地面，并进行消毒处理。

② 动物原材料废弃物。盛放动物性废弃物的垃圾桶一定要有密封效果良好的盖，在放入垃圾后，要随时将桶盖盖严。一般不要等到一个班次结束以后再清理，而要定时、随时清理，夏季要每隔 1 小时清理一次，确保垃圾桶无腥臭等气味，每清理一次，都要将垃圾桶进行清洗除污除味。每个班次结束后连同放垃圾桶的周围地面消毒一次，动物性废弃物要及时用密封的垃圾车运离酒店。

③ 剩菜残羹及果壳。剩菜残羹及果壳必须及时予以清理，以免腐烂发出臭味。餐巾纸、快餐盒、纸制品、塑料袋等垃圾，应使用专用垃圾桶盛装，定期袋装清理，可与其他生活垃圾一样对待，定期送往公共垃圾场。对于客人在进餐时所丢掉的果皮、烟蒂、纸屑等，应每餐都进行清理，袋装清理后与其他生活垃圾一样对待，定期送往公共垃圾场。

11.2.4 从业人员卫生要求

所有从事菜品加工和销售服务的工作人员，均围绕以菜品等食品为内容的活动为中心。因此，当厨房工作人员自身的卫生标准或在从事菜品加工过程中不能按规定的卫生安全标准去执行时，就会首先使菜品的卫生受到影响，甚至造成菜品的被直接或间接的污染，给消费者的身体健康或安全带来危害。所以，餐饮从业人员要树立良好的职业道德观念，坚持客人安全第一的理念，在进行菜品加工和销售的过程中，一定要严格要求自己，把好个人的卫生关，确保菜品的卫生质量与就餐者的健康安全。

一般来说，餐饮从业人员的卫生要求是最为严格的，因为他们在工作中每时每刻都在与菜品、饮品打交道，对食品的卫生影响最为直接。为确保就餐客人的就餐卫生安全，必须对餐厅从业人员的卫生要求做出严格的规定。

1. 必须持有国家卫生防疫部门颁发的健康证书

从业人员应在上岗前经防疫部门对身体健康状况进行检查，符合卫生健康标准的，领取健康证书后，方可上岗。并且对持有健康证的员工还要每年定期检查，凡是传染性疾病患者，不能从事接触食品的工作。

2. 必须熟悉《中华人民共和国食品安全法》的相关内容

从业人员在工作中严格执行《中华人民共和国食品安全法》和《食品安全法实施条例》，遵守酒店制定的卫生管理制度（如原材料的保管卫生制度、菜品加工的卫生制度、工具的清洗消毒制度等）。

3. 发现有病必须暂时离岗

为了避免菜品加工时交叉污染，一旦发现就业人员患有传染病、皮炎等必须暂时离岗，治愈后重新上岗。

就业人员有下列情况必须待岗。

（1）传染病。如肠道传染病、痢疾、伤寒、病毒性肝炎、肺结核、渗出性皮炎等患者，应离开岗位，治愈后再上岗。

（2）普通病。当员工患有感冒、腹泻等疾病时，也应暂时别离岗位，治愈后再上岗。

（3）割伤、擦伤及烫伤。当员工身上有被割破、擦伤或被水、油等烫伤之后，应进行及时包扎。如果伤口部位是在手部或是伤口被细菌感染时则不能上岗工作，必须暂时离岗，等康复后再重新上岗。

（4）护理传染性疾病家人。如从业人员在护理染有传染性疾病的家庭成员时，则应暂时离开岗位，待家人的病治愈后，经过体检后确保自己健康才能重新上岗。

4. 从业人员必须养成良好的卫生习惯

从业人员由于所从事的是至关菜品卫生、就餐者健康安全的重要工作，为了防止因工作习惯与意外疏忽而导致菜品、餐具、器具等遭受有害物质的污染，确保菜品的卫生安全。所以必须在工作中养成良好的卫生习惯。个人清洁又是个人卫生管理的基础，它不仅有利于自身的健康，展示个人的自尊自爱，也是显示餐饮企业形象的重要标志。使从业人员养成良好的个人卫生习惯，加强个人卫生管理的内容应包括如下几个方面。

（1）个人卫生习惯。

① 养成每天上班时刷牙，并保持在每次用餐后刷牙。

② 养成经常洗脸、每天洗澡的习惯，勤换衣服，着工作衣帽。

③ 养成经常理发、洗头，保持头发清洁、无异味、无头屑。

④ 养成勤剪指甲的习惯，不得蓄留长指甲、涂指甲油及佩戴首饰。

⑤ 养成不用指头尖搔头、抠鼻孔、挖耳屎，用手和衣服擦拭嘴巴等习惯。

⑥ 养成饭前、大小便后、接触肮脏物后认真洗手的习惯，并严格按科学的洗手方法进行。

⑦ 养成在接触菜品、食品、餐具之前，以及每次开始工作之前保持洗手的习惯。

⑧ 工作时不能面对他人、餐桌、食物、灶台、切配台等咳嗽或打喷嚏。

⑨ 不得面对着菜肴、餐桌、食物讲话，防止吐沫飞溅。

⑩ 工作时不抹浓妆，不喷洒气味浓烈的香水。

⑪ 尽量使用工具拿取食物，减少手与食品直接接触的机会，必要时戴上清洁消毒手套。

（2）工作卫生习惯。

① 不留长发，以防头发散落到食品中。

② 不准在工作时及工作场所中吸烟、吃零食、饮酒、嚼口香糖等。

③ 不准闲谈、闲聊、嬉笑打闹等。

④ 不准随意在灶台、切配台等菜品加工的设备上坐卧。

⑤ 试尝菜肴口味时，应用小汤匙取汤在专用的尝味碟中，尝后将余汁倒掉，不准倒回锅中，彻底废弃传统的直接用手勺尝汤的陋习。

(3) 操作规程卫生。

① 严禁用口布和香巾擦拭餐桌和服务台。

② 用手拿放干净的餐具、烹饪用具时，不直接接触餐具、用具的内缘部位。

③ 用于加工、准备菜品的用具，不可与工作人员身体的任何部位接触。

④ 不宜用手直接接触菜品等食品，装盘时应使用食夹等工具。

⑤ 传递菜品时，手指不要直接接触菜品。

⑥ 餐具、器皿掉落地上后，应先洗涤干净，消毒后再使用。

⑦ 熟菜品掉落地上，则应完全丢弃，不可食用。

⑧ 不可使用破裂的餐具、器皿盛装菜品。

11.3 餐饮设备与安全管理

11.3.1 防盗措施

防盗也是餐饮管理工作的任务。窃贼的主要目标：一是食品仓库中的高档烟酒及高档干货，二是账台的营业余款，三是高档餐具。要防止盗窃，就要加强安全保卫措施，避免企业的财产蒙受损失。

1. 食品仓库的防盗措施

(1) 挂警示牌。仓库的大门上要挂上“闲人莫入”牌子，以示提醒。要限制仓库进出人员。未经许可，任何人不得进入储藏区。通常允许进入仓库检查的人员有：饭店总经理、财务总监、饮食总监、成本会计、行政总厨、当日值班经理、管辖仓库区域人员。仓管员只能在本管辖区内进出，不得随意串岗或打听其他库存的消息。

(2) 仓库环境的防护。仓库的门钩、锁扣等都必须牢固，墙壁应坚实，门窗上均要有防护设备、报警器等。有条件的仓库还要装上闭路电视监控器。仓库的周围禁止堆放易燃、易爆、易污染的物品。

(3) 仓库钥匙的管理。仓库钥匙的管理应有专人负责，不可随意放置或交于他人代管，工作结束后立即上锁。对于存放贵重原材料的仓库，除由专人负责外，还要加强门锁的管理。只有在需要领料时，才打开仓库门，领完料后立即上锁。仓库的钥匙不能随意存放，每天下班后应封存交安全部值班室保管。

(4) 仓库钥匙的管理程序。仓库管理员在下班之前，必须将仓库的所有钥匙收齐，放入一个特制的信封内，当着饭店保安人员的面，点清钥匙的把数，再封上日期封条。仓管员必须在信封上签字，并写清交钥匙的时间，接受钥匙的保安员也必须在信封上签字表示收到，然后由保安员放入保险箱。第二天，仓管员来上班时，到保安处领回钥匙。并检查信封是否被开启过，如有可疑，应速向上级报告。另外，如果一旦钥匙丢失，应立即报告，不得随意配制钥匙。

2. 厨房内的防卫措施

(1) 厨房各作业区的工作人员，下班前要将本作业区里的炊事用具清点、整理，有些较贵重的用具一定要放入橱柜中，上锁保管。

（2）剩余的食品原材料，尤其是贵重食品原材料在供应结束后，必须妥善放置。需冷藏的要存入冰箱，无需冷藏的放入小仓库内，仓库、冰箱钥匙要由专人负责。

（3）厨房各部门钥匙，下班后集中交饭店安全部值班室，由保安人员统一放入保险箱内保管。次日，由前来上班的厨房员工到安全部签字领取钥匙。

（4）加强门卫监督。加强厨房内部的相互监督，发现问题，及时汇报，及时查处，切不可隐瞒事故，以防后患。

3. 餐厅的防卫措施

（1）营业款要及时上缴。

（2）流动资金存入保险箱，且保险箱自身要有一定的体积与重量。

（3）吧台内的酒水、香烟及时入柜、上锁。

（4）餐厅各大门钥匙，下班后集中交饭店安全部值班室，由保安人员统一放入保险箱内保管。次日，前来上班的员工到安全部签字领取钥匙。

11.3.2　火灾预防措施

1. 造成厨房火灾的主要原因

造成厨房火灾的主要原因有：电器失火、烹调起火、管道起火、加热设备起火以及其他人为因素造成的火灾等。为了避免火灾的发生，需采取以下预防措施。

（1）厨房各种电气设备的使用和操作必须制定安全操作规程，并严格执行。

（2）厨房的各种电动设备的安装和使用必须符合防火安全要求，严禁野蛮操作。各种电器绝缘要好，接头牢固，要有严格的保险装置。

（3）厨房内的煤气管道及各种灶具附近不准堆放可燃、易燃、易爆物品。煤气罐存放要符合消防要求。

（4）各种灶具及煤气罐的维修与保养应指定专人负责。液化气用完后，罐内残液不能乱倒，否则极易引起火灾和污染环境。

（5）炉灶要保持清洁，油烟罩要每天擦洗、烟道要定期清理保养，保证设备正常运转、工作。

（6）厨房在油炸、烘烤各种食物时，油锅及烤箱温度应控制得当，油锅内的油量不得超过最大限度的容量。

（7）正在使用火源的工作人员，不得随意离开自己的岗位，不得粗心大意，以防发生意外。

（8）厨房工作人员在下班前，各岗位要有专人负责关闭能源阀门及开关，负责检查火种是否已全部熄灭。

（9）液化石油气库房一般设在底层，楼层厨房煤气管道、液化气管道应从室外直接引入，不得穿过其他房间。

（10）消防器材要在固定位置存放，保持清洁，定时检查。

2. 灭火的原理与方法

物体燃烧有三个条件：一可燃物、二热源、三氧气。灭火的目的就是阻止燃烧，只要去掉其中一个燃烧条件，燃烧即停止。

灭火的基本方法有以下几种。

（1）隔离法。就是将可燃物隔离开，燃烧由于没有可燃物，火就自然灭了。

（2）窒息法。就是阻止空气流入燃烧区，即切断燃烧中氧的供给，使燃烧因得不到足够的氧而熄灭。

（3）冷却法。就是将燃烧的温度降到燃点以下，具体做法是将水或灭火物质直接喷射到燃烧物上，使燃烧物温度降低，燃烧熄灭。

（4）抑制法。使用化学灭火剂抑制燃烧，使燃烧终止。

3. 常用的灭火器材及使用方法

宾馆、饭店常用的灭火器材有两类：一类是自动灭火系统，另一类是手动式灭火器材。自动灭火系统一般适用于日常可燃品，如木材、纸、布等物的燃烧。而对于厨房中食油、煤气、电器等引起的燃烧要依靠是手动式灭火器材。

下面介绍几种常用于厨房灭火的器材。

（1）二氧化碳灭火器。二氧化碳灭火器主要用于扑救电器设备的火灾，以及食油、汽油、油漆等火灾。二氧化碳是一种惰性气体，它的比重较空气重，以液态灌入钢瓶内。在气温20℃时，钢瓶内为60×10^5Pa（60个大气压）。液态的二氧化碳从灭火机喷出后，迅速蒸发，变成固体雪花状的二氧化碳，又称干冰，其温度是－78℃。固体的二氧化碳喷射到燃烧物上因受热迅速挥发变成气体，当二氧化碳在空气中达到30%～35%的浓度时，物质燃烧就会停止。二氧化碳灭火机的作用就是冷却燃烧物和冲淡燃烧层空气中氧的含量，使燃烧停止。该火火器有两种：一种是手动并启式（即鸭嘴式），另一种是螺旋开启式（即手轮式）。

① 手动开启式灭火器。在使用时应先拔去保险销，一只手紧握喷筒把手，对准燃烧物，另一只手把鸭舌往下压，二氧化碳即由喇叭口喷出，不用时将手放松即行关闭。

② 螺旋开启式灭火器。在使用时先将铅封去掉，一只手握住喷筒把手，对准燃烧物，另一只手按顺时针方向旋转开启灭火器，二氧化碳气体即行喷出。

（2）干粉灭火器。干粉灭火器主要用于各种油料燃烧、电器燃烧等。干粉不导电，可以用于扑灭带电设备的火灾。干粉灭火器是一种效能较好的灭火器材。它是用一种微细的粉末与二氧化碳的联合装置，靠二氧化碳气体作动力，将粉末喷出扑灭燃烧物。由于干粉是一种轻而细的粉末，所以能覆盖在燃烧物体上，使之与空气隔绝而灭火。这种干粉无毒、无腐蚀作用。干粉灭火器有手提式和推车式两种，在使用时，拔出保险销，一手拿着喷嘴胶管，对准燃烧物体，另一手握住提把，拉起提环，粉雾即喷出。干粉灭火器的使用及注意事项与二氧化碳灭火器相同。

（3）泡沫灭火器。泡沫灭火器主要用来扑灭油类、可燃液体和可燃固体的初起火灾。此灭火器不宜扑灭可溶性液体的火灾。化学泡沫灭火器内装有酸性物质（硫酸铝）和碱性物质（碳酸氢钠）。这两种水溶剂经混合后发生化学反应而产生化学泡沫。另外，在碱性物质中还有一定量的甘草汁或烘干了的空气泡沫液体发泡剂，可使泡沫稳定、持久，提高泡沫的表面张力，但该物质不参加化学反应。化学泡沫是由泡沫灭火器的水溶性通过物理、化学的作用，充填大量气体（二氧化碳或空气）后形成无数的小气泡。由于这些泡沫比重轻，可以漂浮在液体表面，形成一个泡沫覆盖层。灭火泡沫还具有一定的黏附性，可以黏附在一般可燃物的表面。泡沫可以隔绝空气、降低燃烧物表面的温度，因而可以达到灭火效果。

11.3.3　安全管理制度

在确定厨房安全检查内容的基础上，各厨房还应制定相应的厨房安全管理制度，以便所有员工都能很好地遵守执行。

（1）为了确保厨房的生产安全与厨师个人的安全，避免各类不安全问题的发生，员工应遵守执行安全制度。

（2）所有在岗厨师在上岗前对使用的各种机械设备应进行严格的培训，经考核操作合格后方可上岗。

（3）各种机械设备使用时应严格按操作规程进行操作，不准随意改变操作规程、严禁违章操作。设备一经开启作业，操作人员不准随意离开现场，应随时注意观察机器运转情况，发现意外应及时停止作业，及时上报厨师长，确有故障及时报工程部维修。

（4）油锅、水锅作业的厨师，应观察锅内温度的变化，防止油锅温度过高而起火，防止水锅沸腾外溢而扑灭火苗，导致燃气泄漏，造成事故。

（5）厨师使用的各种刀具应严格加强管理，作业中应严格按要求使用和放置刀具，不准随意拿刀具吓唬他人或拿着刀具比划。收台后应将刀具放置固定的工具箱内存放，不准随意把刀具带出厨房。

（6）个人的专用刀具应标有记号，不用时应放置固定位置，不准随意借给他人使用，严禁随处乱放，否则由此造成的不良后果由刀具持有人负责。

（7）各种设备均由专人负责管理，他人不得随意乱动，定期检查厨房的各种设施设备，及时消除不安全隐患。

（8）每天收台后要逐一检查油路、阀门、气路、燃气开关、电源插座与开关的安全情况，如果发现问题应及时报修，严禁私自进行处理。

（9）整理卫生时严禁用湿抹布擦拭电源插头，严禁私自乱接电源，不准带故障使用设备，下班后做好电源和阀门的检查工作。

（10）厨房如果发现被盗现象，值班人员或发现人应保护好现场，及时报上级处理，并及时协助领导了解情况。

（11）掌握厨房和餐厅内消防设施和灭火器材的安放位置，以及其使用方式。

（12）对线路每天要进行仔细检查，发现超负荷用电及电线老化要及时报修，并向上级汇报。

（13）一旦发生火灾，应迅速通知总机和消防中心，报告火灾发生部位、火势大小和报警人员姓名、部门。设法灭火，并根据火情配合保安人员组织引导客人安全疏散。

11.4　意外事件的预防与处理

11.4.1　意外事件的一般种类

（1）跌伤、碰伤。地面潮湿或有汤汁、油腻，走道狭窄存在障碍物，走道的台阶无提醒标志，都可致人滑倒，或摔倒时碰到尖角、硬物。

（2）扭伤。因为搬运超重的货物或搬运方法有误、攀高不慎，均可导致扭伤。

（3）烧伤烫伤。烧烫伤主要是由于员工接触高温食物或设备、用具时不注意防护引起的。碰触滚烫锅子和炊具、倒翻热水热汤、油星溅溢、蒸气外冲引起的烫伤。

（4）割伤。搞卫生时碰触到餐厅内尖锐锋利的物品（不锈钢台面的边缘、破损的瓷砖）、洗碗时碰到破损瓷碗的锋口，加工操作时的不慎切割。

（5）电击伤。由于员工违反安全操作规程或设备出现故障而引起。如碰触破损的插座、插头、电线或不当使用电器设备等。

（6）其他机械伤害、食物中毒、液化气中毒等。

11.4.2 意外事故及预防

1. 割伤预防措施

（1）在使用各种刀具时，注意力要集中，方法要正确。

（2）应当保持刀具等所有切割工具锋利，实际工作中，钝刀更易伤手。

（3）操作时不得用刀指东划西，不得将刀随意乱放或拿着刀边走边甩动臂膀。

（4）不要将刀放在工作台或砧板的边缘，以免震动时滑落砸到脚上。

（5）清洗刀具时，要一件件进行，切不可将刀具浸没在放满水的池中。

（6）禁止拿着刀具打闹、玩耍。

（7）在没有学会使用某种机械设备之前，不要随意开动它。

（8）在使用具有危险性的设备（绞肉机或搅拌机）之前，必须了解设备装置是否到位。

（9）在清洗设备时，要先切断电源再清洗。清洁锐利的刀片时要格外谨慎。

（10）厨房内如有破碎的玻璃器具和陶瓷器皿，要及时处理掉，不要用手去拣。

（11）工作区域有暴露的铁皮角、金属丝头、铁钉等尖锐和锋利的东西要及时处理，以免划伤人。

（12）更换有缺口或破损的器皿、器具或设备。

2. 跌伤和砸伤的预防措施

（1）工作区域及营业区域要保持清洁、干燥，油、汤、水撒在地面后，要立即清理干净。

（2）穿着时鞋带要系紧。

（3）所有通道和工作区域内应没有障碍物，橱柜的抽屉和柜门不用时应关闭。

（4）不要把较重的箱子、盒子置于高位，以防掉下伤人。

（5）厨房内员工来回行走路线要明确，尽量避免交叉相撞等。

（6）存取高处物品时，应当使用专门的梯子，用纸箱或椅子来代替梯子是不安全的。

（7）修理或更换有缺口的桌、椅和其他安装物。

（8）修理破裂的地毯。

（9）确保餐椅及儿童椅稳固安全。

（10）去除装饰物、家具及工作台的尖角外缘，或加装一些保护性物品。

3. 扭伤

扭伤的预防措施如下。

（1）搬运重物前首先估计自己是否能搬动，搬不动应请人帮忙或使用搬运工具，绝对不要勉强或逞能。

（2）抬举重物时，背部要挺直，膝盖弯曲，要用腿力来支撑，而不能用背力。

（3）举重物时要缓缓举起，便所举物件紧靠身体，不要骤然一下猛举。

（4）抬举重物时如有必要，可以小步挪动脚步，最好不要扭转身体，以防伤腰。

（5）搬运时当心手被挤伤或压伤。

（6）尽可能借助于起重设备或搬运工具。

（7）训练员工正确的搬货举物技巧。

4. 烧烫伤的预防措施

烧烫伤的预防措施如下。

（1）在烤、烧、蒸、煮等设备的周围应留出足够的空间，以免因空间拥挤，不及避让而烫伤。

（2）在拿取温度较高的烤盘、铁锅或其他工具时，手上应垫上一层厚抹布。同时，双手要清洁且无油腻，以防打滑。撤下热烫的烤盘、铁锅等工具应及时做降温处理，不得随意放置。

（3）在使用油锅或油炸炉时，特别是当油温较高时，不能有水滴入油锅，否则热油飞溅，极易烫伤人，热油冷却时应单独放置并设有一定的标志。

（4）在蒸笼内拿取食物时，首先应关闭气阀，打开笼盖，让蒸汽散发后再使用抹布拿取，以防热蒸汽灼伤。

（5）使用烤箱、蒸笼等加热设备时，应避免人体过分靠近炉体或灶体。

（6）在炉灶上操作时，应注意用具的摆放，炒锅、手勺、漏勺、铁筷等用具如果摆放不当极易被炉灶上的火焰烤烫，容易造成烫伤。

（7）烹制菜肴时，要正确掌握油温和操作程序，防止油温过高，一次原材料投入过多，油溢出锅沿流入炉膛火焰加大，造成烧烫伤事故。

（8）在端离热油锅或热大锅菜时，要大声提醒其他员工注意或避开，切勿碰撞。

（9）在清洗加热设备时，要先冷却后再进行。

（10）禁止在炉灶及热源区域打闹。

5. 电击伤

电击伤的预防措施如下。

（1）使用机电设备前，首先要了解其安全操作规程，并按规程操作，如不懂得设备操作规程，不得违章野蛮操作。

（2）设备使用过程中如发现有冒烟、焦味、电火花等异常现象时，应立即停止使用，申报维修，不得强行继续使用。

（3）厨房员工不得随意拆卸、更换设备内的零部件和线路。

（4）清洁设备前首先要切断电源。当手上沾有油或水时，尽量不要去触摸电源插头、开关等部件，以防电击伤。

（5）训练相关人员正确使用各项电器设备方法。

（6）定期检查插座、插头、电线、电路开关，万一有破损，应立即请专人修理。

11.4.3 意外事故的处理

顾客中以儿童发生意外伤害的比例最高，因此，如有儿童在店内跑跳、吵闹，或在沙发椅上跳闹，则应立刻规劝小孩，并将其带回座位交予其父母，告之父母看管小孩。因为餐厅桌角、玻璃、镜子很多，加上工作人员上菜收盘，万一撞到小孩，很容易发生危险。此外，还要注意防止儿童在门口玩耍时被大门夹伤等类似情况发生，如有工作人员发现儿童在门边玩耍，最好立即带他回原座或告之其父母。

无论是工作人员不慎碰撞顾客或顾客不慎碰撞工作人员，如造成顾客受伤，店方应视具体情况予以处理，并向总公司汇报处理结果。

如工作人员不慎碰撞顾客，一般为了表示歉意，店经理会视具体情况给予顾客适当优惠（免费或打折），给顾客一定的安抚，消除其内心的不快。

如因工作人员上菜时不慎将热食泼洒至顾客身上造成烫伤，或其他因工作不慎而造成伤害，店方应视情况及顾客意愿送医诊治，并陪同伤患者至医院诊治，并将诊断结果报请总公司处理，万不可在厅面与客人造成无意义纷争。

如是顾客自己不慎造成的伤害，店方虽不负责医疗赔偿，但应立即提供店方所有的医疗用品如绷带、创可贴等，严重的负责派车送医院治疗。

要注意加强提示语的运用，减少顾客发生伤害的可能，如在店面明示“小心地滑”或“请注意台阶”的标语。容易发生危险的建材及设计在发包工程就应注意避免，例如，选用防滑地砖，楼梯须加防滑边条、扶手打磨等。

1. 外伤处理方法

每个餐饮部要准备两个急救箱，以备前后台发生意外时取用。急救箱大致放置下列医疗用品。

（1）胶布、胶带。

（2）急救手册。

（3）纱布。

（4）创可贴。

（5）擦伤药水。

（6）棉花、棉花棒。

（7）烫伤药膏。

（8）剪刀及小钳子。

（9）双氧水。

2. 停电处理方法

（1）查明停电原因和修复时间。

（2）切断总电源及所有分电源。

（3）如在营业中，应迅速点燃蜡烛或应急灯。

（4）在未营业中，可做些不耗电的工作，如整理纸巾、纸盒、仓库或清扫工作室、员工休息室等。

（5）供电恢复后，分次开灯及其他电源，检视电路、冰箱、冷气，制冰机是否正常。

（6）若停电时间很长，导致营业场面混乱，员工应及时关注周边情况，提高警惕。

（7）若停电时间过长，则须由服务人员先安抚顾客（因无冷气，顾客容易发怒），并分桌为要离去的顾客买单。因收银机无法使用，而手开发票费时较久，若顾客急于离去，又一定要求索取发票，则寸留下其姓名、地址，事后给他邮寄发票。

（8）若在营业时间供电恢复，则向顾客表示歉意，并说明其所点菜肴还需等候一定的时间。

3. 停水处理方法

（1）查明原因，区分自来水厂地区性停水、大楼停水或本店停水的性质。

(2) 停水后洗碗机、冷气、水冷式冰箱、生饮水系统、制冰机、汽水机、咖啡机、巧克力机等均无法使用，啤酒机、冰红茶、冰咖啡不受影响，可继续贩卖。

(3) 自来水来恢复后，应检视冷气系统，水塔须先补满，才可开冷气。

(4) 水冷式冰箱须重新开机，并设定温度，待气温下降至设定温度时才可开门。

(5) 制冰机重新设定，并循环一次后，再开始制冰。

(6) 须将冰箱电源切断并上锁，以防因进出冷气不停外泄，造成菜蔬腐坏。

(7) 关掉冷气系统，只留送风。

(8) 如可能，所有餐点饮料外带纸盒、纸杯包装，供应顾客，以减少杯盘使用，可避免因无水无法处理脏杯盘的问题。

4. 发现火警处理方法

(1) 一旦发生火灾，应迅速关闭所有燃气阀门。

(2) 立即通知总机和消防中心，报告火灾发生部位、火势大小、燃烧物材料和报警人员姓名、部门。

(3) 设法灭火，并根据火情配合保安人员组织引导客人安全疏散。

(4) 浓烟较多时，应用湿毛巾捂住外呼吸道，蹲下撤离。

5. 发现食物中毒处理方法

(1) 发现食物中毒一般都是用餐完毕后，如从电话中得到信息，要尽快汇报经理。

(2) 随后通知医务室医生，一并看望病人。严重的送医院抢救。

(3) 控制厨房的留样食品，如没留样则保存剩余餐食和剩余原材料，待有关部门检测化验。

(4) 如遇病人垂危，要考虑到是否是人为投毒事件，则应迅速报警，并保护现场，控制嫌疑人，协助公安机关调查。

(5) 妥善处理已发事件，对酒店食物引起的中毒，更要以关怀、赔罪的心态对待病人，事后给予一定的补偿。

思考与练习

1. 学习《中华人民共和国食品安全法》。
2. 学习《中华人民共和国食品安全法实施条例》。
3. 常见的有毒食物有哪些？
4. 防止食物中毒的发生，应做哪些工作？
5. 厨房设备使用安全的重点是什么？
6. 加强消防知识的学习，拟定厨房的消防管理制度。

第 12 章　合理定员与服务质量的控制

一个合理的餐饮工作者，不仅要会管物、管事、更要会管人。只有学会管人，才能管好事、管好物，提高服务质量。管人的具体内容就是在有限的人力资源上，合理调配，量才而用，从而提高生产服务的质量。

12.1　合理定员

合理定员是根据餐饮的经营方向、规模、档次、业务情况、组织机构、员工政治思想和业务素质等，在建立岗位责任制的基础上，确定必须配备的各类人员的数量。合理定员对于合理使用人力资源，提高工作效率具有重要意义。

12.1.1　影响人员配置的因素

不同规模、不同星级档次、不同规格要求的饭店餐饮部，其员工配备的数量自然各不相同。即使同一地区、同一规模、同一档次的饭店，配备的员工数量也不尽相同。影响员工配备的因素是多方面的，只能综合考虑以下因素，再进行生产人员的定额才是全面而可行的。

（1）经营方式。餐厅的经营方式的不同，生产的工作量也不同。有些餐厅以零点为主，有些餐厅以宴会为主，有些两者兼而有之。虽然它们有同样的餐位数，但零点餐厅的周转率比宴会餐厅的周转率要高，因而零点餐厅所要求的食品供应规模比宴会餐厅的要大。倘若专业做火锅生意，厨房人员配置的侧重点就不同；倘若品种销售以明档为主，那就应考虑增设明档岗位。

（2）经营规模。经营规模即餐厅的餐位数总量是多少，其周转率大约在什么样的水平上。由于烹调、销售、服务三者要同步协调，所以经营规模的大小规定着烹调规模的大小，实际上也规定了烹调人员的多少。规模大，配备的各方面生产人手就要多；规模小，配备的人员则可少。周转率高，要求的烹调出品量就越多，人员配置的要求也越高；反之，周转率越低，人员配置的要求就越低。

（3）经营档次。中高档经营与大众化经营对烹调出品的要求是不同的。相对而言，前者可能分工较细，强调环节的紧凑和保证出品质量，要求人员多些；而后者在各方面的要求没有那么高，人员就相对少些。

（4）营业时间。营业时间的长短，对生产人员配备也有很大关系。有些饭店除三餐外，还要经营夜宵，或有 24 小时的送房服务。这样的经营所要求的人员配置显然要比营业三市的配置要多。

（5）服务方式。服务方式虽然随经营方式而决定，简单的服务（自助餐、快餐）用人较少；复杂服务（点菜、宴会）用人较多。但同样的点菜、宴会，服务要求不同。有些餐厅注意细节，分工精细，提供人性化服务，人员配置相对要多；有些餐厅介乎于简单与复杂之间的中等服务，服务技能要求简单，人员配置相对可少些。

（6）菜单构成。菜单是餐饮生产的任务书。菜单品种丰富，规格齐全，加工制作复杂，加工产品标准要求较高，无疑要加大工作量，生产人员则要配备较多；反之，人员即可减少。大众化厨房由于供应菜式简单、品种有限，厨房人员相对可减少配置。

（7）生产设备。烹调的生产设备条件对人员配置也有影响。如果是现代化设备多，性能先进，配套合理，功能全面，储藏条件好，那么生产人员相应地减少；如果设备条件较差，就要考虑配置足够的人员，满足生产需要。

（8）厨房布局。厨房结构紧凑，布局合理，生产流程顺畅，相同岗位功能合并，货物运输路程短，餐饮生产人员相对可少；厨房多而分散，各加工、生产厨房间隔或相距较远，或不在同一座建筑物、楼层，配备的餐饮生产人员则相对要多。

（9）员工的技术水准。员工技术全面、平稳，操作熟练程度高，工作效率就高，厨房员工就可少配；员工大多为新手，或不熟悉厨房产品规格标准，或员工来自四面八方缺乏配合时间，工作效率相对低，这样不仅要多配员工，而且要做相应调整。

12.1.2　合理定员的方法

合理定员很难找到十分精确的方法，一般有按同行参数定员，按厨房内部配比定员，按工作量定员，按厨房岗位定员。在核算定员时，既可以一种方法测算，更宜用几种方法综合测定。

1. 按客房数定员

按比例定员是在考虑酒店等级、规模的基础上，根据实际工作量、劳动定额、劳动效率等因素，按一定的配备比例计算所需人员数量的方法。例如：某酒店有客房 400 间，按每一间客房配 1.2 人的比例，按一般要求 1:1.2 配置，酒店全员定额在 576 人。假设该酒店配备 500 人，按餐饮部人员占酒店全员的比例 40% 计算，配给餐饮部 200 多人的人员定额指标。再按 200 人确定服务员、厨师和各类行政管理人员。常见的比例配备是：服务员、厨师和各类行政管理人员的比例是 9:1，餐厅人员与厨房人员的比例是 1:1，所以餐厅、厨房人员各是 90 人。

2. 按餐位数定员

按餐位数定员是国内同行常用的方法。一般餐饮 8～12 个餐位配备 1 个厨房人员和 1 个餐饮人员，有的根据规模大小、规格高低作适当调整。也有用餐位数来决定灶台厨师的数量，如 80 个餐位配一个灶台厨师（见表 12-1）。

表 12-1　灶台厨师定员参数

就餐形式	餐位数	灶台厨师
会议团队	80～100 位	1 人
零点散客	60～80 位	1 人

也有根据餐厅台形种类的不同，配备服务人员（见表 12-2）。

表 12-2 服务人员定员参数

<table>
<tr><th>种类</th><th>桌数</th><th>人均负责</th><th>服务员</th><th>迎宾</th><th>跑菜</th><th rowspan="5">合计</th></tr>
<tr><td>大厅方桌</td><td>10 桌</td><td>4 桌/人</td><td>3 人</td><td rowspan="4">6 人</td><td rowspan="2">5 人</td></tr>
<tr><td>大厅圆台</td><td>24 桌</td><td>2 桌/人</td><td>12 人</td></tr>
<tr><td>普通包厢</td><td>30 桌</td><td>1.5 桌/人</td><td>20 人</td><td rowspan="2">8 人</td></tr>
<tr><td>豪华包厢</td><td>20 桌</td><td>1 桌/人</td><td>20 人</td></tr>
<tr><td colspan="3">合计</td><td>55 人</td><td>6 人</td><td>13 人</td><td>74 人</td></tr>
</table>

这里只是当餐服务人员的配置，但不包括早餐、夜宵，不包括轮休人员。

3. 按厨房炉灶数定员

按厨房炉灶数，确定厨房员工数，也是一种方法。一般一个炉灶配备 8 名厨房人员，如 2 名后镬（炉头）、2 名打荷、2 名上杂、2 名砧板、1 名水台、1 名大案（面点），1 名冷菜、1 名杂工、2 名跑菜、2 名插班。

表 12-3 按厨房内部配比确定

	灶台	打荷	砧板	上杂	水台	冷菜	面点	杂工	跑菜	插班
比例	1	1	1	1	0.5	0.5	0.5	0.5	1	1
人数	2 人	2 人	2 人	2 人	1 人	1 人	1 人	1 人	2 人	2 人

这些比例并不是一成不变，如果在设备、布局、人员素质等方面都占有优势的话，人数可以适当减少；如果是零点、宴会兼备，加上翻桌经营，那么就要考虑人员的增补。

4. 按工作量定员

按工作量定员是最科学的定员方法。适用于具有一定规模，生产品种已形成规律的厨房，可以累计每天所有加工生产制作菜点所需要的时间（即可计算出完成餐饮所有生产任务的总时间），把工作总时间除以每名员工规定的法定工作时间，再乘以一名员工轮休和病休等缺勤的系数，便能得出餐饮生产人员的数量。公式为：

总工作量时间 ÷ 日工作时间 ÷ (1 − 休假缺勤系数) = 餐饮生产人数

如某一岗位，每天总工作时间为 60 小时，法定工作日为每人 40 小时/周，按每周 5 天计算，每天工作 8 小时，如不考虑病事假，只考虑每周轮休假和法定假日，即就是 54 个双休日和 11 天法定假日，总休息为 119 天。按 1 年 365 天计，休假率为 32.6%。按公式计算得出，该岗位需 11 人。

总工作量时间		每人每天工作时间		休假缺勤系数		餐饮生产人数
60 小时	÷	8 小时	×	(1 − 0.326)	=	11.1276（人）

5. 按厨房岗位定员

根据厨房规模、厨房各工种岗位、厨房工作量来进行配置人员。下面就以星级饭店 500 余餐位的中型厨房配置人员为例，加以说明。按厨房岗位定员如表 12-4 所示。

表 12-4　按厨房岗位定员

岗位/人数/职务	炉灶	打荷点缀	切配加工	蒸灶煲仔	刺身房	冷菜水果	面点大灶	初加工	其他	合计
厨师长									1	
主管领班	2	2	2	1	1	1	1	1		
厨师	6	5	6	3	1	3	2	2		
厨工	2	3	2	2	1	2	2	3		
合计	10	10	10	6	3	7	7	7	1	61

12.1.3　合理编班

班次安排是劳动组织中一个重要的内容，它是以岗位或班组为单位的劳动分工形式，既要做到业务分工上的合理性，又要做到工时安排上的合理性。班次安排非常讲究技巧和方法，在排班时，要考虑“闲时少留人，忙时人手足”，以适应营业需要。

常见的班次安排有两种形式：一是按作业时间区分，排成时间班（见表 12-5）。二是按工作性质的业务内容区分，排成业务班，对作业作业务上的分工，如管事班、卫生班等。但在排班前先要了解分析各时段的工作强度。一般有下面几点工作。

（1）营业量的分析。餐饮品种的销售在同一星期中的不同日子中需求量往往不同。这种需求量的变化大体会有一个模式，所以有必要对每天的营业量做具体的分析，其分析内容是计算出各个市别的营业收入和餐位周转率，确定该餐厅营业的高峰期。如果是新开张的餐厅，就需要以同区域、同质或同类的餐厅作为预测数。其实例分析如表 12-5 所示。

表 12-5　营业量分析

	市别	周一	周二	周三	周四	周五	周六	周日	中位数
一楼大厅大 24 小 14（328 位）	早	150	160	140	170	150	180	200	170
	中	80	60	65	70	75	100	90	80
	晚	70	75	80	85	90	100	90	80
二楼包厢（18 间）	早						100	100	
	中	60	65	70	75	75	80	85	70
	晚	90	95	98	100	90	80	70	90

之所以要取中位数而不求平均数，是因为中位数最能反映餐位周转率的趋势，而不受最低和最高两极端的影响。最低数也许是由于暴风雨造成的，最高数也许是因为该天是某个节日或有多台宴会活动。极端性的数据对平均数的影响较大，但不能正常反映营业规律。

（2）分区定人。餐厅一般分开若干区域来管理，有了区域之后，就可以按比例分配区域人员。如果餐厅分楼层，就与分区道理一样，但如餐厅与厨房不在同一楼层，则跑菜员、服务员要相应增加。

（3）分班编人。根据经营时间，餐厅一般分班编人。即把服务员分成若干班次，然后确定每个班次的上班时间，再根据餐厅的经营高峰期来确定每个班次的安排。根据餐饮业客源变化大、供餐时间不连贯的特点，为节省人工，还可采用分段法。即安排员工上两头班，在上午和晚上两个高峰时间段上班，员工班次表如表12-6所示。

表12-6　员工班次表（1）

营业时间段	6 -	7 -	8 -	9 -	10 -	11 -	12 -	13 -	14 -	15 -	16 -	17 -	18 -	19 -	20 -	21 -	22
	早餐			/	/	中餐		/	/	/	/	晚餐					/
A组6人		早班															
B组6人						中班						中班					
C组6人	两头班											两头班					
D组6人										晚班							
在岗人数	12			6		12				6		18				12	6

以中餐厨房灶台岗6人为例，打勾为上班时间，空白为休息时间。如某一厨师第一周以A班为上班时间，为7小时；第二周以B班为上班时间，为8小时，依次类推。

营业时间段	6 -	7 -	8 -	9 -	10 -	11 -	12 -	13 -	14 -	15 -	16 -	17 -	18 -	19 -	20 -	21 -	22
	早餐			/	/	中餐		/	/	/	/	晚餐					/
A班	√	√	√	√	√	√	√										
B班					√	√	√					√	√	√	√	√	
C班					√	√	√					√	√	√	√	√	
D班					√	√	√					√	√	√	√	√	
E班					√	√	√					√	√	√	√	√	√
F班								√	√	√	√	√	√	√	√		
在岗人数	1	1	1	2	5	5	5	1	1	1	1	5	5	5	5	4	1

根据营业状况，有峰谷之分。商务办公区餐饮双休日生意清淡，而景区餐饮双休日为高峰。所以在安排员工休息时应考虑营业的峰谷状况。下面是某一小组的周轮休表，周六周日5人上班，其余时间每天4人上班。如表12-7所示。

表12-7 分班编人(2)

组别编号		周一	周二	周三	周四	周五	周六	周日
A组6人	1	休息	休息	上班	上班	上班	上班	上班
	2	上班	休息	休息	上班	上班	上班	上班
	3	上班	上班	休息	休息	上班	上班	上班
	4	上班	上班	上班	休息	休息	上班	上班
	5	上班	上班	上班	上班	休息	休息	上班
	6	休息	上班	上班	上班	上班	上班	休息

12.1.4 岗位人员的选择

将员工分配于各自合适的岗位，这不仅是人事部门管理的范畴，更主要的是餐饮生产管理者要拿出主导意见。餐饮生产管理人员对所属岗位需要配备什么样的人，比起人事部门更清楚，同时，到位后的员工培训也更加有针对性，管理起来也较方便。而人事部门提供员工的背景材料、综合素质，以及岗前培训的情况等也必不可少。因此，密切人事部门与餐饮生产管理者之间的协调与配合，共同确定岗位人员的选择与安排，是十分必要和有利的。

以厨房岗位人员的组合为例，应注意以下两点。

(1) 量才使用，因岗设人。厨房在对岗位人员进行选配时，首先要考虑各岗位人员的素质要求，即岗位任职条件。选择上岗的员工要能胜任，履行其岗位职责，同时要在认真细致地了解员工的特长、爱好的基础上，尽可能照顾员工的自愿，让其有发挥聪明才智、施展才华的机会。要力戒照顾关系、情面，因人设岗，否则，将为餐饮生产和管理留下隐患。

(2) 不断优化岗位组合。厨房人员分岗到位后，并非一成不变。在生产过程中，可能会发现一些学非所用、用非所长的员工，或者会暴露一些班组群体搭配欠佳、团体协作精神缺乏等现象。这样不仅影响员工工作情绪和效率，久而久之，还可能产生不良风气，妨碍管理。因此，要择时优化厨房岗位组合。但在优化岗位组合的同时，必须兼顾各岗位的特点和需要，尤其是主要技术岗位工作的相对稳定性和连贯性。

12.2 厨房用人模式

厨房用人模式指的是厨房人事管理形式，在2.4.2节中已提到有集中化管理、分散化管理两种，分散化管理又有总厨负责制、承包负责制、班组负责制之分。这里主要论述不同类型管理的利弊，特别是分散化管理中的承包负责制，存在的问题。以利于在管理工作中遇到问题可迎刃而解。

12.2.1 承包负责制模式

承包负责制不仅在工作上承包、在工资上也采取承包的方式，就是将餐饮的厨房工作承包给厨师长，由厨师长招聘组织厨房工作人员，安排厨房工作、负责厨房管理，并根据工作内容、工作量和双方商定的一些其他项目，确定厨房工资总额，由承包人统一发放和支配。

承包负责制的工资额度确定，从三个方面考虑，一是根据餐厅的规模和营业额，二是根据餐厅经营的内容和配备的人员，三是根据承包人的工作经历和厨师的手艺。承包工资额度一般定在营业额的5%～9%。有些是根据总营业额来确定总的承包工资额度，有些是根据菜肴营业额来确定总的承包工资额度，也有些预先确定营业额度，在核定的基础上根据增加的营业额再提取酬金。

12.2.2 承包负责制的优势

承包负责制由承包人自己组织人员，自己贯彻其烹饪思路、管理制度，使厨师长很容易进行调度，开展工作。使得餐厅的菜肴在很短的时间内有所改观，如相对保证了餐饮企业产品质量的稳定性，基本消除一菜多味的现象，有利于出菜的标准化，有利于新菜的研制和推出。厨师长又可以根据厨师的工作表现及时在工资上得以体现，不仅调动了厨师工作的积极性，对餐厅产生了一定的经济效益，并在一定程度上推动了整个餐饮业的发展。同时餐饮部又省去了许多具体管理上的麻烦，如岗位设置、人员招聘、加班工资计算等。

12.2.3 承包负责制的劣势

无论何事，都存在着利弊，首先，承包负责制的劣势体现在用人风险，不管哪种形式在不甚了解对方的情况下，难免会出现观察失误，如工资与实际手艺不符，厨师手艺和菜肴的出品不甚理想，使得经营出现逆势。这就要经营管理者充分了解对方，采取走出去、请进来的方法多次试菜，了解厨师的厨德和人品。其次，这种承包的开支会大大多于非承包的开支，经营者要有一定的思想准备。再则这种承包管理人多数为经验管理，缺少制度化管理、标准化管理的理念。一般适合中小型的厨房，不适应高星级的大厨房。

12.2.4 优化承包模式

（1）将餐饮的营业额与承包额挂钩。如根据餐位数、营业规模和承包厨师的手艺、知名度等因素，确定厨房工资承包的基数，在此基础上，再在增加的营业额中再提取酬金。

（2）将餐饮部的管理制度与承包额挂钩。如出菜速度与出菜的差错、菜肴失饪与菜肴退单、原材料浪费与物能消耗、违反纪律与舞弊、食品卫生与安全都要与承包人的承包额挂钩。

（3）加强培训，奖优劣汰。加强厨师在业务上、制度上的培训，使厨师融合在餐饮部的大熔炉中。在签订合同时商定奖惩额度，餐饮部有权在比例内奖励优秀员工、淘汰和处理违反制度的人员。

12.3 服务质量管理与控制

12.3.1 服务质量的预先控制

所谓预先控制，就是为使服务结果达到预定的目标，在开餐前所做的一切管理上的努力。它也叫事前控制。预先控制的目的是防止开餐服务中所使用的各种资源在质和量上产生偏差。其指导思想是贯彻预防为主的方针，为优质服务创造物质技术条件，做好思想准备。预先控制的主要内容是以下几点。

1. 人力资源的预先控制

人力资源的预先控制就是用人的控制和仪表仪容的控制。

（1）人员合理。餐厅应根据自己的特点，灵活安排人员班次，以保证有足够的人力资源。那种“闲时无事干，忙时疲劳战”或者餐厅中顾客多而服务员少、顾客少而服务员多的现象，都是人力资源使用不当的不正常现象。

质检要点：检查班次是否合理。

（2）规范上岗。在开餐前，必须对员工的仪容仪表做一次检查。开餐前数分钟所有员工必须进入指定的岗位，姿势端正地站在最有利于服务的位置上。全体服务员应面向餐厅入口等候宾客的到来，给宾客留下良好的第一印象。

质检要点：检查仪表仪容是否符合规定，检查是否及时上岗。

（3）日常培训。餐饮部在培训部计划培训外，自己要开展日常培训。培训内容包括：思想工作、岗前培训、技能培训、礼仪培训、菜点知识培训以及民俗风情培训、地方话培训、市区地理知识培训等。这些培训工作做得越细，服务质量就越有保证。在培训同时要做到每天（每次）记录。

质检要点：检查培训记录（查看培训对象及内容），抽查提问。

2. 物资资源的预先控制

餐饮设施设备齐全、先进、方便、舒适，能够满足客人物质享受和精神享受需要。这是提高餐饮服务质量的基础条件，即物质基础和硬件要求。

（1）餐位容量。饭店配有各种类型餐厅，提供各种风味服务等，能够满足客人多类型、多方面、多层次的消费需求。为满足宾客的消费需求，餐厅总座位数最低不少于客房数 $\times 2 \times 80\%$，若餐饮经营状况好，流动客多，则还可以增加餐位数。

质检要点：包厢及餐位是否全准备完毕，倘若加座，设备是否到位。

（2）餐饮环境布局。设备配置要齐全舒适、安全方便，各种设备的摆放地点和通道尺度要适当，运用对称和自由、分散和集中、高低错落对比和映衬，以及借景、延伸、渗透等装饰布置手法，形成美好的空间构图形象。同时，要做好环境美化，主要包括装饰布局的色彩选择运用，窗帘、天花、墙壁的装饰，盆栽、盆景的选择和运用。

质检要点：窗帘轨是否滑畅，窗帘勾是否完好，盆景是否旺盛。

（3）照明。光线柔和，分布均匀。照明装置和控制器要符合国家质量要求。灯光亮度，适应工作需要，适合客人阅读菜单。高档餐厅灯光照度应可以调节。在营业期间，如需全部开灯，每只灯泡则要完好无损。

质检要点：电源厢是否有说明，灯泡是否完好。

（4）音响。音量要适中，曲目要合适。餐厅内噪声不超过50分贝，最好控制在45分贝。

质检要点：常用曲目是否齐全（如结婚进行曲、生日快乐）。

（5）家具。家具的选用应考虑客人舒适、服务方便、空间合理。各类餐厅家具摆放要合理，便于客人进餐行走和服务员操作服务。家具选择和室内装饰妥协调，桌椅必须牢固、光滑，式样、高度和色彩、质地必须协调一致。桌椅配套，同时备有儿童座椅。

质检要点：检查桌椅是否松动，椅子是否齐全，台面、转盘是否完好。

（6）餐具、用品。各种餐具要配套齐全，种类、规格、型号统一；质地优良，与餐厅营业性质、等级规格和接待对象相适应；新配餐具和原配餐具规格、型号一致，无拼凑现象。餐巾、台布、香巾、口纸、牙签、开瓶器、打火机、火柴等各种服务用品配备齐全，酒精、固体燃料、鲜花、调味用品要适应营业需要。筷子要清洁卫生，不能掉漆、变形，没有明显磨损的痕迹。另外，还必须备足相当数量的“翻台”用品。

质检要点：台布铺设是否正确、有无破损，水杯、餐具有无破损、有无污垢，服务桌是否整洁、有无私人物品。

3. 卫生质量的预先控制

（1）通风设备。厨房必须有完好的通风设施，排出炉灶烟气和食品加工所产生的气味，更不能使气味流入餐厅，要保持餐厅温度分布要均匀，空气要清新。厨房排风罩离炉灶最近，容易沾染油污，油污积存多了会落在食物上，因此通风设备要定时或经常清洁，现在许多餐厅每天清洁一次通风设备。通风口要有防尘设备，防止昆虫、尘土等飞入，厨房与餐厅之间要设有自动门或风幕机。

质检要点：餐厅空气是否清新，是否有昆虫飞入。

（2）场地卫生。从墙面、天花板、灯具、通风口、地毯到餐具、转台、台布、台料、餐椅等都要做到整洁卫生。主管领班要在开餐前半小时最后检查一遍，一旦发现不符合要求的，要安排迅速返工。

质检要点：灯罩是否干净，盆景叶片是否干净等。

（3）客用卫生间。餐厅卫生间门不可朝向餐桌，如设计不合理，应用屏风加以弥补。要有专人负责清洁卫生，地面要干燥防滑，洗手池的水温要合适，以免客人烫伤，并通风良好无异味。

质检要点：地面是否干燥，空气是否清新。

4. 餐饮品种控制

菜肴品种类型多样，冷菜、热菜、面点、汤类、甜食齐全，各产品结构高中低档比例合理。各餐厅产品数量能适应多方面的消费需求。开餐前，餐厅主管必须与厨师长取得联系，核对前后台所接到的订单预报是否一致，避免因信息的传递失误而引起事故。另外，还要了解当天短缺的菜肴，在餐前会上及时通知（这样，一旦宾客点到该菜，服务员就可以及时向宾客道歉并建议客人改点其他菜肴，避免引起宾客不满）。

质检要点：通常情况下，零点餐厅花色品种不少于100种，自助餐品种不少于30种。套餐服务不少于5种。实际供应菜肴保证在菜单上菜肴的90%～95%以上（即短缺的菜肴控制在10%以内）。

5. 餐饮价格控制

价格合理包括两方面含义：一定的产品和服务，按市场价值规律制定相应的价格；客人有一定数量的花费，就应该享受与其相称的一定数量和质量的产品或服务。如果使客人感到“物有所值”，则经营的经济效益和社会效益都能实现。

（1）水产明码标价，并根据市场行情及时调整。

（2）产品定价以既定毛利为基础。

（3）中西餐、食品、饮料等分类测算。

（4）服务等级与服务价格相吻合。

（5）顾客的接受和反应程度。

质检要点：抽查不同价格的菜肴5档，每档两款，是否按既定毛利执行，平均毛利率误差在±5%以下。检查顾客意见单，根据反馈针对调查，综合评定。

表12-8是就餐环境检查表，供参考。

表12-8　就餐环境检查表

________餐厅

序　号	检查细则	等级			
		优	良	中	差
1	玻璃门窗及镜面是否清洁、无灰尘、无裂痕？				
2	窗框、工作台、桌椅是否无灰尘和污渍？				
3	地板有无碎屑及污痕？				
4	墙面有无污痕或破损处？				
5	盆景花卉有无枯萎、带灰尘现象？				
6	墙面装饰品有无破损、污痕？				
7	天花板是否清洁、有无污痕？				
8	天花板有无破损、漏水痕迹？				
9	通风口是否清洁，通风是否正常？				
10	灯泡、灯管、灯罩有无脱落、破损、污痕？				
11	吊灯照明是否正常？吊灯是否完整？				
12	餐厅内温度和通风是否正常？				
13	餐厅通道有无障碍物？				
14	餐桌椅是否无破损、无灰尘、无污痕？				
15	广告宣传品有无破损、灰尘、污痕？				
16	菜单是否清洁，是否有缺页、破损？				
17	台面是否清洁卫生？				
18	背景音乐是否适合就餐气氛？				
19	背景音乐音量是否过大或过小？				
20	总的环境是否能吸引宾客？				

检查者：

12.3.2　服务质量的现场控制

现场质量管理是服务工作全面管理的重要一环。餐饮服务工作的质量是通过现场服务才体现出来，服务现场是服务工作的基本活动场所，也是服务工作全面质量管理的主要活动领域。

1. 现场控制的主要形式

（1）层级控制。即通过各级管理人员一层管一层地进行。它主要是控制重点程序中的重点环节，如饮食产品的生产质量、餐厅连接处的出菜口等。

（2）巡视控制。饭店餐饮服务质量的偏差往往是一瞬间发生的，有些偏差需要立即纠正，因此要加强现场控制。各级管理人员要尽可能深入第一线去发现服务质量中的问题，及时处理。如客人投诉要尽可能及时解决，在客人离店前尽量消除不良影响，以维护饭店声誉。

2. 现场控制的主要内容

（1）服务程序的控制。开餐期间，餐厅主管应始终站在第一线，通过亲身观察、判断、监督、指挥服务员按标准服务程序服务，发现偏差，及时纠正。

质检要点：检查服务程序是否规范、正确。

（2）上菜时机的控制。根据顾客用餐的速度、菜肴的烹制时间等，掌握好上菜时机，做到恰到好处，既不要让宾客等候太长，也不能上菜太快。餐饮管理人员应注意并提醒服务员掌握上菜时间，尤其是大型宴会，每道菜的上菜时间应由餐厅主管亲自掌握。

质检要点：检查上菜速度是否合理。

（3）意外事件的控制。餐饮服务的过程是服务人员与顾客面对面直接交往的过程，由于各种原因，如宾客情绪不佳、菜肴上错、语言障碍、风俗习惯差异等，极易引起顾客投诉。一旦引发投诉，餐饮管理人员一定要迅速采取措施，以防事态扩大，影响其他顾客用餐。如果是由服务态度引起的投诉，主管除向宾客口头道歉外，还应对宾客做出相应的补偿，以表道歉的诚意。

质检要点：投诉是否经常发生，投诉是否圆满处理。

（4）人力控制。一般餐厅，实行服务员分区看台负责制，服务员在固定区域服务。但是，餐厅客情变化较大，区域分工有时并不能满足现场服务的需求，这就需要对服务员进行再次分工，即某一个区域的顾客突然来得太多，应该从其他服务区域抽调人力来支援，待情况正常后再将其调回原服务区域。当用餐高峰过去，可让一部分员工先休息，留下另一部分员工继续工作，到一定时间再交换，以提高员工的工作效率。

质检要点：人员使用是否灵活机动。

12.3.3 服务质量的反馈控制

所谓反馈控制，就是通过质量信息的反馈，找出服务工作在准备阶段和执行阶段的不足，采取措施加强预先控制和现场控制，提高服务质量，使宾客更加满意。信息反馈系统由内部系统和外部系统构成。内部系统是指信息来自服务员和经理等有关人员。外部系统，是指信息来自宾客。宾客通过大堂、旅行社等反馈回来的投诉，属于强反馈，应予高度重视，保证以后不再发生类似的质量偏差。

（1）餐桌上可放置宾客意见表，并负责收集。

（2）在宾客用餐后主动征求客人意见。

（3）充分发挥所有员工在收集信息方面的作用。

（4）原始记录和凭证要准确、及时、完整地统一上交。

（5）内部发现问题，并主动记录反馈。

（6）每餐结束后，应召开简短的总结会，以不断改进服务质量。

质检要点：收集资料，及时分类整理，并进行分析。

12.4 菜点异物的控制

客人在进餐时，在菜品中发现异物，属于严重的菜点质量问题。菜肴中异物的混入，往往给就餐客人带来很大的不满，甚至会向餐厅提出强烈的投诉，如果处理不及时，就会严重影响企业的形象和声誉。所以在此单设一节，重点讲述。

12.4.1 菜品异物的类型

菜品中常见的异物主要有以下几种。

（1）金属类异物，如小型螺丝钉、大头针、钢丝等。

（2）纸片、纸屑等。

（3）头发、体毛。

（4）布条、线头之类。

（5）杂草、木屑类。

（6）碎玻璃碴、瓷片等。

（7）骨头渣、鱼骨刺、鱼鳞类。

（8）砂粒、石渣、泥土等。

（9）创可贴、手饰。

（10）小型动物，主要是菜虫和传播细菌的苍蝇、蚊虫等。

菜品中混入杂物、异物，首先造成了菜品被有害物质的污染，尽管有的异物可能不带有有害细菌，但给客人的感觉是一样的。其次，有些异物在进餐中如果不小心的话，可以给客人造成直接的肉体伤害，如碎玻璃碴、钢丝等。实际上，客人对某餐厅菜品卫生质量的评价，有一大部分是取决于在菜品中是否有出现异物。

12.4.2 有效控制菜点异物的措施

一般来说，控制菜品中异物的混入，应做好如下几个方面的工作。

1. 提高从业人员卫生质量意识

提高从业人员卫生质量意识，强化菜品加工人员、传菜人员、服务人员（特别是分餐服务员）的个人卫生的管理，具体措施是：

（1）所有与菜品接触的从业人员必须留短发，男生不准留胡子。

（2）厨房员工、服务员上班必须戴工作帽或避免头发下落的头饰物品。

2. 严格作业时的操作规程和卫生质量标准

（1）原材料初加工的过程，务必将杂物剔出干净，尤其是蔬菜类的择洗加工。

（2）切割好的原材料放置专用料盒中，并加盖防护盖，避免落入异物。

（3）切割原材料时，对抹布的使用要特别注意，避免线段等混入菜料中。

（4）所有菜肴在从厨房到餐厅的传递过程中，要加盖防护盖。

（5）洗涤器具时使用的钢丝球、丝网一定要严格管理，避免将断下的钢丝混入菜品中。

（6）营业结束时，要及时盖好调料罐，防止杂物和蟑螂侵入。

（7）后勤人员维修保养烹饪设备时，要严禁将螺丝钉、电线头等乱扔、乱放。

（8）食品操作人员，严禁佩带手饰；手部受伤人员，禁止用手接触食品。

3. 加强对厨房、餐厅废弃物的管理

加强对厨房、餐厅内废弃物的管理，严禁员工随地乱扔、乱放、乱丢废弃不使用的零散物品、下脚料及废弃物等，也是防止异物、杂物混入菜品卫生管理的重要内容之一。

（1）所有的废弃物必须使用专门设备存放，并且要加盖防护。

（2）有专人按时对垃圾箱的废弃物进行清理。

（3）餐厅内应设有专门的隐藏式废弃物桶，严禁服务人员将废纸巾、牙签、烟头等乱扔、乱倒，尤其要禁止将餐厅内的废弃物与餐具、饮具混放在一起。

4. 加强对菜品卫生质量的监督与检查

其实，许多菜品中的异物都是由于对菜品的生产、传递过程缺少严格的监督与检查造成的，因此必须加强各个环节对菜品卫生质量的监督与检查。

（1）建立专门的质量检查部门，并设专职菜品卫生质量检查员。

（2）从初加工、切配、打荷、烹制、划菜，到服务传菜、上菜、分餐等环节的岗位员工，必须对原材料或菜品成品认真检查，杜绝一切可能混入菜品中的杂物。

（3）每到下一工序或环节对上一工序或环节的卫生质量进行监督，发现卫生质量问题，立即退回重新加工处理。

（4）建立卫生质量经济责任制，对菜品中发生的异物、杂物的混入事件进行严肃处理与处罚，以引起全体员工的重视。

思考与练习

1. 合理定员的重要性和定员要素。

2. 拟对中型厨房模拟定员。

3. 某餐厅每天四餐（早、中、晚、夜宵）提供零点服务，试排出24位服务员的上班作息表。

4. 你作为餐厅督导，请拟出每天检查的项目。

5. 菜点异物的有效控制措施有哪些？

参考文献

[1] 乐盈．饭店餐饮管理［M］．重庆：重庆大学出版社，2002. 9.
[2] 高秋英．餐饮管理［M］．长沙：湖南科学技术出版社，2001. 6.
[3] 赵涛．餐饮店经营管理［M］．北京：北京工业大学出版社，2002. 11.
[4] 林德荣．餐饮企业经营管理［M］．厦门：厦门大学出版社，2003. 5.
[5] 吕建中．现代旅游饭店管理［M］．北京：中国旅游饭店出版社，2004. 8.
[6] 李勇平．现代饭店餐饮管理［M］．上海：上海人民出版社，1998. 11.
[7] 赵建民．中餐行政总厨管理实务［M］．沈阳：辽宁科学技术出版社，2003. 8.
[8] 郭敏文．餐饮部运行与管理［M］．北京：旅游教育出版社，2003. 5.
[9] 陈晓帝．餐饮经理读本［M］．沈阳：辽宁科技出版社，2001. 9.
[10] 郑昌江．餐饮企业管理［M］．北京：中国轻工出版社，2001. 6.
[11] 王天佑，周永泽，王晓晓．餐饮职业经理人执业资格培训课程［M］．沈阳：辽宁科学技术出版社，2003. 1.
[12] 南兆旭，滕宝红．现代餐饮、酒吧、娱乐业星级服务标准［M］．广州：广东经济出版社，2003. 5.
[13] 陈晓帝．餐饮采购与管理［M］．沈阳：辽宁科学技术出版社，2001. 9.
[14] 赵向标．现代餐饮业实务全书［M］．北京：国际文化出版公司，1996. 2.
[15] 王天佑．现代西餐烹饪教程［M］．沈阳：辽宁科学技术出版社，2002. 6.
[16] 林德荣．餐饮经营管理［M］．厦门：厦门大学出版社，2003. 5.
[17] 俞仲文，周宇．餐饮企业管理与运行［M］．北京：高等教育出版社，2003. 7.
[18] 许顺旺．宴会管理［M］．长沙：湖南科学技术出版社，2001. 6.
[19] 陈金标．宴会设计［M］．北京：中国轻工出版社，2002. 6.
[20] 吴克强．餐饮经营管理［M］．天津：南开大学出版社，2000. 9.
[21] 奚从清，谢健．现代企业文化概论［M］．杭州：浙江大学出版社，2001. 6.
[22] 蔡晓娟．菜单设计［M］．广州：南方日报出版社，2002. 5.
[23] 邵万宽．美食节策划与运作［M］．沈阳：辽宁科学技术出版社，2000. 1.
[24] 万光玲．宴会设计［M］．沈阳：辽宁科学技术出版社，1996. 6.
[25] 张润钢．餐饮管理规程［M］．北京：经济科学技术出版社，2000. 8.
[26] 余炳炎，李勇平．饭店餐饮管理［M］．北京：旅游教育出版社，2004. 5.
[27] 〔美〕Jack D. Ninemeier．餐饮经营管理［M］．北京：中国旅游出版社，2002. 8.
[28] 赵建民．餐厅卫生与菜品安全控制［M］．沈阳：辽宁科学技术出版社，2003. 1.
[29] 虞迅，严金明．现代餐饮管理技术［M］．北京：北方交通大学出版社、清华大学出版社，2003. 10.